지금도
살아서
역사하시는
하나님

지금도 살아서 역사하시는 하나님

ⓒ 김봉화, 2021

초판 1쇄 발행 : 2022년 1월 11일

지은이 | 김봉화 aropa37@hanmail.net
펴낸이 | 한나영
펴낸곳 | 라마나욧북스
디자인 | Grace Park
등록번호 | 제 2021-000171호
주소 | 서울 송파구 송이로32길 4-12
TEL | 070-4046-5777
E-mail | ramahnaioth_books@naver.com
인쇄처 | 태광인쇄

지금도 살아서 역사하시는 하나님

저자와 책 소개

저자 김봉화 목사는 라마나욧(다윗이 사무엘과 함께 하나님의 영광 가운데 머물렀던 장소. 사무엘상 19:18-24) 교회 담임목사로서 말씀선포, 큐티, 열방을 위한 중보기도, 기름 부음, 예언, 치유, 축사, 상담 등 여러 가지 사역을 감당하고 있다.

저서로는 "거듭남의 기도" "기도 응답의 열매들"이 있으며, "거듭남의 기도"는 5개 국어로 번역되어 세계에서 이 기도를 통해 수많은 개인과 가정들이 회복되고 있는 간증들이 이어지고 있다.

하나님의 말씀을 따라 우리나라와 북한, 열방을 위해 중보기도로 순종해 온 삶 가운데 주님이 함께하시며 이끌어 오신 여러 일들을 간증하게 하셔서 이 책을 쓰게 되었다.

라마나욧 교회 안내

주일 예배	오전 11시
화, 수요일	오후 2시
금요 샤밧 예배	오후 8시

주일 예배 : 강해 설교

화: 큐티, 열방을 위한 중보기도, 기름 부음 사역

수: 복음서 강해, 열방 중보기도, 기름 부음 사역

금: 말씀선포, 열방중보, 개인기도, 기름 부음 사역

주소: 송파구 송이로 32길 4 - 12 전화: 070 - 4046 - 5777

목 차

책을 시작하며

2009년 어느 날 기도 중에 하나님이 높은 산의 만년설을 보여 주시며, **"앞으로 네게 만년설이 녹아내리는 것과 같은 비밀을 풀어줄 것이다."**라고 말씀하시는 음성을 들었습니다. 그런데 그때는 그 말씀의 뜻이 무엇인지 도무지 알 수 없었습니다. 사실 이 책을 집필하기 얼마 전 까지만 해도 모르는 채로 잊고 지냈습니다. 그런데 오래전 저의 첫 번째 책 **"거듭남의 기도"**를 쓰고 있을 때, 계시의 은사가 있으신 목사님이 제게 만년설이 보인다고 하시면서, "하나님이 앞으로 목사님께 '만년설이 녹아내리는 것과 같은 기름 부음을 주시겠다'라고 하신다."라는 예언을 해주신 적이 있어서 하나님의 말씀에 대한 확증을 받았었는데, 이 책을 쓰는 과정에서 하나님이 그 말씀을 다시 생각나게 하시고 그 숨은 뜻을 알려주셨습니다. **"만년설"**이란 태곳적부터 지금까지 쌓여있는 눈이므로 바로 **성경 말씀**을 의미하며, "만년설이 녹아내리는 것과 같은 비밀"이란, 오늘에 이르기까지 잘못 해석되고 있었던 "성경 말씀의 진실이 밝혀져 진리가 바로 세워지는 것"이라는 말씀입니다. 저는 하나님 아버지의 이런 확증과 격려로 이번 책 또한 담대하게 쓸 수 있었으며, 말씀을 새로운 각도에서 해석해 주실 때마다 마치 숨겨진 보화를 찾아 캐내고 얻는 것과 같은 기쁨을 맛보았습니다. 이 책을 쓰도록 비밀을 풀어주시고 이끌어 주신 하나님께 모든 감사와 찬송과 영광을 올려 드립니다.

　책을 읽으시는 독자 여러분 모두에게도 천국의 보화를 캐내고 얻는 기쁨의 은혜가, 만년설이 녹아내리는 것과 같은 하늘의 지혜와 계시의 축복이 물 붓듯 임한 것을 예수 그리스도의 이름으로 선포하며 축복합니다!!!

계시록의 모습으로 찾아오신 주님

그날을 생각하면 저는 지금도 가슴이 떨립니다. 2016년 8월 22일 휴가를 낸 딸과 함께 평창에 새로 생긴 수양관으로 여름휴가를 떠났습니다. 사실 휴가라기보다 주님께 집중해서 기도하고 싶은 마음이 간절해 1주간 계획을 세우고 떠난 것입니다. 당시 저는, 그해 4월에 일본 게이오스 목사님의 간증을 듣고 '나도 꼭 실천해 보리라' 마음먹은 것이 있었고, 또한 가지 이유는 컨퍼런스를 앞두고 선교단체 내에 분열이 일어나려는 현상이 나타나고 있어서 그 문제에 대한 하나님의 정확한 뜻을 알고 싶어 갔었습니다. 간증의 내용은 게이오스 목사님이 큰 액수의 돈이 다음날까지 필요한 상황이었습니다. 도무지 해결할 방법이 없어 고민하며 기도를 하는데 하나님이 **"네가 아무 말도 하지 말고 내 앞에 2시간 동안 집중해 있어라."** 라고 말씀하시기에 아무도 방해하지 말아 달라고 사모님께 이야기한 후 기도를 시작했다고 합니다. 처음에는 내일의 문제를 위해 방언이라도 하고 싶고 어떤 말이라도 해야 할 것 같았지만, 하나님의 말씀에 순종해 아무 말도 하지 않고 가만히 앉아 주님의 임재를 즐겼다고 합니다. 이때 게이오스 목사님은 하나님이 자신과 친밀한 시간을 보내시기 원하신다는 걸 느꼈다고 합니다. 이렇게 2시간을 마쳤지만 아무 일도 일어나지 않자 '하나님이 내일 다른 방법으로 일 하시겠구나'라고 생각하며 잠을 잤다고 합니다. 다음날 교회에 가서 어떤 일이 일어났는지 확인하기 위해 전화나 메일 온 것, 입금내역 등을 확인했지만 모두 "없다"라는 응답을 받았습니다. 하지만 하나님이 잠잠히 있으라고 말씀하셨으니까 그 말씀에 순종해 끝까지 침묵하며 믿음으로 은행까지 걸어가 계좌를 확인해보니 놀랍게도 프랑스의 모르는 곳으로부터 필요한 액수보다 조금 더 많은 돈이 입금돼있었다고 합니다. 할렐루야!!! 전능하신 하나님!!!

이 간증을 듣고 '나도 꼭 2시간 동안 아무 말 없이 주님께만 집중해 봐야지!'라고 결단했었기에, 그 일을 실행하기 위해 떠났던 것입니다. 그런데 게이오스 목사님이 한 번 했으니까 '나는 한 번 더 하리라!' 결심한 후, 22일 밤 성전에서 8시부터 10시까지는 경배와 찬양을 드리고 10시부터 12시까지는 집중해서 기도했습니다. 경배와 찬양 중에 하나님이 강단으로 올라오라고 하셔서 딸은 아무도 없는 넓은 성전에서, 저는 강단에서 2시간 동안 워십으로 경배를 드린 후 강대상 뒤에 엎드려 10시부터 12시까지 아무 말 없이 주님께만 집중하는데 정말로 힘이 들었습니다.

> 우리의 싸우는 무기는 육신에 속한 것이 아니요 오직 어떤 견고한 진도 무너뜨리는
>
> 하나님의 능력이라 모든 이론을 무너뜨리며 하나님 아는 것을 대적하여 높아진 것
>
> 을 다 무너뜨리고 **모든 생각을 사로잡아 그리스도에게 복종하게 하니** 너희의 복

종이 온전하게 될 때에 모든 복종하지 않는 것을 벌하려고 준비하는 중에 있노라

_ 고린도후서 10:4-6

"**모든 생각을 사로잡아 그리스도에게 복종하게 하니**" 이 말씀대로 순종하는 것이, 실제로 얼마나 어려운지를 실감하며 2시간을 마쳤지만 아무 일도 일어나지 않았습니다. 그래도 저는 2014년 2월 12일에 천국을 방문해서 예수님을 만난 기억을 되살려 그때의 예수님을 떠올리며 집중할 수 있었습니다. 다음 날(2016. 8. 23)도 동일하게 2시간 경배와 찬양, 2시간 묵상기도로 4시간째 생각을 사로잡아 주님께 집중하기를 거의 끝나갈 무렵이었습니다. **주석 같은 발**이 보이기 시작하더니 **하~얀 세마포 옷**이 보이며 점점 위로 올라가면서 허리에는 **황금 띠**가 보이고 팔이 보이는데 **오른손**에는 **두루마리**, **왼손**에는 **일곱 금 촛대**를 드신 **예수님의 모습**이 나타났습니다. 너무나 밝은 빛 가운데 서 계셔서 얼굴은 보이지 않고 **주님의 눈동자**를 클로즈업시켜 보여주셨는데, 예수님의 눈동자에 우리나라 한반도 지도가 있고 제주도에서부터 **무궁화 꽃**이 피어나기 시작해 차츰 올라와 **한반도 전체에 활짝 핀 모습**을 약 1분간 보여주셨습니다. 아마도 통일을 상징하는 것으로 느껴졌습니다. 그리고 아무 말 없이 사라지셨는데 그때 제 안에서 커다란 음성이 들렸습니다.

"**내가 이제 나의 구속사적인 연대기 안에서 뉴 시즌에 새바람을 불러일으킬 것이다. 그때는 내가 모든 것을 흔들 것이니라. 영혼의 대추수를 위하여!**"

너무도 강렬한 모습과 말씀 때문에 저는 잠깐 동안 마취가 된 듯했지만 이내 감사의 눈물을 줄줄 흘렸습니다. 사실 저는 중보기도자라는 사명을 받아 오랫동안 통일을 위해 기도하며, 세계 열방을 **아시아, 유럽, 남북아메리카, 중동·아프리카, 오세아니아**로 나누어 그 주에 속한 나라 하나하나 총 200개가 넘는 나라의 이름을 불러가며 **거듭남의 기도** 순서에 대입해 중보기도하고 있었습니다.(기도문은 뒷부분에 수록) 이렇게 기도하는 것이 결코 쉽지 않은 일이지만 주님이 그렇게 하라는 마음을 주셨기 때문에 몇 년째 순종하고 있었는데, **"영혼의 추수를 위해 모든 것을 흔드시겠다."**라는 음성을 듣고 나니 열방을 구원하시기 위해 주님이 곧 초자연적인 일을 행하실 것 같은 생각이 들어 감사했습니다. 사탄은 에덴동산에서부터 주님이 재림하실 때까지 존재하며 끊임없이 우리를 분리시키려고 미혹하지만, 하나님은 계획하신 일들을 한 치의 오차도 없이 정하신 때에 정확하게 이루어가고 계시며 또 이루실 것입니다. 하나님의 뜻은 **우리가 모든 민족을 제자로 삼고** 아버지와 아들과 성령의 이름으로 세례를 베풀고 온 천하에 다니며 복음을 전파하는 것입니다.

예수께서 나아와 말씀하여 이르시되 하늘과 땅의 모든 권세를 내게 주셨으니 그러므로 너희는 가서 **모든 민족을 제자로 삼아 아버지와 아들과 성령의 이름으로 세례를 베풀고** 내가 너희에게 분부한 모든 것을 가르쳐 지키게 하라 볼지어다 내가 세상 끝날까지 너희와 항상 함께 있으리라 하시니라 _ 마태복음 28:18-20

또 이르시되 이같이 그리스도가 고난을 받고 제삼일에 죽은 자 가운데서 살아날 것과 또 **그의 이름으로 죄 사함을 받게 하는 회개가** 예루살렘에서 시작하여 모든

족속에게 전파될 것이 기록되었으니 너희는 이 모든 일의 증인이라

_ 누가복음 24:46-48

이 말씀을 이루시기 위해 하나님은 뉴 시즌에 새로운 바람으로 모든 것을 진동시키시며 그 가운데 초자연적인 역사와 함께 **모든 것의 경계를 무너뜨리실 것**입니다. 저는 주님이 영혼의 대추수를 위해 다시 '제2의 종교개혁'을 이루시리라는 믿음이 생겼습니다. 그러므로 누구도 판단하거나 정죄하지 말고, 혼합주의가 아니라 영혼의 구원을 위해, 진실하게 주님의 사랑을 품고 연합을 위해 열린 마음으로 기도할 때라 생각되었습니다. 또 자신의 교리적인 선입견이나 고정관념 때문에 하나님이 새롭게 일으키시는 성령의 바람과 역사 가운데 합류하지 못하고, 스스로 분리되거나 분리시키는 자가 되어 하나님이 진정으로 원하시는 일을 제대로 분별하지 못했던 바리새인 같은 사람이 되지 말아야 한다는 결론을 내렸습니다. 하나님의 생각과 길은 우리와 다르고 비교할 수 없이 높기 때문에 '그리스도인들은 어떤 경우라도 사람들의 여론에 좌우되거나 자신의 지식적 가치를 기준으로 판단할 것이 아니라, 그 즉시 문제를 하나님께 올려드리고 주님의 뜻에 따라 결정하며 순종해야 한다'라는 응답을 받은 것입니다.

이는 내 생각이 너희의 생각과 다르며 내 길은 너희의 길과 다름이니라 여호와의 말씀이니라 이는 하늘이 땅보다 높음 같이 내 길은 너희의 길보다 높으며 내 생각은 너희의 생각보다 높음이니라 _ 이사야 55:8-9

한국 HIM은 매년 1월에 열방의 사도와 선지자들을 모시고 신년 컨퍼런스를 개최하여 대한민국의 부르심을 열고, 한국 교회의 연합과 화합, 개인과 가정의 회복과 비전을 선포하는 아주 중요한 사명을 감당하고 있는 선교단체인데, 특별히 2017년은 1517년 마틴 루터의 종교개혁 500주년과, 1907년 평양 대부흥 110주년이 되는 해로 컨퍼런스 주제를 **"제2의 부흥과 개혁"**으로 정하고 준비하는 중이었습니다. 저도 컨퍼런스를 위해 중보자로서 계속 기도하고 있었습니다. 그런데 이 집회를 통해 교회와 그리스도인들의 삶 가운데 놀라운 '개혁'과 '부흥'이 풀어질 것을 알고, 사탄이 그것을 하지 못하도록 우리의 연합을 분리하고 방해하고 있다는 사실을 깨닫게 되었습니다. 그래서 매일, **예수 그리스도의 이름**으로 분리, 반역, 거역, 불순종, 시기질투, 판단정죄, 지식적 교만, 모함과 비방, 이간질, 종교의영 들을 결박해 무저갱으로 던지고, **평안, 감사, 사랑, 섬김, 겸손, 순종, 존중, 긍휼, 배려, 연합, 화합**의 기름 부음이 한국 교회 안에 강력하게 부어져 주님의 뜻이 이루어진 것을 선포하며 기도했습니다. 결과적으로 컨퍼런스는 주님이 놀랍게 이루시고 영광 받으셨습니다.

아들을 아끼지 아니하시고 우리 모든 사람을 위하여 내주신 이가 어찌 그 아들과 함께 모든 것을 우리에게 주시지 아니하겠느냐 누가 능히 하나님께서 택하신 자들을 고발하리요 **의롭다 하신 이는 하나님이시니 누가 정죄하리요** 죽으 실 뿐 아니라 다시 살아나신 이는 그리스도 예수시니 그는 하나님 우편에 계신자요 우리를 위하여 간구하시는 자시니라 _ 로마서 8:32-34

대답하되 주여 없나이다 예수께서 이르시되 **나도 너를 정죄하지 아니하노니** 가서 다시는 죄를 범하지 말라 하시니라 _ 요한복음 8:11

너희는 육체를 따라 판단하나 **나는 아무도 판단하지 아니하노라** _ 요한복음 8:15

심판주로서 세상의 모든 사람을 위하여 목숨을 내어주신 예수님이 아무도 정죄하지 않으시고 판단하지 않으신 다는데 피조물인 우리가 감히 누구를 판단하며 정죄하겠습니까? 다만 우리는 열방 모든 민족의 영혼 구원을 위해, 또 리더십들의 바른 정렬을 위해 기도하는 것이 그리스도의 몸 된 지체로서 가져야 할 본분임을 깨닫고, 그리스도인들 모두는 주님의 관심과 사랑에 초점을 맞추고 주님이 기뻐하시는 일에 동역해야 할 줄로 믿습니다. 하나님은 악한 자라도 멸망받는 것을 기뻐하지 않으시며 그들이 돌이켜 구원받기를 원하시기 때문입니다.

주 여호와의 말씀이니라 내가 어찌 악인이 죽는 것을 조금인들 기뻐하랴 그가 돌이켜 그 길에서 떠나 사는 것을 어찌 기뻐하지 아니하겠느냐 _ 에스겔 18:23

예수께서 이르시되 내가 곧 길이요 진리요 생명이니 나로 말미암지 않고는 아버지께로 올 자가 없느니라 _ 요한복음 14:6

다른 이로써는 구원을 받을 수 없나니 **천하 사람 중에 구원을 받을 만한 다른 이름을 우리에게 주신 일이 없음이라** 하였더라 _ 사도행전 4:12

이 진리의 말씀에 어긋나지 않고 신앙생활을 하는 사람들, 즉 예수 그리스도를 통해서만 구원을 받는다는 말씀을 믿고 성경말씀대로 행하는 사람들은 다 구원을 받아야 하지만, 분명한 것은 그 외의 것을 주장하는 거짓 선지자 이단[1]들은 그 길에서 돌이키고 회개해야만 구원받을 수 있습니다.

어느 시대나 사이비 종교단체와 이단들이 하나님 두려운 줄 모른 채 거짓으로 양의 탈을 쓴 이리의 모습을 하고 사람들을 멸망의 길로 끌어갑니다. 그러나 우리가 조금만 생각하면 그들의 주장이 완전히 성경에 위배되는 거짓임을 분명히 알 수 있는데, 바로 **예수 그리스도는 다윗의 자손으로만 오시도록 예정되어 있다는 사실**입니다. 그러므로 한국에서 뿐 아니라 세상 어느 나라에서도 그리스도 예수가 절대로 나올 수 없는 것이 자명합니다. 심지어 이스라엘에서 조차도 더 이상의 그리스도 예수는 나올 수 없는 것입니다. 성경 지식이 부족한 분들이라도 이 사실을 굳게 믿고 분별하여 바른 결단을 하시기를 권면드립니다.

> **이새의 줄기에서 한 싹이 나며 그 뿌리에서 한 가지가 나서 결실할 것이요**
>
> _ 이사야 11:1

> 여호와의 말씀이니라 보라 때가 이르리니 내가 **다윗에게 한 의로운 가지를 일으킬 것이라 그가 왕이 되어** 지혜롭게 다스리며 **세상에서 정의와 공의를 행할 것이며**
>
> _ 예레미야 23:5

---

1) 이단 : 성경에 나온 인물들 중의 하나로 자신이 왔다고 주장하는 자들
예 : 새 요한, 아버지 하나님, 어머니 하나님, 재림 예수, 새 이름으로 온 예수

그 날 그 때에 내가 **다윗에게서** 한 공의로운 <u>가지가 나게 하리니 그가 이 땅에 **정**</u> <u>**의와 공의를**</u> 실행할 것이라 _ 예레미야 33:15

성경에 이르기를 **그리스도는 다윗의 씨로** 또 다윗이 살던 마을 **베들레헴**에서 나 오리라 하지 아니하였느냐 하며 _ 요한복음 7:42

폐하시고 **다윗**을 왕으로 세우시고 증언하여 이르시되 내가 이새의 아들 다윗을 만 나니 내 마음에 맞는 사람이라 내 뜻을 다 이루리라 하시더니 하나님이 약속하신 대로 **이 사람의 후손**에서 이스라엘을 위하여 구주를 세우셨으니 곧 **예수**라 _ 사도행전 13:22-23

그의 아들에 관하여 말하면 육신으로는 **다윗의 혈통**에서 나셨고 성결의 영으로는 죽은 자들 가운데서 부활하사 능력으로 **하나님의 아들**로 선포되셨으니 곧 우리 주 **예수 그리스도**시니라 _ 로마서 1:3-4

<u>주의 임하심과 세상 끝에는 무슨 징조가 있사오리이까</u> 예수께서 대답하여 이르시 되 너희가 사람의 미혹을 받지 않도록 주의하라 **많은 사람이 내 이름으로 와서 이** **르되** 나는 그리스도라 하여 많은 사람을 미혹하리라 _ 마태복음 24:3-5

무엇보다, 말세에 많은 자들이 나와서 자신이 그리스도라고 미혹할 것 을 주님이 미리 예언하셨습니다. 그리고 "다윗이 그리스도를 주라 칭하 <u>였으니 어찌 그의 자손이 되겠느냐</u>"라는 이 말씀은 **예수님**이 혈통으로는 다윗의 계보를 따라 그의 자손으로 이 세상에 오셨지만, **영적 계보**<u>에서</u>

는 그리스도가 바로 하나님의 계보로 이어지기 때문에 다윗이 "주" 즉 헬라어로 "퀴리오스:최고 통치자"라고 불러야 하는 위치에 계시며 하나님 아버지의 주권을 그대로 가지고 계신 분이라는 뜻입니다. 그러므로 이 두 가지 조건을 충족시킬 사람은 이 세상에 아무도 없습니다.

> 예수께서 그들에게 이르시되 사람들이 어찌하여 그리스도를 다윗의 자손이라 하느냐 시편에 다윗이 친히 말하였으되 주께서 내 주께 이르시되 내가 네 원수를 네 발등상으로 삼을 때까지 내 우편에 앉았으라 하셨도다 하였느니라 그런즉 다윗이 그리스도를 주라 칭하였으니 어찌 그의 자손이 되겠느냐 하시니라
>
> _ 누가복음 20:41-44

> 여호와께서 내 주에게 말씀하시기를 내가 네 원수들로 네 발판이 되게 하기까지 너는 내 오른쪽에 앉아 있으라 하셨도다 _ 시편 110:1

사랑이 곧 거룩이다

저는 두 번째 책 **"기도 응답의 열매들"**에서 자세히 이야기했듯이 2014년 2월 12일 WLI(와그너 사역연구원) 조슈아 밀즈 인텐시브 기간에 천국에 다녀왔습니다. 강의를 시작하자 강력한 성령님의 임재로 강사가 새 찬양을 부르기 시작했습니다. 그렇게 15분 정도가 지났을 때, 저는 마취제를 맞았을 때처럼 몽롱함이 갑자기 바람처럼 확 밀려오는 것을 느끼며 뒤로 넘어졌습니다. 그렇게 누워있는 저를 눈처럼 하얀 옷을 입은 천사 둘이 나타나 아주 깨끗한 흰옷으로 갈아입힌 뒤 하늘로 빠르게 데리고 올라갔습니다. 한참을 올라가자 정말로 크고 웅장한 아름다운 황금성이 나타났습니다. 저를 데리고 왔던 천사들은 저를 성안의 어느 방으로 데리고 가더니 그곳에 있는 천사에게 맡기고 가버렸습니다. 그 방은 아주 컸으며 사방이 금고들로 가득 차 있었습니다. 천사가 금고를 차례로 열어 보여 주는데, 원화 5만 원짜리 고액권과 금화로 가득 차 있었고, 나머지 금고에는 달러, 엔화, 위안화, 유로화, 프랑 등등 세계 각국의 돈들로 가득 차 있었습니다. 그때 천사가 이렇게 말했습니다.

"이 돈들은 하나님 나라와 선한 사업을 위해 물질을 사용한 사랑하는 하나님의 자녀들에게 공급하려고 준비해 놓은 것이다."

그리고는 저를 데리고 나와 예수님께로 갔습니다. 주님을 믿는 사람은 모두가 그렇겠지만 저는 정말로 예수님을 너무나도 보고 싶어 했습니다. 기도 중 가끔 환상 가운데 희미하게 보기는 했지만 실제로 보는 것은 처음이었습니다. 예수님은, 너무나 깨끗해서 눈이 부실 정도로 하얀 옷을 입으시고 찬란하게 밝은 빛 속에 서 계시는데 감히 얼굴을 들어 바라볼 수가 없었습니다.

"오! 예수님~!" 하면서 고개가 저절로 숙여졌습니다.

"잘~ 왔다. 내 눈을 봐라~" 하셔서 저는 고개를 들고 주님의 눈을 바라보는데 정말 깜짝 놀랐습니다. 우리가 사람을 볼 때 상대방의 눈동자에 우리의 모습이 비치는데, 예수님의 눈동자에는 내 마음과 생각이 마치 카메라에 사진이 찍히듯 착! 착! 착! 찍히고 있었기 때문입니다. 순간 제 머리에는 다음과 같은 말씀들이 떠올랐습니다.

"사람은 외모를 보거니와 나 여호와는 중심을 보느니라"_ 사무엘상 16:7

"하나님은 우리의 마음과 생각을 감찰 하신다"_ 데살로니가 전서 2:4, 잠언 21:2

그리고 우리가 남을 미워하는 순간 예수님의 심장이 쭉~ 찢어지면서 피가 주르륵~ 흐르는 것이었습니다. 그 모습을 보고 울고 있는 저에게 주님이 **"사랑이 곧 거룩이다!"**라고 말씀하시는데 다음의 말씀들이 번개같이 떠오르며 깨달음이 왔습니다.

> 새 계명을 너희에게 주노니 서로 사랑하라 내가 너희를 사랑한 것 같이 너희도 서로 사랑하라 너희가 서로 사랑하면 이로써 모든 사람이 너희가 내 제자인 줄 알리라 _ 요한복음 13:34-35

> 그 형제를 미워하는 자마다 살인하는 자니 살인하는 자마다 영생이 그 속에 거하지 아니하는 것을 너희가 아는 바라 _ 요한1서 3:15

사실 저는 그때까지 '거룩은 하나님께만 있는 속성이라 우리는 아무리 노력해도 주님만큼 성결하고 정결할 수 없기에 거룩해질 수 없다'라고 생각하고 있었습니다. 그런데 그 말씀을 듣고 보니 거룩은 '내 힘으로 하는 것이 아니라, 내가 나의 자아를 다 몰아내고 내 안에 주님으로만 가득 채우면 주님이 하나님의 속성 곧 빛, 사랑, 거룩 이 세 가지를 나의 영·혼·육을 통해 나타내시는 거구나!'라고 깨닫게 되었습니다.

> 우리가 그에게서 듣고 너희에게 전하는 소식은 이것이니 곧 **하나님은 빛이시라** 그에게는 어둠이 조금도 없으시다는 것이니라 _ 요한1서 1:5

> **사랑**하지 아니하는 자는 하나님을 알지 못하나니 이는 **하나님은 사랑이심이라** _ 요한1서 4:8

원수를 갚지 말며 동포를 원망하지 말며 네 이웃 사랑하기를 네 자신과 같이 사랑
하라 나는 여호와이니라 _ 레위기 19:18

너는 이스라엘 자손의 온 회중에게 말하여 이르라 너희는 거룩하라 이는 나 여호
와 너희 하나님이 거룩함이니라 _ 레위기 19:2

다시 말해 '내가 주님의 성품으로만 산다면, 주님의 빛이 내게서 나타나
기 때문에 내가 가는 곳마다 어둠이 물러가는 것이고, 또 주님이 싫어하
시는 것은 하지 않고 기뻐하시는 일만 하게 되니까, 주님이 사랑의 마음
으로 나를 통해 거룩한 삶을 살아 내시는 거구나'라는 사실을 깨닫게 되
었습니다.

그리고 주님은 저를 데리고 북한으로 가셨는데 아무런 저항도 할 수 없
는 영유아들이 영양실조로 죽어가는 모습을 보여주시며 말씀하셨습니다.

"너희들 중에는 '통일이 되면 누가 저들을 먹여 살려?'라며 통일을 원치
않는 사람들이 많은데 내가 먹여 살릴 것이다. 너희는 다만 그들을 사
랑의 마음으로 품고 합심하여 통일을 위해 기도하면 되느니라. 이 말
을 빨리 가서 전하라!"

그래서 저는 빠르게 내려왔습니다. 바로 일어나려고 하는데 어지러워
세 번 만에 겨우 일어나 보니 1시간이 지났는지 강사가 퇴장하고 있었습
니다. 저는 주님의 심장이 찢어져 피가 흐르던 모습이 떠올라 통곡을 하

며 울고 있었는데, 옆에 계시던 영의 세계를 보시는 목사님이 나중에 말씀해 주셨습니다.

"아까 목사님이 울고 계실 때 주님이 목사님의 심장에 가시면류관을 씌워 주셨어요."

그래서 저는 무슨 뜻인지 하나님께 질문했습니다.

"하나님! 제 심장에 가시면류관을 씌워주신 이유가 무엇인가요?"

"네가 나의 심장을 가진 자라. 내 마음을 품은 자라."

말씀하셔서 저는 또다시 통곡했습니다. 어떻게 제가 주님의 심장을 가졌겠습니까? 다만 오래전부터 열방을 품고, 특히 북한과 통일을 위해 기도하게 하셔서 순종했을 뿐인데, 저를 과분하게 인정해 주시는 그 은혜가 너무나 커서 통곡할 수밖에 없었습니다.

> 하나님이 세상을 이처럼 사랑하사 독생자를 주셨으니 이는 그를 믿는 자마다 멸망하지 않고 영생을 얻게 하려 하심이라 _ 요한복음 3:16

> **예수**께서 나아와 말씀하여 이르시되 하늘과 땅의 모든 권세를 내게 주셨으니 그러므로 너희는 가서 **모든 민족을** 제자로 삼아 **아버지**와 **아들**과 성령의 **이름으로 세례**를 베풀고 내가 너희에게 분부한 모든 것을 가르쳐 지키게 하라 볼지어다 내가 세상 끝날까지 너희와 항상 함께 있으리라 하시니라 _ 마태복음 28:18-20

하나님의 관심은 오직 세상의 구원과 영혼의 대추수

하나님이 세상을 얼마나 사랑하시는지 독생자의 목숨을 주시기까지 사랑하시고, 그 사랑은 과거에 끝난 것이 아니라 지금도 계속되고 있으며 세상 끝날까지 이어지는 것입니다. 그러므로 믿는 자들에게, "가서 모든 민족을 제자로 삼아 세례를 베풀고 주님의 말씀을 가르쳐 지키게 하라!" 라고 명령하셨습니다. 그래서 우리 그리스도인들에게는 하늘과 땅의 모든 권세를 가지신 주님이 제자들에게 직접 위임하신 **사도[2]적 사명**을 감당해야 하는 의무가 있습니다.

모든 민족을 제자 삼기 위해 열방을 품고 중보기도로 **선교적 사명**을 감당하고, 실제로 나아가 경계선 없이 복음을 전하며, **사도적 사명을 감당할 때 주님이 세상 끝 날까지 우리와 함께 하시겠다고 약속하신 것입니다.** 그러나 대부분의 그리스도인들은 "볼지어다 내가 세상 끝날까지 너희와 항상 함께 있으리라"는 이 말씀에만 초점을 맞추는데 의무를 이행하는 것 없이는 권리를 주장할 수도 없다고 생각합니다. 우리는 어떠한 교리나, 내가 아는 지식의 범위 안에서 선을 그어 경계를 만들고 판단하며 결정하지만 **하나님의 관심**은 오직 **세상의 구원**과 열방에 있는 모든 **영혼의 대추수**에만 초점이 맞춰져 있으십니다. 왜냐하면 모든 교리나 교파는 인간이 만들어 낸 것이므로 하나님의 구속사와는 무관하기 때문입니다. 우리는 하나님이 구속사를 이루시기 위해 전 인류에게 기회를 주실 때 그 대상에서 제외되는 사람은 세상에 아무도 없다는 사실을 명심해야 할 것입니다.

---

2) 아포스톨로스): 보냄을 받은 자

주 여호와의 말씀이니라 내가 어찌 **악인이** 죽는 것을 조금인들 기뻐하랴 그가 **돌이켜** 그 길에서 떠나 사는 것을 어찌 기뻐하지 아니하겠느냐 _ 에스겔 18:23

하지만 이렇게 하나님이 세상 모든 사람에게 구원의 길을 열어두시고 기다리셔도 결국은 본인들의 선택에 의해 결정되는 것입니다.

볼지어다 내가 문 밖에 서서 두드리노니 누구든지 내 음성을 듣고 문을 열면 내가 그에게로 들어가 그와 더불어 먹고 그는 나와 더불어 먹으리라 _ 요한계시록 3:20

하나님의 영, 성령님은 인격적인 분이시라 우리가 그분을 초청하지 않으면 우리 안에 들어오시지 않으시고, 역사하시지도 않으시므로 구원받을 수 없게 됩니다. 그러므로 치유사역이나 축사사역 전에도 먼저 "성령님 오시옵소서! 영광과 권능으로 임하셔서 이 시간 치유의 능력을 우리를 통해 나타내 주시옵소서!"라고 초청 기도를 하고, 질병이나 사단에게 명령하는 사역에 들어가는 것이 순서입니다. 그렇지 않다면 주님보다 내가 앞서서 하는 사역이 되므로 아무리 그리스도의 이름으로 한다고 할지라도 실패하기 쉬운 것입니다. 주님께 상황을 온전히 올려드려서 성령님이 친히 이끌어 가시도록, 사역자는 오직 도구로만 쓰임 받는다는 겸손한 마음의 자세를 갖는 훈련이 절대적으로 필요합니다.

전 세계에 일어난 변화의 바람

"내가 이제 나의 구속사적 연대기 안에서 뉴 시즌에 새바람을 불러일으킬 것이다. 그때는 내가 모든 것을 흔들 것이니라. 영혼의 대추수를 위하여!"

　이 말씀을 들은 다음 날 2016. 8. 24에 이탈리아 중부 페루자 인근에서 규모 6.2의 대지진이 발생해 사망자가 약 300명, 부상자는 약 370명, 이재민은 1500명을 넘는다는 보도가 나왔습니다. 그리고 10월 30일에 6.5의 강진이 또 발생해 고대 로마 성벽, 고딕·바로크 양식의 성당들, 수백 년 된 미술 작품들이 무너져 내리거나 그 잔해에 깔리며 14세기 대성당 등 주요 문화재들이 파괴되었습니다. 지진이 잘 일어나지 않는 우리나라에도, 경주에서 2016년 9월 12일 오후 7시 44분 5.1과 오후 8시 32분 5.8 규모의 강진이 2차례 일어나 피해액이 102억 4천600만 원으로 잠정 집계됐다는 보도가 나왔고, 불국사 대웅전과 다보탑 등 우리나라의 국보급 문화재도 작지만 피해를 입었으며, 300회 이상의 여진이 계속 있었다고 합니다. 그런데 이 일은 경주 대왕암(문무대왕 해중 왕릉)이 있는 앞바다에서 무속인들이 날마다 제를 올리며 굿을 하는 일과 무관하지 않은 것 같습니다. 경주에 계신 사모님이 말씀하시길, 지진 후에 한 사람이 교회에 새로 나왔는데 낯이 익길래 물어보니 "몇 년 전 교회에 왔다가 그동안 나오지 않았는데 지진이 일어나니 두려운 마음이 들어 다시 나왔다."라고 이야기 했다고 합니다. 또한 이듬해 2017년 11월 15일에는 크고 작은 사찰이 여러 개 있는 포항에서 우리나라에서는 두 번째로 큰 규모의 5.4 지진이 일어나 많은 피해를 보았습니다. 뿐만 아니라 2016년 9월 말부터 정유라 사건이 터지면서 청와대의 최순실 파문으로 현직 대통령이 구속되는 초유의 바람이 정계에 불어 닥쳤습니다. 주님이 말씀하신 대로 정말 전 세계가 흔들리고 있었습니다.

미국은 **트럼프**가 대통령으로 당선되는 예측불허, 막판 뒤집기 선거 결과를 통해 미국 전체가 흔들렸습니다. 하나님은 이미 몇 년 전 피터 와그너 박사님께 트럼프 카드를 쓰시겠다고 말씀하셨었는데, 그때만 해도 트럼프는 정치인이 아니었기에 처음에는 '카드놀이를 말씀하시는 건가'라고 생각하셨다고 합니다. 그런데 하나님은 실제 인물을 등장시키셔서 그분의 예언을 성취하셨습니다. **필리핀**에도 **로드리고 두테르테** 대통령이 취임하면서 국가의 고질적인 병폐인 마약사범을 대대적으로 퇴치하는 작업에 들어갔습니다. 필리핀판 트럼프라고도 불리는 두테르테의 당선은 필리핀을 다음과 같은 불명예로부터 벗어나게 했다고 보도되었습니다.

1. 범죄가 많은 나라
2. 치안이 불안한 나라
3. 부정부패가 만연한 나라

그가 대통령으로 당선된 이후 **약물, 강간, 살인** 등의 범죄가 2013년에 16,160명이던 것이 2016년에는 681명으로 줄었다는 기사가 실렸습니다.

제9대 유엔 사무총장으로는 반기문 사무총장의 뒤를 이어, 포르투갈인 **안토니우 구테흐스**가 2016년 10월 13일 당선되었습니다. 구테흐스는 7년간 포르투갈 총리를 지냈고, 2005년부터 2015년까지 유엔 난민기구 최고 대표를 지냈으며 난민 인권 해결을 위해 몸을 던져 **'난민의 아버지'**로도 불립니다. 그는 전쟁이나 종교적 박해, 기아 등의 이유로 자국을 떠나는 난민들을 서구사회가 적극적으로 수용해 줄 것을 촉구해왔습니다. 특히 시리아, 이라크, 아프가니스탄 등지를 탈출한 난민들이 가장 먼저 도착하게 되는 터키와 요르단이 선진국으로부터 더 많은 지원을 받지 못한다면, 수백만 명의 난민은 유럽으로 향할 것이라고 경고했는데 그의 발언은 현실이 되었습니다. 그는 2013년 한국도 방문했는데, 당시 탈북민의 북한 강제송환에 대한 반대의 목소리를 높였습니다. 탈북민이 열악한 환경과 기아 때문에 탈출했는데 강제 송환될 경우 처벌이나 박해를 받을 위험이 크다며 이들을 '현장 난민(refugee sur place)'이라 명명하기도 했습니다. 구테흐스의 신임 유엔 사무총장 신년 첫 메시지는 **평화**였습니다. 이처럼 하나님은 인류의 평화와 안정과 구원을 위해 새로운 지도자들을 뽑고 세우시며 계속해서 친히 구속사를 쓰고 계십니다.

통일의 씨앗 헌금을 받으신 하나님

2017년 6.5(월)~8(목)까지 진행되었던 〈주의 길을 예비하라!〉 집회에 참석 중, 화요일 아침 기도를 하는데 주님의 음성이 들려왔습니다.

"얘 너는 그렇게 오랫동안 통일을 위해 기도했는데 기도만 하지 말고 통일의 씨앗 헌금을 심어라!"

"예?! 얼마를 심을까요?"

"700만 원"

"네! 알겠습니다. 왜 주시나 했어요.~!"

사실 그 전주 금요일에, 가깝게 지내던 권사님이 "목사님 중고차라도 사세요."라며 가져온 헌금을 받아 둔 것이 서랍 속에 그대로 있었는데, 그 액수가 700만 원짜리 수표 한 장이었습니다. 제가 차도 없이 다니는 것을 안타깝게 생각했던 권사님이 주님이 주시는 감동으로 차량 헌금을 한 것입니다. 그런데 저는 누군가 제게 헌금을 하겠다고 하면 언제나 세 번씩 꼭 확증을 받고 하라고 권면합니다. 혹시나 작정을 했다가 나중에 마음이 변해 힘들어지면 오히려 덕이 안 되고 하나님도 그것을 기쁘게 받으시지 않기 때문입니다. 그래서 이번에도 세 번 확증을 받았냐고 물었더니 꿈으로 응답을 받았다고 하며 꿈 이야기를 해주었습니다.

"감동을 받고 확증을 주시라고 하나님께 기도드리고 잤는데 그날 밤에 꿈을 꾸었어요. 꿈속에서 저는 질퍽하게 물이 고여 있어 걷기가 불편한 곳을 신발도 신지 않고 스타킹만 신은 채 까치발로 목사님 손을 잡고 따라가고 있었어요. 목사님은 신발을 신으셨고 제 손을 잡아 이끄셨어요. 저는 까치발을 띠고 겅중겅중 뛰면서 목사님을 따라가고 있었는데, 앞에서 어떤 남자분이 우리가 따라오는지 아닌지 뒤를 돌아보며 확인하고, 다시 가다가 또 돌아보고 확인을 하며 가고 있었어요. 그렇게 얼마쯤 가니 마른땅이 보이면서 빛이 비치고 있었는데 우리가 그곳에 이르자 그 남자분은 사라졌어요. 그래서 꿈을 깨고 그동안의 제 삶을 돌이켜보니 목사님을 통해 예수님을 믿게 되었고 그렇게 따라왔다는 생각이 들고, 그 남자분은 성령님 아니면 천사라는 생각이 들어 이것은 분명한 확증이라고 믿고 가져왔어요."

그러면서 마음이 흔들릴까 봐 700만 원짜리 수표 한 장으로 끊어왔다고 했습니다. 그런데 수표는 은행 창구나 지정된 ATM기에서만 입금이 되기 때문에 주말을 지나 월요일부터는 집회에 참석을 해야 해서 그냥 넣어두었던 것입니다. 하지만 이 모든 것이 하나님이 계획하신 타이밍이었습니다. 그래도 저는 감사함뿐입니다. 왜냐하면 하나님이 저를 **축복의 통로**로 사용하시고, **축복의 전달자**로 사용하시기에 제게 물질을 계속 공급하시는 것이기 때문입니다. 다음날인 7일 수요일에 헌금 700만 원을 담은 봉투에 통일에 관한 기도 제목들을 쓰고 권사님과 제 이름을 써서 '주의 길을 예비하라 컨퍼런스'에서 통일을 위한 씨앗 헌금으로 올려 드렸습니다. 뒤에서 말씀드리겠지만, 이렇게 하나님은 우리 부부가 백두산 미션을 감당하러 가기 1년 전 이미 '통일의 씨앗 헌금'을 받으셨습니다. 그런데 왜 700만 원일까? 생각했을 때 그 숫자에 놀라운 영적인 의미가 있다는 것을 깨닫게 해 주셨습니다. 7은 완전수, 10은 만수, 100은 10의 제곱으로 7x10x10x10x10x10x10=700 하나님은 통일에 자금이 얼마나 들어가든지 **위, 아래, 동, 서, 남, 북**으로 완벽하게 채우시겠다는 말씀이셨습니다. 이렇게 통일이 되면 **산과 들, 바다, 강** 모든 곳에 들어가야 할 비용을 하나님께서 풍족하고 완벽하게 채우시겠다는 약속의 의미를 깨닫게 하시니 저는 정말로 감사했습니다. 그리고 보니, **7,000,000원**을 **7일**에 드리게 하신 것도 어찌 보면 우연이 아닌 것 같다는 생각도 듭니다.

예루살렘 희년의 기름 부음을 북한에 흘려보내신 하나님

2017년은 '이스라엘 회복 건국 70주년'과 '예루살렘 회복 50주년'으로 열방기도 컨버케이션이 9월 20일~10월 4일까지 예루살렘에서 열렸는데, 저는 하나님의 임무를 받고 나팔절(9월 20일)부터 대속죄일(9월 30일)까지 열흘만 참석하고 돌아왔습니다. 이스라엘로 떠나기 전 기도를 하는데 하나님이 내년(2018년) 9월 9일이 유대력으로 나팔절(로슈하샤나: 새해의 첫날)인데, 이날이 바로 북한 정부 수립(1948년 9월 9일) 70주년이 되는 날이라고 말씀하셨습니다. 그리고 이 일은 하나님의 구속사적 연대기 안에 특별한 계획하심으로 일어난 일로, 2018년 북한 정부 수립 70주년에 한국에 통일의 문이 열리기를 위해 예루살렘의 희년의 기름 부음을 북한으로 흘려보내는 감사 예물 5000$를 상징적으로 그곳에 심고 오라고 말씀하셨습니다. 저는 이 간증을 들은 어느 장로님이 보내주신 500만 원에 60만 원을 더해 5000$을 준비해서 예루살렘 기도의 집 대표이자 컨버케이션 주최자이신 탐 헤스 목사님에게 하나님의 뜻과 함께 전달했습니다. 탐 헤스 목사님은 저의 이야기를 듣고 2018년 이스라엘의 나팔절(9월 9일)과 북한 정부 수립 70주년(2018.9.9)이 같은 날이라는 사실에 깜짝 놀라며, 162개국 약 3500명이 모인 집회 가운데 그 사실을 알리고 **예루살렘 희년의 기름 부음이 북한에 흘러간 것을 선포**했습니다. 사실 저는 2013. 3. 12 ~ 5. 1일까지 50일간 하나님의 뜻에 따라 이스라엘에 다녀왔습니다. 처음 10일은 헐몬 산에서부터 네게브까지 성경에 나오는 주요 산마다 가서 주님의 생기가 살아나 열방으로 퍼지도록 선포했고, 나머지 40일은 **예루살렘 기도의 집(탐 헤스 기도의 집)**에서 조반 금식을 하며 매일 밤 11시부터 다음날 새벽 6시까지 7시간씩 워치타워 밖을 1시간에 3바퀴씩 21바퀴를 돌며 12게이트에 속한 나라들의 이름 하나하나를 불러가며 열방이 주님께로 돌아온 것을 선포하며 기도했습니다. 대한민국이 속해 있는 라이온 게이트의 워치 시간은 새벽 4시부터 6시까지였는데 그곳에 머무는 기간 동안 매일 그 시간을 감당하고 마쳤기 때문에 탐 헤스 목사님은 저를 잘 알고 계셨습니다. 이번 미션을 통해 저는 모든 부분에서 먼저 준비되게 하신 하나님의 세밀한 인도하심에 감사를 드렸습니다.

다시 컨버케이션 기간 중 **오순절 다락방**에 방문해 기도할 때였습니다. 하늘에서 내려온 커다란 낫이 넓은 들판의 벼를 추수하는 모습을 하나님이 보여주셨습니다. 저는 감사의 눈물을 흘리며 '주님 오실 날이 정말 얼마 남지 않았구나! 북한에도 곧 희년의 자유가 풀어지고 영혼의 대추수가 이루어지겠구나! 우리나라가 통일될 날이 가까이 왔나 보다!'라고 생각되어 통일을 위해 더 열심히 기도하게 되었습니다.

회개의 번제물을 반드시 받으시는 하나님

2017년 컨버케이션 기간 중 하나님은 제게 또 한 번의 순종을 통해 놀라운 역사를 이루시는 것을 경험하게 하셨습니다. 집회 참석 중에 호텔에서 만난 베트남 선교사님으로부터 이번에 집회에 데리고 온 베트남 사람 17명에 대한 경비를 내일 중으로 지불해야 한다는 이야기를 듣게 되었습니다. 그러면서 작년(2016)에는 일본 목사님이 그 경비를 감당하셨는데, 올해는 기도 중에 하나님이 "월남 전쟁 때 파병되었던 대한민국 군인들이 베트남 여인들을 임신시키고 무책임하게 버렸던 죄를 회개하며 대한민국에서 이것을 감당하는 회개 예물을 드리기 원한다."라고 말씀하셨다는 것입니다.

그 이야기를 듣는데 제 속에서 **"네가 감당해라!"**라고 말씀하시는 하나님의 준엄하신 음성이 들려, 금액이 얼마인지 물어보니 5000$ 이었습니다. 저는 일단 계좌번호를 받아 집에 돌아가 500백만 원을 송금하기로 하고, 그날 먼저 귀국을 했습니다. 귀국하던 날에 즉시 송금되어야 하는 상황이었지만, 저는 하나님이 하라고 하실 때는 분명히 채우신다는 사실을 믿기 때문에 일단 약속을 하고 돌아온 것입니다. 비행기 안에서 저는 **"하나님은 위대하십니다. 하나님이 하십시오. 하나님이 하시면 하십니다."**를 반복해서 기도했습니다. 하나님은 귀국 후 우선 사부님을 통해 송금하게 하시고, 얼마 후 기가 막힌 방법으로 그 돈을 채우시며 또 한 번 우리 부부의 순종을 테스트하셨습니다.

하나님 아버지!
우리나라 대한민국 군인들이 베트남에서 지은 죄를 제가 대신 회개합니다. 자녀를 무책임하게 버린 죄, 여인과 자녀들의 마음에 상처를 주고 떠난 죄, 약속을 지키지 않은 죄, 진리를 거스르고 불법을 행한 죄, 진심으로 사랑하지 않은 죄, 자신의 소욕에 따라 여자를 이용한 죄 등을 제가 대신 회개하오니 용서하여 주시옵소서!

하나님이 이 회개의 예물을 받으시고 우리나라 대한민국 군인들이 지은 죄로 인해 베트남과 대한민국 사이에 연결된 죄악의 연결고리가 완전히 끊어지고 모든 죄악 사단의 참소 거리가 하나님의 제단에서 태워져 깨끗하게 사라진 것을 예수 그리스도의 이름으로 선포합니다!!!

우리나라 대한민국 군인들로 인해 피해를 입은 베트남의 여인들과 자녀들에게 성령의 위로와 주님 보혈의 은혜를 내려주셔서 상처 받은 심령이 회복되고 억울함과 슬픔이 사라지므로 안정을 찾게 된 것을 예수 그리스도의 이름으로 선포하며 축복합니다!!!

저는 이렇게 기도한 기도문을 선교사님에게 보내고 500만 원을 송금했습니다. 이 일을 통해 제가 깨달은 것은 죄에 대한 회개와 함께 회개의 예물도 반드시 드려져야 한다는 사실입니다. 하나님이 모세에게 속죄제, 속건제, 화목제의 제물을 반드시 번제로 드리도록 명령하신 것처럼, 마음뿐만 아니라 그것을 증명할 제물이 필요하다는 사실을 저에게 확실히 알게 하신 것입니다. 그리고 이것에 대한 원리도 깨닫게 하셨는데, 우리의 죄는 반드시 죽어야 하는데 우리가 죽을 수 없으므로 죄에 대한 회개의 예물이 드려질 때 그것이 제물이 되어 우리의 죄와 함께 하나님의 제단에서 죽어 태워지는 것이라는 사실을 깨닫게 하셨습니다. 그런데 이후에 이와 같은 이야기를 WLI 강사를 통해서 듣게 되었습니다. 하나님이 아브라함의 마음을 시험하시기 위해 이삭을 번제물로 드리게 하신 것처럼, 언약에 대한 증거 제물이 반드시 필요하며 하나님은 그 제물을 받으시고 그 위에 역사하신다는 것입니다. 물론 **예수 그리스도**가 모든 죄에 대한 속죄 제물로 돌아가셨기 때문에 우리가 그리스도를 믿고 **예수 그리스도의 이름으로** 기도하면 죄를 용서받고 구원은 받지만, 민족의 죄나 집단적인 죄, 가문에서 내려온 죄와 개인의 죄로 인한 악한 영향력이 끊어지기 위해서는, 회개와 함께 반드시 제물(대가 지불)이 필요하다는 것을 알게 된 것입니다. 하지만 **예수 그리스도의 귀한 보혈의 은혜와 능력**

을 힘입기 위해서라도 우리는 진실한 마음을 담아 예물을 드려야 함이 마땅하다고 생각합니다.

마리아가 예수님의 발에 부은 향유 값 300데나리온의 비밀

대가 지불에 대한 깊은 계시가 열리자 하나님은 제게 마리아가 '300 데나리온의 값'이 나가는 '매우 귀한 향유 옥합'을 깨뜨려 예수님의 머리에 부었던 그 사건이 바로, 하나님이 예수님의 **십자가 대속**을 이루시기 전 성자 예수님의 귀한 목숨의 대가를 마리아로 하여금 예물로 드리도록 하신 것이라는 깨달음도 주셨습니다.

> 마리아는 지극히 **비싼 향유 곧 순전한 나드 한 근**을 가져다가 예수의 발에 붓고 자기 머리털로 그의 발을 닦으니 향유 냄새가 집에 가득하더라 제자 중 하나로서 예수를 잡아 줄 가룻 유다가 말하되 이 향유를 어찌하여 **삼백 데나리온**에 팔아 가난한 자들에게 주지 아니하였느냐 하니 이렇게 말함은 가난한자들을 생각함이 아니요 그는 도둑이라 돈궤를 맡고 거기 넣는 것을 훔쳐 감이러라 예수께서 이르시되 그를 가만 두어 나의 장례할 날을 위하여 그것을 간직하게 하라 가난한 자들은 항상 너희와 함께 있거니와 나는 항상 있지 아니하리라 하시니라 _ 요한복음 12:3-8

1데나리온을 지금의 화폐가치로 환산하면 100달러 정도라고 하는데, 그렇다면 300데나리온은 30000$ 정도가 되는 큰 액수입니다. 도미티안 황제 때(AD 96년) 로마 군병들의 1년 봉급이 300데나리온이었다고 합니다. 저는 여기서 300이라는 숫자에 주목해 하나님께 기도했는데, 먼저 3은 삼위일체이신 성부, 성자, 성령 하나님을 나타내는 수입니다. 그리고 10은 만수인데 10의 제곱수 100은 하늘과 땅을 가득 채운 다는 뜻으로, **300은 하늘과 땅을 가득 채우시는 하나님이 이 세상의 주인**이시라는 놀라운 의미가 있으며, '**그 하나님이 우리 인간들의 1년의 생활을 책임지신다**'라는 깊은 뜻이 있다고 깨우쳐 주셨습니다. 그러니까 마리아는 우리의 삶 전체를 책임지시는 주님의 그 영적 존재 가치에 합당한 상징적 예물을 미리 드린 것입니다. 예수님, 즉 하나님의 존재 가치가 어찌 300 데나리온에 견줄 수 있겠습니까?! 하지만 마리아의 예물에 그런 놀라운 하나님의 뜻이 담겨있다는 사실을 깨닫게 해 주신 것입니다. 저에게 이런 놀라운 진리를 알게 하신 것은 그동안 저를 통해 받으신 예물을 하나님이 기쁘게 받으셨다는 응답의 사인으로 알고 저는 그저 감사한 마음뿐이었습니다.

대속죄일에 받으신 국부 이승만 대통령의 회개 예물

2021년 대속죄일을 이틀 앞둔 9월 14일에 오랫동안 상담하며 교제해 온 권사님으로부터 만나자는 요청을 받고 나갔습니다. 그 권사님이 저를 보자고 한 이유는 지금까지 아들이 한 번도 부모님께 용돈을 드린 적이 없었는데, 엊그제 처음으로 40만 원을 봉투에 담아 두 분이 나눠 쓰시라고 가져왔다는 것입니다. 그런데 봉투를 건네받는 순간 권사님 마음에 '아들이 처음으로 준 용돈이므로 하나님께 드려야겠다!'라는 감동이

와서 목사님 사역에 쓰시라고 가져왔다고 하면서 봉투를 건네주었습니다. 저는 축복 기도를 해드리고 돌아오는 길에 하나님께 기도했습니다. "하나님! 이 귀한 예물이 아버지가 기뻐하시는 일에 쓰여 지길 원하오니 어디에 심어야 할지 알려주시옵소서!"라고 계속 기도를 하자 다음날 응답을 주셨습니다. 우리나라 국부 이승만 대통령이 대한민국 정부가 세워지는 과정에서 자유민주주의를 지키기 위해 과도하게 방어를 하다 빚어진 죄에 대한 회개의 예물로 4.3 항쟁을 상징하는 수 43만 원을 이번 대속죄일에 이승만 대통령 기념관 설립을 계획하고 기금을 모금 중에 있는 제주도 **마라나타 예슈아 교회**에 보내라고 하셨습니다. 저는 16일에 슈퍼블룸 새벽기도 인도를 마치고 여러 가지 바쁜 상황으로 인해 다음날 아침(이스라엘 현지시간 대속죄일)에 다음과 같이 기도를 드리고 기도문과 함께 43만 원을 송금했습니다.

하나님 아버지!
우리나라 대한민국의 국부이신 이승만 대통령과 그의 정치 수행원들과 군경들이 4.3 항쟁에서 지은 죄를 제가 대신 회개하오니 용서하여 주시옵소서!!!

민주주의를 지키기 위해 공산주의자들을 진압하는 과정에서 무리하게 빚어진 억울한 살인과 폭력으로 우리나라 특히 제주도에 슬픔과 억울함, 원망불평, 불신불만, 분리반역거역, 정부에 대한 적대감을 뿌리내리게 한 죄를 제가 대신 회개하오니 용서하여 주시옵소서!!!

이승만 대통령과 그의 정치 수행원들과 당시 군경들을 대신하여 회개의 예물을 드리오니 하나님이 받으시고, 하늘의 제단에서 그들의 모든 죄가 예물과 함께 태워지고 사해 진 것을 예수 그리스도의 이름으로 선포합니다!!!

그들의 죄로 인해 대한민국 전체와 특히 제주도에 묶여있던 모든 죄악의 연결고리가 끊어지고 슬픔과 억울함, 원망불평, 불신불만, 분리반역거역, 정부에 대한 적대감의 뿌리가 완전히 뽑혀 하나님 나라가 임하고 연합하게 된 것을 예수 그리스도의 이름으로 선포하며 축복합니다!!!

그리고 이 회개의 예물을 어머니를 통해 드린 그 아들이 지금까지 하나님을 믿지 않으므로 지은 죄가 하늘 제단에서 이 예물과 함께 모두 태워져 죄 사함 받은 것을 선포하며 축복했습니다. 또한 그 아들의 삶이 구원 받고 주님 안에서 새 출발을 하여 믿음의 자매를 만나 아름다운 가정을 이루게 된 것을 현재 완료형으로 선포하며 축복기도 했습니다. 반드시 그렇게 이루시며 그 아들을 통해 영광 받으실 주님을 찬양합니다!!!

황금열쇠를 오른 손에 쥐어주신 예수님

저는 2018년 5월에 1993년 대부흥을 가져왔던 캐나다 '토론토 공항교회', 지금은 이름이 바뀐 'Catch the fire church'를 방문했습니다. 부흥이 터졌던 당시에는 부흥을 경험하기 위해 세계 곳곳에서 온 방문객의 수가 날마다 천 명이 넘을 정도로 많았고, 그곳을 다녀간 우리나라 목회자와 평신도의 수도 2천 명이 넘을 거라는 이야기를 안내해주신 분께 들을 수 있었습니다. 현재 세계적으로 귀하게 쓰임 받는 영적 리더들 대부분이 이 시기에 '토론토 공항교회'에서 성령의 불세례를 받았다는 이야기를 익히 들어와서 저도 그 성령의 임재를 경험하고 싶어 늘 사모하던 중에 'Catch the fire church' 컨퍼런스에 참석할 수 있는 기회가 생겨 사모함으로 다녀오게 되었습니다. '25년이나 지난 지금도 그때와 같은 성령의 임재가 있을까?' 기대하며 성전에 들어가 강단 앞 중앙에 서 있는데 곧 찬양예배가 시작되었습니다. 예배가 시작되자 저는 강력한 성령의 임재로 서있을 수가 없어 선 채로 강단에 엎드려졌습니다. 발밑이 마치 지진이 나서 흔들리는 것처럼 계속 흔들리는 느낌이었습니다. 그렇게 얼마쯤 시간이 지났을 때, 눈부시게 새하얀 옷을 입은 **예수님이 나타나셔서 이사야 22장 22절의 말씀과 함께 제 오른손에 황금 열쇠를 쥐어주셨습니다.**

> 내가 또 다윗의 집의 열쇠를 그의 어깨에 두리니 그가 열면 닫을 자가 없겠고 닫으면 열 자가 없으리라 _ 이사야 22:22

찬양이 끝나 설교를 들으러 자리로 돌아가야 하는데도 저는 다리가 휘청거려 도저히 걸을 수가 없어서 부축을 받아 맨 앞자리로 와서 앉았습니다. 그때 제 모습은 술 취한 사람들의 발걸음이 중심을 잡지 못하는 것과 같아 보였습니다. 설교를 듣고 있는 내내 제 몸은 마치 파도를 타고 있는 듯한 느낌이었습니다. 그때 설교하시던 목사님이 아직도 이곳에는 성령의 임재가 있다고 하시며, 설교가 끝난 후에 성령 세례를 받고 싶은 분은 앞으로 나오시라고 초청을 했습니다. 저는 둘째 줄 첫 번째 자리에 앉아 있었기 때문에 속히 나갈 수가 있었습니다. 많은 사람들이 앞으로 나왔고 사역자들이 다니며 안수를 해주는데 저는 이미 그 자리에 서자마자 또다시 강력한 성령의 터치를 받아 쓰러져 있었습니다. 그곳에서의 모든 일정이 끝나고 다음 장소로 이동을 해야 되는데도 도저히 걸을 수가 없어서 동행한 목사님들의 부축을 받으며 이동했습니다. 그래도 저는 행복했습니다. 사실 그곳에 가기 전에 꼭 강력한 성령의 임재를 경험하게 해달라고 40일 작정기도를 하고 갔는데, 그 기도의 응답이었는지 기름 부음이 제게 조금 더 부어진 것 같기도 하고 어찌 되었든 토론토 블레싱의 기름 부음이 실제라는 것을 확실하고 강력하게 경험할 수 있어서 감사함뿐이었습니다.

 다음 컨퍼런스 참석을 위해 알랭 캐론 목사님의 '르체민 교회'로 가는 버스 안에서 한 사람씩 간증을 하는데, 저는 제게 있었던 간증을 나누며 이사야 22장 22절 말씀을 선포했습니다. 그렇게 르체민 교회에 도착해 집회 장소에 들어서자마자 저는 놀라운 광경을 목격했습니다. 제 눈에 강단 양쪽으로 커다란 열쇠 모양을 매달아 놓은 것과, 강단 앞 중앙에 커다란 열쇠 모형 다섯 개가 세워져 있는 것이 들어왔기 때문입니다. 그 옆에는 실제로 여러 모양의 작은 열쇠들을 담아놓은 바구니도 있었습니다. 그렇게 컨퍼런스가 시작되었는데 첫 번째 강사의 메시지가 바로 이사야 22장 22절 말씀이었습니다. 강의를 마친 후 강사는 참석자들에게 아까 보았던 바구니에 담긴 열쇠들을 하나씩 가져가도록 했습니다. 할렐루야!!! 주님이 제게 주신 말씀을 확증해주신 것입니다.

캐나다 르체민 교회

저는 너무 놀라웠습니다. 이렇게 저에게 주신 말씀과 계시를 확증해 주심에 진심으로 감사해서 눈물이 났으며, '이제 정말 하나님 나라가 우리를 통해 풀어지도록 열쇠를 주셨는데, 어깨에 주셨으므로 권위와 함께 주신 것이니 이 사명을 잘 감당해야겠다.'라고 생각하며 책임감을 느꼈습니다. **컨퍼런스의 주제는 전진과 변화**였는데, 그리스도인들 모두의 삶이 교회 안에 머무는 것이 아니라 사회와 밖으로 나아가는 전진과 변화가 있어야 한다는 것이었습니다. 이사야 22장 전체의 내용이 하나님이 국고 맡은 부정한 자 **셉나**에게서 그 지위를 빼앗아 **엘리아김**에게 주시며 새로운 변화를 예언하는 내용인데, 이 말씀에서처럼 "진실한 그리스도인들을 통해 사회와 국가가 변화하도록 주님이 우리에게 **열쇠**를 주신 것이므로, 우리는 책임 의식을 가지고 교회 밖으로 나가 사회와 국가의 부흥을 위해 하나님이 주신 **오중직임**을 활성화하여 복음의 능력을 열방에서 확장시켜야 한다.'는 전반적인 강의 내용을 마음에 새기며 돌아왔습니다.

그런데 돌아 온지 1주일 만에 백두산에 다녀오라는 하나님의 명령을 받게 됩니다. 이 책을 쓰면서 하나님이 저에게 다윗의 열쇠를 주신 이유가 앞으로 통일의 문을 열기위해 믿음으로 행하는 자로 사용하시려는 하나님의 뜻이 계셨다는 사실을 깨닫게 되었습니다. 그래서 부흥의 장소로 먼저 보내셔서 열쇠를 주시고 백두산을 다녀오게 하셨으며, 21년 유월절에 한반도의 허리 대관령에 가서 통일을 선포하며 쇼파르를 불게 하셨고, 21년 4월에는 한라산 백록담에 올라 하나님 나라가 임한 것과 통일을 선포하게 하셨다는 하나님의 뜻을 비로소 이해하게 되었습니다. 그러면서 또 한 가지 깨달은 것은 우리가 기도를 하지만 그에 상응하는 행동이 수반되어야 한다는 사실입니다. 많은 분들이 통일을 위해 기도하시고 직접 북한에 들어가 성경을 전하시며 북한의 영혼구원을 위해 순종하시는 것처럼, 저에게는 제가 감당할 수 있는 방법으로 통일을 위해 기도하며 통일의 씨앗 헌금을 심고 백두산에 가서 그들의 죄를 대신 회개 하고 북한 땅을 주님보혈로 덮는 정결예식을 하도록 이끄셨습니다. 이 모든 우리들의 순종이 연합하여 하나님의 뜻을 이룰 수 있다는 사실이 기대가 되며 그 일에 부족하나마 쓰임 받는 은혜를 주신 것이 제게는 감동일 뿐입니다.

이제 연합을 상징하는 수 2가 3개나 들어있는 2022년이 시작 되었는데, 남유다와 북이스라엘의 통일왕국을 이룬 다윗의 그 열쇠가 대한민국 통일의 문도 열어주는 이사야 22장 22절의 예언적 축복이 우리나라 가운데 풀어진 것을 예수 그리스도의 이름으로 선포하며 축복합니다!!!

> 내가 또 다윗의 집의 열쇠를 그의 어깨에 두리니 그가 열면 닫을 자가 없겠고 닫으면 열 자가 없으리라 _ 이사야 22:22

황금열쇠를 오른 손에 쥐어주신 예수님

지금도 살아서 역사하시는 하나님

세계의 주목을 받으며 열린 북미정상회담

북미정상회담이 2018년 6월 12일 싱가포르 센토사 섬에서 세계가 주목하는 가운데 열렸습니다. 회담의 주요 내용은 새로운 북미관계 수립과 한반도 평화체제 구축, 판문점 선언의 재확인과 한반도의 완전한 비핵화, 전쟁포로 및 전장 실종자 유해 송환이었고 대부분의 내용이 합의되고 약속되었습니다. 1994년에 전 미국 대통령 지미 카터가 퇴임 후 북한을 방문해 **제네바 합의**를 맺는 데 성공했으나, 의회 다수당인 공화당의 반대에 부딪히고 결국 북한이 합의를 위반하면서 2003년 파기된 바 있습니다. 그런데 15년 만에 트럼프 대통령과 김정은이 협상 테이블에 앉게 된 것입니다. 당시 저는 남북정상회담과 북미정상회담이 이루어지는 것을 보면서, '2017년 9월에 이스라엘에서 예루살렘 희년의 기름 부음을 북한으로 흘려보낸 것의 결과'라고 생각하며 곧 통일이 이루어질 것을 기대하게 되었습니다.

백두산을 다녀오라는 하나님의 명령

2018년 6월 4일 북미 정상회담이 열리기 8일 전, 평소처럼 새벽에 일어나 기도를 하는데 하나님이 백두산을 다녀오라고 말씀하셨습니다.

"너는 오랫동안 북한과 통일을 위해 기도해 왔는데 이제 백두산에 가서 김일성 3대 부자와 북한 동포들의 죄를 대신 회개한 기도문을 백두산 정상에 묻고, 보혈을 상징하는 포도주를 그곳에 뿌려 땅을 정결케 하고, 백두산 천지에 소금을 뿌려 물을 정화시키는 정결의식을 하고 오너라!"

"네!? 언제 갈까요?"

"6.25 전에 다녀와라!"

"통일이면 8.15 광복절 무렵에 다녀와야 하는 것 아닌가요?"

"남북 분단이 6.25를 통해서 이루어졌기에 6.25 전에 다녀와야 하느니라!"

캐나다에 다녀온 지 며칠이 안 되었는데 또 어디를 간다는 것이 가족들에게 염치가 없어서 8월을 말씀드린 것입니다.

"누구하고 갈까요?"

"네 남편하고 가라!"

"네!?"

"그 아들이 직접 이일에 동참을 해야 실제로 통일이 이루어졌을 때 지금도 살아서 역사하는 나 하나님을 확실히 믿고 인정하리라!"

정말로 어려운 말씀을 하시는데 저는 지금까지 하나님이 하라고 하신 일은 순종했을 때 다 이루어 주시는 것을 아주 많이 경험했기에, 얼마 전 백두산에 다녀왔다는 목사님에게 전화를 걸어 어떤 경로로 다녀왔는지를 물어보았습니다. 그런데 여행사를 통해서 다녀왔다고 하면서 "목사님! 가이드가 그러는데 8월에는 사람이 너무 많으니까 오지 말래요. 지금 빨리 가시는 게 좋아요."라고 묻지도 않은 이야기를 하며 하나님의 말씀을 확증해 줍니다. 통화를 끝내고 **백두산 여행**이라고 검색을 했더니 세 군데가 뜨는데 그중에 한 곳의 여행기간이 6.15~19일까지로 딱 맞아 전화를 했습니다. 몇 명이 가냐고 묻길래 두 명이라고 했더니 지금 딱 두 자리가 남았는데, 요즘 중국에서 사드 배치 문제로 우리나라에게 까다롭게 하며 비자발급을 잘 안 해 주어 오늘 2시에 여권이랑 사진을 가지고 대사관에 들어가야 하니, 그전에 빨리 준비해서 종로 5가 사무실로 가지고 오라고 합니다. 그래서 저는 아침에 가까운 산에 올라간 남편 사부님에게 전화를 했습니다. 제가 앞으로 남편을 사부님으로 부를 텐데 그 이유는 제가 개척할 때 하나님이 그렇게 호칭하라고 말씀하셨기 때문입니다. **"앞으로 네 남편을 사부님으로 불러라 그래야 그 아들이 너와 동등한 위치에서 동역을 하게 될 것이니라!"** 하셔서 그때부터 사부님으로 부르고 있습니다. 그래서 아침에 가까운 산에 올라간 사부님에게 전화를 했습니다.

"여보! 우리 백두산에 다녀와야 해요!"

"뭐라고? 갑자기 무슨 백두산이야?!"

"6월 15일 출발하는데 비자 때문에 오늘 2시까지 여권이랑 사진을 가지고 종로 5가 사무실로 가야 해요. 자세한 건 오면 이야기할 테니까 지금 빨리 와서 챙겨줘요. 당신 백두산 안 가봤잖아요~ 내려오는데 얼마나 걸려요?"

"한 45분 걸리겠는데~"

"그래요~ 넘어지지 말고 조심해서 빨리 와요~!"

   얼른 전화를 끊고 나갈 준비를 하고 있다가 사부님이 와서 챙겨준 여권과 사진을 가지고 여행사를 찾아가는 중 차 안에서 하나님께 미션을 더 받게 됩니다. **"대한민국의 시조에 가까운 광개토대왕과 장수왕 두 왕릉에 그동안 너희 나라 선조들이 지은 죄를 대신 회개하고, 그 죄악의 연결 고리를 끊어낸 후 축복을 선포하는 기도문을 묻고, 압록강과 금강 계곡에도 소금을 뿌리고 오너라."**라고 말씀하시며 그래야 국가적으로 흘러오는 안 좋은 영적 대물림이 끊어져 우리나라 대통령들의 퇴임 후 불명예스러운 모습들이 없어지고, 정치가 바로 세워질 것이라고 하셨습니다. 그래서 저는 <u>"여행지가 같으면 순종하겠습니다."</u>라고 말씀드렸습니다. 여행사에 도착한 저는 또 한 번 놀랄 수밖에 없었는데, 우리가 방문할 장소에 대한 안내지를 보니 **압록강, 광개토대왕릉, 장수왕릉, 백두산 천지, 금강 계곡, 고구려 시조비**가 있는 **졸본성(오녀산성)**까지 그러니까 저에게 말씀하신 미션 장소가 다 들어있는 것이었습니다. 사실 저는 여행이 목적이 아니다 보니 처음에 백두산만 말씀하셨기 때문에 다른 곳을 찾아볼 이유도 겨를도 없었는데, 이것으로 하나님이 하신 모든 말씀에 순종해야 하는 것이 분명해진 것입니다. 놀라우신 하나님!!!

   우리나라 역사에서 전성기 때 고구려는 광개토대왕과 그의 아들 장수왕이 가장 넓은 영토 확장을 이루며 국력을 과시했지만, 안타깝게도 그 당시의 수도 졸본성과 국내성은 지금 모두 중국에 위치하고 있습니다. 그런데 그날 오후 오랫동안 상담을 하며 주안에서 교제를 해 오던 사랑의 교회 권사님이 다음날 우리 교회로 오시겠다며 연락이 왔습니다. 6월 5일 권사님과 대화를 나누고 하나님께 드린 감사헌금을 위해 기도를 하는데 이런 기도가 나왔습니다. "하나님! 권사님을 통해 백두산 미션을 감당하러 다녀올 경비의 씨앗을 공급해 주시니 감사합니다......" 선포하고 그 가정을 위해 축복기도를 하고 마쳤습니다. 그랬더니 권사님이 "목사님 백두산 가세요?"라고 질문을 하기에 어제의 상황을 이야기하자, 그 비용이 얼마나 드는지 묻더니 집에 가서 나머지 금액을 입금할 테니 계좌번호를 알려달라고 해서 그날로 경비가 다 채워졌습니다. 이것을 보며 저는 **'이 일이 정말 하나님이 기뻐하시는 일이 맞구나!'**라고 생각하며 사부님에게 간증을 했습니다. 하나님이 인도하시는 일은 언제나 재정부터 공급해 주시기 때문입니다.

그리고 "김일성 3대의 죄악과 북한동포 들의 죄를 대신 회개한 기도문 위에, 에스겔이 한 것처럼 **'남한의 짝 북한', '북한의 짝 남한'은 하나님 손에서 하나가 되었다.** 라고 써서 백두산 정상에 묻고, 인본주의 주체사상 공산주의와 독재의 연결고리를 끊고, 북한 동포들의 자유와 통일 선포하라!"라고 하나님이 말씀하셔서 그날부터 **거듭남의 기도**에 대입한 기도문을 다음과 같이 작성해 가기 전날까지 10일간 기도했습니다.

남한의 짝 북한과 북한의 짝 남한이 하나님의 손 안에서 반드시 하나가 된 것을 선포 하노라!
통일한국이 이스라엘과 정렬되어 한 새사람을 이루며 이방민족의 제사장 국가가 된 것을 선포 하노라!

〈 북한 조상들의 죄* 환경 〉

1. 하나님! 광개토대왕과 장수왕과 우리나라 조상 대대로 시조까지 지은 모든 죄를 제가 대신 회개하오니 용서하여 주시옵소서. 하나님을불신하고대적한죄, 하나님을믿지않은죄, 각종우상을섬긴죄, 조상신을섬긴죄, 우상앞에자손들을바친죄, 무당을믿고굿을한죄, 살인한죄, 인육을먹은죄, 자살한죄, 유산한죄, 이혼한죄, 토색하고착취한죄, 도둑질한죄, 욕심부린죄, 거짓말하고사기친죄, 도박한죄, 술마시고담배피고방탕한죄, 음란간음한죄, 동성애한죄, 학대하고폭행한죄, 말로상처준죄, 혈기분노한죄, 불평불만한죄, 판단하고정죄한죄, 미워하고저주한죄, 모함하고비방한죄, 시기질투한죄, 교만하고무시한죄, 고집과아집부린죄, 분쟁하고보복한죄, 의심하고불신한죄, 걱정근심한죄, 사치하고낭비한죄 게으르고나태한죄 등 광개토대왕과 장수왕과 우리나라 시조까지 조상 대대로 지은 모든 죄를 제가 대신 회개하오니 용서하여 주시옵소서!

 2. 광개토대왕과 장수왕과 우리나라 시조까지 조상 대대로 지은 모든 죄로 인해 북한 땅에 공격하는 모든 죄악의 연결고리와 사슬을 **예수 그리스도의 이름으로 파쇄하고 끊어내노라!**

3. 북한 땅 전체의 환경 구석구석에서 방해하고 공격하는 모든 어둠의 세력들! 하나님을대적하는영, 인본주의주체사상 공산주의 사회주의영, 독재의영, 전쟁과침략의영, 속박과억압의영, 폭력의영, 억울함과슬픔의영, 우상과이방신의영, 두려움의영, 살인의영, 자살의영, 의심불신의영, 유산의영, 이혼의영, 좌절의영, 열등감의영, 가난궁핍의영, 토색착취의영, 도둑질의영, 탐욕의영,

지금도 살아서 역사하시는 하나님

거짓과속임의영, 사기의영, 분노의영, 불평불만의영, 판단과정죄의영, 미움과 저주의영, 시기질투의영, 술·담배중독의영, 방탕과도박의영, 마약의영, 음란 간음의영, 동성애의영, 미혹의영, 매개체의영, 고집아집의영, 교만의영, 지식 의영, 사치와낭비의영, 게으름과나태의영, 우울증과조울증의영, 정신분열조 현병의영, 소화불량, 불면증, 편두통, 뇌졸중, 고혈압, 심장병, 관절염, 축농증, 당뇨, 비만, 중풍, 통풍, 치매, 변비, 비염, 뇌암, 폐암, 간암, 위암, 대장암, 신장 암, 전립선암, 갑상선암, 자궁암, 유방암 각종 암과 질병의 영 등 모든 어둠의 세력들은 북한 땅 전체의 환경 구석구석과 공기의 흐름 하나하나에서 **예수 그리스도의 이름으로 명하노니 결박당하고 무저갱으로 떨어질 지어다!**

4. **주님!** 거룩하신 보혈로 북한 땅 전체와 환경 구석구석을 덮어주시옵소서!

5. 북한 땅의 산과 물, 환경 구석구석과 공기의 흐름 하나하나까지도 주님 의 보혈과 전지전능하신 성령님의 은혜와 능력과 사랑과 기름 부으심으로 온전한 성령의 전과 하나님 나라로 **거듭난 것을 예수 그리스도의 이름으로 선포하고 축복하노라!**

6. **하나님 아버지!** 하늘의 천군 천사를 초청하오니 속히 북한 땅 전체로 파 송하여 주셔서, 산과 물 환경 구석구석과 공기의 흐름 하나하나까지도 정 결하고 안전하게 파수를 서서 지키고 보호하므로 오직 빛이 임하는 하나님 나라가 되도록 인도하여 주시옵소서!

〈 김일성, 김정일, 김정은과 북한 동포들의 죄 〉

1. **하나님! 김일성, 김정일, 김정은과 북한 동포들이** 지은 죄를 제가 대신 회개하오니 용서하여 주시옵소서. 하나님을불신하고대적한죄, 하나님을믿지않은죄, 6.25전쟁을일으켜동포들을죽인죄, 장대현교회를헐고 금수산태양궁전을만들어 김일성과김정일을섬기는 바알브올과같은죄, 민족의자유를속박하고억압한죄, 각종우상을섬긴죄, 조상신을섬긴죄, 우상앞에자손들을바친죄, 불상과달마상을섬긴죄, 굿을한죄, 인육을먹은죄, 살인한죄, 자살한죄, 유산한죄, 이혼한죄, 토색하고착취한죄, 도둑질한죄, 욕심부린죄, 거짓말하고사기친죄, 도박한죄, 술마시고담배피고방탕한죄, 음란간음한죄, 동성애한죄, 학대하고폭행한죄, 말로상처준죄, 혈기분노한죄, 불평불만한죄, 판단하고정죄한죄, 미워하고저주한죄, 모함하고비방한죄, 시기질투한죄, 교만하고무시한죄, 고집과아집부린죄, 분쟁하고보복한죄, 의심하고불신한죄, 걱정근심한죄, 사치하고낭비한죄, 게으르고나태한죄 등 **김일성, 김정일, 김정은과 북한 동포들 전체가** 지은 모든 죄를 제가 대신 회개하오니 용서하여 주시옵소세!

2. **김일성, 김정일, 김정은과 북한 동포들 전체가** 지은 죄로 인해 북한 동포들을 공격하는 모든 죄악의 연결고리와 사슬을 **예수 그리스도의 이름으로 파쇄하고 끊어내노라!**

3. **김정은과 북한 동포들 전체의** 영 · 혼 · 육에서 방해하고 공격하는 모든 어둠의 세력들! 인본주의 주체사상 공산주의 사회주의 독재의영, 전쟁과침략의영, 속박과억압의영, 폭력폭행의영, 억울함과슬픔의영, 두려움의영, 의심불신의영, 살인의영, 자살의영, 유산의영, 이혼의영, 좌절의영, 열등감의영, 가난과궁핍의영, 토색착취의영, 도둑질의영, 탐욕의영, 거짓과사기의영,

혈기분노의영, 불평불만의영, 판단과정죄의영, 미움과저주의영, 시기질투의영, 술·담배중독의영, 방탕과도박의영, 마약의영, 음란간음의영, 동성애의영, 미혹의영, 매개체의영, 고집아집의영, 교만의영, 지식의영, 사치와낭비의영, 게으름과나태의영, 우울증과조울증의영, 소화불량, 불면증, 편두통, 뇌졸중, 고혈압, 심장병, 관절염, 축농증, 당뇨, 비만, 중풍, 통풍, 치매, 변비, 비염, 뇌암, 폐암, 간암, 위암, 대장암, 신장암, 전립선암, 갑상선암, 자궁암, 유방암 각종 암과 질병의 영 등 모든 어둠의 세력들은 **김정은과 북한 동포들 전체**의 영·혼·육과 마음과 생각 속에서 **예수 그리스도의 이름으로 명하노니 결박당하고 무저갱으로 떨어질 지어다!**

4. 주님! 거룩하신 보혈로 **김정은과 북한 동포들 전체**의 영·혼·육을 덮어 주시옵소서!

5. **김정은과 북한 동포들 전체**의 영·혼·육은 정수리부터 발끝까지 주님의 보혈과 성령님의 은혜와 능력과 사랑과 기름 부으심으로 온전히 성령님께만 이끌림 받는 믿음의 사람들로 **거듭난 것을 예수 그리스도의 이름으로 선포하고 축복합니다!**

6. **하나님 아버지!** 하늘의 천군 천사를 초청하오니 속히 북한 땅 전체로 파송하여 주셔서 주민 한 사람 한 사람 안전하게 호위하여 오직 성령님께만 이끌림 받는 믿음의 사람들로 지키시고 보호하시고 인도하여 주시옵소서!

그런데 사부님은 우리가 관광하러 가는 줄 알고 있는데, 이런 미션들을 감당하고 와야 한다는 사실을 알게 되면 지적이고 이성이 강한 종교인이므로 분명히 안 가겠다고 할 텐데 이 산을 어떻게 넘어야 할지 고민이 되었습니다. 그래서 하나님께 지혜를 구하며 기도했더니, 6월 10일 주일 설교 제목을 **"예언자들과 중보자들의 삶"**이라고 정하고 이사야, 예레미야, 다니엘, 에스겔, 엘리사의 예언적인 순종의 삶을 성경말씀과 함께 전하라고 하셔서 그렇게 했습니다.

예언자들과 중보자들의 삶

2018. 6. 10. 설교

본문 말씀 : 이사야 20:2-3

그 때에 여호와께서 아모스의 아들 **이사야**에게 말씀하여 이르시되 갈지어다 네 허리에서 베를 끄르고 네 발에서 신을 벗을지니라 하시매 그가 그대로 하여 벗은 몸과 벗은 발로 다니니라. 여호와께서 이르시되 나의 종 **이사야가 삼년 동안 벗은 몸과 벗은 발로 다니며 애굽과 구스에 대하여 징조와 예표가 되었느니라**

1. 예언자와 중보자는 행동을 통해 보여주는 영성을 가지고 순종해야 합니다.

 하나님이 이사야의 허리에서 베를 끄르라는 말씀은 겉옷을 벗으라는 의미입니다. 그리고 신을 벗고 맨발로 다니라는 명령에 따라 그가 순종했는데 그 이유는, 이사야가 벗은 몸과 벗은 발로 3년을 살면서 이스라엘 백성들이 하나님을 의지 하지 않고 그동안 의지 해 왔던 애굽과 구스의 포로들이 앞으로 그렇게 될 일에 대한 징조와 예표를 몸으로 예언하게 하신 것입니다. 그는 특별한 영성과 순종의 믿음을 지닌 선지자이며 중보자였습니다. 이사야는 귀족 출신이고 문화인이었지만 하나님의 말씀 앞에서는 수치를 무릎 쓰면서까지 옷을 벗고 신을 벗은 채, 3년을 살면서 애굽과 구스를 의지하는 이스라엘 백성들에게 경고하는 시청각 예언을 했던 것입니다. 앞으로 언젠가는 앗수르가 애굽과 구스 사람들의 옷을 이렇게 벗겨서 포로로 끌고 갈 것이니 두 나라를 의지하지 말고 하나님만을 의지하라고 하는 경고를 실감나게 보여주었는데 실제로 그렇게 되었습니다. 이사야가 온몸으로 실연한 애굽과 구스에 대한 예언적 행위는 약 30년 후(B.C. 681년)에 앗수르 왕 에살핫돈에 의해 사실로 이루어졌습니다.

2. 그들은 몇 백 년 뒤의 예언도 확신을 가지고 담대히 선포했습니다.
뿐만 아니라 그는 700년 뒤에 출현할 메시아에 대해서도 담대히 선포합니다. 그의 예언대로 우리의 구세주 임마누엘 예수님이 오셨습니다.

그러므로 주께서 친히 징조를 너희에게 주실 것이라 보라 처녀가 잉태하여 아들을 낳을 것이요 그의 이름을 **임마누엘**이라 하리라 _ 이사야 7:14

보라 처녀가 잉태하여 아들을 낳을 것이요 그의 이름은 **임마누엘**이라 하리라 하셨으니 이를 번역한즉 **하나님이 우리와 함께 계시다** 함이라 _ 마태복음 1:23

이렇게 보여주며 예언한 선지자가 또 있는데 **예레미야**입니다. 어느 날 하나님께서 예레미야에게 말씀하신 대로 베띠를 사서 유브라데 강가에 감추었다가 다시 말씀에 순종하여 여러 날 후에 다시 유브라데로 가서 그 감추었던 곳을 파고 띠를 취하여 보니 띠가 썩어서 쓸데없이 되어 있었습니다. 이 방신 섬기는 것을 가장 싫어하시는 하나님께서 이스라엘 백성들을 그 썩은 띠와 같이 만들겠다는 뜻을 예언적 행동으로 전하게 하신 것입니다. 그래서 결국 이스라엘 백성들은 바벨론 **포로생활을 70년** 동안이나 했습니다.

여호와께서 이와 같이 내게 이르시되 **너는 가서 베띠를 사서 네 허리에 띠고** 물에 적시지 말라 하시기로 내가 여호와의 말씀대로 띠를 사서 내 허리에 띠니라 여호와의 말씀이 다시 내게 임하여 이르시되 너는 사서 **네 허리에 띤 띠**를 가지고 일어나 **유브라데로 가서 거기서 그것을 바위 틈에 감추라** 하시기로 내가 여호와께서 내게 명령하신 대로 가서 그것을 유브라데 물가에 감추니라 여러 날 후에 **여호와께서** 내게 이르시되 일어나 유브라데로 가서 내가 네게 명령하여 거기 **감추게 한 띠를 가져오라** 하시기로 내가 유브라데로 가서 그 감추었던 곳을 파고 띠를 가져오니 띠가 썩어서 쓸 수 없게 되었더라 여호와의 말씀이 내게 임하니라 이르시되 **여호와께서** 이와 같이 말씀하시니라 *내가 유다의 교만과 예루살렘의 큰 교만을 이같이 썩게 하리라 이 악한 백성이 내 말 듣기를 거절하고 그 마음의 완악한 대로 행하며 다른 신들을 따라 그를 섬기며 그에게 절하니 그들이 이 띠가 쓸 수 없음 같이 되리라* _ 예레미야 13:1-10

이 모든 땅이 폐허가 되어 놀랄 일이 될 것이며 이 민족들은 **칠십 년 동안 바벨론의 왕을 섬기리라** 여호와의 말씀이니라 **칠십 년이 끝나면** 내가 바벨론의 왕과 그의 나라와 갈대아인의 땅을 그 죄악으로 말미암아 벌하여 영원히 폐허가 되게 하되 내가 그 땅을 향하여 선언한 바 곧 **예레미야가** 모든 민족을 향하여 예언하고 이

책에 기록한 나의 모든 말을 그 땅에 임하게 하리라 _ 예레미야 25:11-13

3. 그들은 자신의 삶보다 나라와 민족을 위해서 금식하며 회개하고 순종했습니다.

예레미야는 하나님이 말씀하시는 대로 다 순종하고 예언했습니다. 그리고 **하나님은 새 일을 이루시기 전에 반드시 회개를 시키심**을 알아야 합니다. 하나님은 이스라엘 민족이 죄의 대가 지불로 바벨론 **포로생활 70년**이 차자, 그들을 회복시키시기 전에 **다니엘**을 통해 민족의 죄를 대신 **21일간이나 금식하며 회개**하게 하시고 페르시아 왕 고레스를 통해 회복시키십니다. **우리의 죄는 대가 지불로 끝나는 것이 아니라, 반드시 회개를 통해 죄악이 도말되어야만 하나님께 쓰임 받을 자격을 갖추게 되는 것입니다.**

곧 그 통치 원년에 나 **다니엘**이 책을 통해 여호와께서 말씀으로 선지자 **예레미야**에게 알려 주신 그 연수를 깨달았나니 곧 예루살렘의 황폐함이 <u>칠십 년</u>만에 그치리라 하신 것이니라 내가 금식하며 베옷을 입고 재를 덮어쓰고 주 하나님께 기도하며 <u>간구하기를 결심하고</u> 내 하나님 여호와께 기도하며 자복하여 이르기를 크시고 두려워할 주 하나님, 주를 사랑하고 주의 계명을 지키는 자를 위하여 언약을 지키시고 그에게 인자를 베푸시는 이시여 우리는 <u>이미 범죄하여 패역하며 행악하며 반역하여 주의 법도와 규례를 떠났사오며</u> 우리가 또 주의 종 선지자들이 주의 이름으로 우리의 왕들과 우리의 고관과 조상들과 온 국민에게 말씀한 것을 듣지 아니하였나이다 주여 수치가 우리에게 돌아오고 우리의 왕들과 우리의 고관과 조상들에게 돌아온 것은 <u>우리가 주께 범죄하였음이니이다</u> 마는 주 우리 하나님께는 긍휼과 용서하심이 있사오니 이는 우리가 주께 패역하였음이오며 우리 하나님 여호와의 목소리를 듣지 아니하며 여호와께서 그의 종 선지자들에게 부탁하여 우리 앞에 세우신 율법을 행하지 아니하였음이니이다... **주여 들으소서 주여 용서하소서** 주여 귀를 기울이시고 행하소서 지체하지 마옵소서 나의 하나님이여 주 자신을 위하여 하시옵소서 이는 주의 성과 주의 백성이 주의 이름으로 일컫는 바 됨이니이다 _ 다니엘 9:2-10, 19

그 때에 **나 다니엘이 세 이레** 동안을 슬퍼하며 **세 이레**가 차기까지 좋은 떡을 먹지 아니하며 고기와 포도주를 입에 대지 아니하며 또 기름을 바르지 아니하니라 _ 다니엘 10:2-3

이때 다니엘이 왕과 고관들과 조상들과 온 국민들의 죄를 위하여 21일 금식 기도를 한 것이 그 유명한 다니엘의 기도가 된 것입니다. 다니엘은 진정한 이스라엘 민족의 중보자입니다. 하나님이 민족을 대표해서 하는 회개 기도를 다니엘에게 시키신 것은 그의 영이 늘 정결하였고 깨어 있었기 때문입니다. 그리고 다니엘은 그 일을 신실하게 감당했습니다.

행동으로 예언한 선지자가 또 있는데 **에스겔**입니다. 하나님께서는 에스겔에게 **북 이스라엘의 죄를 왼쪽으로 누워 390일, 남 유다의 죄를 오른쪽으로 누워 40일을 대신 담당하도록** 하시며 앞으로 그들의 죄로 인해 먹을 것과 마실 것이 너무나 부족할 것을 몸으로 보여주라고 하셨습니다. 음식물을 매일 달아서 먹고 물도 되어서 마시도록 하셨고, 떡을 인분 불을 피워 구워 먹게 하신 명령에 **"나는 지금까지 영혼을 더럽힌 일이 없나이다."**라고 에스겔이 항변하자 인분을 대신해 쇠똥으로 구워 먹도록 명하셨습니다.

너는 또 왼쪽으로 누워 이스라엘 족속의 죄악을 짊어지되 네가 눕는 날수대로 그 죄악을 담당할지니라 내가 그들의 **범죄한 햇수대로** 네게 날수를 정하였나니 곧 **삼백구십** 일이니라 너는 이렇게 이스라엘 족속의 죄악을 담당하고 그 수가 차거든 너는 **오른쪽으로 누워 유다 족속의 죄악을 담당하라** 내가 네게 **사십 일로 정하였나니 하루가 일 년이니라** 너는 또 네 얼굴을 에워싸인 예루살렘 쪽으로 향하고 팔을 걷어 올리고 예언하라 내가 줄로 너를 동이리니 네가 에워싸는 날이 끝나기까지 몸을 이리 저리 돌리지 못하리라 너는 밀과 보리와 콩과 팥과 조와 귀리를 가져다가 한 그릇에 담고 너를 위하여 떡을 만들어 네가 옆으로 눕는 날수 곧 삼백구십 일 동안 먹되 너는 **음식물을 달아서 하루 이십 세겔씩** 때를 따라 먹고 **물도 육분의 일 힌씩 되어서** 때를 따라 마시라 너는 그것을 **보리떡처럼 만들어** 먹되 그들의 목전에서 **인분 불을 피워 구울지니라** 또 여호와께서 이르시되 내가 **여러 나라**들로 쫓아내어 흩어 버릴 **이스라엘 자손이 거기서 이같이 부정한 떡을 먹으리라** 하시기로 내가 말하되 아하 주 여호와여 나는 영혼을 더럽힌 일이 없었나이다 어려서부터 지금까지 스스로 죽은 것이나 짐승에게 찢긴 것을 먹지 아니하였고 가증한 고기를 입에 넣지 아니하였나이다 **여호와께서** 내게 이르시되 보라 **쇠똥으로 인분을 대신하기를 허락하노니** 너는 그것으로 떡을 구울지니라 또 내게 이르시되 인자야 내가 예루살렘에서 의뢰하는 양식을 끊으리니 백성이 근심 중에 떡을 달아 먹고 두려워 떨며 물을 되어 마시다가 **떡과 물이 부족하여 피차에 두려워 하여 떨며 그 죄악 중에서 쇠패하리라** _ 에스겔 4:4-17

뿐만 아니라 에스겔은 머리털과 수염까지 깎아서 불사르며 우상 섬김에 대한 하나님의 진노가 어떻게 임할 것인지 예언적인 행동을 하며 명령대로 순종했습니다.

그러므로 나 주 **여호와가 말하노라** 내가 나의 삶을 두고 맹세하노니 **네가 모든 미**

운 물건과 모든 가증한 일로 내 성소를 더럽혔은즉 나도 너를 아끼지 아니하며 긍휼을 베풀지 아니하고 미약하게 하리니 너희 가운데에서 삼분의 일은 전염병으로 죽으며 기근으로 멸망할 것이요 삼분의 일은 너의 사방에서 칼에 엎드러질 것이며 삼분의 일은 내가 사방에 흩어 버리고 또 그 뒤를 따라 가며 칼을 빼리라

_ 에스겔 5:11-12

하나님은 에스겔을 이스라엘의 파수꾼과 중보자로 삼으셔서 끊임없이 민족을 위해 기도하며 회개하고 죄악으로부터 돌이키도록 예언의 말씀을 선포하게 하셨습니다. 그리고 결국은 남 유다와 북 이스라엘이 통일될 것을 에스겔에게 보여주시고 이런 사실을 예언적인 행동으로 알리게 하신 것입니다.

인자야 너는 막대기 하나를 가져다가 그 위에 유다와 그 짝 이스라엘 자손이라 쓰고 또 다른 막대기 하나를 가지고 그 위에 에브라임의 막대기 곧 요셉과 그 짝 이스라엘 온 족속이라 쓰고 그 막대기들을 서로 합하여 하나가 되게 하라 네 손에서 둘이 하나가 되리라 네 민족이 네게 말하여 이르기를 이것이 무슨 뜻인지 우리에게 말하지 아니하겠느냐 하거든 너는 곧 이르기를 주 여호와께서 이같이 말씀하시기를 내가 에브라임의 손에 있는 바 요셉과 그 짝 이스라엘 지파들의 막대기를 가져다가 유다의 막대기에 붙여서 한 막대기가 되게 한즉 내 손에서 하나가 되리라 하셨다 하고 _ 에스겔 37:16-19

에스겔은 하나님의 명령에 따라 "유다와 그짝 이스라엘 자손" "요셉과 그 짝 이스라엘 온 족속"이라고 쓴 두 막대기를 만들어 붙이면서 예언했습니다. "앞으로 하나님께서는 북 이스라엘을 남 유다에 붙여서 통일시키실 것

입니다." 여기 19절에서의 내손은 **하나님의 손**을 말씀하며 17절에 네 손에서 둘이 하나가 되리라의 네 손은 에스겔의 손을 의미합니다. 즉, **궁극적으로 통일을 이루시는 분은 하나님이시지만** 하나님이 그 일을 이루시기 전에 먼저 하나님의 뜻을 선포하는 예언자들이나 중보기도 자들이 해야 하는 상징적 일들이 있다는 것을 뜻하고 있습니다.

그 땅 이스라엘 모든 산에서 **그들이 한 나라를 이루어서** 한 임금이 모두 다스리게 하리니 그들이 **다시는 두 민족이 되지 아니하며 두 나라로 나누이지 아니할지라**
_ 에스겔 37:22

이 말씀처럼 하나님은 결국 이스라엘의 통일을 이루십니다. 이렇게 몸소 보여주면서 하나님의 말씀을 예언한 선지자와 중보기도 자가 **이사야, 예레미야, 다니엘, 에스겔**입니다. 이들의 모습은 하나님이 확실히 그렇게 하실 것이라고 당당하게 예언하는 자세입니다. 지혜의 근본이신 하나님은 이미 그 때에 시청각 교육을 시작하셨습니다. 왜냐하면, 일반적으로 사람은 시각을 통해 본 것의 20%만을 기억할 수 있고, 청각을 통해 들은 것에 대해서는 10% 이상을 기억하지 못한다고 합니다. 그러나 시각과 청각을 동시에 사용할 때는 주어진 정보의 60%까지 기억이 가능하므로 시청각 교육이 중요하기 때문입니다. 그래서 하나님께서는 선지자나 중보자들을 통하여 이와 같은 방법으로 자기 백성들을 가르치시는 것입니다. 그러므로 요즘에 활동하고 있는 세계적인 예언자들이나 중보기도 자들 중에도 실제적으로 하나님의 뜻에 따라 어느 나라나 지역에 가서 땅 밟기를 하고, 성경을 물에 띄우거나, 말씀을 땅에 묻거나, 기름을 바르거나, 포도주를 붓는 예언적인 행동을 했던 사람들이 많이 있습니다. **창조주이신 하나님께서는 최선의 방법이 무엇인지 잘 아시기 때문에 다양하면서도 가장 적절한 방법을 통해 하나님의 뜻을 이루십니다.** *모방의 귀재 사탄은 그것을 모방하여 무당이나 점쟁이들에게 어디에 가서 무엇을 물어라 태워라 하면서 하나님을 흉내 냅니다. 사탄은 모방을 통해 귀신을 섬기도록 조종하며, 사망, 질병, 속박, 분리를 조장하여 세상에 악을 퍼트립니다.* 그러나 **하나님**은 이런 예언적인 일들을 통하여 **창조**를 하시며 묶임을 끊어내고 **생명**과 **자유**와 **평안**과 **연합**을 풀어내십니다. 그러므로 우리는 분별할 줄 알아야 합니다. 사탄이 성경의 내용을 모방해 간 것이지 우리가 그들의 것을 가져온 것이 절대 아니라는 사실을 아셔야 합니다.

4. 하나님은 엘리사를 통해 생명의 근원 되는 물도 고치셨습니다.

그 성읍 사람들이 엘리사에게 말하되 우리 주안께서 보시는 바와 같이 이 성읍의 위치는 좋으나 물이 나쁘므로 토산이 익지 못하고 떨어지나이다 **엘리사가 이르되 새 그릇에 소금을 담아** 내게로 가져오라 하매 곧 가져온지라 엘리사가 **물 근원으로 나아가서 소금을 그 가운데에 던지며** 이르되 여호와의 말씀이 내가 이 물을 고쳤으니 이로부터 다시는 죽음이나 열매 맺지 못함이 없을지니라 하셨느니라 하니 그 물이 엘리사가 한 말과 같이 고쳐져서 오늘에 이르렀더라 _ 열왕기하 2:19-22

생명의 근원이 되는 물이 좋지 않아 열매가 결실하지 못한다는 성읍 사람들의 소리를 듣고 하나님의 사람 엘리사가 **새 그릇에 소금을 담아** 가져오게 하여 물의 근원으로 가서 던지며 말합니다. **"여호와의 말씀이 내가 이 물을 고쳤으니 이로부터 다시는 죽음이나 열매 맺지 못함이 없을지니라 하셨느니라 하니** 그 물이 엘리사가 한 말과 같이 고쳐져서 오늘에 이르렀더라"

고 합니다. 여기서 **새 그릇**은 **죄 씻음** 즉, **회개**를 의미하며 **소금**은 **부패방지**와 **정결케 함**을 뜻합니다.

제가 월요일(6/4) 아침에 기도를 하는데 하나님께서 "백두산에 가서 김일성 3대의 죄악과 북한동포 들의 죄를 대신 회개한 기도문과 에스겔이 한 것처럼 "'남한의 짝 북한', '북한의 짝 남한'은 하나님의 손에서 하나가 되었다."라고 써서 백두산 정상에 묻고, 인본주의 주체사상 공산주의와 독재의 연결고리를 끊고, 북한 동포들의 자유와 통일을 선포하라! 그리고 소금을 백두산 천지와 압록강과 금강 계곡에 뿌리고 보혈을 상징하는 포도주를 그 땅에 뿌리며 정결케 됨을 선포하라!"라고 하셨습니다. 또 우리나라의 시조와도 같은 광개토대왕과 장수왕의 왕릉에도 대한민국의 역대 왕조들이 지은 죄를 대신 회개한 회개 기도문을 묻어야 앞으로 우리나라 대통령들에게 퇴임 후 불미스러운 일들이 일어나지 않을 것이라고 하셨습니다. 6.25 전에 사부님과 함께 다녀오라고 하셔서 여행사에 알아보고 6.15~19일까지 다녀오기로 예약을 했으니까 여러분 기도해 주시기 바랍니다. (재정 공급에 대한 간증을 하고) 이렇게 하나님이 하게 하시는 일은 재정부터 공급해 주십니다. 여러분들의 강력한 중보기도가 필요합니다.

저는 설교를 하면서 계속 사부님의 표정을 살피는데, 미션을 감당해야 한다는 소리를 듣자마자 표정이 굳어지며 안색이 변하기 시작했습니다. 설교가 끝나고 광고시간에 사부님이 굳어진 표정으로 밖으로 나가더니 약 15분쯤 지나 감정을 다스리고 돌아왔습니다. 사랑의 교제를 나눈 후 열방을 위한 중보기도 시간에 사부님은 먼저 집으로 갔고, 기도를 마친 후 딸과 함께 집에 들어가자 소파에 앉아있던 사부님이 호통을 쳤습니다.

지금도 살아서 역사하시는 하나님

"난 안 간다! 나는 가서 그냥 조용히 기도만 하고 오는 줄 알았는데 뭐?! 포도주를 뿌리고, 소금을 뿌리고, 기도문을 묻어?! 무당하고 다른 게 뭐야!"

"여보! 그런 내용이 다 성경에 나오잖아요?!"

"성경에 나온다고 다른 교회에서도 다 그렇게 하냐? 그러니까 이단 소리를 듣지!"

여기서 왜, 우리 사부님이 그런 소리를 하는지에 대해 설명할 필요가 있다고 생각되어 잠시 나누겠습니다.

성령님이 사용하시는 5가지 은사

저는 하나님의 강력한 인도하심을 받고 미국 풀러신학교 성장학 교수였던 Peter Wagner 박사님이 설립한 신학교 WLI(Wagner Leadership Institute) 한국에서 박사과정을 마치고 2013년 1월 11일 와그너 박사님께 직접 목사 안수를 받았습니다. (와그너 박사님은 2016년 10월 21일 천국에 입성하심) 그런데 와그너 박사님은 성경에 나와 있는 오중직임(사도, 선지자, 복음 전하는 자, 목사, 교사), 영적 전투, 특히 사도적 사역과 선지자의 회복에 대한 '신사도 운동'이라는 새로운 가르침 때문에 많은 이들에게 이단으로 오인받고 비난과 공격을 받으셨습니다. 그래서 한국 WLI가 이단의 집단이나 되듯이 말도 안 되는 판단과 정죄를 하는 사람들이 있는데, 성경을 보면 성도를 온전하게 하여 봉사의 일을 하게 하며 <u>그리스도의 몸을 세우려고 **사도, 선지자, 복음 전하는 자, 목사, 교사**로 삼으셨다고</u> '오중직임'에 대해 분명하게 말씀하고 있습니다.

> 그가 어떤 사람은 **사도**로, 어떤 사람은 **선지자**로, 어떤 사람은 복음 전하는 자로, 어떤 사람은 **목사**와 **교사**로 삼으셨으니 이는 성도를 온전하게 하여 봉사의 일을 하게 하며 **그리스도의 몸을 세우려** 하심이라 _ 에베소서 4:11-12

> 너희는 **그리스도의 몸**이요 지체의 각 부분이라 하나님이 교회 중에 몇을 세우셨으니 첫째는 **사도**요 둘째는 **선지자**요 셋째는 **교사**요 그 다음은 **능력을 행하는** 자요 그 다음은 **병 고치는** 은사와 서로 **돕는 것과** 다스리는 것과 각종 방언을 말하는 것이라 _ 고린도전서 12:27-28

　우리가 믿는 **예수님이 사도이시며 대제사장**일 뿐 아니라 예수님이 공생애 사역 중에 제자들에게 제일 먼저 하신일이 **사도**를 세우신 일이었습니다. 예수님 자의적으로 하신 것이 아니라 밤이 새도록 기도 하신 후에 <u>전폭적으로 하나님 아버지의 뜻에 따라 하신 일입니다.</u>

> 이 때에 **예수**께서 기도하시러 산으로 가사 밤이 새도록 하나님께 기도하시고 밝으매 그 제자들을 부르사 그 중에서 열둘을 택하여 **사도라 칭하셨으니** 곧 베드로라고도 이름을 주신 시몬과 그의 동생 안드레와 야고보와 요한과 빌립과 바돌로매와 마태와 도마와 알패오의 아들 야고보와 셀롯이라는 시몬과 야고보의 아들 유다와 예수를 파는 자 될 가룟 유다라 _ 누가복음 6:12-16

예수께서 그의 열두 제자를 부르사 더러운 귀신을 쫓아내며 모든 병과 모든 약한 것을 고치는 권능을 주시니라 **열두 사도**의 이름은 이러하니 베드로라 하는 시몬을 비롯하여 그의 형제 안드레와 세베대의 아들 야고보와 그의 형제 요한, 빌립과 바돌로매, 도마와 세리 마태, 알패오의 아들 야고보와 다대오, 가나나인 시몬 및 가룟 유다 곧 예수를 판 자라 _ 마태복음 10:1-4

또 산에 오르사 자기가 원하는 자들을 부르시니 나아온지라 이에 열둘을 세우셨으니 이는 자기와 함께 있게 하시고 또 **보내사 전도도 하며 귀신을 내쫓는 권능도 가지게 하려** 하심이러라 _ 마가복음 3:13-15

그러므로 함께 하늘의 부르심을 받은 거룩한 형제들아 우리가 믿는 도리의 **사도이시며** 대제사장이신 **예수**를 깊이 생각하라 _ 히브리서 3:1

　예수님이 사도이시면 그의 제자들은 당연히 사도적 직임의 역할을 감당해야 하는 것이 마땅하며, 누구보다도 그것을 하나님이 원하시기 때문에 아버지의 뜻만 행하시는 주님이 특별히 행하신 것입니다. 그런데 초대교회 이후 로마의 박해로 기독교 침체기를 약 1900년간 겪으면서 오순절에 제자들에게 주신 오중직임이 묻혀버리고 사라졌던 것입니다. 그러다 1517년 마틴 루터의 종교개혁을 출발점으로, 신실한 그리스도인들에게 교회가 본래 성령의 능력이 강력했던 초대교회의 모습으로 회복되기를 원하는 갈망이 서서히 시작되게 된 것입니다.

1904년 영국 웨일즈에서 부흥

침체된 신앙의 회복을 위해 10년 이상을 기도했던 **이반 로버츠**라는 젊은이의 **"주여! 저를 굴복시켜 주옵소서!"**라는 간절한 기도를 들으신 하나님의 응답으로, 1904년 영국 웨일즈에서 부흥이 일어나기 시작했습니다. 그의 메시지는 단순했지만 성령님은 그를 통해 강력하게 역사하셨습니다. 4가지로 요약되는 간단한 그의 메시지를 듣고 5개월 만에 10만 명이 웨일즈 전역에서 울며 그리스도의 왕국으로 모여들었고 결국 로버츠의 비전은 성취되었습니다.

　　1) 당신은 생각나는 **모든 죄를 하나님께 고백**해야만 한다.

　　2) 당신은 생활 속에서 좋지 않은 습관은 모두 제거해야만 한다.

　　3) 당신은 성령님의 인도하심에 즉각 순종해야 한다.

　　4) 당신은 그리스도를 증거 하기 위해 대중에게 나아가야만 한다.

1906년 4월 미국 아주사거리의 부흥

그리고 이 부흥의 불길은 미국으로 건너갔습니다. 1906년 4월 9일 노예 가문 출신의 목사 **윌리엄 시무어**가 인도하는, 10명이 채 되지 않는 성도들이 모여 국가와 인종 교파를 초월해 기도하던 집회에서 강력한 성령의 임재가 터져 나와 아주사거리 전역을 뒤덮기 시작했습니다. **죄의 고백, 회개, 용서, 성령세례**를 통해 수많은 치유와 구원이 날마다 일어났습니다.

1907년 한국 평양 대부흥

다음 해 1907년 1월 평양 장대현 교회에서는 **'한국의 오순절'**이라고 불리는 한국 교회 역사상 가장 중요한 부흥 운동이 일어났습니다. 초기에는 **선교사 하디(R. A. Hardie)**의 회개 기도에 의해 시작되었지만, 나중에는 한국인 **길선주 장로**(이후 목사 안수 받음)를 통해 전국적으로 확산되었는데, 이 부흥 역시도 길선주 장로의 회개로 촉발되었습니다. "저는 아간과 같은 사람입니다. 저 때문에 하나님께서 우리에게 축복을 주실 수가 없었습니다. 약 1년 전 제 친구 중 한 사람이 임종 시에 저를 자기 집으로 불러서 말하길 '길 장로, 나는 이제 세상을 떠나지만 내 집 살림을 돌보아 주시오. 내 아내는 무능하기 때문이오.'라고 부탁을 했었습니다. 저는 제가 잘 돌보아 드릴 테니 염려하지 말라고 대답했습니다. 그러나 저는 미망인의 재산을 관리하던 중 미화 100달러 상당의 금액을 사취했습니다. 제가 하나님의 일을 방해해온 것입니다. 내일 아침 그 돈 전액을 미망인에게 돌려 드리겠습니다."라며 회개하자 그것이 신자들의 참회와 자백으로 이어졌습니다. 성령의 역사하심을 따라 죄를 회개하는 회개의 물결이 부흥의 파도가 되어 전국을 휩쓸게 된 것입니다.

1980년대 빈야드 부흥(존 윔버)

1994년부터 캐나다 토론토 공항교회의 부흥(존 아놋)

1995년 플로리다 펜사콜라 부흥(존 킬패트릭) 브라운즈빌 교회

이렇게 전 세계를 휩쓸게 된 <u>부흥의 공통점은 먼저 자신들의 죄를 철저히 회개</u>하고, **성령의 임재를 간절히 찾는 데서부터 시작**되었다는 것입니다. 지금 세계적으로 귀하게 쓰임 받는 사역자들 대부분은 토론토 부흥을 경험하였고, 그때 성령님의 강력한 터치로 주어진 능력과 함께 **오중직임**을 활성화 해 그들의 사역을 감당하고 있습니다. 하나님은 지금도 끊임없이 새로운 사람들에게 **사도, 선지자, 복음 전하는 자, 목사, 교사**의 은사를 부으심으로 이 세상에서 **하나님 나라를 세우시고 확장하고 계신** 것입니다.

새 옷의 조각을 헌 옷에 붙여 사용할 수 없는 것처럼, 하나님은 지금 새 술을 헌 부대에 담지 않으시고 새 부대에 담아 사용하시는 것뿐입니다. 이것은 낡은 가죽부대도 사랑하시는 하나님이 그들을 보호하시는 방법입니다.

> 또 비유하여 이르시되 새 옷에서 한 조각을 찢어 낡은 옷에 붙이는 자가 없나니 만일 그렇게 하면 새 옷을 찢을 뿐이요 또 새 옷에서 찢은 조각이 낡은 것에 어울리지 아니하리라 새 포도주를 낡은 가죽 부대에 넣는 자가 없나니 만일 그렇게 하면 새 포도주가 부대를 터뜨려 포도주가 쏟아지고 부대도 못쓰게 되리라 **새 포도주는 새 부대에 넣어야 할 것이니라** _ 누가복음 5:36-38

예수님도 당시에 나사렛에서 이단이셨고, 신약의 대표 사도인 바울도 나사렛 이단의 괴수라고 정죄를 받았으니 하나님만 인정하시면 그뿐일 것입니다. 그러나 예수님은 남을 함부로 판단하거나 정죄하지 말라고 하셨는데, 주님보다 앞서서 판단과 정죄를 하는 사람들은 먼저 두려운 마음으로 하나님의 뜻을 진지하게 묻고 자신을 돌아보시라고 권면하고 싶습니다. 성경말씀을 근거한 진리에 비추어 생각하지 않고, 기존에 자신이 알고 있던 지식의 범위나 사고의 틀에서 조금만 벗어나면 무조건 이단으로 몰아가는 바리새인과 같은 행동을 과연 주님이 기뻐하실지 의문입니다.

> 우리가 보니 이 사람은 염병 이라 천하에 퍼진 유대인을 다 소요케 하는 자요 **나사렛 이단의 괴수라** _ 개역한글. 사도행전 24:5
> 우리가 보니 이 사람은 전염병 같은 자라 천하에 흩어진 유대인을 다 소요하게 하는 자요 **나사렛 이단의 우두머리라** _ 개역개정. 사도행전 24:5

그러므로 그리스도 안에 무슨 권면이나 사랑의 무슨 위로나 성령의 무슨 교제나 긍휼이나 자비가 있거든 <u>마음을 같이하여 같은 사랑을 가지고 뜻을 합하며 한마음을 품어</u> 아무 일에든지 다툼이나 허영으로 하지 말고 <u>오직 겸손한 마음으로 각각 자기보다 남을 낫게 여기고</u> 각각 자기 일을 돌볼뿐더러 또한 각각 다른 사람들의 일을 돌보아 <u>나의 기쁨을 충만하게 하라</u> _ 빌립보서 2:1-4

다른 사람들의 사역을 비방하거나 정죄하는 사람들을 보면 대부분 그들의 삶이나 사역에 아름다운 열매가 없는 것을 볼 수 있는데 참으로 안타까운 일입니다. 그것이 자칫 하나님의 뜻과 성령의 역사를 거스르는 일이 될 수 있기 때문입니다. 사도에 대해서는 저의 두 번째 책 **「기도 응답의 열매들」**에서 **사도의 뜻, 사도의 자격, 사도의 분류**로 나누어 자세히 설명하고 있습니다.

하나님이 가장 기뻐 받으시는 예배

저는 전통 복음주의 교회에서 33년간 신앙생활을 하다가 하나님의 강권적인 인도하심으로 2009년 처음으로 WLI 학교에 갔는데, 지금껏 한 번도 보지 못한 춤을 추고 깃발을 흔들며 찬양하는 예배의 모습을 보고 '내가 이단의 집단에 잘못 왔나?! 하나님이 분명히 **"내가 너를 위해 예비한 학교이니라"**라고 말씀하셨는데 이게 뭐지?'라고 생각하며 인상을 쓰고 한쪽에 서 있는데 주님이 말씀하셨습니다. (참고: 강의시간 전에 드리는 찬양예배에서 찬송에 맞춰 몸 전체로 아름답게 예배하고, 그리스도나 성령을 상징하

는 색상, 문양, 히브리어가 새겨진 들고 주님을 경배하는 모습)

"나를 경배하기 위해 드리는 예배를 내가 다 기쁘게 받지만, 그중에서 도 마치 벌거벗은 어린아이처럼 온몸으로 나를 찬양하며 예배하는 사 랑하는 나의 자녀들과 내가 함께 하기를 원하노라!"

저는 그때 무엇으로 머리를 "탕"하고 맞는 것 같이 정신이 들면서, 다윗 왕이 법궤가 들어올 때 모든 악기를 동원해 찬양하며 베 에봇이 벗겨지는 줄도 모르고 기뻐하며 춤을 추었던 장면이 클로즈업되어 떠올랐습니다. 그때까지는 이 말씀을 여러 번 읽었지만 항상 피상적으로만 생각했었는 데 이렇게 생생하게 가슴에 와닿기는 처음이었습니다. 다윗은 한 나라의 왕으로, 최고의 권위자임에도 불구하고 모든 백성들 앞에서 하나님을 경 배할 때 마치 베 에봇이 벗어진 것처럼 자신의 신분, 권위, 체면, 우리가 흔히 말하는 체통을 다 벗어버리고, 오직 하나님께만 집중하는 겸손한 모 습으로 나아갔습니다. 바로 이 모습이 주님이 기뻐하시는 참 예배자의 모 습이라는 사실이 깨달아졌습니다. 다윗 왕의 그 모습을 보고 "왕이 방탕 한 자 같았다"라고 그의 아내 미갈이 업신여기자, **"내가 하나님 앞에서 뛰 논 것"**이라고 당당히 말하는 그의 모습이 부각되며 '그래 우리는 하나님 을 **아무런 가식 없이 기뻐하고 경배해야 되는구나!'**라고 생각하게 되었습 니다. 그리고 다윗을 비방한 미갈이 평생 자식이 없는 아픔을 겪게 된 것 도 떠올랐습니다.

다윗이 여호와 앞에서 힘을 다하여 춤을 추는데 그 때에 다윗이 베 에봇을 입었더 라 다윗과 온 이스라엘 족속이 즐거이 환호하며 나팔을 불고 여호와의 궤를 메어오니라 여호와의 궤가 다윗 성으로 들어올 때에 사울의 딸 **미갈이** 창으로 내다보다가 **다윗 왕이 여호와 앞에서 뛰놀며 춤추는 것을 보고 심중에 그를 업신여기니라**…… 다윗이 자기의 가족에게 축복하러 돌아오매 사울의 딸 **미갈이 나와서 다윗을 맞으며** 이르되 **이스라엘 왕이 오늘** 어떻게 영화로우신지 방탕한 자가 염치 없이 자기의 몸을 드러내는 것처럼 오늘 그의 신복의 계집종의 눈앞에서 몸을 드러내셨도다 하니 **다윗이** 미갈에게 이르되 이는 **여호와 앞에서 한 것이니라** 그가 네 아버지와 그의 온 집을 버리고 나를 택하사 **나를 여호와의 백성 이스라엘의 주권자로 삼으셨으니 내가 여호와 앞에서 뛰놀리라** 내가 이보다 더 낮아져서 스스로 천하게 보일지라도 네가 말한 바 계집종에게는 내가 높임을 받으리라 한지라 **그러므로 사울의 딸 미갈이 죽는 날까지 그에게 자식이 없으니라** _ 사무엘하 6:14-16, 20-23

33년을 예배시간에 경건하고 절제된 성가대원들의 찬양을 들으며 저 또한 성가대원을 오랫동안 하며 신앙생활을 해오다 보니 온몸으로 예배를 드리는 모습이 낯설고 생소하게 느껴졌던 것입니다. 그런데 주님의 말씀을 듣고 보니 '오히려 너무 절제된 예배의 모습은 경건의 모양은 있으나 경건의 능력은 없을 수도 있겠다'라는 생각이 문득 들었습니다. 그렇게 깨닫고 나니 모든 예배는 오직 하나님 앞에서 하나님께만 드려져야 하는데, 전심으로 주님께만 집중하며 온 몸과 마음을 다해 자유롭게 주님을 경배하는 모습은 오히려 더 아름다운 예배의 모습이라는 것을 깨달을 수 있었습니다. 그리고 그동안 전통교회에서 한 번도 보지 못한 깃발을 예배시간에 흔드는 것에 대해 이해하려고 깃발에 관련된 자료들을 찾아보았습니다. 그런데 하나님의 이름 **여호와(항상 살아계시며 스스로 존재하시는 하나님)**에 관련된 여러 가지 이름 중에, 당시 제가 **승리의 하나**

님으로 알고 있었던 **"여호와 닛시"**가 바로 **"나의 깃발 되시는 하나님"**이라는 뜻이라는 것을 알게 되었습니다. 그러니까 우리의 예배를 받으시는 분이 나의 깃발이시므로, 예배의 주체되시는 하나님을 상징하는 깃발을 흔들며 예배하는 것은 당연한 일이라는 사실을 알게 되었습니다.

모세가 제단을 쌓고 그 이름을 **여호와 닛시**라 하고 _ 출애굽기 17:15

하나님의 이름의 여러 가지 뜻

엘 엘리온 (창세기 14:18) – 지극히 높으신, 절대주권자 하나님

엘 로이 (창세기 16:13) – 살피시는, 감찰하시는 하나님

엘 로힘 (창세기 1:1) – 유일하고 참된 하나님

엘 샤다이 (창세기 17:1) – 전능하신 하나님

여호와 (창세기 4:26, 출 3:14) – 스스로 계신 하나님

아도나이 (이사야 6:1) – 만물의 주인 되신 하나님

여호와 체바오트 (시편 46:7) – 모든 천사를 다스리시는 만군의 하나님

여호와 이레 (창세기 22:14) – 미리 준비하시는 하나님

여호와 라파 (출애굽기 15:26) – 치료하시는 하나님

여호와 닛시 (출애굽기 17:15) – 나의 깃발 되시는 하나님

여호와 샬롬 (사사기 6:24) – 평강의 하나님

여호와 로이 (시편 23:1) – 목자 되시는 하나님

여호와 치드케누 (예레미야 23:6) – 우리의 의가 되시는 하나님

여호와 삼마 (에스겔 48:35) – 거기 계시는 하나님

임마누엘 (이사야 7:14) – 우리와 함께하시는 하나님

주 하나님 – 우리의 주인 되신 하나님

예수 (히브리어:예슈아) – 자기 백성을 죄에서 구원하실 하나님

그리스도 (히브리어:메시아) – 기름 부음 받으신 예수님

성령님 – 영이신 하나님

그 후로 2013년 이스라엘에 갔을 때 12지파를 상징하는 깃발이 각각 있는 것을 그곳에서 처음 보았습니다. 그때 저는 학교, 회사, 부대, 나라마다 깃발이 있고 전쟁에 나갈 때 깃발을 앞세우고 가는 모습이 성경에 나온다는 사실을 새롭게 알게 되었습니다. 이렇게 전통교회와 다른 예배의 모습과 가르침 때문에 이단이라고 오해를 받는 부분들이 있어서 사부님이 지금 그것을 이야기하고 있는 것입니다.

우리 가족부터 연합시키신 하나님

그날의 이야기로 다시 돌아가, 사부님과 저의 불편한 대화를 듣고 있던 딸이 분위기를 좀 바꿔 보려고 말을 꺼냈습니다.

"싸워도 저녁은 먹고 싸웁시다."

"난 저녁을 못 먹을 것 같으니까 네가 아빠 모시고 가서 맛있는 거 사 드려라."

"나도 저녁 안 먹는다!"

그러자 딸은 그냥 혼자 나가 버렸습니다.

저는 소파로 가서 사부님 옆에 앉아 부드럽게 이야기를 했습니다.

"여보~ 나라고 그런 일을 하고 싶어서 하겠어요?"

"물론 위에서 다 시켜서 한다고 그러겠지? 다 자기 합리화야!"

사부님은 손가락으로 하늘을 가리키며 믿을 수 없다는 듯이 말했습니다.

"그럼 당신이 볼 때 내가 이단이에요? 내가 귀신의 소리를 듣는 사람이
    에요?"

"아무튼 더 이상 말 시키지 마! 나는 안 갈 테니까 계약금만 떼이고 말어!"

그리고는 자기 서재로 들어가 버렸습니다.

저는 그날 밤에 울면서 하나님께 기도했는데 이렇게 말씀하셨습니다.

**"네 남편의 강한 이성과 종교의 영을 이번 기회에 내가 만져서 깨뜨리
    기를 원하노라."**

다음날 사부님은 아침 일찍 식사를 하고 자전거를 타려고 나가면서 또
한 번 제게 못을 박았습니다.

"분명히 말하는데 난 안가! 알았어?"

"그럼 그 위험한 곳에 나 혼자 보내고 당신 마음이 편하겠어요?"

"물론 편하지야 않겠지! 그렇지만 난 이성으로 도저히 이해가 안 되는
    일은 할 수 없는 사람이야!"

"여보~ 그 이성도 하나님이 주신 거잖아요?"

"시끄러워!"

그렇게 화를 내고 다시는 돌아오지 않을 사람처럼 쌩하고 나가버렸습
니다. 저는 너무 답답하고 어찌해야 좋을지를 몰라 소파에 앉아있는데
눈물이 줄줄 흘렀습니다. 그때 마침 회사 기숙사에서 생활을 하고 있던
아들에게서 전화가 왔습니다. 그렇지 않아도 답답해서 울고 있는데 아들
의 전화를 받자 소리 내어 울고 말았습니다.

"엄마! 울어? 아빠 아직도 화나셨어요? 어제 누나한테 들었는데~ 내가 아빠한테 문자드릴 테니까 너무 염려하지 마세요. 잘 될 거야~! 그래도 아빠가 엄마 사랑하잖아~"

어제 혼자 저녁 먹으러 나간 딸이 아무래도 쉽게 수습될 분위기가 아니니까 동생한테 전화를 한 모양입니다. 그런데 아들이 왠지 그 시간에 전화를 하고 싶어서 했다고 합니다.

정말 기가 막히게 타이밍을 맞추시는 하나님!

아들도 아빠의 성품을 잘 아니까 그런 아빠도 이해가 되고, 평범하지 않은 길을 가야 하는 엄마를 생각하면 또 안쓰럽기도 하고 그래서 아빠한테 전화로는 차마 이야기할 용기가 나질 않아 문자를 드린다고 하는 것 같았습니다. 그날 자전거를 타고 오후 늦게 집에 들어온 사부님 표정이 아침보다는 좀 풀린듯하며 부드러워진 것 같이 보였습니다. 아마 아들이 문자를 한 것 같았습니다. 저는 눈치를 보며 그날은 별 이야기 없이 지나가고 밤에 하나님께 간절히 기도만 하고 잠에 들었습니다. 다음 날 아침 식사 후에 기도를 하고 있는데 하나님께서 **"네 남편과 이야기를 마무리 지어라."**라고 하셨습니다. 그래서 서재에 노크를 한 후 이야기 좀 하자고 했더니 불편한 기색으로 나와 소파에 앉았습니다.

"여보, 당신에게 정말로 조금도 피해 주지 않을 테니까 그냥 같이 가기만 해 줘요~ 가서 나를 모르는 사람처럼 따로 떨어져서 다녀도 좋아요."

"당신 이러는 거 다 자기 합리화야!"

"여보~ 내가 뭐 때문에, 나도 다른 사람들처럼 그냥 가서 구경만 하고 싶지, 자기 합리화를 시키면서까지 공안들 눈치 보며 그런 일을 하고 싶겠어요? 내가 그동안 어떻게 하나님의 말씀을 순종해 왔는지 당신이 잘 알잖아요?"

그리고 저는 사부님의 손을 두 손으로 꼭~ 감싸 잡은 뒤 단호하면서도 간절하게 말했습니다.

"여보~ 제발 부탁인데 당신에게 조금도 피해 주지 않을 테니 같이 가기만 해 줘요. 정말이지 가서 따로따로 떨어져 다녀도 괜찮다니까~ 정말이에요."

"그래! 그럼 가서 사람들 눈에 띄게 엉뚱한 짓 하면 안 돼!"

"알았어요. 절대로 당신에게 피해 주지 않을게요."

이렇게 우리 부부가 극적인 화해를 하고 연합을 이룬 후 시계를 보니 10시 5분 전, 그날은 바로 트럼프 대통령과 김정은이 싱가포르에서 10시에 북미협상을 하는 날이었습니다. 2018년 6월 12일 9시 55분, 역사적인 시간을 5분 앞두고 우리 부부가 먼저 연합한 것입니다.

2018년 6월 12일 북미 정상회담

사랑과 연합을 가장 좋아하시는 하나님이 우리나라 통일을 위해 미션을 수행하러 가야 하는 우리 부부를 북미정상회담 직전에 예언적으로 먼저 화합을 시키셨습니다. 뿐만 아니라 이일에 우리 가족 모두가 마음이 하나로 연합되도록 이끄셨습니다. 우리 부부는 남다른 마음으로 북미정상회담을 관심 있게 지켜보며 곧 통일이 이루어지기를 기대했습니다. 그런데 점심식사 후 바람을 쐬러 다녀온다던 사부님이 포도주 한 병을 들고 온 것입니다. 그리고 하는 말이 **"가게에 살게 있어서 들어갔더니 마침 포도주를 세일하기에 사 왔어."**라고 합니다. 얼마나 놀라운 일인지! '하나님이 하시면 이렇게 마음을 바꾸시기도 하는구나!' 그저 감동일 뿐이었습니다. 다음날 저는 사역에 가져갈 소금을 깨끗한 지퍼 백에 넣고, 기도 중에 광개토대왕릉에 5개, 장수왕릉에 4개, 백두산에 3개를 묻으라는 마음을 주셔서 심고 올 기도문을 땅 속에 묻기 좋게 작게 복사해 4등분으로 접어 돌돌 말은 것 7개와, 4등분으로 접기만 한 것 5개를 준비해 모두 12개를 준비했습니다.

미션담당에 필요한 포도주, 소금, 기도문

드디어 출발하는 날이 되어 아침에 일어났는데 오른쪽 발이 갑자기 퉁퉁 부어있고 아파서 걷기가 불편했습니다. '어제 무리한 일도 없는데 이게 무슨 일이지?' 생각해보니 영적 공격과 방해라는 마음이 강하게 들어, 대적 기도를 선포하고 수지침으로 피를 빼고 파스를 붙이고 할 수 없이 샌들을 신고 출발했습니다. 그리고 공항으로 가는 길에 '이렇게 중요한 일을 감당하러 가는데, 영적 공격이 있을 것을 예상하고 먼저 대비하여 기도하지 못한 것이 실수'였다는 사실을 깨닫게 되었습니다.

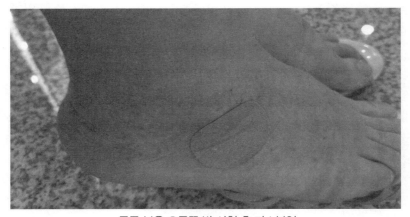

퉁퉁 부은 오른쪽 발 사혈 후 파스붙임

공항에 모였더니 무슨 이유인지 20명이라고 했던 인원 중 17명만 와있었습니다. 갑자기 비자가 나오지 않아 못 가는 경우도 있다고 여행사에서 이야기를 하더니 아마도 그런 모양입니다. 아무튼 그곳에 도착하면 35인승 버스가 나온다고 하는데 저는 너무 기뻤습니다. 왜냐하면 한 사람씩 앉아서 가도 되니 옆 사람 신경 쓰지 않고 마음껏 기도할 수 있을 것이기에, 얼마나 감사한지 하나님의 인도하심을 또 느끼게 되었습니다.

중국에 도착해서 첫 번째 일정이 압록강을 유람선으로 관람하는 것이 었는데, '사람이 많은 큰 유람선을 타고 가며 소금을 뿌리는 것이 가능할까?'라고 생각하던 차에, 보트를 타고 북한 땅 가까이 가는 옵션이 있다고 해서 우리는 30$를 더 내고 그것을 선택했습니다. 그리고 둘씩 나란히 4팀이 앉는 보트 맨 뒤에 먼저 자리를 잡았습니다. 저는 세 등분으로 미리 나누어 둔 소금 한 봉지를 가방에 넣고 갔는데, 기도를 선포하며 마치 강물에 손을 담그는 것처럼 하면서 가방에서 소금을 한 줌씩 꺼내 물에 뿌리고 넣고 하면서 미션을 감당했습니다. 앞사람들은 사진을 찍느라 여념이 없었고, 제 기도 소리는 보트 엔진 소리에 묻혀 전혀 들리지 않아 기도하기에도 딱 좋았습니다. 사부님은 앞사람들 눈치를 살피며 사진을 찍고 있었습니다. 우리는 북한 땅 바로 앞까지 가서 그곳에서 일하는 사람들도 보고, 보초를 서고 있는 군인들에게 말도 건넸는데 저는 웬일인지 가슴이 뭉클함을 느꼈습니다.

압록강에서 본 북한 병사들

그리고 광개토대왕릉을 갔는데 공안들이 곳곳에서 지키고 있었습니다. 날씨는 맑고 쾌청해서 좋았고, 광개토대왕릉은 얼마나 넓은지 정말 그 이름답다는 생각이 들었습니다. 그런데 왕릉 한쪽에 돌계단을 놓아서 사람들이 올라가 왕릉 안에 관을 놓았던 자리까지 관람할 수 있도록 되어 있었습니다. 왕릉의 중간중간이 훼파되었는데도 보수하지 않고 그대로 둔 채 완전히 관광 목적으로만 이용하고 있는 것이 보여 가슴이 아팠습니다. 가이드도 그런 이야기를 하면서 화가 난다고 하더니 자기는 여러 번 왔으니 우리만 한 바퀴 돌아보고 오라고 하면서 따라오지 않았습니다. 저는 너무 다행이라고 생각하며 일행들보다 뒤에 가다가 눈치를 보아 왕릉 가까이까지 들어가 큰 바위 뒤 왕릉 틈에 기도문을 넣었습니다. 그런 저의 모습을 본 사부님은 빨리 나오라고 소리를 쳤지만 저는 "얼른 사진이나 찍어요." 하면서 미션을 수행하자 사진을 찍어주었습니다.

광개토대왕릉 바위틈에 기도문 넣고 있음

그렇게 동서남북 사방에 기도문을 심고 드디어 봉분 꼭대기에 올라가 관이 놓였던 자리에 갔을 때, 일부러 다른 사람들이 다 나올 때까지 기다렸다가 마지막에 들어가 관이 놓였던 자리 갈라진 바위틈에 기도문을 끼워 넣었습니다. 그런 저를 보고 있던 사부님은 빨리 나오라고 하며 "CCTV가 있는데 어쩌려고 그러느냐?"라고 하기에 그 순간 제가 아주 단호한 눈빛으로 쳐다보았습니다.

'내가 이곳에 온 목적은 이 일을 수행하러 왔어요.'라는 뜻을 담은 무언의 매서운 눈빛을 본 사부님은 그때부터 아무 말도 하지 않고 협조적으로 나왔습니다.

다음으로 장수 왕릉을 갔는데 그곳은 정말 관리가 잘 되어 있었고 왕릉 주변에서만 볼 수 있게 되어있었습니다. 그리고 공안들이 자주 다녔는데 저는 사진을 찍는 척 하면서 왕릉 주변에 세워놓은 커다란 돌비 뒤로 가 왕릉을 쌓은 돌 틈 사이 사방에 기도문을 넣었습니다. 이렇게 왕릉 미션은 모두 완수했습니다. 드디어 백두산을 가기 위해 가까운 숙소까지 이동해 가는데, 차 안에 라디오가 틀어져 있어서 작은 소리지만 오랜 시간을 혼자 앉아 가며 마음껏 기도 할 수 있어서 좋았습니다. '이 땅 전체에 있는 죄악의 요소들이 성령의 불로 깨끗이 태워지고 주님의 보혈로 정결케 되어 새로운 땅으로 재창조 되고 이곳 사람들이 믿음의 사람들로 거듭난 것을 예수 그리스도의 이름으로 선포하며 축복하고' 주님의 보혈을 계속 뿌리며 약 5시간을 달려서 숙소에 도착했습니다. 가이드가 내일 아침 다섯 시에 숙소에서 출발이니 오늘 저녁은 일찍 주무시고 4시 50분까지 나오라고 하면서, 만일 늦으면 백두산에 오르는 사람들이 많아 올라가는데 시간이 너무 오래 걸려 스케줄 소화하기가 힘들게 되기 때문에 내일은 아침 식사를 간단히 차 안에서 먹으며 간다고 말했습니다. 다음날 아침 새벽 4시에 일어나 밖을 보니 비가 오기 시작했습니다. 봉지에 담아 배식된 식사는 삶은 계란 1개, 작은 소시지 1개, 작은 빵 1개, 우유 하나인데 그동안 여러 나라의 많은 컨퍼런스를 참석해 봤지만 이렇게 일찍 일어나 식사도 부실하게 하고 강행군을 한 적은 처음이었습니다.

그런데 가는 동안 비가 계속 내렸습니다. 비는 백두산 정상 바로 아래까지 가는 셔틀버스를 타는 곳에 도착할 때까지 계속 내렸고, 셔틀버스로 갈아타자 그치기 시작했습니다. 가이드가 이런 날씨에는 안개가 많이 껴서 천지를 구경하기 힘들 거라고 했습니다. 저는 이왕이면 구경할 수 있도록 맑은 날씨를 주시라고 기도하며 정상으로 향하는 버스에 올라탔습니다. 그때 사부님이 엉덩이가 축축하다며 가방에서 무언가 새는 것 같다고 해서 배낭을 받아 열어보았습니다. 포도주를 편리하게 뿌리기 위해 사람들 눈에 마치 커피처럼 보이려고 윗 뚜껑을 옆으로 돌리면 구멍이 나와서 따를 수 있는 머그컵 텀블러에 포도주를 붓고 깨끗한 지퍼백에 담고 혹시나 샐 것에 대비해 다른 두꺼운 새 비닐봉지에 한 번 더 담아 배낭에 넣었는데, 차 안에서 흔들리는 중에 뚜껑이 밀리면서 포도주가 흘러나와 샌 것입니다. 그런데 신기한 것은 '어떻게 두꺼운 새 지퍼백에서 샐 수 있었을까? 그리고 한 번 더 두꺼운 새 비닐봉지에 넣었는데?' 의아해하며, 가방 밑에 손수건을 깔고 일단 수습을 한 뒤 괜찮을 거라며 사부님에게 다시 건네주었습니다.

버스를 타고 40분 정도 올라가 내렸는데 8시 정도 됐을까, 이른 시간이고 비가 온 날씨인데도 사람들이 정말 많았습니다. 가이드 말로는 요즘 중국 사람들 형편이 좋아져서 방학 동안에 여행을 많이 하기 때문에 8월에는 절대 오지 않는 게 좋다고 했습니다. 가이드는 점심은 내려와서 먹을 테니 너무 늦지 않게들 내려오라고 하면서, 요즘 천지는 내려가지 못하게 막았다고 안내를 한 후 본인은 휴게소에 머물렀습니다. 정상을 향해 올라가는데 바람이 얼마나 세고 차가운지 그리고 안개가 마치 비처럼 차갑게 얼굴을 때려서 저는 배낭에 있던 비상용 비옷을 입고 모자를 썼는데도 한겨울처럼 추웠습니다. 6월 중순인데도 산 중간중간에 눈과 얼음이 곳곳에 있었습니다. 그런데 신기하게도 **십자가 모양**으로 **눈**이 쌓인 채 얼어 있는 곳이 있어서 저는 그 앞에서 기념사진을 찍었습니다.

백두산 십자가얼음 앞에서

'천지를 내려갈 수 없다면 어떻게 소금을 뿌려야 하나' 생각하면서 정말 안개가 너무 짙어 앞이 잘 보이지 않는 길을 올라가는데, 공안들도

지금도 살아서 역사하시는 하나님

날이 추우니까 대피소나 휴게소 같은 곳에 머물며 잘 통제를 하지 않았습니다. 저는 다행이다 싶었습니다. 중간에 사진을 찍도록 만들어 놓은 장소가 있었는데 뒤를 보니까 백두산 정상에서 물이 흘러 천지로 들어가는 계곡이 보였습니다. 저는 기회는 이때다 싶어 사진을 찍은 후 잽싸게 그 계곡으로 달려가서 소금을 뿌리며 선포기도를 했습니다. 어찌 보면 **'이곳이 정말 천지 물의 근원이겠구나!'** 생각하며 감사기도를 드렸습니다.

백두산 정상에서 천지로 흘러가는 물에 소금을 뿌리며 선포

그리고 나올 때 혹시라도 공안이 뭘 했느냐고 물으면 기념으로 돌을 주웠다고 하려고 돌 다섯 개를 주워 나왔습니다. 가져갈 수 없다고 하면 그냥 버리면 되니까, 그런데 공안들은 보이지 않고 사부님이 미션을 감당하는 저의 모습을 보고 사진을 찍고 있었습니다. '할렐루야! 멋지신 하나님! 이렇게 호흡을 맞추게 하시다니...!' 드디어 백두산 정상에 올라 아래를 보니 안개만 자욱해 사방이 분별되지 않았지만, 저는 정상을 한 바퀴 돌며 북한을 위해 그동안 선포해왔던 기도를 드렸습니다. 그곳에

는 북한 공안들이 총을 메고 두 명씩 다녔습니다. 저는 그들의 눈치를 보며 운동화 끈을 묶는척하며 엎드려서 세 군데 땅속에 기도문을 심었습니다.

백두산 정상에 기도문을 심고 있음

사부님도 이제는 알아서 저를 보호하며 사진을 찍는 임무를 스스로 충실하게 감당하고 있었습니다. 백두산 정상에서의 미션을 다 감당하고 장군봉에서는 사람이 많아 순서를 기다려 기념사진도 찍었습니다. 정상에서 조금 내려와 쉼터에 앉자, 사부님이 "이거 어떻게 해?"하면서 포도주 컵을 내미는데 지퍼백에 들어있던 텀블러에서 포도주가 다 새고 종이컵 4분의 1 정도밖에 남아있지 않았습니다. 저는 그것을 받아서 커피를 흙에다 쏟듯이 의자 밑으로 뿌리며 이 땅이 주님 보혈로 정결케 된 것을 선포하고 기도했습니다. 그런데 신기한 것은 '어떻게 포도주가 이것만 남았을까?!'라는 사실입니다. 가방 밑에 깐 손수건도 많이 젖어있지 않았습니다. 제가 앞서가며 계속 **선포기도를 할 때 뒤따라오던 사부님의 배낭에서는 그의 걸음걸음마다 포도주가 뚝뚝 떨어져서 우리가 밟는 곳마다**

저절로 정결의식이 행해졌던 것입니다. 그러지 않았다면 백두산을 오르는 길 전체에 포도주를 뿌릴 수 없었을 것입니다. 이성적으로는 용납할 수 없는 사부님에게 하나님의 초자연적인 능력을 조금이나마 직접 경험하게 하신 것이라고 저는 믿어집니다. 어떻게 그럴 수 있었을까요?! 이것은 하나님만이 하실 수 있는 일입니다. 그때 사부님도 남은 포도주를 보며 신기하게 여기는 눈치였습니다. 산에서 내려와 점심식사 후에 금강계곡을 갔는데 저는 가장자리에서 눈치껏 소금을 뿌리며 마지막 미션을 완수했습니다. 이것으로 그날의 일정이 모두 끝이 나고 이번 중국과 백두산 방문의 목적인 저의 임무도 온전히 완수하여 승리를 경험하는 시간이었습니다. 하나님께 감사와 찬송을 올려드립니다.

마지막 미션 장소 금강 계곡

다음날 고구려 시조비가 있는 졸본성(오녀산성)에 들렀는데 날씨가 정말 쾌청하고 좋아 사부님과 몇몇 사람들은 정상까지 다녀왔습니다. 남은 일행들이 기다리는 동안 저는 혼자 성 주변을 한 바퀴씩 돌며 선포기도를 하던 중에 '그런데 왜 백두산에 올라갔을 때만 그렇게 날씨가 좋지 않았을까?'라고 생각하고 있는데, 다 제가 공안들의 눈을 피해 미션을 잘 수행할 수 있도록 그리고 사람들도 평소보다 적어서 좀 더 쉽게 감당하도록 하신 하나의 섭리였다는 마음을 주셔서 또 한 번 감사의 기도를 드렸습니다. 저는 그동안 어느 나라 어디를 가든지 일정이 잡히면 제일 먼저 좋은 날씨를 위해 기도하기 때문에, 1년에 3-4일 정도만 맑은 날씨를 볼 수 있다는 곳에 가더라도 그 혜택을 다 누리고 오는 사람이었기 때문에 그 점이 궁금했습니다. 그런데 이번 백두산은 관광이 아닌 사명을 감당하는 일정이라서 그 목적에 맞는 날씨를 주신 것입니다. 너무도 세밀하고 정확하신 하나님 감사합니다!!!

남북 간에 잠시 화해의 물결이

2018년 2월 8일 강릉에서, 11일 서울에서 북한예술단 삼지연 관현악단이 공연을 한데 이어, 4월 1일에서 3일까지 남한의 예술단이 북한으로 가 남북예술단 합동 공연을 평양에서 가졌습니다. 그리고 2018년 4월 27일 문재인 대통령과 김정은 사이에 '3차 남북정상회담'이 열렸습니다. 한반도의 완전한 비핵화를 공동목표로 확인한 '한반도의 평화와 번영, 통일을 위한 판문점 선언'을 공동 발표했습니다. 같은 해 5월 26일 '4차 남북정상회담'이 문재인 대통령과 김정은 사이에 실무형 성격의 정상회담으로 진행되었습니다. 이어 '5차 남북정상회담'이 9월 18일부터 20

일까지 평양에서 개최되었으며, 군사적 긴장 완화, 비핵화 일정 제시, 경제와 민간분야 협력 재개와 강화 등의 내용이 담긴 '9월 평양 공동선언'과 군사 합의서가 발표되었습니다. 이때 문대통령 부부와 김정은 부부가 백두산에 올라, 천지에서 물을 병에 담는 등 평화로운 모습을 보여주어서 '이제 곧 통일의 문이 열리려나 보다'라고 생각하며, **우리 부부가 미션을 감당한 지 3개월 후**라서 기대를 했었습니다. 또한 2017년에 이스라엘 희년의 기름 부음을 북한에 흘려보내며 '이스라엘의 나팔절'과 동일한 날 '북한 정부 수립 70주년'이 되는 '2018년 9월 9일'에 통일의 문이 열릴 것을 선포하며 기도해왔는데 그런 움직임들이 보여서 감사하며 기도하고 있었습니다.

 하지만 김정은이 2019년 5월 4일과 9일 미사일 도발을 시작해 7, 8, 9, 10, 11월, 2020년 3, 4, 7월까지 총 20차례나 미사일 발사를 하며 남한을 위협해와 평화 협정은 깨져버렸습니다. 그리고 결정적으로 2020년 6월 16일 북한이 갑자기 개성공단에 우리 남한이 설치한 남북공동연락사무소를 폭파하면서 남북의 통일은 다시 기약 없는 일로 멀어져 가고 말았습니다. 저는 '곧 트일 것 같았던 통일의 물꼬가 전혀 트이지 않고 다시 막힌 이유가 무엇일까?' 생각하며 기도를 하는데 하나님께서 이런 마음을 주셨습니다. **'만약 지금 그들의 계획대로 통일의 문이 조금이라도 열린다면, 그것은 오롯이 문재인 대통령의 공로로 돌아가게 될 것이며, 온전한 자유민주주의 국가체제로써의 통일은 이루어지기 어려울 것이다.'**라는 마음과 함께 그러나 주님은 이미 일을 시작하셨다는 감동을 강하게 주셨습니다.

통일을 이루시는 분은 오직 하나님!

　어느 누구라도 **"대한민국의 통일은 하나님이 하셨다"**라고 인정할 수밖에 없는 상황 가운데서 **'하나님이 직접 이루실 것'**이라는 확신을 주셨습니다. 그런데 그 시기가 그리 오래 남지는 않은 것 같습니다. 심은 대로 거둔다고 말씀하셨는데, 그동안 정말 많은 분들이 우리나라 통일을 위해 기도해 왔으며 지금도 기도하고 있고, 또 많은 선교사들을 통해 북한에 성경과 물질을 심으며 눈물과 사랑으로 복음을 전했기 때문에 그 열매들이 머지않아 나타나리라 믿습니다. 하지만 무엇보다도 북한의 지하교회 교인들이 소리조차 낼 수 없어 속으로 울부짖는 절규의 기도를 하나님이 듣고 계시기에 곧 응답하시리라 믿는 것입니다. 그리고 하나님의 뜻에 따라 통일 자금을 위한 씨앗 헌금도 심었고, 예루살렘 희년의 기름 부음도 북한으로 흘려보냈으며, 우리나라 시조들과 북한 사람들의 죄를 대신 회개하는 기도문도 광개토대왕릉과 장수왕릉, 백두산에 직접 묻고 성결을 상징하는 소금과 보혈을 상징하는 포도주를 주님이 말씀하신 장소에 뿌리며 정결 예식을 행하고 통일을 선포했기 때문입니다.

　그러나 인류의 역사, 열방의 통치는 철저하게 하나님의 계획과 주권 아래 이루어지고 있으며, 구속사는 하나님의 때에 정확하게 이루어지므로 믿고 맡길 뿐입니다. 그리고 하나님은 모든 인류를 동일하게 사랑하시기 때문에 헐벗고 굶주린 북한 주민들을 곧 건져내실 것이라고 믿는 것입니다. 이스라엘 백성들을 바벨론 포로생활 70년 만에 고국으로 돌아가도록 이방 나라의 왕 고레스를 통해 역사하신 하나님이, 북한 동포들에게도 휴전선으로 남과 북이 완전히 분단된 지 70년이 되는 2023년에는 어떤 놀라운 일을 행하시리라 기대하며 저는 선포기도 하고 있습니다. (1953년 7월 27일 = 6.25전쟁 휴전협정일) 하나님이 제게 4년 전부터 북한에 내란이 일어나고 **예후** 같은 장군이 일어나 김일성 3대 세습과 주체사상이 무너지도록 기도하라고 하셔서 다음과 같이 계속 기도하고 있는데 서서히 기도 응답의 조짐들이 나타나고 있습니다.

> 북한이 핵무기를 만드는데 들어가는 경제적 통로가 모두 막히고 세계에서 고립되므로, 김정은에 대한 불만 층들이 계속 생겨나고 결속되어, 내란이 일어나 자체적으로 북한 정부가 붕괴되어 북한의 막힌 담이 무너지고 닫힌 문이 열리므로 자유와 평화와 복음의 물결이 강물처럼, 하나님의 은혜와 사랑이 물이 바다 덮음 같이 북한 전 지역과 동포들을 덮고, 예후 같은 장군이 일어나 김일성 3대 세습과 주체사상을 모두 없애므로, 이제 곧 하나님의 방법에 의해 평화적으로 통일이 이루어진 것을 예수 그리스도의 이름으로 선포하며 축복합니다!!!

요즘 신인균의 국방TV를 보면 북한에 여러 가지 변화의 현상들이 보이는데 그중에 반항 세력들이 나타나고 있어서 김정은 쿠데타 위기설과 약탈정권 붕괴설이 나오고 있다고 합니다. 2021년 7월 8일 방송을 보면 RAF(자유아시아방송 : 경제, 인권, 북한뉴스 정보제공)가 보도한 내용을 전달하며 평양 사동구역에서 다량의 전단이 발견되었는데, 그 양이 얼마나 많은지 수거해서 태우는데 3일이 걸렸다고 전하며 전단의 내용은 "우리는 개방을 해야 잘 살 수 있다. 김정은 시대는 끝났다. 김정은을 위해서 일하지 말고 자신을 위해서 일하자. 김여정은 악종...”이라고 하는 김정은 체제와 폐쇄정책에 대해 저항하는 글이 적혀 있었다고 합니다. 또한 백두혈통의 성지라고 하는 삼지연시의 주민이, “우리는 사상이 나빠서 떠나는 것이 아니라 굶어 죽을 수 없어서 중국으로 가 삼시세끼 배불리 먹기 위해 떠나는 것이니 우리를 찾지 말고 다른 사람들을 괴롭히지 말아 달라”는 내용의 편지를 보위부에 남기고 중국으로 탈북을 하며, 위조지폐가 다량으로 발견되고 있어 경제 붕괴의 조짐을 보이고 있는 실정이라고 합니다. 뿐만 아니라, 이 어려운 시기에도 김정은과 관련된 건물을 리모델링하려는지 초호화 건축자재를 싣고 오는 1호 물품 수송차량 7대 중에서 맨 끝에 있는 차만 폭발돼 태워지는 일을 통해 김정은이 상당히 화가 났고, 쿠데타의 전조로 판단하는 사건이 일어났다고 보도했습니다. 김정은과 관련된 1호 차량에 대한 구체적인 정보를 아는 사람이라면 상당한 고위층으로 짐작이 됩니다. 그렇다면 지금 내부에서 분열이 일어나고 있다고 추측할 수도 있습니다. 또 다른 매체를 통해 김정은과 김여정의 건강 이상설이 나오면서 백두혈통 위기와 붕괴설에 힘이 실리고 있는데, 이럴 때 북한 정권이 자유민주주의 국가로 자리매김할 수 있도록 안정적으로 정치체제의 변화를 이끌고 구축할 수 있는 중간 역할을 감당할 인물이 세워지도록 기도해야 합니다. 우리가 자유 평화통일을 이룰 수 있는 예후 같은 강력한 리더십을 가진 사람이 북한에 나타난 것을 선포하며 기도할 때 주님이 통일을 이루실 줄 믿습니다. 또한 남한에서도 내년 3월 9일 대선에서 국민을 다스릴 지혜와 전략을 겸손하게 주님께 구하고 실천하는 사람이 대통령에 선출되도록, 온 국민의 마음이 하나로 모아지기를 위해 기도해야 합니다. 우리 교회에서는 내년

대선 날짜가 정해진 후부터 바로 다음과 같이 예배 때마다 선포하며 기도하고 있습니다.

내년 3월 9일에 있을 대통령 선거에서 우리나라를 위해 하나님이 예비하신 인물이 나오고 뽑힐 수 있도록 성령님 역사하셔서 정치인들이 전략적으로 준비하여 국민들의 마음이 하나로 모아져 주님의 뜻에 합당한 선거가 이루어진 것을 선포하며 축복합니다!!!

2021년 6월에 기도할 때 하나님이 주신 말씀이 바로 통일에 대한 말씀입니다. 남과 북이 하나가 되도록 화평의 언약을 세우시고 통일한국 가운데 하나님의 성소가 세워져 영원토록 거하시므로, 열방이 통일한국은 이방민족을 대표하는 제사장 국가임을 알게 하시겠다는 예언의 말씀을 주신 것입니다.

내가 그들과 화평의 언약을 세워서 영원한 언약이 되게 하고 또 그들을 견고하고 번성하게 하며 **내 성소를 그 가운데에 세워서 영원히 이르게 하리니 내 처소가 그들 가운데에 있을 것이며 나는 그들의 하나님이 되고 그들은 내 백성이 되리라** 내 성소가 영원토록 그들 가운데에 있으리니 내가 이스라엘을 거룩하게 하는 여호와인 줄을 열국이 알리라 하셨다 하라 _ 에스겔 37:26-28

우리를 달아보시는 하나님

저는 63세 꽃다운 나이에 하나님이 문정동에 교회를 개척하라고 말씀하셔서 기도하던 중 지금의 성전으로 인도함을 받고 **"내가 너를 위해 예비한 장소니라."** 말씀하셔서 계약하게 되었습니다. 또 **"설립예배는 언제 드릴까요?"** 기도했더니 부림절에 하라고 말씀하셔서 유대력을 보니 2017년 부림절은 3월 11일과 12일로 11일은 토요일, 12일은 주일이라 3월 11일 토요일에 설립예배를 드렸습니다. 부림절은 유대력으로 아달월(12째 달) 14일과 15일에 이틀간 지키게 되어있는데 우리가 쓰는 태양력으로는 2월 말경이나 3월 초가 됩니다.

한 규례를 세워 해마다 **아달월 십사일과 십오일을 지키라** 이 달 이 날에 유다 인들이 대적에게서 벗어나서 평안함을 얻어 **슬픔이 변하여 기쁨이 되고 애통이 변하여 길한 날이 되었으니 이 두 날을 지켜 잔치를 베풀고 즐기며 서로 예물을 주며 가난한 자를 구제하라** 하매 _ 에스더 9:21-22

'부림절'의 유래는 아말렉 족속 하만이 유대인들을 멸절시키기 위해 제비를 뽑아 날을 정하고 유대인 모르드개를 달기 위해 50규빗(약 25m)이 되는 장대를 세웠는데, 모르드개의 사촌 여동생 에스더(모르드개의 삼촌 아비하일의 딸 곧 모르드개가 자기의 딸 같이 양육하는 에스더가... _ 에스더 2:15) 왕후가 "죽으면 죽으리라" 결단하고 3일간 단식한 후 왕 앞에 나아가 고하므로, 제비 뽑힌 그날에 아말렉 족속들이 멸절당하고 하만이 모르드개를 달려고 세운 장대에 자신이 달려 죽임을 당한, 그야말로 유대민족이 통쾌하게 역전승한 날입니다. 그러므로 하나님이 저희 교회를 부림절에 설립하게 하신 이유는 **"슬픔이 변하여 기쁨이 되고 애통이 변하여 길한 날이 되었으니 이 두 날을 지켜 잔치를 베풀고 즐기며 서로 예물을 주며 가난한 자를 구제하라"**라는 부림절의 축복이 이 교회에 들어오는 사람들 모두에게 있을 것이라는 하나님의 예언적인 뜻이 있으시기 때문입니다.

그리고 교회 이름을 **"라마나욧 교회"**라고 주셨는데 **'라마나욧'**은 **다윗**이 사울을 피해 **사무엘**과 함께 **'하나님의 영광'** 가운데 머물렀던 **'성령의 임재'가 충만했던 곳**으로, 사울이 다윗을 죽이려고 그곳에 전령들을 세 번이나 보냈지만 모두 하나님의 영이 임하여 예언을 하고, 사울 자신도 그곳에 들어서자 자기 옷을 벗고 예언을 하게 되었던 장소로, 이러한 라마나욧의 기름 부음이 저희 교회에도 있을 것이라는 하나님의 강력한 약속의 말씀입니다.

이처럼 교회 이름과, 장소, 설립일까지 하나님의 세밀한 인도하심에 따라 **"라마나욧 교회"**가 세워지게 되었습니다.

다윗이 도피하여 **라마**로 가서 사무엘에게로 나아가서 사울이 자기에게 행한 일을 다 전하였고 **다윗**과 **사무엘**이 **나욧**으로 가서 살았더라 어떤 사람이 사울에게 전하여 이르되 다윗이 라마 나욧에 있다이다 하매 사울이 다윗을 잡으러 전령들을 보냈더니 그들이 선지자 무리가 예언하는 것과 사무엘이 그들의 수령으로 선 것을 볼 때에 **하나님의 영**이 사울의 전령들에게 임하매 그들도 예언을 한지라 어떤 사람이 그것을 사울에게 알리매 사울이 다른 전령들을 보냈더니 그들도 예언을 했으므로 사울이 세 번째 다시 전령들을 보냈더니 그들도 예언을 한지라 이에 사울도 라마로 가서 세구에 있는 큰 우물에 도착하여 물어 이르되 사무엘과 다윗이 어디 있느냐 어떤 사람이 이르되 **라마 나욧**에 있나이다 사울이 **라마 나욧**으로 가니라 하나님의 영이 그에게도 임하시니 그가 **라마 나욧**에 이르기까지 걸어가며 예언을 하였으며 그가 또 그의 옷을 벗고 사무엘 앞에서 예언을 하며 하루 밤낮을 벗은 몸으로 누웠더라 그러므로 속담에 이르기를 사울도 선지자 중에 있느냐 하니라

_ 사무엘상 19:18-24

그런데 하나님은 설립예배를 드리기 전 40일간 준비하며 기도하라고 하셨습니다. 그래서 날짜를 따져보니 먼저 있던 교회가 2017년 1월 29일 주일예배를 마지막으로 드리고 떠나기로 해서, 1월 30일, 31일 이틀과 2월 28일~3월 10일까지 정확하게 40일(2+28+10=40)간 기도를 할 수 있었습니다. 모든 일정을 이렇게까지 맞춰주시는 하나님의 세밀하심에 저는 또 한 번 놀랐습니다. 40일을 매일 성전에서 청소도 하고 환경정리도 하며 기도를 드렸는데, 하나님이 날마다 금가루를 뿌려주셨습니다. 꽃잎

위에도, 의자 위에도, 바닥에도, 그래서 금가루를 보기 위해 오는 사람들도 있었고 사진을 찍어가는 사람들도 있었습니다. 40일 기도를 집사님 한 분과 둘이 할 때도 있었고 혼자 할 때도 있었는데, 하루는 아는 권사님이 함께 기도를 하고 집으로 가는 길에 저에게 이런 말을 했습니다.

"목사님! 저는 세상에 수많은 교회가 있는데 하나님이 목사님에게 이 교회를 개척하라고 하신 게 맞는지 의문이 들어요!"

그 말을 듣는 순간 제 머릿속에는 두 가지 생각이 떠올랐습니다. 한 편으로는, 권사님이 저를 사랑하다 보니 '이제는 정년퇴직한 사부님과 여행도 다니시며 인생을 편하게 사실 수 있는데 왜 교회를 개척하셔서 이렇게 고생을 하시나?'하는 안쓰러운 마음과 함께, 우리 교회에 물질적으로 많은 도움을 주고 싶은데 그러지 못하는 안타까운 마음에서 하는 말이라는 생각이 들었고, 또 한 편으로는, '목사님 하나님 음성 제대로 들으신 거 맞으세요?'라는 뜻이라는 생각이 들었습니다. 그래서 그날 밤 저는 하나님께 울면서 기도했습니다. "하나님! 저는 제가 사랑하고, 또 저를 사랑하는 사람들에게 안쓰러운 존재는 되고 싶지 않아요. 그리고 부담스러운 존재는 더더욱 되고 싶지 않아요. 저에게 이 교회를 개척하라고 하신 게 맞나요?"라고 기도했더니 요한복음 3:16절 말씀과 마태복음 28:18-20절의 말씀을 즉시 떠올려 주시며 바로 말씀해 주셨습니다.

하나님이 세상을 이처럼 사랑하사 독생자를 주셨으니 이는 그를 믿는 자마다 멸망하지 않고 영생을 얻게 하려하심이라 _요한복음 3:16

예수께서 나아와 말씀하여 이르시되 하늘과 땅의 모든 권세를 내게 주셨으니 그러
므로 너희는 가서 모든 민족을 제자로 삼아 아버지와 아들과 성령의 이름으로 세
례를 베풀고 내가 너희에게 분부한 모든 것을 가르쳐 지키게 하라 볼지어다 내가
세상 끝날까지 너희와 항상 함께 있으리라 하시니라 _ 마태복음 28:18-20

"그래, 세상에 수많은 교회와 사역자들이 있지만, 내가 그토록 바라는, 단 한 사람도 멸망당하지 않고 구원받기 원하는 그 마음을 알아, 자신들이 무슨 죄를 지었는지도 모르고 저 지옥을 향해 달려가는 열방의 영혼들을 위해 그들을 품고 각 나라 이름 하나하나를 불러가며 그들의 죄를 대신 회개하며, 그들의 구원을 위해 기도하는 사람은 너밖에 없어서 내가 너에게 이 교회를 개척하게 했느니라. 보라! 내가 세상 끝날까지 너와 함께 할 것이며, 이 기도를 하는 자들에게 특별한 상급을 주리라!"

말씀하시며 내면에 그림 하나를 보여주셨는데, 실국수를 삶아 건질 때 쓰는 구멍이 촘촘하고 지름이 약 90~100cm 정도 되는 크기의 비둘기색 깨끗한 플라스틱 새 바구니가 앉은뱅이저울 위에 올려져 있는 모습이었습니다.

"하나님 이게 무슨 뜻인가요?"
"그것이 너의 마음 그릇이란다"
"네?! 그런데 왜 하필 바구니예요?"
"작은 것 까지도 불순물이 다 빠진 상태, 욕심 없이 가벼운 상태, 무엇

을 담아도 소리가 나지 않는 상태, 위로부터 내가 주는 모든 것을 담을 준비가 된 상태를 뜻하는 것이니라."

만약 구멍이 크면 뭉텅뭉텅 빠질 것이므로 촘촘한 바구니로 제 마음을 표현해 주셨는데, 저는 2009년 10월 26일부터 그때까지 8년째 하루도 거르지 않고 **"거듭남의 기도"**를 하며 저 자신을 정결케 하고 있었습니다. 저는 지금도 매일 가족들과 저를 위해 **"거듭남의 기도"**를 하고 있습니다.

"그럼 비둘기 색은 무엇을 의미하나요?"
"비둘기는 평화를 상징하므로 너는 화평케 하는 자이니라. 네가 가는 곳마다 연합을 이루게 하느니라!"
"그런데 왜 앉은뱅이저울에 올려져 있나요?"
"내가 너를 아주 오래전 태어난 이후로 매일매일 달아보고 있느니라."

디지털 저울이 나오기 전, 그러니까 제가 태어났을 때는 앉은뱅이저울을 사용할 때이므로 그때부터 지금까지 매일매일 달아보고 계신다는 말씀이었습니다. 그리고 이 말씀을 떠올려 주셨습니다.

"여호와는 지식의 하나님이시라 행동을 달아 보시느니라"_사무엘상 2:3

저는 너무나 감사해서 펑펑 울었습니다. 제가 하나님께 해드린 것은 정말로 보잘것없는데, 저를 과하게 평가해주시는 하나님의 은혜가 얼마나 큰지 눈이 붓도록 울었습니다. 제가 그동안 한 것은 올해(2021)로 12년째 **거듭남의 기도**를 매일 하고 있는 것뿐인데, 8년째에 작은 불순물까지도 다 빠졌다고 하시니 기도에 대한 확증이었습니다. 같은 해(2017) 7월에 미국 척 피어스 목사님의 **시온의 영광 교회**와, 킴벌리 조 목사님의 **원 뉴맨 교회**, 빌 존슨 목사님의 **벧엘교회** 컨퍼런스에 참석할 기회가 있었는데 그곳에서 이 말씀에 대한 확증의 예언들을 받았습니다. 하나님이 저에게 말씀하신 내용들을 그대로 듣게 하시므로 확증해 주시고 격려해 주시니, 저는 주님 앞에 가는 그날까지 **거듭남의 기도**로 날마다 정결해질 것을 다짐하며 돌아왔습니다.

지금도 다양한 방법으로 말씀하시는 하나님

아주 오래전 결혼 초에, 저는 매일 3시간씩 기도하며 말씀을 읽고 하나님 앞에 머물러 있을 때가 있었는데, 어떤 날은 7시간씩 기도 할 때도 있었습니다. 그렇게 12년을 훈련받는 과정에서 하나님이 환상을 열어주셨고, 방언을 주셨으며, 하나님의 음성이 들리기 시작하자 예언의 은사도 주셨습니다. 그 시간에 하나님이 **"누구에게 전화해 봐라 지금 그가 힘들어하고 있다."**라고 말씀하셔서 전화를 하면 정말로 그가 힘들어하고 있었습니다. 그럼 저는 "하나님! 이 집사님에게 어떤 말씀으로 위로해 주실 건가요?"라고 기도하면 말씀을 주시는데 "집사님~! 지금 집사님을 위해 기도하니까 하나님이 이 말씀을 주시네요."라고 하면 그분이 펑펑 울며 그 말씀에 위로를 받고 회복되는 일들이 여러 번 있었습니다. 우리 그리스도인들은 힘들고 어려울 때 다른 누구의 말보다도 하나님의 말씀에 가장 큰 위로를 받습니다. 그 이유는, 내가 믿는 하나님 아버지가 지금 나의 모든 상황을 다 알고 계시며 함께하신다는 확증이기 때문입니다. 그리고 말씀 자체가 하나님의 언약이므로, 우리에게 그렇게 이루시겠다는 약속이기 때문에 성도들은 그 말씀에 힘을 얻고 회복되는 것입니다.

꿈을 통해서도 말씀하시는 하나님

저는 고난의 도가니 속에서 12년간 혹독한 신앙훈련을 받을 때 이렇게 기도했었습니다. "하나님! 저에게도 요셉과 다니엘처럼 특별한 꿈을 꾸고, 그 꿈을 해석할 수 있는 지혜와 계시의 은사를 주시옵소서!" 날마다 이렇게 기도를 하는 중에 하루는 해석이 어려운 꿈을 꾸었는데, 해석을 주시기를 기도하고 기다리며 5분 간격으로 또 기도하고 기다리기를 20분 정도 했을 때, 가슴이 뻥 뚫리는 듯하며 머리가 시원하게 해석을 주신 적이 있습니다. 이후로는 그렇게 오랜 시간을 기다리지 않아도 해석을 분명하게 주셨습니다. 하나님은 꿈 해석의 은사를 사모함에 대한 저의 인내심을 테스트하신 것 같습니다.

하루는 아는 권사님이 꿈에 제가 나왔다며 해석을 요청해 왔는데 아주 난해한 꿈이라 15분 정도를 집중하며 기도하는데 해석을 주셨습니다. 그분 꿈에 저희 집에 초상이 나서 문상을 왔는데, 제가 만삭이 된 몸을 하고 있어서 '어떻게 저 몸을 하고 장례를 치를까?!'라며 염려를 하고 있다가 꿈에서 깼다고 합니다. 정말 난해한 꿈이라 하나님께 해석을 묻고 기다리기를 5분 간격으로 하고 있는데, 15분쯤 되자 가슴이 시원해지며 선명한 해석을 주셨습니다. 제가 얼마 전 요청을 받고 그분의 가정에 가서 전했던 하나님의 메시지가, 그 가정을 공격하는 사망 권세를 몰아내고 생명을 출산하는 메시지였다는 것입니다. 장례는 죽음을 장사하는 것이므로 사망의 영이 나가는 상황이며 제가 곧 출산을 앞둔 만삭의 몸을 하고 있었다는 것은 새 생명이 태어나는 것처럼 그 가정에 새로운 삶의 축복이 주어지는 메시지를 전한 것이라고 알려주셨습니다. 그래서 제가 아닌, 말씀을 받았던 권사님이 직접 꿈을 꾸게 하신 것입니다. 이 이후로는 바로바로 해석을 주시는 편입니다.

정확한 꿈의 해석은 오직 하나님께 만

2011년 유방암 수술을 받고 회복던 중 열 때문에 항생제 주사를 5대씩 맞아도 열이 떨어지지 않던 권사님이 저를 소개받고 **거듭남의 기도**를 시작한 지 5일 만에 퇴원해 잘 회복하며 지내다가, 6개월 만에 처음으로 정기검진을 가는 날인데 아침에 전화가 왔습니다. 어젯밤에 꿈을 꿨는데 자기 윗니와 아랫니가 다 빠졌고, 지갑을 잃어버렸다는 것입니다. 깨고 나니 너무 불안해 검사를 받으러 가기가 두렵다고 했습니다. 저는 이야기를 듣는 동안 하나님께 계속해서 해석을 달라고 기도했는데, 그야말로 기가 막힌 해석을 주셨습니다. 우리나라의 관습적인 꿈 해몽에서는 윗니가 빠지면 윗사람이 죽고 아랫니가 빠지면 아랫사람이 죽는다고 이야기하고, 지갑을 잃어버린 것은 재물을 잃는다는 뜻으로 한마디로 아주 재수가 없는 꿈인데, 하나님은 전혀 반대되는 해석을 주셨습니다.

우리의 '이'는 본인들의 힘과 의지를 나타내므로 무엇인가를 힘들게 참았을 때, '내가 이를 악물고 참았어!'라고 이야기합니다. 그리고 어떤 사람이 권좌에서 물러나 세력을 잃게 되었을 때 '이빨 빠진 호랑이'라는 표현을 씁니다. 지갑은 우리가 중요하게 여기는 모든 것 현찰, 카드, 신분증 등등을 다 넣어 두기 때문에 어디를 가든지 우리는 지갑부터 챙기는데, 이 꿈은 **"네가 나 외에 그동안 소중하게 생각했던 모든 것을 다 내려놓고 나를 믿으면 내가 너를 확실하게 치유해 주겠다."**라는 뜻이라고 해석해 주셨습니다. 즉 우리가 의지하고 있는 가문, 학벌, 명예, 지위, 재력, 능력 등 사회적인 조건과 개인의 힘과 신념을 생명의 주관자 되시는 하나님 앞에 모두 내려놓으면 하나님이 그의 생명을 책임지신다는 것입니다. 사실 권사님은 이런 모든 면에서 남들이 부러워할 만한 조건을 갖추고 있는 분입니다. 제가 이런 하나님의 해석을 말하자 권사님은 이렇게 말했습니다.

"사실 너무 불안해하면서 아침에 샤워를 하는데, '주님 약속하신 말씀 위에서 성령 인도하는 대로 행하며, 주님 품에 항상 안식 얻으며 약속 믿고 굳게 서리라, 굳-게 서리 영원하신 말씀 위에 굳게 서리, 굳-게 서리 그 말씀 위에 굳게 서리라' 이 찬양을 주셨어요. 하나님만 믿겠습니다. 감사합니다."

권사님은 5년 뒤 완치 판정을 받았고, 이후로 10년이 넘도록 집안의 대소사를 감당하며 지금도 건강하게 잘 지내고 계십니다.

2016년 외국에 사역을 갔을 때 저를 초청한 선교사님이, 누가 보내준 메시지를 보고 영적인 문제로 갈등하며 상담을 요청해왔습니다. 저는 먼저 그 문제에 대한 하나님의 뜻을 묻고 말씀과 꿈으로 응답해 주시라고 기도부터 하도록 권면했습니다. 다음날 선교사님이 어젯밤 꿈 이야기를 하며 자신의 왼쪽 귀 앞에만 구레나룻이 길게 나 있는데 거울을 보고 다른 사람이 깎아줘야 한다고 생각하면서 깼다고 해석을 물어왔습니다. 이야기를 들으며 하나님께 기도를 하는데 즉시 해석을 주셨습니다. 성경에서 오른쪽은 정의와 바른길을 의미하고, 왼쪽은 불의와 옳지 않은 길을 상징하고 있습니다. 그래서 레위기에 보면 제사장 위임식에서 대제사장 아론과 제사장인 그의 아들들의 오른쪽 귓부리와, 오른손 엄지손가락과, 오른발 엄지발가락에 위임식에 드린 숫양의 피를 바르라는 말씀이 나옵니다. 이때 숫양의 피는 주님의 보혈을 상징하므로 율법을 맡은 제사장들은 스스로 정결케 하여 하나님의 말씀만 청종하고, 하나님의 일만 하며 하나님의 명령에만 순종해야 한다는 의미가 있습니다.

> 모세가 잡고 그 피를 가져다가 **아론의 오른쪽 귓부리와** 그의 **오른쪽 엄지 손가락**과 그의 **오른쪽 엄지 발가락**에 바르고 **아론의 아들들**을 데려다가 모세가 그 **오른쪽 귓부리**와 그들의 손의 **오른쪽 엄지 손가락**과 그들의 발의 **오른쪽 엄지 발가락**에 그 피를 바르고 또 모세가 그 피를 제단 사방에 뿌리고 _ 레위기 8:23-24

이 말씀으로 볼 때 꿈의 해석은, 선교사님이 받은 그 메시지의 내용을 하나님이 인정하지 않으신다는 뜻으로 왼쪽 귀 앞에 난 구레나룻으로 표현하셨고, 스스로 결정하지 못해서 다른 사람의 도움으로 해결해야 하는 상황이라, 누가 깎아 주어야 한다고 생각하도록 꿈으로 말씀하신 것입니다. 이일로 선교사님은 바른 결정을 할 수 있었고 계속해서 사역이 확장되었습니다. 그리고 또 꿈을 꾸었는데, 산 위에 크게 눈사태가 나서 산 아래에 있는 선교사님 집 전체를 덮치는데, 자신들은 집 안에서 창문으로 그것을 보고 있는 상황이었다고 합니다. 이때는 선교사님 내외가 거듭남의 기도를 40일 넘게 하고 있을 때였습니다. 산은 하나님을 상징하고 눈은 하나님의 은혜를 뜻하기 때문에, 집안 대대로 내려온 조상들의 죄를 **거듭남의 기도**로 회개하므로 하나님이 깨끗하게 씻어 주신다는 의미로 해석을 주셨습니다.

> 여호와께서 말씀하시되 오라 우리가 서로 변론하자 **너희의 죄가 주홍 같을지라도 눈과 같이 희어질 것이요** 진홍 같이 붉을지라도 양털 같이 희게 되리라 _ 이사야 1:18

그 후에 92세 되신 사모님의 친정아버지가 예수님을 믿으시고 구원받으시는 놀라운 일이 일어났고, 96세까지 열심히 신앙생활을 하시다 노환으로 다음해에 천국으로 가셨습니다. 그리고 형제와 친척 분들 중에도 마음의 문이 열려 한 사람씩 구원의 길로 돌아오고 있어 그 꿈의 응답을 받고 있다고 합니다.

하루는 저희 교회에서 하는 '열방을 위한 중보기도'를 집에서 동참 하고 있는 권사님이 2021년 8월 16일에 꾼 꿈을 문자로 보내왔습니다. "라마 나욧 교회 강대상에 김봉화 목사님이 서 계셨고 상을 받을 사람을 호명하여 부르는 중이었다. 앞서 검은 옷을 입은 한 사람이 나와 있었고, 처음에 김봉화 목사님 그다음에 내 이름을 불러서 나갔는데 김봉화 목사님과 나는 똑같이 주황색 얇은 등산용 잠바를 입고 있었다. 강대상에서 상을 주는 사람도 상을 받는 사람도 김봉화 목사님이다. 꿈에서도 신기했다. 잠시 후 먼저 나와 있던 검은 옷을 입은 사람은 사라지고 보이지 않았고 목사님과 나만 보였는데 그만 눈이 떠졌다. 새벽 5시 10분이다."

저는 하나님께 해석을 물으며 기도했는데 다음과 같은 해석을 주셔서 권사님에게 메시지를 넣었습니다. "주황색은 태양의 색으로 열정, 자신감, 유쾌함, 따뜻함을 나타내는데 등산복을 입었다면 계속 믿음의 산, 기도의 산을 열정적으로 오르고 있다는 뜻입니다. 꿈에서 현직 대통령은 하나님을 의미하며 목사님은 성별에 관계없이 예수님을 상징하는데, 상을 주는 김봉화 목사는 우리 교회라 제 모습으로 오신 예수님이시고, 사라진 검은 옷을 입은 사람은 그동안 권사님이 기도하지 못하게 우리 교회와 분리시키려고 방해했던 악한 영이 떠난 것입니다. **5시 10분의 뜻은** 신명기 5장 10절의 말씀입니다. **"나를 사랑하고 내 계명을 지키는 자에게는 천 대까지 은혜를 베푸느니라"** (신명기 5:10) 주님께 인정받고 상을 받는 자리에 권사님이 함께 해주셔서 감사하고, 귀한 꿈으로 확증 받아주셔서 정말 고맙습니다. 할렐루야! 주님께 감사드립니다."

2017년 하나님은 **"이(열방을 위한 중보) 기도를 하는 자들에게 특별한 상급을 주리라!"** 말씀하시며 제 사역도 함께 인정해 주셨는데, 4년 만에 앞서 우리 교회 개척에 대해 의문을 가졌던 권사님에게 이 꿈을 꾸게 하시고, 저에게 하신 언약의 말씀을 확증해 주시니 얼마나 감사했는지 모릅니다. 이 외에도 수많은 사람들의 꿈에 대한 해석들이 있는데 정말 놀랍고 재미있습니다. 이렇게 하나님은 오늘날에도 사랑하는 자녀들에게 다양한 방법으로 말씀하시며 주님의 사랑과 뜻을 나타내고 계십니다. 그러므로 하나님이 주신 꿈이나 환상은 절대 세상 관습에 따라 해석해서는 안 되고, 오직 하나님께 뜻을 구해야만 정확한 답을 얻을 수 있습니다. 그리고 구하지 않아서 받지 못하는 것이지, 하나님은 구하는 자들에게 신실하게 응답하시는 분이심을 믿어야 합니다.

'영혼의 호흡'은 들숨과 날숨 같은 기도

2015년 출간된 저의 두 번째 책 「기도 응답의 열매들」을 읽은 후, 첫 번째 책의 내용인 **거듭남의 기도**를 하고 있던 집사님이 큐티와 중보기도 모임에서 질문을 했습니다.

"그런데 목사님 **거듭남의 기도**를 언제까지 해야 하나요?"
"제가 오늘 주님께 기도해서 확실한 응답을 알려 드릴게요."

저는 주님 앞에 갈 때까지 해야 된다고 생각했지만, 저도 가끔 기도하기 싫을 때가 있는데 처음 하는 사람들은 얼마나 방해를 많이 받고, 또 기도하기가 싫을까? 그 마음이 이해가 되어 확실한 응답을 받고 싶었습니다. 그날 밤 저는 깊은 묵상 기도 가운데 하나님께 질문했습니다. 하나님의 음성은 잠잠한 가운데 잘 들리기 때문입니다.

"주님! **거듭남의 기도**를 언제까지 해야 하는지 송 집사님의 질문에 확실하게 답변할 수 있도록 말씀해 주세요."

"기도는 영혼의 호흡이다."

"네 맞아요."

"호흡은 무엇으로 이루어졌니?"

"들숨과 날숨으로 이루어졌지요."

"호흡은 언제까지 해야 하니?"

"생명이 있는 한 호흡을 해야죠."

"아니! 호흡을 하는 동안 생명이 유지되는 것이니라."

"아! 네~ 그렇군요."

"우리가 건강하려면 숨을 어떻게 쉬어야 하니?"

"들숨과 날숨이 조화롭게 균형을 이루어야 해요."

"들숨과 같은 기도는 무어라고 생각하니?"

"무엇인데요 주님?!"

"감사기도와 간구기도 이니라!"

예를 들어, 하나님 아버지! 오늘도 건강하게 하루를 시작할 수 있도록 은혜 주심에 감사드립니다. 우리 아들 이번에 시험 잘 보게 지혜 주시고 붙잡아주세요. 남편 승진하도록 도와주세요. 우리 딸 좋은 배우자 만나 결혼하도록 인도해주세요. 우리 구역 식구들 가정 평안하게 해 주셔서 감사합니다......

그다음에는 제가 먼저 질문을 드렸습니다.

"그럼 날숨 같은 기도는요?"

"회개 기도이니라 마가복음 7장 20-23절을 보아라!"

저는 성경을 보고 깜짝 놀랐습니다. **거듭남의 기도** 1번과 3번에 나와 있는 내용이 그대로 기록되어 있었기 때문입니다.

> 또 이르시되 사람에게서 나오는 그것이 사람을 더럽게 하느니라 속에서 곧 사람의 마음에서 나오는 것은 **악한 생각** 곧 **음란**과 **도둑질**과 **살인**과 **간음**과 **탐욕**과 **악독**과 **속임**과 **음탕**과 **질투**와 **비방**과 **교만**과 **우매함**이니 이 모든 악한 것이 다 속에서 나와서 사람을 더럽게 하느니라 _ 마가복음 7:20-23

같은 내용의 말씀이 마태복음 15장 17-20절에도 나옵니다. 위의 말씀은 우리가 땅에 떨어진 사과를 씻지 않고 먹거나 손을 씻지 않고 음식을 먹을 때 더럽다고 하지만, 사실은 그것이 정말 사람을 더럽게 하지는 않는다는 것입니다. 예수님은 이 말씀을 하시기 전 제자들에게 다음과 같이 말씀하셨습니다.

> 무엇이든지 밖에서 사람에게로 들어가는 것은 능히 사람을 더럽게 하지 못하되 사람 안에서 나오는 것이 사람을 더럽게 하는 것이니라 하시고 무리를 떠나 집으로 들어가시니 제자들이 그 비유를 묻자온대 예수께서 이르시되 너희도 이렇게 깨달음이 없느냐 무엇이든지 밖에서 들어가는 것이 능히 사람을 더럽게 하지 못함을 알지 못하느냐 이는 마음으로 들어가지 아니하고 배로 들어가 뒤로 나감이라 이러므로 모든 음식물을 깨끗하다 하시니라 _ 마가복음 7:15-19

사람들이 가장 더럽게 여기는 물체는 바로 사람의 몸에서 나오는데, 막상 인분이 사람을 죽이지는 않는다는 것입니다. 진짜로 사람을 더럽히며 죽음으로 이끄는 것은 바로 마음에서 나오는 악한 생각과 영적인 것들, 즉 우리의 DNA와 골수 가운데 사무쳐 대물림되어 내려온 생각의 악한 뿌리와 우리의 좋지 못한 언어와 행동이라는 것입니다. 이런 것들은 하루아침에 바꿀 수도, 고칠 수도, 변화시킬 수도, 빼버릴 수도 없는 고질적으로 체질화된 아주 지독한 것이므로 오랜 시간 서서히 빼내야 한다는 것입니다. 만약 컵 속에 있는 더러운 물이라면 쏟아버리고 씻은 후 새 물을 부으면 되겠지만 우리 인체의 골수는 그렇지 못하기 때문에, 더러운 물에 계속 맑은 물을 부으면 더러운 것이 서서히 빠져나가고 깨끗한 물이 되는 것처럼, 오래도록 쌓인 죄악의 요소들은 회개 기도로 뽑아내고 그 자리에 주님의 보혈과 성령의 기름을 부어 계속해서 내 영·혼·육을 깨끗하게 씻어내라는 말씀입니다. 그렇다 보니 시간이 걸릴 수밖에 없는데 사람들은 너무나 조급합니다. 문제를 해결 받기 위해서는 끈기가 필요합니다. 그동안 자신들뿐 아니라 조상 대대로 지은 죄가 대물림으로 내려와 DNA 가운데 골수에 사무친 것들이 얼마나 많은데 그 모든 문제를 아주 빨리 단기간에 해결 받기를 원합니다. 또한 문제가 해결될 때도 한 번에 모든 것이 고쳐지는 게 아니라, 오래되지 않은 것부터 차례로 해결되며 아주 오래된 고질적인 문제는 더 많은 시간이 걸리는데, 그 기간은 본인이 얼마만큼 열심히 기도하느냐에 따라 차이가 날 수 있습니다.

하나님이 말씀하신 원리대로 생각하면 그동안 간구 기도만 했던 사람들은 들숨만 들이쉬었던 것과 같습니다. 같은 내용의 간구 기도는 날마다 하면서 **회개, 명령, 선포, 간구**가 조화롭게 들어간 **거듭남의 기도**는 왜 그토록 하기 싫은 것일까요? 그것이 바로 사탄의 전략이기 때문입니다. *"회개는 한 번만 하면 끝나는데 왜 자꾸 회개를 하니?"*라는 미혹의 소리로 회개기도를 하지 못하도록 방해하며 저항하는 것입니다. 그래야 자신들이 머무를 숙주에게서 세력을 잃고 떠나지 않을 수 있으니까 그렇습니다. 우리가 날마다 간구 기도만 해서 모든 문제를 해결 받는다면 그리스도인들의 가정에는 문제가 없어야 마땅합니다. 하지만 그렇지 못한 현실 때문에 하나님은 그것에 대한 영적 원리와 함께 이름 그대로 거듭날 수 있는 **거듭남의 기도**를 주셨고, 성실하게 기도한 수많은 개인과 가정의 회복을 지금도 열방에서 이루어 가고 계십니다.

이렇게 응답을 받고 다음 주 모임에서 이와 같은 원리를 설명하며 하나님의 말씀을 전하자, 한 집사님이 "주님과 함께 호흡하며 걷는다는 말이 무슨 뜻인지 알겠네요."라고 말했습니다. 그런데 그다음 주, 처음에 질문을 했던 송 집사님이 "목사님! 기도는 영혼의 호흡이라서 날숨과 같은 회개 기도를 매일 해야 된다는 목사님의 말씀을 듣고 난 다음날 우리 둘째 아들을 통해 확증 받았어요!"라고 자랑스럽게 이야기를 했습니다. 내용인즉, 둘째 아들이 당시 20대 초반으로 대학생이었는데 영적인 은사가 있어서 환상도 보고 주님의 음성도 들을 수 있었답니다. 그런데 그 아들이 제 이야기를 들은 다음 날 아침에 "엄마! 어젯밤에 하나님이 저에게 **"사람은 호흡을 할 때마다 죄를 지으니까 너는 오늘 밤부터 회개 기도를 하고 자라!"**라고 말씀하셔서 생각나는 것은 회개하고 잘 모르는 것은 방언으로 기도하고 잤어요."라고 말했다는 것입니다. 그 이야기를 듣는데 저는 이해 되지 않는 부분이 있어서 질문을 했습니다.

"정말 사람이 <u>호흡을 할 때마다 죄를 짓는다</u>고 하셨대요?"
"네~ 그렇게 들었어요."
"그래요~ 아드님을 통해 확증해 주시니 감사하네요."
말은 그렇게 했어도, 저는 "사람은 호흡을 하는 동안 죄를 짓는다"라고
하면 이해가 되겠지만, "호흡을 할 때마다 죄를 짓는다"라는 것은 이해
가 되지 않아 그날 밤 하나님께 또 질문을 했습니다.

"하나님! 어떻게 사람이 호흡을 할 때마다 죄를 짓나요?"

그러자 몇 가지 상황을 떠올려 주셨는데 하나는, 한 번은 제가 20대 초
반 여자아이의 노출이 너무 심한 옷차림을 보고 엄마 입장에서 그를 걱정
스러워하며 '저 아이는 자기 몸이 얼마나 귀한데 저렇게 자기로 인해 많
은 남자들이 죄를 짓게 만드나!'라고 생각한 것이 결국 그를 판단하며 정
죄했던 것이라는 사실과, 또 한 가지는 제가 뙤약볕에서 버스를 기다리던
중에 버스가 와서 타려는데 어떤 사람이 갑자기 뛰어와 먼저 타는 모습을
보고, 순간 속으로 '뭐 저런 사람이 다 있어?!'라며 잠시 그를 미워하고 판
단한 모습이었습니다. 하지만 저는 그가 잘못한 것이 사실이기 때문에 제
생각이 죄라는 것을 전혀 모르고 있었던 것입니다. 그리고 옛날에 영화를
보며 주인공들에게 감정이입이 되어 그들이 억울해하고 분노할 때마다
함께 공감하며 동일한 감정을 품었던 것들을 떠올려 주셨습니다.

'영혼의 호흡'은 들숨과 날숨 같은 기도

눈과 귀를 통해 짓는 죄

우리가 사물을 보는 것은, 렌즈 역할을 하는 눈동자의 수정체에 들어온 그림이나 사물이 망막에 상으로 맺혀 시신경을 통해 뇌세포에 전달되므로 이루어집니다.

* 시각의 성립 경로
빛(그림) → 각막 → 동공 → 수정체 → 유리체 → 망막의 시각세포 → 시각신경 → 대뇌

소리 역시, 외이(귓바퀴)에서 모아진 소리가 외이도(귓구멍)를 통해 달팽이관을 거쳐 청각신경에 의해 뇌세포에 전달됩니다.

* 청각의 성립경로
소리 → 귓바퀴 → 외이도(귓구멍) → 고막 → 귓속뼈 → 달팽이관 → 청각세포 → 청각신경 → 대뇌

이런 과정들이 순차적으로 일어나는 것 같지만, 거의 동시에 이루어지는데 모든 것이 뇌세포에 새겨진다는 것이 중요합니다. 내가 어떤 영화나 드라마를 볼 때, 내 의지와 상관없이 좋지 않은 장면이나 소리들이 나의 뇌세포에 그대로 새겨지기 때문에 나도 모르는 사이 죄의 흔적을 남기게 되고 죄들이 쌓여가는 것입니다. 그러므로 요즘 인터넷 게임을 통해 수많은 어린 자녀들이 죄악에 노출되어있고, 정신세계가 병들어 가고

있는 것을 생각할 때 너무나 안타깝습니다. 우리가 병원이나 미장원 등에서 차례를 기다리는 동안 틀어져 있는 텔레비전에서 좋지 않은 뉴스나 드라마의 장면들을 무심코 보게 될 때, 내 의지와 상관없이 우리의 뇌세포에는 그 장면과 소리들이 새겨지고 있다는 사실이 무서운 것입니다. 이렇게 우리는 매 순간 호흡을 할 때마다 눈으로 보면서, 소리를 들으면서 자의든 타의든 죄를 짓는다는 사실을 깨닫게 해 주셨습니다.

얼굴과 머리에 있는 다섯 가지 문

우리의 얼굴과 머리에는 **눈, 코, 귀, 입, 생각**이라는 **다섯 가지 문**이 있습니다. 이 문으로 어떤 것이 들어와 내 속에 자리하는가에 따라 나의 속사람이 형성되며 영혼의 상태가 결정되는 것입니다. 저의 청소년 시절에는 중학생들이 환각 상태를 경험하려고 본드를 흡입하는 경우가 있었습니다. 지금은 초등학생들도 담배를 피우고 성 경험을 한다고 하니 안타까움을 넘어 정말로 무서운 일이 아닐 수 없습니다. 이렇게 나의 삶을 이끌어가는 다섯 가지 문으로, 성령의 9가지 열매를 맺는 좋은 씨앗들만 들어간다면 얼마나 좋겠습니까? 그러나 우리는 세상에 살고 있기에 그것이 불가능합니다. 또 이 다섯 가지 통로를 세상을 향해서는 완전히 차단하고, 오직 하늘을 향해서만 열어 놓을 수 있다면 정말 좋겠지만 그럴 수 없는 게 현실입니다. 그러므로 사람은 **눈, 코, 귀, 입, 생각**이라는 **다섯 가지 문**으로 수시로 들어온 정결치 못한 것들을 씻어내는 **영혼의 샤워**를 날마다 해야만 하는 것입니다. 이와 같은 원리를 뒷받침하는 연구

결과와 글이 있어서 소개합니다.

생각은 신경외과 의사이다. 우리가 무엇인가를 선택하는 동안 뇌 속의 신경회로가 바뀌기 때문이다. 이처럼 우리는 자신의 뇌를 수술 할 수 있다. 마음을 새롭게 하기로 생각하고 선택할 때, 우리는 뇌를 새롭게 조형 할 수 있다. 그리고 **신경가소성**은 우리 스스로가 마음을 새롭게 할 수 있도록 하나님께서 우리 안에 만들어 놓으신 선물이다. 당신의 인식에 변화가 생긴다면 당신의 생태에도 변화가 일어 날 것이다. 당신은 자신의 삶을 다스리는 사람이지, 인생에 끌려 다니는 희생자가 아니다. 하지만 그리스도 없이 자신의 삶을 다스려서는 안 된다. 기억하라. 그리스도가 포도나무이기에 가지인 우리는 그에게 접붙임 되어야 성장 할 수 있다.

<u>뇌는 생각의 명령을 따른다.</u> **성령의 인도하심**에 따라 당신의 영이 당신의 혼을 통제 할 때, **생각의 황금률**이 이루어진다. 하나님이 창조하신 본연의 모습대로 자아상을 확립해 나아갈 때, 오직 성경의 가르침만이 유일한 토대를 이루어야 한다. 나는 하나님의 말씀의 진리위에 내가 살아가는 세상을 조각하기 원한다. 왜냐하면 나는 과학자이자 신앙인으로서, 우리가 생각에 집중하고 마음에 주의를 기울일 때 변화가 일어난다는 사실을 알고 있기 때문이다.

정신질환이나 심리질환의 대다수가 환경적, 유전적 요인 보다는 우리의 **생각습관**에 기인한다는 연구결과가 있다. 강박장애와 조현병 환자를 대상으로 뇌 연구를 진행했는데, 그들의 생각을 제어하자 부정성에서 긍정성으로 변화한다는 사실을 밝혀냈다. **유해한 생각**은 <u>부정적인 감정을 불러일으키</u>

지금도 살아서 역사하시는 하나님

는 커다란 출입구와 같다. 부정적인 감정은 그 문을 통해 들어와서 사람을 잠식해 버린다. 기억하라 정신이 물질을 지배한다. 하나님의 형상대로 빚어진 우리의 본연은 낙관론이고 건강한 생각이며 긍정적인 태도이다. <u>우리는 하나님이 선사하신 자유의지를 발동하여 선과 악을 선택 할 수 있다.</u>

"무엇을 생각하든, 당신이 가장 많이 생각하는 바로 **'그 생각'**이 성장하게 된다. 그러므로 특정한 하나의 생각을 통해 이 사이클이 반복될수록 그 생각은 더욱 견고해질 것이다. 본질적으로 이것은 **'양자 제논 효과'[3]**의 실례라 하겠다.

필요한 모든 단백질의 변화가 일어나고 완전한 장기기억을 새롭게 구성하는데 자그마치 21일이 소요된다. 이러한 이유로 내가 개발한 **두뇌 해독 프로그램은 21일**간 진행된다. 단지 하나의 생각을 받아들인다고 해서 한 번에 생각의 변화가 일어나는 것은 아니다. **생각의 변화**를 위해서는 **양자 제논 효과**의 **반복체험**이 수반되어야 한다. 이 때 당신의 무의식 속에서는 매일같이 무언가 새로운 일이 일어난다. 대부분의 사람들이 포기하는 시점은 4–5일 정도 지나서이다. 만일 이때 당신이 두뇌 해독 플랜을 포기한다면, 당신의 기억은 변질될 것이다. (기억이 죽어서 열에너지로 전환된다) 더 쉽게 말하면 '까먹는' 것이다."

― 「뇌의 스위치를 켜라」 중에서 ―

「뇌의 스위치를 켜라」의 저자 캐롤라인 리프 박사는 20년간의 실험 연구를 통해 "생물학적 뇌 과학연구는 하나님의 창조성과 위대함을 높이

---

3) 양자 제논 효과 : 끊임없이 측정을 하면 움직이려는 물체가 움직이지 못하게 되는 현상 (어떤 대상을 의지적으로 변화시킬 수 있는 여지를 보여줌)

'영혼의 호흡'은 들숨과 날숨 같은 기도

는 방법이다."라고 말했습니다. 리프 박사는 정신활동의 결과로 뇌가 변형되는 양상을 신경가소성이라고 하며 그것을 통해 "당신의 선택이 뇌를 변화시킨다."라고 주장하고 있습니다. 리프 박사는 '21일 두뇌 해독 플랜'을 해야 하는 이유를 위와 같이 소개하고 있습니다.

하나님이 거듭남의 기도를 40일 단위로 하도록 하신 이유가 증명된 것입니다.

21일간의 놀라운 영적, 육적 변화의 원리

그리고 병원에서 더는 가망이 없다고 판정이 난 환자들이 믿음으로 확신 가운데 생수를 마시며 21일 금식을 하면 살 수 있다는, 하나님이 예전에 제게 주신 메시지도 확증 받게 된 것입니다. 그 원리는, 하나님의 수 3(성부, 성자, 성령)에 하나님이 창조하신 세상을 향해 주신 수 4(사계절, 사절기, 사방위)를 더하면 완전수 7이 되는데, 하나님의 수 3에 완전수 7을 곱한 수가 21이 되기 때문에 그 날 수 동안 우리 몸의 70% 이상을 차지하는 물, 깨끗한 생수를 마시며 혈액을 정결케 하면 세포와 골수 속의 암세포가 죽고 체질이 새롭게 교체가 되는 것입니다. 그런데 그 21일 원리가 생각을 바꾸는 **"두뇌 해독 프로그램"**에도 해당된다니 놀라울 뿐입니다.

영혼의 샤워 거듭남의 기도

같은 원리로, 매일의 삶 가운데 무의식적으로 죄가 들어와 쌓인 우리의 영·혼·육을 **거듭남의 기도**로 정결하게 씻어내는 것이 매우 중요합니다. 하나님이 우리에게 매일 아침저녁으로 얼굴과 손발을 씻게 하시고, 최소 한 번 이상 몸 전체를 씻게 하시는 것은, 우리의 영혼도 매일매일 씻어야 함을 알려주시는 것입니다. 왜냐하면 우리의 **육은 영혼의 옷**이기 때문에 육체(옷)만 씻고 회개를 하지 않는 것은, 몸(영혼)은 냄새가 날 정도로 더러운데 옷만 갈아입는 것과 같은 모양이기 때문입니다. 그리고 매일 하다 보면 회개할 내용이 많이 줄어서 정말 가벼운 마음으로 할 수 있고, 또 사탄의 공격을 미리 차단할 수 있어서 천사들의 보호 속에 평안하게 지낼 수 있습니다.

거룩에 초점을 맞춰서 해야 하는 회개

그리고 하나님의 자녀들은 회개를 죄인의 입장에 초점을 맞춰서 하는 것이 아니라, 날마다 더욱 성결해지기 위해 **거룩**에 초점을 맞춰서 해야 하는 것입니다. 우리가 예수님을 믿기로 결단하고 세례를 받을 때 우리는 이미 그리스도의 십자가 보혈의 은혜로 의인이라 인정함을 받습니다. 그런데 우리의 오래된 생활 습관 가운데 몸에 밴 죄악의 요소들은 우리의 영·혼·육에서 완전히 제거되지 않은 채 이름만 바뀐 상태이므로, DNA와 골수에 박혀있는 죄악의 요소들을 날마다 뽑아내고 그 자리에 성령과 보혈로 채워야만 삶의 모습도 의인답게 바뀌어가는 것입니다. 이 것을 신학적 용어로 **성화의 과정**이라고 하는데, '그리스도'인들은 '그리스도'로 옷 입고 사는 사람들로서 그 이름에 합당하게 영·혼·육이 정결해야만 주님의 능력이 우리의 영·혼·육을 통해 삶 속에서 나타나기 때문입니다. **"내가 거룩하니 너희도 거룩 하라"**라고 말씀하신 대로 하나님의 자녀라면, 성결해야만 하나님이 주시는 영적인 유업을 다 받아 누릴 수 있고, 축복의 통로가 될 수 있습니다. 우리가 깨끗한 음식을 더러운 그릇에 담지 않듯이 하나님이 주시는 것은 모두 정결하고 거룩한데, 그것을 담을 우리의 그릇이 더럽다면 하나님은 주시고 싶어도 주실 수 없어 안타까워하실 뿐입니다. 그런데 이 모든 것은 우리의 선택에 달려있습니다. 육신의 샤워도 날마다 하는 사람이 있는가 하면 며칠에 한번 하는 사람이 있는 것처럼, 영혼의 샤워도 매일 하기로 선택하고 날마다 정결케 할 수도 있고, 아니면 며칠에 한번 할 수도, 아예 하지 않을 수도 있는데 어느 쪽을 선택하든 우리의 자유의지입니다.

예수님이 성만찬 중에 제자들의 발을 씻겨주신 이유가 단순히 섬김만을 강조하시기 위해서일까요? 아닙니다. 물론 섬김의 본을 보이신 부분도 있지만, 주님의 마음은 베드로에게 하신 말씀 속에 잘 나타나 있습니다. "이미 목욕한 자는 발밖에 씻을 필요가 없느니라 온 몸이 깨끗하니라"는 말씀의 뜻은 "주는 그리스도시오 살아계신 하나님의 아들이시니이다"라고 고백한 베드로는 구원받은 백성으로, 이미 원죄와 함께 구원받기 전까지 지은 죄는 사함을 받았지만, 손과 발은 우리의 삶을 의미하기에 앞으로 살면서 짓는 죄를 날마다 씻으라는 의미가 더 크다고 봐야 합니다. 또 "내가 너를 씻어 주지 아니하면 네가 나와 상관이 없느니라"라는 말씀은 **예수 그리스도**의 보혈에 의한 죄 씻음이 아니고는 우리가 구원받을 수 없다는 것을 의미하는 것입니다. 그리고 "**너희가 깨끗하나 다는 아니니라**"는 말씀은 11제자는 베드로와 같은 믿음의 고백이 있기에 죄를 사함 받고 구원받겠지만, *가룻 유다*는 죄에 대한 의식이 없어 회개하지도 않고 믿음의 고백도 하지 않기 때문에 죄를 사함 받지 못해 "다는 아니니라"라고 하신 것입니다.

> 베드로가 이르되 내 발을 절대로 씻지 못하시리이다 예수께서 대답하시되 내가 너를 씻어 주지 아니하면 네가 나와 상관이 없느니라 시몬 베드로가 이르되 주여 내 발뿐 아니라 손과 머리도 씻어 주옵소서 예수께서 이르시되 **이미 목욕한 자는 발 밖에 씻을 필요가 없느니라 온 몸이 깨끗하니라 너희가 깨끗하나** 다는 아니니라 하시니 _ 요한복음 13:8-10

> 보라 내가 속히 오리니 **내가 줄 상이 내게 있어 각 사람에게 그가 행한 대로 갚아 주리라** 나는 알파와 오메가요 처음과 마지막이요 시작과 마침이라 **자기 두루마기를 빠는 자들**은 복이 있으니 이는 그들이 **생명나무에 나아가며** 문들을 통하여 성에 들어갈 권세를 받으려 함이로다 _ 요한계시록 22:12-14

계시록에서 주님이 "각 사람에게 그가 행한 대로 갚아 주리라" 하시며 **자기 두루마기(성도들의 행실)를 빠는 자들은 생명나무에 나아가며 성에 들어갈 권세를 받으려 함**이라고 미래형으로 말씀하시는데, 즉 날마다 회개하여 성결한 삶을 사는 자들이 영생을 얻고 천국에 들어갈 수 있다는 뜻으로 하신 말씀입니다. 그래서 성도들의 옳은 행실을 강조하시며 **"자기 두루마기를 빠는 자들은 복이 있으니"**라고 하시는 것입니다.

> 우리가 즐거워하고 크게 기뻐하며 그에게 영광을 돌리세 **어린 양의 혼인** 기약이 이르렀고 그의 아내가 자신을 준비하였으므로 그에게 빛나고 깨끗한 세마포 옷을 입도록 허락하셨으니 이 **세마포 옷은 성도들의 옳은 행실**이로다 하더라
>
> _ 요한계시록 19:7-8

이 말씀을 보면 주님이 다시 오시는 어린양의 혼인 잔치 때가 이르러서 그의 신부들이 자신을 준비했으므로 빛나고 **깨끗한 세마포 옷**을 입도록 허락하셨는데, 그 **세마포 결혼 예복**이 바로 신부 되는 **성도들의 옳은 행실**이라고 하십니다. 즉 그리스도인들은 세마포, 자기 두루마기를 날마다 빨아서 정결케 하는 옳은 행실의 삶을 살아야만 영생으로 인도하는 구원의 문으로 들어갈 수 있습니다. 그래서 예수님도 언행이 일치하지 않는 사람들은 구원받지 못한다고 하셨습니다.

> 나더러 주여 주여 하는 자마다 다 천국에 들어갈 것이 아니요 **다만 하늘에 계신 내 아버지의 뜻대로 행하는 자라야 들어가리라** 그 날에 많은 사람이 나더러 이르되 주여 주여 우리가 주의 이름으로 선지자 노릇 하며 주의 이름으로 귀신을 쫓아 내며 주의 이름으로 많은 권능을 행하지 아니하였나이까 하리니 그 때에 내가 그들에게 밝히 말하되 내가 너희를 도무지 알지 못하니 불법을 행하는 자들아 내게서 떠나가라 하리라 _ 마태복음 7:21-23

이 말씀의 뜻은 **예수 그리스도**의 이름으로 예언을 하고 많은 권능을 나타내며 사역을 했고 귀신을 쫓아내는 일을 했을지라도, 그들의 삶이 "**내가 거룩하니 너희도 거룩하라**"라는 하나님의 뜻대로 정결하지 못하다면 주님은 그들을 인정하지 않으신다는 두렵고도 단호한 성도들을 향한 경고입니다. 그런데 '어떻게 주님이 인정하지 않는 삶을 사는 자들의 사역 가운데 권능이 나타날 수 있을까?'라는 의문이 생길 수 있지만, 그것은 <u>사망 권세 이기시고 부활하신 **예수 그리스도**라는 이름 자체의 권세이므로 그 이름의 주권자 되시는 주님이 책임을 지시기 때문입니다.</u> 그러므로 믿지 않는 자라도 **예수 그리스도**의 이름으로 선포할 때 능력이 나타날 수 있는 것입니다. 실제로 시험 삼아 예수의 이름으로 선포했다가 그 능력이 나타나 예수를 믿는 사람도 있습니다. 그런 예화가 성경 마가복음과 누가복음에도 나오고 있습니다.

요한이 예수께 여짜오되 선생님 우리를 따르지 않는 어떤 자가 <u>주의 이름으로</u> 귀신을 내쫓는 것을 우리가 보고 우리를 따르지 아니하므로 금하였나이다 **예수께서** 이르시되 금하지 말라 **내 이름을 의탁하여 능한 일을 행하고** 즉시로 나를 비방할 자가 없느니라 _ 마가복음 9:38-39

심은 대로 거두는 법칙

우리의 말과 선포의 능력

2020년 2월 WLI 강사,「기적 안에 걷는 삶」「생명을 선포하라」「초자연적 자유」등의 저자이기도 한 **캐더린 로날라** 목사님의 강의를 듣고 저는 더욱 **거듭남의 기도**가 필요함을 알게 되었습니다. 그분의 전반적인 강의 내용은 **'예언도 창조'**라는 관점에서 **"미래에 일어날 일에 대해 현재 완료형으로 선포하라!"**라는 것이었으며, **"없는 것을 있는 것으로 선포하면 머지않아 그 일이 이루어진다."**라는 것이었습니다. 그래서 그는 가족과 함께 없는 것을 있는 것으로 선포하는 게임을 매일 한다고 했습니다. 예를 들어 상황이 좋지 않거나 몸이 아플 때 그것을 반대로 선포한다는 것입니다. "우리의 모든 상황은 최고로 좋다! 나는 언제나 건강하다!" 그 점에 대해서는 저도 동감하는데 "말이 씨가 되어 결실하기 때문에 우리는 긍정적인 말과 바라는 것을 현재 완료형으로 선포해야 한다." "식물의 씨앗은 흙에 심지만, 말의 씨앗은 공중에 심는 것인데 반드시 말한 대로 이루어진다."라고 저의 두 번째 책 「**기도 응답의 열매들**」에서 이야기했기 때문입니다.

> 스스로 속이지 말라 하나님은 업신여김을 받지 아니하시나니 **사람이 무엇으로 심**
> **든지 그대로 거두리라** 자기의 육체를 위하여 심는 자는 육체로부터 썩어질 것을
> 거두고 성령을 위하여 심는 자는 성령으로부터 영생을 거두리라
> _ 갈라디아서 6:7-8

> 그들에게 이르기를 여호와의 말씀에 내 삶을 두고 맹세하노라 **너희 말이 내 귀에**
> **들린 대로 내가 너희에게 행하리니** _ 민수기 14:28

캐더린 로날라 목사님은 강의를 마치고 질문을 받았는데, 한 자매가 "그렇다면 강사님은 내적치유나 가계치유가 필요하지 않다고 생각하십니까?"라고 질문을 하자 본인도 1년에 한두 번은 내적치유를 받는다고 하면서, 그때 자기 안에 안 좋은 영이 있다고 하면 그 영을 대적하는 기도를 한다고 했습니다. 그리고 아침에 일어나면 사탄이 자기를 쓰러뜨리려고 먼저 준비하고 부정적인 생각으로 공격을 하는데, 예를 들어 그의 어머니가 손가락 관절염으로 고생하셨던 것을 떠올리게 하며 "*너도 손가락이 아파서 반지도 못 끼게 될거야!*"라고 걱정을 주기 때문에, 그것을 반대로 생각하며 의도적으로 선포하고 늘 가족들과 함께 게임을 하면서 승리하게 되었다고 합니다.

로날라 목사님에게는 하나님이 그렇게 승리할 수 있는 영적 원리를 풀어주셨고, 저에게는 **거듭남의 기도**로 기도하여 승리하는 영적 원리를 풀어주

셨기에, 저는 매일 **거듭남의 기도**로 제 영·혼·육의 그릇을 정결하게 하고 있습니다. **거듭남의 기도**는 먼저, 지은 죄들을 일일이 회개하고, 죄악의 연결고리를 끊어내고, 공격하는 영들을 명령하여 물리치고, 주님의 보혈로 덮고 인을 친 후, 성령의 사람으로 거듭난 것을 선포하고, 천군천사를 나의 영·혼·육의 파수꾼으로 세우는 기도입니다. 저는 이 기도를 매일 하다 보니 따로 시간을 내어 내적치유를 받을 필요가 없게 되었고, 날마다 사탄의 공격에서 자유하게 되었습니다. 또한 **거듭남의 기도**로 조상들의 죄를 대신 회개하니 **가계**가 **치유**되어 가문의 환경과 DNA 가운데 내려오는 죄악의 대물림도 끊어지고, 영적 전투의 용사로 세워지게 되었습니다.

인자를 천대까지 베풀며 악과 과실과 죄를 용서하리라 그러나 벌을 면제하지는 아니하고 아버지의 악행을 자손 삼사 대까지 보응하리라 _ 출애굽기 34:7

여호와는 노하기를 더디하시고 인자가 많아 죄악과 허물을 사하시나 형벌 받을 자는 결단코 사하지 아니하시고 아버지의 죄악을 자식에게 갚아 삼사대까지 이르게 하리라 하셨나이다 _ 민수기 14:18

방언 기도와 명령·선포 기도의 차이

얼마 전 영적인 문제가 있는 권사님을 상담했는데, 상담 중에 자기는 방언 기도만 주로 한다고 이야기했습니다. 또 한 자매는 거듭남의 기도를 아는 사모님께 소개하니까 "방언이 능력이 있기 때문에 방언 기도만 하면 되지 굳이 이렇게 기도하지 않아도 된다."라고 이야기했다며 그 말이 맞는지 제게 질문했습니다. 그래서 저는 "예수님이 먼저 내 이름으로 귀신을 쫓아내며 새 방언을 말하라고 하셨기 때문에 그렇게 하는 것이 순서이다."라고 설명했지만, 더 확실하고 분명한 답변을 할 수 있도록 말씀해 주시라고 기도했습니다. 그랬더니 놀랍게도 **방언은 마귀가 알아듣지 못한다.**"라고 하시며, 바울 사도의 말씀을 떠올려주셨습니다. 누구보다도 방언을 많이 하므로 감사하다는 바울 사도가 구체적으로 방언 사용에 대해 설명하고 있어서 더욱 확증을 받게 되었습니다.

> **방언**을 말하는 자는 사람에게 하지 아니하고 하나님께 하나니 이는 **알아 듣는 자가 없고 영으로 비밀을 말함이라**………. 내가 만일 **방언**으로 기도하면 **나의 영이 기도하거니와 나의 마음은 열매**를 맺지 못하리라 _ 고린도전서 14:2, 14

방언 기도는 영으로 하는 기도로써 하나님과 비밀하게 하는 기도이므로 아무도 즉, 사탄도 알아듣지 못한다고 분명하게 말씀하고 있습니다. 그러므로 사탄이 우리의 기도를 방해하며 빼앗아 가지 못하게 하고, 주님과 친밀함 가운데 교제하려면 방언으로 기도해야 하지만 내 마음, 혼 안에 있는 사탄은 떠나지 않기 때문에 열매를 맺지 못한다고 분명히 말씀하고 있는 것입니다. 육체의 환부를 수술하기 위해서는 용도에 따라 **매스, 가위, 바늘, 주사** 등 수술도구가 다양하게 필요한 것처럼, 영적인 치유와 회복을 위해서도 기도의 형태가 **회개, 명령, 선포, 간구** 등으로 상황에 따라 다양하게 필요한 것입니다. 그러므로 치유나 축사를 할 때는 정확하게 그 영의 이름을 하나하나 불러가며 **예수 그리스도의 이름으**

로 명령하고 선포해야만 그들이 듣고 떠나는 것입니다. 그래서 예수님도 먼저 귀신을 쫓아내고 새 방언을 말하라고 말씀하신 것입니다.

> 믿는 자들에게는 이런 표적이 따르리니 곧 그들이 **내 이름으로 귀신을 쫓아내며** 새 방언을 말하며 **뱀을 집어올리며 무슨 독을 마실지라도 해를 받지 아니하며** 병 든 사람에게 손을 얹은즉 나으리라 하시더라 _ 마가복음 16:17-18

또, 이 말씀에 대한 놀라운 영적 원리를 알려주셨는데, '우리 마음에 있는 귀신을 먼저 쫓아내고 깨끗한 상태에서 성령의 언어 방언으로 기도하면, 내 안에 성령의 권능이 충만해져 밖으로부터 공격하는 사탄을 이길 권세가 주어지므로 뱀을 집어 올릴 수 있게 되는 것이며, 또한 성령의 능력이 입혀져 사탄이 가족이나 다른 사람을 통해 나에게 쏘아 붓는 말의 독을 마실지라도 전혀 해를 입지 않고, 오히려 내가 병든 사람에게 손을 얹으면 내 안에 성령의 권능이 치유의 능력으로 나타난다.'라는 말씀이라고 가르쳐 주셨습니다. 할렐루야! 저는 그동안 궁금했던 "뱀을 집어올리며 무슨 독을 마실지라도 해를 받지 아니하며"라는 이 말씀의 비밀을 풀어주셔서 얼마나 감사했는지 모릅니다.

거듭남의 기도를 한 결과

교회를 개척하기 전인 2013년에 하나님의 말씀에 순종해 50일간 이스라엘에 머무르며 기도를 마치고 돌아오자 주님은 저에게 열방의 여러 곳을 다니게 하셨습니다. 2014년에는 미국 캔자스시티에 있는 'IHOP 국제 기도의 집'을 방문해 목회자 컨퍼런스에 참석했었습니다. 그곳에서 세계 적인 선지자 세 분이 저를 위해 기도해 주셨는데 먼저 한 분이 다음과 같 이 이야기했습니다.

"사람들이 목사님을 볼 때 외모만 보고 '이 분이 뭘 할 수 있겠어?'라 고 과소평가 하지만 목사님 안에 **유다의 사자**(예수님)가 있습니다. 목 사님이 가시는 곳마다 어둠이 물러가고 빛이 임하는 빛의 사자이십니 다. 목사님의 입술에는 권세가 있어서 선포하는 대로 이루어집니다. 목사님은 권세의 여인이세요!"

다른 분은 "지금 제게 보이는 그림은 목사님이 아주 큰 지갑을 들고 있 는데 목사님 앞에 많은 사람들이 길게 줄을 서 있어요. 한 사람씩 상담을 하면 목사님이 그 지갑 안에서 처방전을 하나씩 꺼내 주는데, 그것을 가 지고 가서 그대로 한 사람들은 회복이 되어 기뻐하는 모습이 보입니다. 그리고 몇몇 사람에게는 목사님이 돈을 주시는 모습도 보입니다."

마지막 분은 "목사님은 무명한 자 같지만 영계에서는 유명한 분이십니 다. 사탄이 목사님을 보면 무서워 떨며 달아납니다. 목사님은 천사들도 존귀하게 여기는 분입니다. 목사님은 영적 거장이세요!"라고 했는데, 이 동일한 예언을 **2019년 주의 길을 예비하라 컨퍼런스**에서 다른 선지자로 부터 듣게 되었습니다.

그런데 저는 그때까지 단 한 번도 '제가 영계에서 유명한 사람이 되게 해

주세요. 영적 거장이 되게 해 주세요.'라고 기도한 적이 없었습니다. 다만, 매일 **거듭남의 기도**를 성실히 하며 중보까지도 **거듭남의 기도**로 하고 있었는데, 그것은 지금도 마찬가지이며 거의 하루도 거르지 않고 기도를 하고 있습니다. 만약 컨퍼런스 참석차 해외를 나가거나 여행을 가게 되면, 기도문을 녹음해서 이어폰을 끼고 이동 중에 차 안에서 들으며 영으로 기도합니다. 제가 이 간증을 하는 것은 자랑을 하려는 것이 아니라, 여러분이 매일 성실하게 **거듭남의 기도**를 한다면 여러분도 틀림없이 영계에서 유명한 영적 거장이 될 것이라는 뜻을 전하고 싶어서입니다. '굳이 그렇게까지 기도를 짐스럽게 해야 하느냐'고 생각하는 분들도 계시겠지만, 저 자신의 결정이라 그렇습니다. 사무엘상 12장 23절에 보면 사무엘 선지자가 **"나는 너희를 위하여 기도하기를 쉬는 죄를 여호와 앞에 결단코 범하지 아니하고..."**라며 스스로 결정한 것처럼, 저도 그렇게 하기로 주님 앞에서 결정했기 때문에 그 약속을 철저히 지키려는 것뿐입니다.

2017년에는 신디 제이콥스 목사님에게 기도를 받았는데 "목사님은 수많은 천사들에게 특별한 호위를 받고 있습니다. 그런데 목사님의 가족들도 천사들에게 보호를 받고 있네요. 목사님은 하나님이 숨겨 놓은 보물입니다......."라는 내용이 있었습니다. **거듭남의 기도** 마지막 순서에 천군 천사를 초청해 안전하게 호위하도록 하는 내용이 있는데 그것을 그대로 확증 받은 것이 놀라웠습니다. 하지만 더욱 놀랍고 기뻤던 일은, 2020년 4월 29일에 Morris Iha라는 사람으로부터 "I'm looking for the Born again prayer, the sword of the Spirit." "성령의 검, 거듭남의 기도를 찾고 있습니다."라는 짧은 메일을 받았을 때입니다. 메일을 받은 후 "당신은 어느 나라 사람이며, 이 기도를 어떻게 알았습니까? 당신이 원하는 게 책인지 기도문인지 모르겠지만 기도문만 있어서 보냅니다."라고 회신을 보낸 지 3일 만에 다음과 같은 답신이 왔습니다.

Thank you, I am from Kenya.

I was given an introduction of it in the year 2013 but I forgot it.

But the Holy Spirit recently told me that "you need the Born again prayer", so I had it in my heart to look for it.

My spiritual Mum then assisted me with the details; Born again prayer, the sword of the Spirit, by Bong Hwa Kim, and the email address too.

Be blessed may God preserve you.

감사합니다. 저는 케냐 사람입니다. 2013년에 이 기도를 소개 받았지만 잊고 있었습니다. 그러나 최근에 성령님이 "너에게 **거듭남의 기도**가 필요하다"고 말씀하셔서 마음으로 열심히 찾고 있었습니다. 그런데 그때 저의 영적 엄마가 당신의 **거듭남의 기도, 성령의 검**과 당신의 이메일 등을 자세히 알려주었습니다. 당신에게 하나님의 보호가 있기를 축복합니다.

이 메일을 받고 저는 '거듭남의 기도가 꼭 필요한 사람에게는 7년이 지난 후에도 이렇게 다시 찾게 하시는구나!'라고 감동을 받으며 주님께 진심으로 감사했습니다. **거듭남의 기도**로 개인과 가정이 변화되고 사업의 돌파가 일어난 일들이 너무나 많은데, 전부 소개할 수 없어 아쉽지만 그 중에 몇 분의 간증을 전달합니다.

'거듭남의 기도'의 응답들

회복되는 가정

어느덧 교회에 다닌 지 15년이 훌쩍 넘었습니다. 불신자의 가정에서 교회에 혼자 발을 들여놓은 후 많은 어려움이 있기는 했지만, 하나님은 모든 일을 질서 있게 운행하신다는 생각을 하게 됩니다. 큰 딸과 작은 딸을 차례로 결혼시켰고 이듬해에 손자 둘을 얻었습니다. 그리고 작년에는 큰애가 예쁜 공주까지 낳았으니 참으로 기뻤습니다. 가끔 아이들이 함께 모이면 손주들 재롱에 웃음꽃이 넘쳐납니다. 두 딸 가정은 큰 문제없이 잘살고 있고 순탄하게 사는 모습이 보기 좋았습니다. 부모에게 자식들이 잘살아 주는 것만큼 큰 기쁨이 어디 있겠습니까? 그러던 어느 날 꿈을 꾸었는데 작은 사위가 멋진 SUV 자동차 운전석에 자랑스럽게 앉아 있었습니다. 너무 근사해 보였고 잘 어울렸습니다. 그런데 그 자동차는 어느 순간 앞뒤가 꽉 막힌 비좁은 건물 틈에 들어가 있는 겁니다. 어찌할

바를 몰라 발을 동동 굴렀습니다. 그러나 번쩍 들어내기 전에는 절대 흠집 없이는 나올 수가 없는 상태가 되어버린 것입니다.

"어~~!! 저런 저 차를 어떻게 빼내지?!"

그 꿈도 서서히 잊힐 즈음의 어느 날입니다. 작은 딸이 전화가 왔는데 수도관이 고장이나 수리를 해야 하는데, 그동안 엄마 집에 와 있겠다며 4살 된 아들을 데리고 왔습니다. 손주의 재롱을 보며 재미있게 보냈지만, 어쩐지 딸의 얼굴이 밝지 않았습니다. 남편이 친구들과 여행을 떠난 후라 그동안 딸과 나누지 못했던 많은 이야기를 밤늦게까지 나누게 됐습니다. 둘째는 결혼 후 남편을 향해 싫은 내색 한번 하지 않았었습니다. 뭔가 물어보려고 하면 언제나 남편을 감싸주는 딸이라 사이좋게 지내는 줄 알았습니다. 그런데 이게 웬일입니까? 각자 살아오던 삶의 방식이 너무 달라서 그냥 입을 닫고 산다는 것입니다. 벌써 몇 개월째 말도 안 하고 지낸다며, 이혼을 생각하고 있다는 참으로 어이없고 황당한 이야기를 했습니다. 요즘 시대는 이혼이 큰 허물도 아니고 차라리 혼자 아이를 키우며 사는 게 훨씬 나을 것이라며 말하는데, 남편에 대한 불신과 원망이 가득했습니다. 이미 혼자 살기로 작정한 듯 보였습니다. 요즘 젊은이들의 기막히게 단순한 생각이 우리 딸의 마음이었다니, 정말 놀라지 않을 수 없었습니다. 딸은 그동안 말도 못 하고 끙끙대다가 속이 시원하다며 눈물을 쏟아냅니다. 그동안 딸의 속이 얼마나 까맣게 타고 답답했을까 생각하니 마음이 아팠습니다.

작은딸은 맞벌이를 당연히 여기며 아들을 어린이집에 맡기고 직장을 다닙니다. 딸은 교회 다니라는 얘기 외에는 제게 조금도 불만이 없는 정말 착하고 온유한 성격입니다. 딸네 집이 멀다는 이유로 손주를 돌봐주지 못하는 안쓰러움에 늘 미안한 마음이었는데 그런 소리를 듣고 나니 가슴이 미어지는 것 같았습니다. 저 어린것을 혼자서 키워 내겠다니~!! 그런데 눈물을 글썽이던 딸이, 나도 요즘 하나님께 기도한다며 울음을 터뜨렸습니다. 그동안 하나님이 우리 딸을 어떻게 구원하실까 생각하며 딸을 위해 열심히 기도만 하고 있었는데, 막다른 골목에 선 딸의 위기를 하나님은 기회로 삼아 딸을 구원해 주셨다고 생각하니 저의 눈에서는 감사의 눈물이 흘러내렸습니다.

할렐루야~~ 우리 하나님이 누구신가요, 소망의 하나님 아니십니까? 죽을 것 같은 절망의 나락에서 건져 올리시는 역전의 하나님이 아니신가요? 저는 지난날 어둠의 나락에서 저를 이끌어 내주신 주님을 신뢰합니다. 빛으로 이 땅에 오신 주님의 능력, 저는 그 빛의 능력을 믿습니다.

"주의 말씀은 내 발의 등이요 내 길에 빛이나이다 _ 시 119:105"

그 빛을 따라 살다 보니 주님이 빛나는 눈동자로 제 삶을 주목하셨고 소망의 삶으로 이끌어 주셨기 때문입니다.

저는 딸에게 얼마 전 제가 꾼 꿈 이야기를 해줬습니다.
"우리 가족이 어느 계곡에 소풍을 간 것 같아. 그런데 갑자기 비가 내려 계곡물이 불어났어. 황토물이 빠르게 흐르고 있었고 너는 바위 위에 서 있었는데 비가 와서 미끄러운 상태였어. 그때 네 발이 쭉 미끄러지면서 황토 물속으로 순식간에 빨려들어 간 거야. 엄마는 네가 물에 휩쓸려 떠내려가는 것을 본 순간 지체하지 않고 물속으로 뛰어들어 너를 건져 올렸단다. 그건 꿈이었지만 너무나 생생한 현실 같았어."

저는 꿈 이야기를 하고 난 뒤 딸과 부둥켜안고 한참을 울었습니다. 딸은 결혼 전에 친구들을 따라 교회에 다니긴 했지만, 제가 기도한다는 얘기만 하면 짜증을 내며 싫어했기 때문에 늘 조심을 했고 결혼 이후에는 교회를 다니지 않았습니다. 그러나 저는 늘 가족의 구원을 위해 **거듭남의 기도**로 중보기도를 하고 있었습니다.

저는 딸에게 걱정하지 말라며 계곡물이 빠르게 흐른 것처럼 너의 힘든 시간도 빠르게 지나갈 것이라고 딸의 마음을 위로해 주었습니다. 그리고 엄마인 내가 그리고 언니도 **"거듭남의 기도"**로 승리해서 이렇게 잘 지내고 있다며 기도하기를 권면했습니다. 큰딸은 결혼 전부터 **거듭남의 기도**를 했었습니다. 그러던 중 남자친구를 만나게 되었는데 그 청년이 예수님을 믿지 않는다는 것을 알고 난 후 단호하게 헤어지자고 말했었답니다. 딸의 말에 의하면 그 말을 하고 돌아서는데 주먹만 한 눈물이 뚝뚝 떨어졌다고 합니다. 그리고 한 달쯤 지났는데 그 청년에게서 다시 연락이 왔고, 당신과 헤어지고 싶지 않은데 내가 교회에 다니면 만나 줄 거냐고 말했답니다. 그런 인연으로 큰 딸 내외는 "결혼 예비학교"까지 마친 후 지금의 큰 사위가 예수님을 믿기로 다짐 하고 결혼을 했습니다. 하나님은 이 모든 것을 신속하고 철저하게 계획하시고 인도하셨습니다. 지금은 두 아이를 기도로 양육하며 예쁘게 믿음을 키워가는 큰 딸 가정을 보면 그 모습이 얼마나 사랑스러운지 기특한 마음에 감사할 뿐입니다. 작은딸은 언니의 이야기를 잘 알고 있으며, 그동안 엄마인 내가 불신자인 아빠를 헌신으로 섬겨서 아빠가 얼마나 많이 변화되고 있는지도 잘 알고 있습니다. 작은 딸은 거부하지 않고 **거듭남의 기도**를 하겠다는 약속을 했습니다.

딸이 집으로 돌아간 후 **거듭남의 기도**를 시작한 지 **20일쯤** 되었을 때 꿈을 꾸었는데 화장실에 작은 벌레들이 많이 죽어있어 변기에 넣고 물을 내렸다고 합니다. 그러나 변기가 막혀 물이 내려가지 않고 깨었답니다. 저는 그 이야기를 듣고 벌레들이 죽은 그것만 봐도 기도가 효력이 있는 것이니 계속하라고 당부했습니다. 그리고 **40일쯤** 되었을 때 또 꿈을 꾸었는데 어떤 남자가 웃옷을 입지 않은 채 양쪽 팔을 벌리고 나타났다고 합니다. 그 남자의 왼쪽 팔은 세 토막으로 조금씩 잘렸고 그 틈새로 물이 나왔는데 하나는 하얀색, 하나는 주황색, 하나는 붉은색의 물을 양동이에 받는 흉측한 꿈을 꾸었다는 것입니다. 그러나 무섭지는 않았다니 다행입니다. 이 꿈은 가정을 파괴하려는 사탄의 정체가 드러나고 결국 사탄이 예수님의 보혈 때문에 파쇄되는 승리의 꿈이라고 김봉화 목사님이 말씀해 주셨습니다.

그렇게 며칠이 지난 뒤 작은딸에게서 전화가 왔습니다. 그동안 이혼 통보 후 한마디 말도 않고 지내던 남편이 한 통의 편지를 건네 줬는데 내용인즉, 그동안 내 방식대로 살아와서 정말 미안하다. 다시 한번 기회를 주면 변화된 삶을 살아보겠다고 하면서 용서를 구하는 내용과 함께 사랑의 마음을 주었나 봅니다. 딸은 이 편지 한 장으로 그동안 얼었던 마음이 눈물과 함께 녹아내렸고 미움이 사라진 양 전화로 밝은 웃음소리가 들려왔습니다.

믿음, 소망, 사랑 그중에 제일은 사랑이라, 아무리 깨어진 사랑이라 할지라도 주님의 사랑을 만나면 회복될 수밖에 없다는 놀라운 기적을 만나게 된 것입니다. 저는 그동안 잊고 지냈던 꿈, 건물 틈에서 누군가가 들어내 주지 않으면 나올 수 없었던 사위가 타고 있던 자동차 꿈이 생각났습니다. 꿈을 통해 될 일들을 미리 보여주시고 기도하게 하시는 자상하신 나의 하나님! 가정의 연합을 최고로 기뻐하시는 하나님이 이렇게 한 가정을 회복의 길로 인도하고 계십니다. 참 좋으신 나의 하나님! 가정을 파괴하고 분리시키는 악한 영을 거뜬히 물리칠 수 있는 능력 있는 기도문을 우리에게 주셔서 참 감사합니다!

우리는 기도할 제목은 많으나 어떻게 기도해야 할지를 알지 못할 때가 참 많습니다. 때로는 중언부언하며 이렇게 기도해서 내 기도를 들으실까 하는 생각이 들 때도 있습니다. 그러나 **거듭남의 기도**를 하고 난 후부터는 걱정할 필요가 없게 되었습니다. 기도를 통해 응답의 때가 되면 제게 필요한 모든 것을 이루어 주시는 하나님을 믿기 때문입니다.

거듭남의 기도는 우리의 죄를 낱낱이 고백하고 회개함으로써 죄악의 연결고리가 끊어진 것을 선포하고, 예수 그리스도의 이름으로 악한 영을 물리치고, 주님의 보혈과 성령의 능력으로 우리의 영혼육과 집안 환경 구석구석이 변화된 것을 선포하며, 그대로 두면 악한 영이 또 공격을 하니까 천군 천사를 초청해 우리의 영혼육과 집안 전체에 파수꾼으로 세우는, 회개, 명령, 선포, 간구가 다 들어 있는 주님의 뜻에 합당한 최고의 기도문이 아닌 가 생각해 봅니다.

또한 **거듭남의 기도**로 그토록 오랜 시간 해결되지 않고 힘들었던 엄마와의 관계가 사랑으로 회복되는 기적 같은 일을 체험한 간증도 나누려고 합니다.

사랑의 씨앗

그동안 불신자인 남편이 제가 교회에 가는 것을 방해하곤 했으나 이제 시어머니를 모셔서 그 핍박이 멈출 거라는 기대를 했었습니다. 그러나 어머니를 모시는 것과 자기 의사를 따르지 않고 교회에 가는 것은 별개로 생각하고, 늘 못마땅해하며 제 마음을 불편하게 했습니다. 어머니가 시골에 계실 때는 교회에서 점심을 준다며 이웃집 아주머니를 따라 교회에 다니셨지만, 자신의 주장을 내세울 만큼 믿음이 자라지는 않으셨습니다. 한 가정에 복음이 들어가는 일은 정말로 쉬운 일이 아닌 듯합니다. 그러나 저는 **"내게 능력 주시는 자 안에서 내가 모든 것을 할 수 있느니라"**(빌 4:13) 하신 말씀을 의지하며 이겨내기로 작정했습니다. 그렇게

10년 정도 시어머니를 모시고 살았을 때 친정아버지가 돌아가셨습니다. 엄마는 아버지가 떠나신 서운함을 자책하며 외로워하셨습니다. 저는 고심 끝에 남편에게 털어놨더니, 그는 대뜸 두 분 어머니가 서로 의지하며 사시면 좋지 않겠느냐고 기꺼이 모셔오라고 했습니다. 저는 세 남매의 맏딸로서 남동생이 있음에도 불구하고, 어릴 때부터 부모님에 대한 책임감이 강했었나 봅니다. 그래서인지 그 한마디는 지난날 혈기 넘치던 남편의 모든 허물과 그에 대한 미움을 녹일 만큼 눈물 나게 고마운 일이었습니다. 그때부터 힘든 일, 흐뭇한 일, 속상한 일들을 겪으면서 **'은혜가 아니면 살아갈 수가 없네'** 하는 찬양이 주님께 드리는 저의 고백이 되었습니다.

그렇게 1년 정도를 두 분이 함께 지내시다가 이듬해 4월, 시어머니가 갑자기 힘이 없어 일어나지 못하시더니 일주일 만에 천국으로 떠나셨습니다. 시어머니께 죄송한 것들이 너무 많았는데, 그래도 이 부족한 며느리의 품 안에서 마지막 식사를 하시다가, 숨을 거두셨다는 사실이 그나마 큰 위안이 되어 많은 눈물을 흘렸습니다. 시어머니가 돌아가시고 이제는 좀 편할까 기대를 했었지만, 이는 엄마와 딸의 관계는 그렇게 녹록지 않다는 사실을 실감하는 시작이었습니다. 육신의 섬김보다 사랑의 결핍으로 겪는 엄마와의 갈등은 시어머니를 모셨던 책임감보다 몇 배나 더 힘들고 속상한 일이 많았습니다. 친정어머니는 귀가 잘 들리지 않으셨기에 그것으로 인한 열등감이 심하셨고 조금만 서운해도 당신을 무시한다고 한탄하셨습니다. 남편 보기에 민망해서 아무렇지도 않은 듯 가면을 쓰고 있었지만, 제 마음은 형편없이 복잡해지곤 했었습니다. 그런 저의 모습을 보며 '나는 참으로 죽어 마땅한 죄인이 맞구나!'라는 생각을 했습니다. 예수님을 따른다고 하면서도 저의 의도와는 달리, 제 안의 두 마음은 날마다 큰 전쟁을 일으키며 제 속에서 싸우고 있었기 때문입니다.

이제 더는 서로를 힘들게 하지 말자 생각하고 엄마를 요양원에 모신 적이 있습니다. 그러나 엄마는 모든 사람을 자신을 공격하고 무시하는 적으로 여기셨고 마음은 더욱 강퍅해지셨습니다. 저는 더는 엄마를 방관할 수 없어 한 달 만에 다시 집으로 모셔오게 되었습니다. 처음 며칠은 여기가 천국이라며 너무 좋아하셨지만, 그 기쁨도 오래가지 않았습니다. 그런 엄마가 너무 싫어서 왜 엄마를 내가 맡게 되었는지 화가 나고 속이 상해 가슴을 쳤습니다. 그렇게 엄마와 몇 번의 큰 전쟁을 치르고서야 비로소 깨닫게 되었습니다. 결국은 제가 죽지 않아서였습니다. 십자가의 사랑으로 엄마를 품고 위로하며 사랑할 수 있어야 했는데 말처럼 쉽게 되는 일이 아니었습니다. 엄마를 볼 때마다 엄마가 싫었습니다. 이해되지 않는 엄마의 행동에 원망과 미움이 커서 평안도 기쁨도 없었습니다. 그저 형식적으로 남들 눈에 잘하는 척 보였을 뿐입니다. 하나님은 사랑이시라 하는데 교회를 다닌다고 하면서도 아니, 사랑의 주님을 믿는다고 하면서도 엄마를 사랑으로 섬기는 일이 이렇게도 힘이 든단 말입니까? 엄마에게 사랑받았던 기억을 떠올려봤습니다. 그러나 생각이 나질 않았습니다.

가난한 농부의 아내였던 엄마는 농사지은 곡식을 장에 내다 팔아 등록금을 마련하며 자식들 공부를 시키셨습니다. 엄마와의 사랑을 생각하려고 하면 무거운 자루를 머리에 이고 걸어가시는 엄마의 뒷모습만 떠올랐습니다. 그리고 그것이 사랑인 줄로 알았습니다. 그 사랑에 대한 보답은 자식 된 책임감으로 마음 깊이 뿌리 내렸고 엄마를 모셔야 할 당연한 도리라 생각했습니다. 그것은 예수님을 믿는 믿음 때문에 가능한 일이라 여기며 나의 믿음을 자랑하기도 했습니다. 그러나 그것이 얼마나 큰 교만이었는지 나중에서야 깨달았습니다. 그래서인지 십계명 중에 "네 부모를 공경하라"라는 말씀은 저에게 큰 위로와 격려가 되었습니다. 부모는 자식을 무조건 사랑할 수 있지만, 자식이 부모를 섬기는 일은 결코 쉬운 일이 아닌가 봅니다. 오죽하면 하나님이 명령으로 순종을 요구하셨겠습니까. 그러던 어느 날 김봉화 목사님을 만났습니다. 우리 집의 힘든 사정을 잘 알고 계시는 목사님은 사랑의 씨를 심는 방법에 대해 자세하게 말씀해 주셨습니다. 하나님이 말씀으로 세상을 창조하신 것처럼, 우리도 말을 하는 것이 공중에 즉, 영적세계에 씨를 심는 것이요, 한 번 뱉은 말은 없어지지 않으며 심는 대로 거둔다는 것입니다. 씨앗은 거짓말을 하지 않습니다. 말한 대로 된다는 것은 우리의 기도를 통해서도 잘 알 수 있기 때문입니다. 저는 그날부터 사랑의 씨앗이 심겨져 열매를 맺게 해달라고 간절히 기도하기 시작했습니다. "하나님 아버지! 저를 불쌍히 여기시고 저에게 사랑을 가르쳐주소서. 그동안 엄마를 사랑하지 못했던 죄를 회개합니다. 하나님이 우리를 너무도 사랑하셨기에 우리를 위해 인간의 모습으로 이 땅에 예수님을 보내셨고, 우리의 죄 값으로 예수님은 제물이 되셔서 십자가에 못 박혀 돌아가셨습니다. 그러나 사흘 만에 부활하신 주님, 그 능력이 저에게도 나타나게 도와주시옵소서! 가족을 위해, 이웃을 위해, 나라를 위해 그리고 엄마를 사랑할 수 있는 예수님의 마음을 부어 주시옵소서! 사랑하는 우리 엄마, 사랑하는 우리 엄마, 사랑하는 우리 엄마, 우리를 위해 고생하신 우리 엄마~~"

그렇게 간절하고 애절하게 기도하다 보니 어느새 눈물이 **뺨**을 적셨습니다. 그리고 날마다 **거듭남의 기도**로 우리를 공격하는 악한 영을 물리치는 기도를 했습니다. 그러던 어느 날 엄마의 심기가 불편해지셔서 곡기를 끊고 계실 때 김봉화 목사님의 심방을 받았습니다. 목사님은 엄마의 가슴에 손을 얹고 먼저 위로의 기도를 간절하게 해드리고 엄마의 마음이 풀어지자 말씀하셨습니다.

"어머니, 지금까지 93년 동안 살아오시면서 누구에게, 특히 부모님에게 **사랑한다**는 말 들어 보셨나요?"
"아니, 못 들어 봤어요."
"그럼 어머니가 다른 사람에게, 특히 자녀들에게 **사랑한다**고 이야기하신 적 있으신가요?"
"아니, 한 번도 없어요."
"그러시죠.~! 그런데요 어머니~ 어머니가 사랑하는 자녀들에게 물려줄 수 있는 가장 귀한 유산은 사랑이에요.~ 어머니가 믿으시는 예수님이 우리를 사랑하셔서 목숨까지도 아끼지 않고 내어주셨기 때문에, 우리는 주님의 그 사랑에 보답하기 위해서라도 서로 사랑해야 하고 그것을 말로 표현해야 해요. 어머니도 어릴 때 부모님으로부터 사랑한다는 말을 한 번도 들어보시지 못하셔서, 지금까지 자녀들에게나 그 누구에게도 사랑한다는 말을 못하신 거예요.~ 그렇지만 이제는 하셔야 돼요.~! 머지않아 어머니가 천국 가시기 전에 가장 귀한 유

산을 자녀들에게 물려주셔야 하는데, 그것이 바로 사랑한다는 말이에
요.~ 그 한마디가 천만 원의 가치가 있기 때문에 어머니가 사랑한다.
한 번 하실 때마다 천만 원을 주시는 것과 같은데 왜 안 하시겠어요?!
그러니까 저에게 먼저 한 번 해보세요. 제가 오늘 어머니에게 5천만
원 받아 가고 싶은데, 하실 수 있으시죠~?"

　목사님의 말씀에 굳어 있던 엄마의 표정은 많이 밝아지셨지만, 아무 말
씀이 없으셨습니다. 그러자 목사님이 "제가 먼저 어머니께 천만 원을 드
릴게요.~ **어머니 사랑합니다.**~"하시며 엄마를 안아 드렸습니다. 그리고
"이제 어머니가 저에게 천만 원을 주실 차례예요." 하시며 엄마에게 따라
해 보시라고 권하셨습니다. 저는 엄마를 재촉하며 같이 하시도록 제가 먼
저 **"목사님 사랑합니다."** 라고 말했습니다. 그러자 엄마 입에서 아주 어렵
게 **"목사님~ 사랑합니다."** 라는 말이 천천히 나왔습니다. 할렐루야! 93년
만에 처음으로, 이제 막 말을 배우는 어린아이처럼 엄마는 얼굴이 발그레
상기된 채, 약간은 어리둥절 멋쩍은 표정으로, **"와아! 짝짝짝! 너무 잘 하
셨어요~"** 라고 박수치며 기뻐하는 우리를 바라보셨습니다.

　"어머니! 정말 감사해요. 어머니에게 지금 제가 천만 원을 받았는데, 오늘
　5천만 원 꼭 받아 가고 싶어요. 이제 4번만 더 하시면 되요. 자 시작~!"
"목사님~ 사랑합니다..."
　"한 번, 두 번, 세 번, 네 번, 와! 하나님 만세! 감사합니다. 어머니가 주
　신 5천만 원 귀한 일에 잘 쓸게요. 이제 딸에게 'ㅇㅇ아 사랑한다.'고
　해보세요."
"ㅇㅇ아 사랑한다."

"엄마 나도 사랑해~"

엄마를 껴안은 제 볼에는 눈물이 흐르고 있었습니다.

"와아~ 너무 잘하셨어요. 딸에게도 다섯 번, 와! 짝짝짝, 어머니 너무 기쁘시죠? 어머니가 매일 자녀들에게 이렇게 사랑한다는 말을 하실 때마다, 천만 원씩 주시는 거니까 오늘부터 사위에게도 사랑한다고 하셔야 해요.~! 하실 수 있죠?"

목사님은 대답 대신 고개를 끄덕이는 엄마에게 약속을 하셨다고 손가락을 걸고 다짐을 받았습니다. 그리고 엄마 입에 죽 한 그릇을 다 떠 넣어 드리고, 저희는 방에서 나왔습니다. 그런데 저는 목사님께 사랑을 돈에 비유한 것이 좀 마음에 걸린다고 말씀드렸더니, 어머니가 사랑한다고 말씀하신 동기가 바로 그 이유 때문이라고 하시며 설명하셨습니다. 옛날 부모님들은 자녀들에게 좋은 유산이나, 재산을 물려주는 것이 부모의 도리라고 생각하시며 또 그렇게 하고 싶은 마음이 있으신데, 저희 엄마는 그동안 '나는 딸과 사위에게 아무것도 해 주지 못하고 짐만 되는 존재야!' 라고 생각하셨던 것이라고, 그래서 늘 미안한 마음에 자존심이 쉽게 상하셔서 마음이 잘 닫히셨던 것이라고 말씀하셨습니다. 그러므로 이제는 '내가 사랑하는 딸과 사위에게 매일 천만 원씩 돈을 주고 있다.'라는 생각에 자존감도 회복되시고 너무 기쁘셔서 앞으로도 잘 하실 거라고 말씀하셨습니다. 그리고 "돈은 인간이 살아가는데 가장 필요한 생활수단이며, 하나님이 주신 축복의 대표적인 형태이기 때문에, **사랑한다**는 말의 영적인 가치가 부모님들이 쉽게 납득할 수 있는, 그런 높은 경제적 가치가 있다는 것을 알려 드리는 것이 매우 중요해서 돈에 비유를 했다"라고 설명하셨습니다.

그날 이후 우리는 매일매일 사랑을 연습하기로 작정 했습니다. 아침이면 엄마의 귀에 보청기를 끼워드리며 **"엄마 사랑해요"**라고 하면 엄마도 **"딸 사랑해요"**라고 하면서 우리는 서로를 안아줍니다. 그렇게 사랑을 연습하며 6개월이 지난 어느 날, 저는 엄마에 대한 원망과 불평이 사라져 가는 사실을 발견하고 깜짝 놀랐습니다. 그리고 엄마 역시 고집을 잘 부리시던 모습이 점점 사라지시고, 얼굴과 마음이 많이 부드러워 지셨습니다. 억지로 연습하던 말의 위력이 얼마나 큰 능력이 되는지를 직접 경험하게 된 일이었습니다. 이제는 저도 엄마를 향해 사랑한다는 말이 자연스레 나오게 되었고, 어느 순간 저의 마음 깊은 곳에 박혀있던 쓴 뿌리가 뽑혀진 것 같은 시원함을 느끼게 되었습니다.

깊이 박혀있던 뿌리를 얘기하니 10여 년 전의 꿈이 생각이 납니다.

시골에서 농사를 짓던 비탈진 우리 밭을 불도저가 뒤집어엎으며 개간을 하고 있었습니다. 그것을 지켜보던 저는 밭 가운데 나무 그루터기가 보이기에 그것을 잡아 당겼습니다. 그 뿌리가 얼마나 긴지 밭의 끝까지 뻗쳐있었고 뿌리 끝에는 멧돼지 굴이 있었는데 거기에 큰 멧돼지가 웅크리고 앉아 있었습니다. 그때 놀란 멧돼지가 밖으로 뛰쳐나와 이리저리 날뛰며 소동을 부렸지만 모두가 두려워할 뿐 아무도 나서지를 않았습니다. 저는 생각할 겨를도 없이 죽기 아니면 살기라는 각오로 사정없이 달려오는 멧돼지를 향해 몸을 날려 등에 올라탔습니다. 그리고는 가지고 있던 부젓가락으로(화로에 불을 젓는) 그 눈을 향해 힘껏 찔렀습니다. 그랬더니 멧돼지는 외마디 소리를 지르며 고꾸라졌습니다. (이 꿈 이야기는 거듭남의 기도 책에도 간증으로 수록됨) 그리고 10년 정도의 시간이 흐른 얼마 전 꿈입니다. 그때 개간하던 비탈진 우리 밭이 개간을 끝내고 난 후의 풍경으로 제 꿈에 나타났습니다. 밭 옆에는 작은 샘이 있었는데, 그 샘은 많은 물이 되어 밭 옆으로 폭포를 이루며 흘러내렸고 주변은 아름다운 정원처럼 멋지게 단장되어 있었습니다. 그 샘은 멧돼지 굴이 있었던 곳으로, 수로를 파서 지하로 연결되었고 큰물과 만나 강을 이루듯 흘러가고 있었습니다. 수로 위의 밭은 옥토 밭으로 개간이 되었는데 그 밭에서 일하고 계신 엄마의 모습이 보였습니다. 엄마는 그 밭에 와 있는 것만으로도 행복해 하셨으며 나도 **'참 아름다운 풍경이다'**라고 생각하며 꿈에서 깼습니다.

참 감사한 일입니다. 혼자서는 감당하기 힘든 많은 일들이 있었지만 하나님은 꿈을 통해 먼저 저의 마음 밭에 오셔서 저의 돌 자갈밭 같고 가시떨기 밭 같았던 마음을 뒤집어엎으시고 새롭게 단장해 주셨습니다. 그리고 "이제 이만하면 쓸 만하다" 말씀하시는듯 꿈으로 보여주셨다는 생각이 들었습니다. 그야말로 10년 세월 **거듭남의 기도**로 제 마음 밭이 개간된 것입니다. 그리고 저희 친정 조상 대대로 지은 죄로 인해 멧돼지처럼 우리 집안을 공격하던 악한 영들이, 엄마와 함께 한 **거듭남의 기도**로 그 세력을 잃고 하나하나 떠나서 이렇게 <u>저희 친정 집안의 영적인 환경이 옥토로 바뀌었다</u>는 확증과 함께, 맑은 샘이 폭포를 이루며 흐르는 것을 보여주시니 이것은 성령의 생수가 강물처럼 우리 집안에 흐르고 있다는 사실을 보여 주신 것이라고 생각되어 얼마나 감사한지 모릅니다. 저는 이 모든 과정을 겪으며 우리의 영적 환경에 깊이 뿌리박힌 죄악의 요소들을 뽑아내는 데는 정말 긴 시간이 걸린다는 것을 알게 되었습니다. 그러나 조상 대대로 살아온 날들에 비하면 짧은 것이라고 생각합니다. 그리고 우리가 살면서 날마다 죄를 짓게 된다는 것을 인정할 때 우리의 영혼은 매일매일 영적인 청소가 필요하다는 생각도 하게 되었습니다.

십계명 중 '네 부모를 공경하라'라는 말씀에 순종하기는 정말 어려운 것 같습니다. 그 공경은 하나님이 우리를 사랑하신 그 **사랑의 씨앗**을 내가 받아 나의 **마음 밭에 심고 가꾸었을 때**, 비로소 **사랑이 열매가 되어 행위로 나타나** 기쁨으로 실천할 수 있게 되는 가 봅니다. 엄마는 사위가 저를 이해하고 함께 살아준 것이 너무 고맙다며 목사님과 약속하신 대로 아침에 사위가 집을 나설 때면 **"잘 갔다 와요 사랑해요~"**라고 배웅하시고, 저녁에는 **"어서 와요 사랑해요~"**라고 환영의 인사를 하셨습니다. 사랑한다는 말을 부모님에게 들어 보지 못한 채 60년 넘게 살아온 남편은 처음엔 그 소리에 불편해하더니 차츰 익숙해져 가는지 "네~"하고 대답하며 입꼬리를 올리는 모습이 참으로 좋아 보였습니다. 그렇게 남편의 마음은 차츰 부드러워졌고 가끔 엄마를 위해 간식거리를 사 들고 오는 남편이 요즘은 고맙고 사랑스러워 보입니다. 엄마는 이렇게 **사랑**이라는 말로 저희 집안의 영적 기류를 바꿔 놓고 계십니다.

우리는 모두 사랑받고 싶어 하는 존재로 세상에 태어났습니다. 그러나 사탄이 우리의 사랑을 빼앗아 갔고 서로가 갈등하며 원망하고 미워하는 존재로 살게 했습니다. 그러므로 우리는 마귀에게 **빼앗긴** 사랑의 주권을 되찾기 위해, 하나님께 전적으로 매달려 사랑을 간절히 구해야 합니다. 우리가 하나님의 사랑을 온전히 누리며 서로 사랑하는 것만이 하나님의 말씀에 순종하는 일이라고 저는 생각합니다. 사랑할 수 없다는 것은, 하나님의 뜻대로 살지 않는다는 증거임을 깨닫게 되었습니다. 저에게 주신 사랑에 너무 감사하여 사랑하지 않고는 견딜 수 없다는 그 사랑의 고백이, 입술로 시인되어 선포될 때 하나님의 크신 능력이 나타난다는 사실을 저의 삶을 통해 경험하게 하시니 정말 감사합니다.

저희 엄마는 연세가(2021년 94세) 그렇게 많으신 데도 불구하고, 날마다 **거듭남의 기도**를 빼놓지 않고 하시는 분입니다. 그래서인지 정말 주님이 그 내면의 상처까지도 회복시켜 주시고 돌같이 굳은 마음도 부드러운 사랑의 마음으로 바꿔주신 것 같습니다. 진심으로 그 마음이 **거듭나신** 것입니다. 이제 엄마는 저에게 귀하고 귀한 믿음의 동역자가 되셨습니다. 혼자 힘으로는 이룰 수 없는 고귀한 사랑을, 그리스도의 사랑을 힘입어 할 수 있게 하시는 하나님의 놀라운 사랑에 감사드립니다.

저는 오늘도 **거듭남의 기도**로 가정과 이웃과 나라와 열방을 위해 기도하며, 최고의 승전고를 울려주실 주님을 기뻐하며 온 맘 다해 경배와 찬양과 영광을 올려드립니다. 주님! 사랑합니다. 주님! 감사합니다.

2021년 2월 8일 이 권사

새롭게 찾은 주님의 사랑

저의 직분은 집사이며 양평에서 여성 토탈패션 숍을 운영하고 있습니다.

제가 주님을 떠나 죄악에 물들어 지치고 힘들어할 때, 16년간 저를 위해 기도를 놓지 않았던 김정애 언니(전도사)의 유방암 수술이 계기가 되어 매일 언니와 만나며 한동안 소원했던 관계가 다시 회복되었습니다. 언니와 함께하는 매일이 정말 행복하고 시간과 물질은 주님이 다 채워주신다는 것을 느낄 때 즈음, 언니는 저에게 다그치지 않고 따뜻하게 "그만 안식하고 주님께 돌아와~"라고 말해주었습니다. 그런데도 차일피일 미루고 지내던 어느 날 '주님이 나 같은 죄인을 돌아오게 하시려고 언니를 아프게 하셨나?'라는 생각이 들어, 죄책감에 몇 날 며칠을 울며 회개했었습니다. 언니가 아프지 않았더라면 언니를 매일 만날 일이 없었을 것이기 때문입니다. 후에 언니는 저를 **라마나옷 교회**로 인도해 주었습니다. 언니는 라마나옷 교회 성도는 아니었지만, '김봉화 목사님의 기도와 사랑이면 저를 주님께 온전히 안착시킬 수 있겠다'라는 마음이 있었다고 합니다. 저는 교회에 나간 첫날부터 기도와 찬양 속에 저의 모든 더러움이 씻겨져 나가는 것을 느끼며 얼마나 많은 눈물을 흘리며 회개했는지 모릅니다. **"네가 나를 떠났을 때도 나는 너를 떠나지 않았으며, 네가 아파서 울고 지쳐 있을 때 나는 너의 등 뒤에서 더 많이 아파하고 울었단다."**라는 주님의 음성을 듣고는, 한낱 피조물에 불과한 제가 주님을 아프게 했다는 죄책감에 처음으로 제 속의 모든 눈물을 다 쏟아낸 것 같았습니다. 그 무렵 저는 제 얼굴 바로 옆에서 사탄의 존재를 느껴서 너무 두렵고 떨려 불면증과 우울증에 시달렸었는데 김봉화 목사님의 기도를 받고 깨끗하게 치유되었습니다. 그리고 **"거듭남의 기도"** 책을 읽고서는 바로 **40일 작정 기도**에 들어갔습니다.

　기도를 시작하고 **1주일쯤** 지나자 제 목에서 검은 머리카락을 계속 꺼내는 꿈을 꾸었습니다. 그렇게 계속해서 지저분한 것들을 정리하는 꿈을 꾸다 **40일 가까이 될 즈음,** 커튼으로 가려져 있어 캄캄했던 저희 집의 커튼을 다 걷어서 빨고 집이 환해지는 꿈을 꾸었습니다. **70일 작정 기도**에 들어갔을 때는 이가 하얘지고, 새까만 머리가 길게 자라는 꿈을 꾸고 실제로 손님들이 저희 가게에 들어오면 평안하다고 말하는 것을 보며, 저와 저의 주변 환경의 영적 분위기가 바뀐 것을 알 수 있었습니다. 그리고 손님들의 성향도 이전에는 다양했는데 이제는 영적으로 안정된 비슷한 성향의 사람들을 보내주신다는 것을 알게 되었습니다. 또 **70일 작정 기도를 2번째 하는 중**에는 얼굴의 주름이 펴지며 아름답게 변해가고 가게 주변이 깨끗하게 청소되어 있는 것을 꿈으로 보여주셨고, 현실에서는 오래된 헌차 대신 제가 사고 싶은 새 차를 현찰로 구입할 수 있는 놀라운 은혜도 주셨습니다. 그뿐만 아니라 코로나로 인해 모두가 힘든 시기인데 가게 임대료를 밀리지 않고 감당할 수 있게 하시니 얼마나 감사한지 모릅니다. 이렇게 **거듭남의 기도**로 변화되는 저의 모습과 삶을 보면서 성경을 필사하기 시작했는데, 그 말씀이 얼마나 가슴에 와 닿는지 "말씀이 송이 꿀보다 달다"는 시편 19:10 말씀이 이해가 되면서 손님이 없어도 성경을 쓰느라 즐겁습니다.

　70일 작정 기도를 3번째 마치는 날은 놀라운 꿈을 꾸었습니다. 저희 집에 개들이 가득하게 있는데 갑자기 은빛 털이 반짝이는 아주 잘생긴 늑대들이 나타나 그 개들을 다 쫓아내는 꿈이었습니다. 꿈에서 깬 후 개와 늑대를 보았기에 좋지 않은 꿈인가 싶어 목사님께 말씀드렸더니, 개는 우리 집안을 공격하는 좋지 않은 영적 존재들이지만, 늑대는 저를 돕기 위해 주님이 보내신 영적 존재로서, 개를 쫓기 위해서는 늑대가 필요하기에 늑대의 형상으로 보내신 것이라고 해석해주셨습니다. 동물이라고 다 나쁜 것이 아니라, 꿈에서 어떤 역할을 하는지가 중요하다고 하셨습니다. 그리고 **70일 작정 기도를 4번째 하는 중 50일**쯤 됐을 때 또 꿈을 꾸었는데, 저희 집 주방 그릇을 씻어 놓는 선반에 <u>하얀 쌀벌레 같은 것과 까만 작은 벌레들이 죽어 있는 것을 어떤 여자분이 깨끗이 닦아내는 꿈</u>을 꾸었습니다. 주방에서 벌레들이 죽었다는 것은 저희 가족들이 오랫동안 살아오며 지었던 죄로 인해 방해하던 영적 존재들이 **거듭남의 기도**로 죽어 세력을 잃고 그 죄악의 연결고리가 끊어진 것이며, 그것을 닦아내는 것은 성령님이 천사(청소하는 여자분)를 통해 도와주심으로 죄악의 흔적들이 깨끗하게 씻겨진 것을 의미한다고 목사님이 말씀해 주셔서 정말 감사했습니다. 이렇게 **거듭남의 기도**를 계속해서 하다 보니 이제는 지저분한 꿈을 꾸지 않고 아주 가끔 특별한 꿈만 꾸게 됩니다.

70일 작정 기도를 7번째 하는 중 마지막 날을 하루 앞두고 꿈을 꾸었습니다. 제가 차를 타고 어딘가를 가고 있는데 갑자기 길 앞에 아주 큰 트럭이 가로막혀 있고, 어떤 남자분이 제게 "이 길은 안 좋은 길이니까 돌아가라"라고 하는데 그 옆에 시체 3구를 검은 우산으로 씌워 놓은 모습이 마치 무덤처럼 보였습니다. 그래서 목사님께 말씀드렸더니 "그 남자

분은 주님이 보내신 천사이며 시체 3구는 3대 전부터 내려온 조상들의 죄를 상징하고, 우산으로 가려 주었다는 것은 조상들의 죄를 **거듭남의 기도**로 계속 대신 회개하니까, 그 죄의 영향력이 저에게 미치지 않도록 주님이 막아 주시며 새로운 길로 가도록 인도하시는 좋은 꿈"이라고 해석해 주셔서 정말 놀랍고 감사했습니다.

　저는 이 기도를 중단하지 않기 위해 작정 기간이 끝나면 곧바로 또 다시 **70일 작정 기도**를 시작해 지금 **8번째** 작정기도 중에 있습니다. 저의 권면으로 **거듭남의 기도**를 하고 있는 지인도 얼마나 많은 변화들이 일어나고 있는지 주님께 감사하고 있습니다. 특별히 재정적인 문제들이 해결되고 있어서 그 분도 열심히 기도를 하고 있습니다. 저는 앞으로도 **거듭남의 기도**를 계속할 생각입니다. 다른 무엇보다 제가 육십 평생을 살면서 지금까지 저의 마음에 이런 평강이 있는 것이 처음입니다. 근심 걱정하지 않고 매일이 감사로 가득합니다. **거듭남의 기도**를 하며 저에게 생긴 유일한 목표는, 이전에는 사람에게 사랑 받으려는 세상의 가치에 마음을 두었다면, 이제는 **주님께 사랑받는 딸**이 되고 싶은 것입니다. 하나님은 저와 같은 기질을 가진 사람은 보여 주어야 한다는 것을 잘 아시고 제가 기도를 하면 매번 꿈으로 보여 주시며 확증해 주십니다. 요즘은 모든 일이 순탄해서 눈을 떠서 잠드는 순간까지 감사함뿐이라 누가 보면 웃겠지만 춤까지 추기도 합니다.

　세상이 줄 수 없는 평강과 사랑은 오직 주님만이 주실 수 있는 은혜의 선물입니다. "저에게 넘치는 감사함을 주신 주님을 사랑합니다. 감사합니다."

오직 이 두 문장만이 제가 세상을 살아가는 힘입니다.

2021년 6월 12일 김혜란 집사

나와 가족을 변화시킨 기도

2017년 지인 권사님의 소개로 **"거듭남의 기도"** 책을 소개받고 무슨 내용인가 하는 단순한 생각으로 책을 읽게 되었는데, 내용에는 교회에서 일대일 양육자로서 교육받았던 복음의 핵심인 예수 그리스도가 그대로 담겨 있었다. 형식적인 그리스도인이 아니라 신앙과 삶이 일치되는 참된 그리스도인으로, 그리스도가 중심이 되는 삶을 살기 위해 양육하는 제자훈련의 목적과 방법이 그대로 실려 있었다. 그렇게 살기 위해 어떻게 영적전쟁을 하고 승리를 맛볼 수 있는지, 실제적인 것들을 배울 수 있게 되어 영안이 열리는 듯 반가웠다. 나 또한 신앙생활을 하면서 여전히 풀리지 않는 영적인 문제들을 안고 있었기에 기대하는 마음이 생겼고, 이후 목사님을 만나 말씀을 듣고 교제하면서 많은 것들을 배우고 나의 연약한 부분들을 깨닫게 되며 도전받게 되었다. 그러면서도 **거듭남의 기도**는 매일 하지 못했는데, 그것이 기도를 하지 못하게 방해하는 어두운 세력들의 영적 저항에 의한 것이라는 사실을 알게 되었다. 가정의 여러 가지 어려움과 손주의 건강, 남편과의 문제들로 더욱 힘들어지면서 염려와 미래에 대한 두려움이 생기며 나의 믿음 없음을 깨닫게 되었고, 다시금 **거듭**

님의 기도를 하게 되었다. "고난이 곧 내게 유익이라." 기도를 시작해서 하는 동안, 모든 것이 하나님의 은혜 가운데 나를 강하게 하고, 가정의 영적 제사장으로 세우셔서 은혜와 회복을 주시고자 하시는, 하나님의 인도하심임을 깨닫게 되니 담대함이 조금씩 생기게 되었다.

나는 목사님이 알려 주신 대로 **거듭남의 기도**를 하고, 이어서 내가 바라는 대로 이루어진 것을 믿고 믿음으로 **7번씩 선포기도**를 했다. 이렇게 기도하는 중에 **첫 손주의 심장병을 하나님이 고쳐 주셨고**, 그 일로 큰아들이 하나님을 깊이 만나게 되었으며, 둘째 손녀도 양수 부족과 여러 가지로 순산이 어려운 상황이었는데, 이루어 주신 줄로 믿고 선포기도 한 대로 예정일에 순산하게 하셨다. 할렐루야! 참 좋으신 하나님!!! 이 일을 겪으며 정말로 사탄은 믿는 자들의 마음에 두려움과 낙심을 주어 믿음을 포기하게 하고, 하나님을 원망하고 불평하며 떠나도록 미혹하기 위해 성경 말씀대로 우는 사자와 같이 삼킬 자를 찾고 있다는 사실을 깨닫게 되었다. 그러므로 우리가 **"항상 기뻐하라 쉬지 말고 기도하라 범사에 감사하라"**는 말씀에 순종해 예수 그리스도의 이름으로, 공격하는 사탄에게 명령하여 대적하고, 이루어지길 바라는 미래의 일을 현재 완료형으로 선포기도 하는 것이 얼마나 능력 있는지를 확실히 경험하게 된 것이다. 하나님은 이미 우리에게 모든 것을 다 주셨는데 받지 못함은 내가 구하지 아니함이요, 문제가 해결되지 않는 것은, 사탄이 공격하도록 빌미를 주는 죄악의 흔적들이 우리에게 남아있기 때문이라는 것을, 그렇기에 회개로 정결케 해야 함도 알게 되었다. 그래서 나는 열심히 **거듭남의 기도**를 하게 되었다.

2018년에는 나의 전공을 살려 일할 수 있는 사업장을 할 수 있도록 길을 열어 주셨고, 또 오래지 않아 사업장을 확장시켜 주셨다. 나는 바쁘다 보니 "거듭남의 기도"를 소홀히 하게 되면서 다시 영적 침체에 빠지게 되었고, 피로가 나를 무기력하게 만들어 소화를 잘 시키지 못하고 건강이 나빠졌다. 그 무렵 해외 컨퍼런스 참석을 위해 캐나다에 다녀오신 목사님이, 여러 가지 상황과 시간으로 인해 선포하며 기도할 수 없어서 녹음하여 이어폰으로 이동 중에 들으며 영으로 따라 하셨다는 말씀을 하셨는데, 나에게는 하나님의 말씀으로 들렸다. 이제 나는 아침에 출근할 때 녹음된 **거듭남의 기도**를 차 안에서 크게 틀고 함께 소리 내어 선포하는 것이 하루의 첫 시작이 되었다. 사업장까지 40분 동안 그렇게 기도하며 오고 다하지 못한 기도는 가게에서 마무리를 짓는데, 그럴 때마다 마음이 뿌듯하고 승리감을 느낀다. 성령님이 함께 하심에 너무나 감사하고 감사할 뿐이다. 이렇게 하면서 나는 영적으로 무장 되어, 예전에 많이 위축되고 두려움으로 소심했던 마음은 사라지고, 자신감이 생기고 담대해졌으며 영·혼·육이 건강해졌다. 사업장은 모두가 어려운 상황 속에서도 하나님의 축복을 받아 재정이 부족함 없이 채워졌고, 남편과의 관계도 서서히 회복되었다. 시댁 식구들을 위해 **거듭남의 기도**를 하면서는 시누이들과의 관계 속에 있었던 어려운 오해들이 풀리고, 시부모님에 대한 섭섭함도 내 안에서 하나씩 해결되었다. 주님이 **"원수를 사랑하라"**고 하시며 **"네 이웃을 네 몸과 같이 사랑하라"**고 하셨지만, 우리는 가까운 가족과 형제자매 친척들도 정말로 사랑하기 어려운 존재들인데, 그들을 위해 **거듭남의 기도**를 하는 것이 진심으로 그들을 사랑하는 일이라는 것을 깨닫게 되었다. 스스로는 사랑이 안 되는데, 기도를 통해 그들을 사랑할 수 있다는 사실이 얼마나 감사한지 모른다. 나는 바쁜 중에도 그들을 가슴에 품고 기도했을 때, 서로의 관계 속에 이간질하며 사이를 갈라놓으려 공격했던 악한 영들이 떠나면서 마음들이 부드러워지고 이해하는 관계로 회복되게 되는 영적 원리를 발견하게 되었다. 무엇보다도 남편이 오랫동안 일이 없어 힘들어했었는데 좋은 조건의 새로운 일자리가 생겨 계속 일을 할 수 있게 되었고, 이로 인해 남편도 자신감이 생기는 등 하나님의 은혜가 남편의 성품과 삶을 그야말로 거듭나게 해 주셨다.

2020년 7월 10일에는 친정아버지가 93세의 향년을 다하시고, 하나님의 은혜로 영원한 본향 주님 품에서 참 평안과 안식을 누리시는 영면에 들어가셨다. 원래 지병이 있으셨는데 오래 고생하지 않으시고 천국에 가신 것이다. 큰아들이 하는 어린이 창작교구 사업도 요즘 코로나19로 인해 힘겹게 이어가고 있지만, 모두가 어려운 시기라서 이런 과정을 통해 아들 내외가 하나님께 더 나아가게 하시는 주님의 은혜라고 믿어지니 이 또한 감사할 따름이다. 또한 어려운 중에도 21년 3월 19일 키즈 카페를 은혜 가운데 오픈하게 하셔서 앞으로 하나님께 쓰임 받는 통로가 될 줄 믿고 감사와 찬송을 올려드린다. 나는 우리 가정을 통해, 나의 일을 통해, 하나님의 선한 열매들이 가득 맺히게 될 것을 기대하며 확신한다. 나만이 취하는 열매가 아닌, 선한 열매들을 주변에 나누어 주고 함께 맛볼 수 있는 축복의 통로로 사용해 주심에 감사드리며, 앞으로 그 지경이 더 넓어질 것을 확신한다.

그리고 나는 그동안 말씀으로 들어 지식적으로만 알고 있던, 약속을 신실하게 지키시는 하나님을 이번에 직접 체험하게 되었다. 40년 전, 나를 향한 하나님의 계획을 내가 알지도 못했을 때 나의 어머니를 통해 내게 주셨던 **"내가 반드시 너에게 복 주고 복 주며 너를 번성하게 하고 번성하게 하리라"**(히브리서 6:14)라는 이 말씀의 은혜를 무심코 흘려보내며 지내왔다. 한참이 지나 2010년경 믿음의 동역자를 통해 그 약속의 말씀을 다시 액자로 선물 받게 되었는데, 그때도 나와는 먼 이야기로 느껴졌었고 좋은 말씀이라고만 생각했었다. 그런데 2020년 11월 26일 작은 아들의 결혼식을 9일 앞두고 하나님이 세 번째 동일한 말씀을 주시며 언약에 대한 확증을 주셔서 정말로 깜짝 놀랄 수밖에 없었다. 코로나19 확산으로 거리두기가 강화되는 시기여서, 아들의 결혼식 날짜를 받아 놓고도 과연 결혼식을 예정대로 올릴 수 있을지 의문이 들던 차에 다시 이 말씀으로 은혜를 주셨고, 아들의 결혼식은 은혜와 축복 속에 잘 치르게 되었으며 감동의 시간이었다. 아들은 거리두기 1.5단계에서 결혼식을 했는데, 바로 다음 날 거리두기가 2.5단계로 격상되었으니 얼마나 감사한지! 작은아들 내외는 신혼여행까지 제주도로 무사히 잘 다녀오게 되어, 끝까지 책임지시는 하나님의 사랑과 보호하심을 계속 경험하며 감사와 찬송과 경배를 올려드렸다. 하나님의 약속은 반드시 이루어짐을 확신하며, 어려운 과정 속에서 **거듭남의 기도**를 하게 하시므로 영적 권위와 믿음을 키워 하나님의 선하심을 맛보아 알게 하신 하나님이 앞으로 더 큰 일을 행하실 줄 확실히 믿는다. 늘 영적인 멘토가 되어 주셔서 믿음의 여정을 함께 걸어주신 김봉화 목사님께도 항상 감사드린다.

거듭남의 기도를 통해 만남의 축복을 주시고, 나를 강하게 세워주시고 이끌어주신 하나님께 감사드리며, 예수 그리스도라는 강력한 이름의 무기를 우리에게 주셔서 승리할 수 있도록 은혜 주신 나의 주님 사랑합니다.

주님! 정말로 온 맘 다해 사랑합니다.

2020년 12월 27일 ○○○ 권사

빼앗긴 재정을 되찾은 기도

할렐루야~

저는 충청도 시골 전주 이씨 종갓집에 태어나 중학교를 졸업할 때까지 교회의 존재 자체를 몰랐고 크리스마스가 있다는 사실도 몰랐습니다. 중학교를 졸업 후 들어간 학교가 기독교 계통의 여고인 관계로 처음 교회를 알게 되었고, 교과 과정으로 예배를 드리게 되었지만 별 은혜를 받지 못해 담장을 넘어 밖에서 시간을 보내다 들어오기도 했습니다. 제가 다시 교회를 찾은 건 온갖 환난 속에서 결혼생활을 하던 34살 때, "한 번만 와보라"는 친구의 권유로 "딱 한 번이다."라는 약속을 받고 주일 예배를 참석하게 되었는데, 그날 성령의 강권하신 은혜로 예수님을 영접하게 되었고, 주보에 있는 예배 시간을 찾아보며 스스로 교회에 나가게 되었습니다.

남편의 핍박과 점점 기울어가는 가정 경제, 그리고 사춘기에 반항하고 삐뚤어지는 자녀 문제 등으로 힘든 시간이었지만 그 가운데서도 전도와 열방, 나라와 민족 등을 위해 중보기도 하도록 주님이 인도하셨고, 저와 양가의 불신 가정을 두고 영적 전쟁을 할 수 있도록 깨달음도 주셨습니다. 그 당시 저의 스승은 성경은 물론 여러 가지 영적인 신앙 서적들이었는데, 저의 어려운 환경과 신앙생활에 실제로 큰 도움이 되었습니다. 나중에 알고 보니 그 책의 저자들은 세계적인 믿음의 거장들이었고 그 사실을 알고 나니 더욱 놀랍고 감사했습니다. 97년도쯤 '가계에 흐르는 저주를 끊어야 산다'라는 책을 읽게 되었는데, 집안 대대로 우상숭배만 하는 가문에서 처음 하나님을 믿은 저에게, 나와 또 가족들을 대신해 회개와 영적 전쟁을 해야 한다는 사실에 눈을 뜨게 해주었습니다. 이렇게 신앙생활 28년을 하며 신앙의 나이와 함께 혹독한 시련도 많이 지나갔지만, 두 딸은 고난 가운데서도 잘 성장하여 모두 사모가 되었습니다.

제가 **거듭남의 기도**의 저자 김봉화 목사님을 만나게 된 것은 열방을 기도하는 교회가 있다는 지인의 말을 듣고 교회를 찾아가서입니다. 때로는 혼자 세계지도를 보며 두루뭉술하게 열방을 기도하다가, 라마나옷 교회에서 이백여 나라의 이름을 부르며 기도하게 되니 참 감사하고 기뻤습니다. 저는 **"거듭남의 기도"** 책을 여러 권 구입해 어려운 사람들에게 나누어 주면서도 '나는 예전에 많이 했지'라는 교만함으로 책을 읽지 않고 게으름을 피우다가 어느 날, 금요 기도회에 다녀와서 자정부터 새벽 4시까지 책을 단숨에 읽게 되었습니다. 책을 읽고 나니 치열하게 기도하며 영적 전쟁했던 옛날 생각도 나면서, '이렇게 다 살길이 있는데…'라는 확신이 들었습니다. 이때부터는 어려운 사람들에게 **거듭남의 기도**를 더욱 권하고 저도 **거듭남의 기도**를 하기 시작했습니다.

그렇게 기도하던 중에 꿈을 꾸게 되었는데, 아주 큰 고양이만 한 쥐가 저를 향해 악악거리면서 짖어대는데, 목이 올가미에 걸려있었고 올가미 안에는 끈끈이도 있었습니다. 아마 올가미에 걸려있지 않았다면 달려들어 저를 물어뜯을 기세였습니다. 사실 그런 꿈을 꾸고도 잊고 있었는데 김봉화 목사님이 "꿈꾼 것이 없는지" 물어보셔서 생각이 나 말씀드리니 <u>조상 대대로 물질을 훔쳐 가는 가난의 영</u>이라고 해석을 해 주셨습니다. 그리고 며칠 후 친정어머니께 부재중 전화가 여러 번 와 있어서 무슨 일인지 전화를 해보니 "옛날 '그 땅'을 돌려주겠다."라고 하셨습니다. 그 땅은 30년 전 친정어머니가 저에게 빌려 간 돈이 많아지니 갚기 어렵다고 돈 대신 주셨던 것입니다. 그런데 남편이 사업이 힘들어지자 저도 모르게 이 땅을 담보로 여러 차례 은행에서 대출을 받은 후 이를 상환하지 않는 일이 반복되다 경매에 넘어가게 된 것을, 친정에서 은행 빚을 갚은 뒤 어머니 명의로 해 놓았던 것입니다. 그동안 아버지는 돌아가셨고, 어머니는 어머니대로 저는 저대로 앙금이 있는 그런 땅입니다. 그 당시 은행 빚은 2~3천만 원 정도였던 것으로 기억되는데, 땅값은 30년 동안 열 배 이상 올랐습니다. 그런데 **거듭남의 기도**를 하는 중에 "그 땅을 돌려주겠다."라는 전화를 받고 나니, 큰 쥐가 잡혔던 그 꿈이 생각났습니다. 꿈을 생각해보니 제가 쥐를 잡은 것도 아닌데 스스로 끈끈이까지 있는 올가미에 걸려있던 것은 '모든 것이 하나님이 하신 일'이라는 것을 말하고 있다라는 것을 절로 알게 되었습니다. 그 후로 명의 이전을 잘 마쳤고, 언젠가 필요한 일에 쓰임 받을 땅으로 잘 보존되고 있습니다.

이렇게 저는 **거듭남의 기도**를 하면서 여러 가지로 안정이 되었습니다.

요즘은 **거듭남의 기도**를 통해 한 번씩 까탈을 부리던 남편도 순한 양이 되었고, 작년 연말에는 성탄절 선물이라며 새 차를 사주기도 했습니다. 남편은 검소와 절약이 체질화된 사람인데 제가 오래된 낡은 차를 타고 다니니 하나님이 불안하셨던 것 같습니다. 사람이 이 땅에 살면서 어찌 순탄하기만 하겠습니까? 그럴지라도 하나님이 이 땅의 성도에게 성경을 주신 것처럼 **거듭남의 기도**라는 무기를 주셨습니다. **거듭남의 기도**를 믿음으로 선포하며 나아간다면 전쟁에 능하신 주의 성령께서 승리케 하실 줄 믿습니다. 하나님께 영광을 돌리며 감사드립니다.

2021년 2월 5일 ○ ○ ○

두려움에서 담대함으로 바꿔주신 기도

안녕하세요.

저는 안수민 이라는 이름으로 활동하고 있는 본명은 안사라 라는 배우입니다. 크리스천 가정에서 모태신앙으로 태어났으나 사춘기 시절부터 믿음을 제대로 지키지 못하고, 탕자처럼 떠났다가 다시 주님께 돌아오는 반복적인 삶을 살아왔습니다. 20대에 러시아로 유학을 가게 되었고, 그곳에서 인격적으로 만나주신 하나님 아버지로부터 많은 축복과 보살핌을 받고도 한국에 들어오자 다시 주님을 떠난 삶을 살게 되었습니다. 제마음은 주님에게서 계속 멀어져갔고 어느새 주님의 존재가 귀찮고 버거운 존재로 느껴졌습니다. 또한 크리스천이라고 욕을 먹는 것이 두려워

신앙인이라는 신분을 숨기게 되었습니다. 그리고 배우라는 직업 특성상 일이 규칙적이지 못하고 미래가 불투명하다 보니, 마음의 불안함과 장래에 대한 궁금함으로 처음에는 전혀 신뢰하지 않았던 역술가, 무속인들을 친구들과 함께 찾기 시작했습니다. 무속인들이나 역술가들에게 제가 공통적으로 들었던 말은 "신기가 있기에 신내림을 받지 못하면 평생 조심해야 한다. 귀신을 잘 달래주어야 한다."라는 이야기였습니다. 당시에는 그게 얼마나 무서운 말인지 잘 알지 못했습니다. 그러나 모태신앙으로 자라온 제가 가지고 있는 신에 대한 인식과 달리, 그들이 소위 말하는 조상신은 저에게 큰 실망감을 주었습니다. 지속적으로 제사를 강요하고 꽃값이나 기도비를 요구하기도 했습니다. 무엇보다도 *"귀신을 잘 달래주어야 한다. 그러나 네 인생을 바꿀 수는 없다. 방해 하는 것을 막아줄 뿐이다."*라는 이야기에 회의감을 느껴, 더 이상 무속 인들을 찾지 않고 예배를 통해 주님께 돌아오게 되었습니다. 그러자 촬영 현장에서 연기를 하던 중 갑자기 목소리가 나오지 않는 등, 여러 가지 좋지 않은 일들이 생기게 되었습니다. 그때 저는 불현듯 '정말 내가 귀신을 달래주지 못해서 이런 일이 생기는 것일까?!'라는 생각에 두려움에 떨게 되었고, 이 죄의 사슬을 풀어야 한다는 생각이 들어 촬영장을 나오면서 바로 러시아에서부터 저를 사도바울처럼 이끌어주셨던 이준 목사님께 몇 년 만에 연락을 드렸습니다. 목사님은 전화로 즉시 저를 위해 기도해주셨고, **"거듭남의 기도"** 책을 추천해 주셨습니다. 저는 집에 돌아오는 길에 바로 구입해 책을 읽었는데, 다소 생소한 구절도 있었고 다소 어려운 부분도 많았습니다. 그래도 다음 날부터 바로 **거듭남의 기도**를 하기 시작했습니다. 하루에 3번 저의 기도만 하는데도 이상하게 1시간 이상 걸리기도 하고, 엄청

나게 지루하고 힘들게 느껴져서 무언가 빠져나올 수 없는 늪에 빠진 것처럼 많은 방해가 느껴졌습니다. 흐느적거리며 겨우 지친 상태로 기도를 마치곤 했습니다. 그렇게 **한 달이 지나니** 이제는 친구와 가족 한명 한명의 이름을 넣어 선포할 수 있을 정도로 기도가 정교하고 예리해 졌다는 사실을 깨닫게 되었습니다. 저는 **2020년 상반기 내내 매일 아침 하루 1시간씩 거듭남의 기도**를 하였습니다. '제가 이런 기도까지 해야 하나요? 주님! 이게 무슨 죄에요?' 싶었던 부분도 많았는데 우선은 참고 기도를 했습니다. 그런데 기도를 하면서 많은 꿈을 꾸게 되었습니다. 어린 시절 부모님과 함께 다니던 교회와 그곳에서 있었던 상처들, 그리고 제 신앙이 왜 자꾸 무너졌는지 그 이유를 주님이 보여주셨습니다. 정말 저는 까마득하게 잊고 지냈던 30년도 더 지난 일을 주님이 보여주셨고, 그때의 상처에 대한 치유와 회복이 이루어졌습니다. 그리고 **외식하는 자가 아닌 진심으로 주님께 다가가는** 방법을 주님이 보여주셨습니다. 마음은 회복되지 않았으면서 누군가에게 귀감이 되기 위해 행동해왔던 제 안의 모습을 주님이 바꾸어 주신 것입니다. 그리고 **담대함을 주셨습니다.**

 저의 남편은 믿지 않는 집안에서 태어나 안타깝게도 아직 주님을 만나지 못한 사람입니다. 그러나 감사하게도 아주버님은 하나님을 영접하셨고, 남편은 그런 형을 이해하지 못합니다. 저는 남편이 부적을 몇 개 지니고 있는 걸 알면서도 묵인했었는데, **거듭남의 기도**를 하던 중 담대함이 생겨 _그 부적들을 다 찾아서 버리고_ 그 안에 들어있던 돈은 헌금으로 주님께 드렸습니다. 버리면서도 '혹시 안 좋은 일이 생기거나 시댁에서 알게 되면 어떡하지?!'하는 두려움이 있었는데, 우려와 달리 아무 일도 일어나지 않았고, 오히려 **남편과의 관계가 좀 더 회복되고 서로를 이해하며 돈독해 졌습니다.** 그리고 어디서든 **제가 크리스천이라는 것을 당당하게 밝히게 되었습니다.** 이 과정에서 몇 명의 사람들은 저를 떠나기도 하고 다툼도 생겼지만, 오히려 저에게는 **더 좋은 만남이 준비되어 있었습니다.** 성실하게 주일성수를 하며 기도에 자신감이 생기니 저를 사랑하는 주변 사람들은 저를 더 잘 이해해 주었습니다. 저처럼 용기가 없어 그리스도인임을 밝히기 어려워했던 친구들은 저를 의지해 연습 중에 또는 촬영 현장에서 오디션을 보기 전에도 **함께 기도하자**라는 분위기가 자연스럽게 형성 되었고, 모여서 기도할 때 기쁨과 성령님이 함께하시고 역사하시는 것을 느끼게 되었습니다. 또한 **수많은 징크스가 사라졌습니다.** 그동안 일을 앞두고 무엇을 떨어뜨리면 불길한 예감이 들기도 하고 공황장애가 생기기도 했었습니다. 사탄은 저에게 무속인들의 입을 통해 *"초록색, 검은색, 흰색 옷을 입고 언제 어떻게 나가라! 오늘은 조심해라!"* 등의 여러 가지 조종하는 말을 해왔고, 저는 그말에 사로잡혀 살았습니다. 그들의 말을 듣지 않은 날에는 좋지 않은 일이 생길 것 같은 두려움이 생기기도 했었는데, 이제는 제가 입는 옷의 색상도 제약받지 않고 마음대로 선택하며, 제가 무엇을 떨어뜨린다 해도 아무런 일이 일어나지 않으며, 오히려 좋은 결과가 생기기도 해서, **주님이 저를 수많은 죄와 징크스로부터 완전히 해방 시켜 주셨음**을 느끼게 되었습니다.

이제 저는 아무것도 두렵지 않습니다. 죄의 세력으로부터 자유 할 수 있는 기도의 방법을 알고 있으며, 주님이 저를 위해 어떻게 일하고 계신지를 마음과 몸으로 느끼게 되었기 때문입니다. 그렇기에 주님을 의지하고 기도하는 삶을 살아간다면, 세상에 어떠한 일이 있어도 주님 안에서 자유로움과 아름다움을 느낄 수 있다는 것을 깨닫게 되었습니다. 주님께 쓰임 받는 것을 두려워했던 소극적인 과거와 달리, 저는 요즘 <u>주님의 검으로 사용되게 해주시라는 기도</u>가 자연스레 나오고 있습니다. 주님이 부르시는 곳이라면 어디든 가서 소용되겠다는 용기가 생겼습니다. <u>주님이 저를 가장 행복하게 해주실 것이라는 확신</u>이 생겼습니다. 그리고 다시 **거듭남의 기도**를 시작할 것입니다. 제가 느낀 **거듭남의 기도**는 단순한 기도가 아닌 **주님께서 우리에게 나쁜 것으로부터 자신을 지켜낼 수 있도록 주신 무기**라고 생각합니다. 저의 부족한 이야기가 다른 분들에게 도전을 드리고 위로가 되기를 바랍니다.

2021년 2월 11일 안사라

절망의 수렁에서 생명의 초장으로

저희 가정은 교회 생활을 전혀 몰랐던 가정이라 예수님을 알 수 없었으며 초등학교 시절 크리스마스 때 친구들과 교회에 다녀오면 어머니가 저의 손을 꼭 잡고 "한 집에 종교가 둘이면 집안이 망한다. 믿으려면 시집가서 믿어라."라고 늘 말씀하셨기에 교회에 다닌다는 것은 전혀 생각조차 못 하며 자랐습니다. 그랬던 제가 20대에 힘들고 어려운 삶을 사는 과정에서 '인생은 어디서 와서 어디로 가는 것인지? 무엇 때문에 사는 것인지?' 깊은 회의와 고통이 왔을 때, 신앙을 가져야겠다는 생각을 잠시 하였으나, 다시 의미 없는 하루하루를 보내며 지냈습니다. 그러다 30이 넘어 시작된 결혼생활은 더 어렵고 힘들었기에 오직 현실의 고난과 고통을 벗어나 보려고 신앙심 없이 가까운 교회를 나갔습니다. 예수님을 믿으면 편안한 삶을 주시고 복을 주실 거라는 기복적인 생각으로 필요할 때만 주일에 교회에 가고 조금 평안해지면 또다시 하나님을 찾지 않는 등 오랜 시간 제힘과 생각대로 살았습니다. 그런 저를 하나님은 긴 세월 인내하시며 참고 기다리셨던 것 같습니다. 주님은 저를 인격적으로 만나기를 원하셨습니다.

그렇게 결혼하여 자식을 낳고 자녀로 인한 고난이 찾아오니 다시 주님 전으로 발길을 돌렸습니다. 주일예배, 새벽예배와 금요철야 등 신앙생활에 매진했습니다. 태어나서 처음으로 열심히 신앙생활을 할 때 제가 존경하던 직장 상사이신 과장님이 사모님이 지으신 **"거듭남의 기도"**라는 책을 직원들에게 한 권씩 선물로 주셨습니다. 그 책을 받아들고 이 책은 내가 꼭 읽어야 할 책이란 확신이 들어 그날 밤늦게까지 책을 다 읽었습니다. 간증을 통해 많은 감동을 받았는데, 특이하게 느낀 것은 조상들이 지은 죄를 대신 회개하며 기도할 때 가정의 저주와 흑암의 세력이 떠나가는 역사가 이루어진다는 간증이었습니다. 그날로 '나도 **거듭남의 기도**를 해야겠다.'라는 생각이 마음을 강하게 움직여 시작했지만 쉽지 않아 며칠 만에 그만두었습니다. 그리고 5년이란 세월이 흐른 뒤 또다시 아들과 가정에 어둠의 고통이 드리워지기 시작했습니다. 인간의 힘으론 도저히 해결할 수 없고, 오직 전지전능하신 하나님만이 하실 수 있다는 믿음이 섰을 때, 뜻밖에 하나님은 우리 사정을 잘 알고 있는 1층 권사님을 통해 김봉화 목사님을 만나게 하셔서 까맣게 잊고 지냈던 **거듭남의 기도**를 다시 시작하게 하셨습니다.

  2017년 2월 제가 처음 목사님을 교회로 찾아간 날, 목사님은 "제사를 지내느냐?"라고 물어보시고 그때까지도 제사를 지내고 있던 제게 영적 원리를 설명해 주시며 다시는 제사를 지내지 말라고 권면하셨습니다. *제사는 마귀들을 불러 모으는 불신앙적 행위로서, 불신자들이 말하듯 죽은 영혼이 귀신이 되어 제삿날 찾아오는 것이 아니라 마귀들이 오는 것이라고 하셨습니다.* <u>사람은 죽으면 그 영혼이 예수를 믿었으면 천국, 믿지 않았으면 지옥으로 이미 가 있는 것이고, 만약 사람이 죽어서 귀신이 된다면 예수를 믿을 필요가 없다고 하시며,</u> <u>제사를 지내는 가정에 마귀들이 와서 그 사람들을 조종하고 질병을 주고 자녀들에게 해를 끼치는 것</u>이라고 하셨습니다. 마귀는 본래 천사로 지음 받은 영적 존재인데 하나님처럼 높아지고자 했던 죄로 인해, 하늘 보좌 하나님 앞에서 쫓겨나 공중권세를 잡고 우리를 괴롭히는 악한 영적 존재이며, 귀신이라고 부르기도 한다고 하셨습니다. 그리고 저희 가정과 가족들을 위해 함께 **거듭남의 기도**를 하시며 방법을 알려 주셨습니다. 목사님은 지금까지도 저희 가정을 위해 매일 중보기도 해주고 계십니다. 그때부터는 죽은 자를 살리시는 하나님만이 저희 가정을 살릴 수 있다는 믿음 하나로 간절하게 기도했습니다. 그렇게 기도를 시작한 지 3일째, 캐나다에서 소식이 없어 애를 태우던 아들에게서 연락이 왔습니다. 저는 먹고 있던 불면증 약을 <u>1주일 만에 끊고,</u> 무엇보다도 **늘 불안 초조하고 두려워하던 마음이 많이 평안해 지고 담대해 졌습니다.** 정말 큰 변화입니다. 이제 와서 알게 된 사실은 우리 안에 있던 어둠의 세력들이 떠날 때는 그냥 떠나지 않고, 영적 충돌을 일으키며 최후의 발악을 하고 떠나는데, 그 일이 **거듭남의 기도**를 한지 2년 뒤에 아들에게서 일어났던 것입니다. 목사님은 크고 작은 모든 문제는 사건을 통해서 해결이 된다고 하시며, 시편에서 **"악인은 이를 보고 한탄하여 이를 갈면서 소멸되리니 악인들의 욕망은 사라지리로다"**(시편 112:10)라고 하신 말씀대로 나타난다고 하셨는데 정말 그런 일을 경험한 것입니다.

2019년 4월 7일, 벌써 2년이 지났지만 그날은 영원히 잊지 못할 참담함과 생각조차 하기 싫은 악몽과 같은 기억입니다. 그날은 주일이라 11시 예배를 드리고 여느 때처럼 한적한 교회 구석방에서 **거듭남의 기도**를 했습니다. 이후 2시 청년예배에 아들이 왔다는 말을 듣고 '감사하게 오늘 아들이 예배를 드리러 왔구나!' 안심하고, 3시부터 시작되는 전도폭발 교육을 받은 후, 6시를 지나 집에 돌아와 남편과 식사를 했습니다. 그날따라 왜 그리 피곤한지 씻지도 못한 채 잠이 들었는데, 아래층 권사님이 저희 현관문을 두드리며 형사가 와 있다며 나가보라고 했습니다. 형사는 자초지종에 대한 설명도 없이 아들이 입건되어 있으니 가자며 저를 차에 태워 경찰서로 데리고 갔습니다. 가서 보니 아들은 그때까지도 사태 파악을 못하고 만취 상태로 횡설수설을 되풀이하고 있었습니다. 사연인즉, 저희 아들이 버스에서 옆에 앉은 여자의 허벅지에 손을 올려놓아 현장에서 성추행 가해자로 체포되어 온 상황이었습니다. 그렇게 시작된 사건은 피해자와의 합의, 경찰에서의 조서 작성, 그리고 검찰의 기소유예로 마무리 되었지만 처음 경찰서를 가보았던 저에게는 너무 큰 충격이었으며 고통의 연속이었습니다. 한국 국적이면 그것으로 마무리 되어 사건은 종결되었겠지만, 아들은 5학년 때 캐나다로 이민을 갔었기에 캐나다 국적입니다. 기소유예를 받은 지 일주일 만에 출입국관리소에서 소환장이 날아왔고 그때부터 우리의 처절한 싸움은 시작되었습니다. 「보이스피싱, 성범죄, 마약 관련 범죄를 저지른 외국인은 우리나라에서 조건 없이 추방한다.」라고 법으로 제정되어있기에 달리 방법이 없었습니다. 변호사를 고용한다 해도 이천만 원의 비용뿐 아니라 승소한다는 보장도 없이 50:50의 확률 게임을 치러야 하는 어려운 상황에 처해 있었습니다. 아이가 정상인이라면 본인이 잘못을 했으니 책임을 지고 당연히 처벌 받아야 함이 마땅하겠지만 아들은 정상이 아니었습니다. 캐나다로 이민을 갔다가 학업을 마치지도 못하고 우울증과 공황장애, ADHD 증후군 등 정신적 문제를 가지고 2년 전 한국에 돌아왔기 때문에 아들을 다시 보낸다는 것은 죽게 만드는 것이라는 절박함이 몰려왔습니다. 이런 문제 인식에도 처음 접한 경찰서와 피해자와의 합의 등으로 인한 스트레스로 정신은 혼미하고 몸은 점점 말라가고 있어 정신을 가다듬고 논리적으로 사건을 바라보며 정리할 수 있는 상황이 못 되었습니다. 그렇게 밤에 잠을 못 자 죽을 것 같은 현실 속에서도 **거듭남의 기도**를 눈물 흘리며 하루도 빠짐없이 계속했던 것이 지금 생각하면 할수록 하나님이 저를 붙들고 계셨고 인도하셨던 것이라 믿어집니다.

그러던 어느 날 친구에게서 어떻게 지내고 있냐고 안부 전화가 왔습니다. 그 친구와는 워낙 친한 사이였기에 그간 있었던 사건을 이야기 하면서 어떻게 해야 할지 몰라 고민 중이라고 했더니, 출입국관리소 담당자를 만나 사정을 이야기하면 해결 방법이 있을 수 있으니 지금 빨리 찾아가 보라고 권면했습니다. 사람이 하는 일인데 해결 방법이 없겠냐며 위로하는 친구의 말에 갈등과 함께 기대감도 생겨 그 즉시 출입국관리소로 담당자를 찾아갔습니다. 아들 이름을 대며 이런 사건인데 아들이 캐나다로 떠나면 아들은 죽는다며, 가족도 다 한국으로 역이민 왔고 캐나다에는 형이 5시간 떨어진 곳에서 어렵게 직장생활을 하고 있는데, 저희 아들 좀 도와줄 수 있는 방법이 없느냐고 사정했습니다. 저의 이야기를 듣고 난 담당 직원은 방법이 한 가지가 있는데 아들은 7월 10일로 추방 날자가 정해졌으니, 다른 방법을 찾아보자며 긍정적이고 적극적인 태도로 도와주려는 모습을 보였습니다. '살다 보니 이런 일도 있구나! 주님 감사합니다.' 안심이 되며 천하를 얻은 것처럼 기쁘고 감사한 마음으로 출입국관리소를 나왔습니다.

구제 방법은 그 해 새로 생긴 제도인데, 일을 하다 피치 못할 사정으로 억울하게 한국을 떠나야만 하는 외국인 근로자들을, 구제하기 위해 **구제심의위원회**가 설립된 것입니다. 지난 5월에 운영되어 첫 번째로 구제된 사례가 있다고 했습니다. 담당자는 아들의 경우 적용 가능한 사안인지, 어떻게 처리해야 아드님께 도움을 줄 수 있을지 검토해 보고 연락하겠다며 전화번호를 적어놓고 가라고 했습니다. 저는 '과연 우리 아들이 해당될까? 문제가 해결될까? 아들과 함께 살 수 있을까? 정말 가능할까?' 의구심 속에서 "하나님 도와주세요. 하나님 우리 아들을 살려주세요. 저 영혼을 불쌍히 긍휼히 여겨 주세요. 하나님은 전지전능하신 분이시잖아요. 하나님은 무엇이든 하실 수 있잖아요. 주님! 아들이 여기까지 오게 된 건

아들의 잘못이 아니라 어미인 저의 잘못이 더 큽니다. 하나님 도와주세요!!"라며 간절히 기도했습니다. 그리고 문제 아이 뒤엔 문제 부모가 있다는 목사님 말씀을 수십 번 되새김질하며 **거듭남의 기도**를 했습니다.

그 사이 우리는 변호사를 통해 기소유예는 부당하다며 국가에 헌법소원을 준비하고 있었습니다. 헌법소원 만이 출국 명령을 늦출 수 있는 유일한 방법이라 말하는 변호사 조언대로 헌법소원을 준비해 접수하고 접수증을 출입국관리소에 제출하니 7월 10일이던 출국명령일이 헌법소원이 끝나는 12월 31일까지 연기되었습니다. 그렇게 마음조리며 기도하고 있던 중, 한 달 후 출입국관리소에서 전화가 왔는데 가족 증명원, 주민등록 등본, 의사 진단서 및 입원확인서를 준비해오라고 했습니다. "심사위원회는 보통 3개월에 한 번씩 진행되는데 어쩌면 이번엔 예외가 적용되어 빨라질 것 같기도 합니다."라는 말을 남기고 전화를 끊었습니다. 제가 찾아가 사정할 당시엔 여름휴가 기간으로 위원들을 소집하려면 그분들의 일정과 시간을 조율해야 하므로 쉽지 않아, 9~10월쯤 열릴 것 같으니 헌법소원을 제기한 후 접수증을 제출하라고 하여 탄원서를 첨부해주고 왔습니다. 그러나 언제, 어디서, 어떻게, 어떤 기준과, 어떤 방법으로 열리며 위원들은 누가 참석하고 심사를 하는지 아무것도 모르는 상태였으며, 가르쳐 주지도 않았고 그냥 가서 기다리라는 한 마디 뿐이었습니다. 이런 답답한 상황에서 시간이 될 때마다 **거듭남의 기도**를 하고 교회에서 예배를 드리며 기다리던 한 달 후, 위원회에서 **"아드님의 건은 잘 처리 되었습니다."**라는 짧은 연락을 받을 수 있었습니다. 저는 확신하며 믿습니다. **거듭남의 기도** 덕분임을 제가 분명히 체험했기에 말씀드리며 간증합니다. 그 일로, **아들의 술 마시는 고질적인 습관이 깨끗하게 해결**되어서 얼마나 감사한지 모릅니다. 김봉화 목사님이 늘 말씀하시기를 "하나님은 우리의 문제를 사건을 통해서 해결해 주시는데 문제가 크면 사건도 크다."라고 하신 것을 실제 삶 속에서 체험하며 저는 더욱 이 기도에 대한 확신이 생겼습니다. 기적 같은 일, 상상치 못한 일들이 저에게 일어난 것은 모두 하나님이 행하신 일이었다고 저는 확신합니다. 누가 뭐라 해도 **믿는 자에게 능치 못한 일이 없음**을, 또한 우연히 일어나는 사건은 없음을 저는 믿습니다. 하나님은 모든 문제를 사건을 통해서 해결해 주시기 때문입니다. 믿는 자에게 우연은 없습니다. 세상 사람들은 우연이라 말할지 몰라도, 우리 주님은 믿는 사람들에게는 놀라운 우연을 자주 경험하게 하시며 그 우연을 통해 은혜를 베풀어 주신다는 것을 아시는지요?! 우리보다 크신 하나님은 우리의 마음과 생각 그 모든 것을 뛰어넘는 분이시며 전지전능하신 분이심을 저는 믿습니다. 지금 이 순간 그 크신 하나님을 찬양하며 영광 올려드립니다. 조금씩 변화되고 있는 아들은 지금 한국에 머물며 가족과 함께 생활하고 있습니다. 아직 아들이 완전히 회복된 것은 아니지만, 아들의 변화를 느끼고 보았으며 체험했기에 저는 **거듭남의 기도**의 효력을 믿습니다.

아들은 얼마 전 라마나욧 교회에 와서 목사님께 기도를 받은 후, **생각과 말과 행동에서 현저하게 변화되었습니다.** 아들에게 주님을 향한 믿음과 성령의 기름 부음이 임했음을 확신하기에 저는 더욱 **거듭남의 기도**를 열심히 하고 있습니다. 사실은 아들이 라마나욧 교회에 와서 목사님께 기도를 받았다는 것은 기적 같은 일입니다. 따라서 머지않아 아들이 주님 품으로 돌아와 온전케 될 것을 확신합니다. 아들 자신이 **거듭남의 기도**를 한다면 문제가 더욱 빨리 해결되겠지만, 아직은 본인이 하고 있지 않으니, 저는 곧 하게 될 것을 믿고 매일 **거듭남의 기도**를 믿음으로 선포합니다. 왜냐하면 교회에 갔을 때 목사님이 직접 아들에게 주신 「**거듭남의 기도**」와 「**기도 응답의 열매들**」 책을 아들이 읽었으리라 생각하기 때문입니다. 그리고 저는 책 속에는 성령의 기름 부음이 있으므로 성령님이 역사하시면 한순간에도 바뀔 수 있다고 생각합니다.

기도해도 주님이 계시지 않은 것 같고 도무지 막막하여 지쳐 힘들 때마다 저는 초등학교 시절 돋보기 실험의 환희를 떠올리며 참고 견디었습니다. 돋보기를 먹지에 대고 집중하여 흔들림 없이 인내하며 기다리면, 어느 순간 먹지에 불이 붙어 타고 있는 것을 보게 됩니다. 초점을 맞추고 내가 목표한 것이 탈 때까지 중심을 잡고 인내하며 기다려야 그 순간의 환희를 느낄 수 있는 것처럼, 제가 원하는 때가 아닌, 주님이 이루실 그때까지 **거듭남의 기도**를 놓지 않고 할 것입니다. 제 안에 주님을 향한 사랑과 주님의 뜻에 합당한 삶을 살고 있는지를 돌아보며 더욱 주님의 얼굴을 구할 것입니다. 사실 아들을 통해 하나님은 저의 교만과 세상적인 욕심으로 가득 찬 자기중심적인 신앙생활, 믿는다고 하면서도 두려움과 염려 걱정 근심으로 가득 차 사탄에게 끌려다니며 하나님을 대적하는 삶을 살아온 저를 깨트리시고, 저의 믿음의 실체를 보게 하시며 회개하도록 하셨습니다. 그러므로 저는 원인 없는 문제가 없다고 생각하는 것입니다.

거듭남의 기도의 효력은 놀라워서 거의 12년 만인 2019년에 남편이 취업을 하는 기적 같은 일이 생기고 남편도 많이 변했으며, 저희 부부 사이도 많이 좋아졌습니다. 또한 기도를 거듭할수록 **재정의 돌파**는 물론 정말 어렵고 힘들어 지쳐 쓰러질 것 같은 저를 일으켜 세워주었으며, 십자가 사랑을 깨닫게 되었고, 사탄의 계교에 조종당하지 않고 영혼육의 악한 세력들을 쫓아내고 집안에 있는 흑암의 세력들을 대적하여 물리쳐 가정을 지키고 결속시키도록 이끌어 주었습니다. 저희 시댁과 친정 모두 무당을 믿고 우상 섬김에 열심이었는데, 그 조상들이 지었던 죄로 인해 마귀의 세력들이 저희 가족들과 집안에서 악한 영향력을 행사하며 서로를 분리시키고, 우는 사자와 같이 삼키려 했다는 영적 원리를 깨달은 저는, 더욱 열심히 **거듭남의 기도**를 하게 되었습니다.

제가 살아갈 수 있는 힘을 준 유일한 기도, 지금까지 저를 지탱해준 기도, **거듭남의 기도**를 하면서 2년 전부터 저는 라마나욧 교회에서 화, 수요일 예배를 드리며 열방을 위한 중보기도에 동참하고 있습니다. **모든 민족을 제자로 삼으라**고 하신 주님의 말씀에 순종하여 200개가 넘는 열방의 이름을 하나하나 부르며 기도하는 그 자리에 함께 참여하는 자체가 제게는 큰 은혜입니다. 피조물인 우리가 창조주 되신 하나님과 구원주 되시는 주님을 위해서 해드릴 수 있는 일은 아무것도 없다고, 그러나 주님이 우리를 통해서 일하시도록 자신을 도구로 내어드리며, 주님이 기뻐하시는 그 자리에 있는 것이 주님의 일에 통로가 되며 쓰임 받는 것이라고 늘 목사님이 말씀하셔서 순종하고 있습니다.

지금까지 지나온 날들을 돌이켜보면, 끝이 없는 깊은 구렁텅이로 빨려

들어가고 있던 **저와 우리 가정을 주님이 끌어 올리셔서, 넓은 초장으로 이끌어 주셨다**는 감동이 오면서 그 은혜와 사랑에 감사의 눈물이 흐릅니다. 아직도 모든 문제가 완벽하게 해결된 것은 아니지만 그것이 곧 인생이며, 우리 모두는 주님 앞에 갈 때까지 온전하게 완성된 삶을 살 수는 없다고 생각합니다. 그러나 분명히 영적으로나 실제적으로 돌파가 이루어지고, 전 단계보다 나아지고 발전한 부분이 있는데 그것이 승리의 삶을 살고 있는 증거라고 생각합니다. 하나님만이 문제의 해결자이시며 하나님을 만나야 한다는 간절함과 애절한 마음으로 **거듭남의 기도**를 시작한 지 올해 2021년 2월로 만 4년이 됐습니다. 그런데 며칠 전에는 정말 오래도록 가슴속에 묻어두고 드러내지 못하던 26년 된 저의 죄를 입으로 고백하게 하시고, 목사님을 통해 깊이 박혀있던 못을 빼내 주셨으며 그 자리에 주님의 보혈을 채우시고 새살이 돋아나는 놀라운 영적 체험을 하게 하셔서 얼마나 감사하고 놀랐는지 모릅니다. 세상 그 누구보다도 저를 사랑하시는 하나님이 **거듭남의 기도**를 알게 하시고 김봉화 목사님을 만나게 해 주신 그 은혜에 진심으로 감사드립니다. 저보다 저를 더 사랑하시는 주님께 영광 올려드리며, 항상 온화한 미소로 예배와 기도, 상담을 해 주시는 목사님께도 깊이 감사드립니다.

2021년에 들어서서는 더욱 열심히 라마나욧 교회 예배에 참석을 했고 그때마다 목사님이 새로운 예언을 해주셨는데, 오순절 성령강림 때를 계기로 아들에게 변화가 있을 것이라며, 우리 가족이 가정예배 드리는 모습을 보여주신다고 3번 정도 말씀하셨지만 저는 반신반의 하는 마음을 갖고 있었습니다. 그런데 정말로 5월 중순 오순절 즈음 아들에게 큰 변화가 찾아왔습니다. 그 누구도 상상해 본적 없고 생각지도 못 했던 <u>한 번의 하나님과의 만남과 또 한 번의 지옥 체험</u>으로 영원히 변화될 것 같지 않았던 아들이 변화를 보이기 시작했습니다. 그토록 저와의 대화를 거부하며 일방적인 요구만 하던 아들이었는데 자연스레 대화를 하며 부모에 대한 사랑을 표현하는 놀라운 변화를 보였습니다. 아들은 두 번의 영적체험을 통해 살아계신 하나님을 인정하게 되었고 **"나는 하나님을 체험하고 믿음이 생겼지만 엄마는 보지 않고 믿게 되었으니 엄마의 상급이 나보다 클 거에요."**라고 말하는 사람이 되었습니다. 아빠에겐 "아빠도 나처럼 하나님을 믿지 않는데 내가 체험해서 알아~ 하나님은 분명 살아계시니 아빠도 하나님을 잘 믿었으면 좋겠어요. 죽어서 지옥에 가면 거기는 죽고 싶어도 죽지 못해~ 영원히 이글거리는 불 속에서 뱀으로 둘러싸여 몸부림치며 살려 달라 소리치는 사람들을 똑똑히 보았어요. 이 세상에서의 돈, 명예, 학력 다 소용없고 오직 믿음에 따라 의인과 죄인을 판단하셨고, 주님 말씀대로 살았느냐를 기준으로 죽은 사람의 영혼이 갈 곳이 천국이냐 지옥이냐가 결정되는 거에요. 아빠도 정말 하나님을 잘 믿기를 진심으로 부탁해요. 나는 믿지 않는 사촌들이나 친척들에게 하나님을 믿어야 한다고 꼭 얘기해주고 싶어요."라고 말하며 지옥이 얼마나 두려운 곳인지를 전하는 사람이 되었습니다.

아들의 체험 이후 저희 가정에는 큰 변화가 일어났습니다. 30년 넘게 남편의 구원을 위해 기도해 왔지만 영원히 변화될 것 같지 않던 남편을 위해 목사님은 지혜로운 아내가 되라고 하시며, "남자들은 어린아이 같<u>으므로 칭찬을 하면 변하게 되어 있다. 남편이 변화되길 원한다면 칭찬</u>

은 고래도 춤추게 한다고 했으니 아주 작은 일이라도 남편에게 칭찬을 아끼지 말라"고 하셨습니다. 목사님의 말씀을 듣고 생각은 하고 있었지만 실천을 못하고 기회만 보고 있었는데 아이의 변화를 통해 용기를 가지고 실행하기 시작했습니다. 남편에게 어떻게 칭찬을 할까 주님께 지혜를 구하며 별일 아닌 작은 일에도 웃으며 칭찬해 주었습니다. 그러면서 '내가 왜 그동안 혼자라도 가정 제단을 쌓지 않았을까?'라는 반성과 함께 혼자 가정예배를 드리기 시작했는데 그날은 간절히 기도가 나왔습니다. "하나님, 남편이 우리 가정에 제사장으로 바로 설 수 있도록 남편을 믿음의 길로 이끌어 주셔서 아들과 함께 예배드리도록 도와주세요. 저 혼자가 아닌 가족이 함께 예배드리고 싶은 마음을 주님이 아시오니 꼭 제 기도를 들어 주실 줄 믿습니다."라고 기도하던 중 남편에게 예배를 권해보라는 감동이 강하게 들어 남편에게 가서 그의 손을 꼭 잡고 간곡하게 이야기 했습니다. "아들을 위해서 가정예배를 드리고 싶은데 당신이 함께 예배를 드리면 우리 집안의 영적 분위기가 바뀌어서 아들도 더 **빨리 변화가 될 테니 정말이지 부탁인데 당신이 도와주길 바래요.~"라고 말하니 죽어도 응할 것 같지 않던 남편이 물끄러미 저를 바라보다가 너무나 쉽게 **"그래, 당신이 그렇게 원이라면 같이 드리지 뭐."**라는 것이었습니다. 영원히 풀 수 없을 것 같은 숙제였고 꿈에서 한 번이라도 가족과 함께 예배드리는 꿈을 꾸고 싶을 정도였는데 할렐루야! 그날부터 남편과 함께, 어느 날은 아들과 셋이 가정예배를 드리고 있습니다. 제 소원을 들어주신 하나님께 예배드릴 때마다 영광과 찬송과 감사를 기쁨으로 올려드립니다. 그렇다고 하루아침에 남편이 쉽게 변화된 것은 아니며 정말 오랜 시간 뿌린 **거듭남의 기도**와 목사님의 중보기도의 씨가 저희 집에 가정예배라는 열매를 맺게 했다고 확신합니다. 가정예배를 드릴 때마다 말씀과 찬송이 송이 꿀처럼 달고 맛있게 느껴져 정말 꿈인지 생시인지 모를 정도로 감사의 연속입니다. 매일 예배를 드리다 보니 때로는 저 혼자 드리는 날도 있지만 저는 기쁨과 감사로 드립니다. 기적과 같은 가정예배를 드릴 수 있게 인도해 주시고 아들에게 두 번이나 특별한 체험을 하게 하신 주님이, 아들을 온전히 이끌어 주셔서 그의 부르심대로 사용하시리라 확신하며 오늘도 믿음으로 아들의 모든 것을 주님께 맡겨 드리는 훈련의 발걸음을 내딛습니다.

정말 간절한 기도 제목은 응답 받기에 오랜 시간과 인내가 필요하지만 주님이 저를 사랑하신다는 확실한 믿음이 있기에, 지금 이 순간에도 제 뜻과 마음과 중심을 다해 기도드립니다. 하나님이 반드시 놀라운 방법으로 저의 기도에 응답하시리라 믿습니다. 2021년 우리 가족이 하나 되는 해임을 믿고 선포합니다. 지금까지 **거듭남의 기도**를 놓지 않도록 고난의 여정을 허락 하신 것 또한, **거듭남의 기도를 통해 저와 저희 가족이 거듭 나도록 인도하신 주님의 깊은 뜻과 사랑**이었음을 고백하며 에벤에셀의 하나님께 영광과 감사와 찬양을 올려드립니다.

> 너는 마음을 다하여 여호와를 의뢰하고 네 명철을 의지하지 말라
> 너는 범사에 그를 인정하라 그리하면 네 길을 지도하시리라 _ 잠언 3:5-6

2021년 7월 12일 전미옥 집사

꿈으로 말씀하신 하나님

저는 신앙생활을 전통교회에서 시작하여 말씀을 통해 주님을 알아 가다 친구의 도움으로 몇 년 전 치유와 축사를 접하게 되었고 축사 기도를 받았습니다. 그러면서 50년을 괴롭힌 가위눌림이 떠났고 영의 세계에 대한 지식도 넓혀졌습니다. 그러나 몸의 연약함을 시원하게 해결 받지는 못했습니다. 하지만 고통 가운데 방언 기도, 셀프 축사, 통성 회개를 하는 중에 많은 은혜를 받았습니다. 저희 집은 친정과 시댁으로부터 오는 영적 공격과 악한 영향력으로 집안에 해결되어야 할 문제가 많이 있고, 저 또한 늘 병약한 상태로 지내고 있었습니다. 저는 주님이 보여주시는 꿈과 환상, 그리고 음성으로 저를 세워가고 있었는데, 그러다 사도와 선지자들의 귀한 가르침과 책을 통해 영적인 원리를 알게 되었습니다.

그러던 중 작년(2020)에 친구의 인도로 라마나욧 교회를 방문하여 화요일 예배에 참석하며 김봉화 목사님의 말씀과 함께 영적 원리에 대한 가르침을 받고, 또 출판하신 **"거듭남의 기도"**와 **"기도 응답의 열매들"** 책을 읽으며, 저 자신과 윗세대로부터 내려온 죄의 흔적이 쌓여있는 가정환경을 깨끗하게 청소해, 저와 가정을 변화시켜야 하는 카이로스의 때가 왔음을 알게 되었습니다. 죄와 저주로 몸의 병약함을 자초한 원리를 깨닫고 **거듭남의 기도**를 하는데, "그 기도가 주님의 제단에 상달되어 향로에 담긴 불로 변화되기까지 기도의 양을 채우라"고 최근 새벽에 주님이 말씀하셔서 순종하며 날마다 세상과 구별된 삶을 살아내기로 결단하였습니다. 그런데 며칠 전 주님이 친정과 시댁으로부터 대물림되는 미움,

외식, 술, 방탕, 우상 섬김을 **거듭남의 기도**로 근절하라고 꿈에서 말씀하셨습니다. 신앙생활을 처음 시작한 믿음의 초대 가정인 저희 집은 영적으로 청소할 것이 많고 끊어낼 죄악의 연결고리들이 많이 있습니다. 사실 저는 2년 전부터 **거듭남의 기도**를 알고 있었지만 꾸준히 하지 않았고 가끔 작정 기도를 할 때만 했으며, 번호마다 3번씩 하지도 않았었습니다. 그런데 문제가 속히 해결되지 않고 기도가 충분하지 않다는 사인을 주님이 주셔서 지금은 번호마다 3번씩 매일 착실하게 하고 있으며, 전철에서나 산책할 때 수시로 선포하고 회개하면서 진심으로 조부모님과 부모님, 남편, 자녀들의 죄를 애통한 마음으로 부르짖어 기도하고 있습니다. 또 라마나욧 교회에서 세계 열방을 위해 기도할 때, 특별히 대한민국과 아시아의 모든 죄와 허물을 대리회개 할 때는 진심으로 내 죄인 것 같이 애통해하며 기도하는데 주님이 그 애통함을 보셨는지 꿈으로 가계의 저주를 끊으라고 말씀해 주시고 성경말씀까지 주시면서 그 이유를 확증해 주셨습니다.

> 징계는 다 받는 것이거늘 너희에게 없으면 사생자요 친 아들이 아니니라
>
> _ 히브리서 12:8

> 의인이 부르짖으매 여호와께서 들으시고 그들의 모든 환란에서 건지셨도다 **여호와는** 마음이 상한자를 가까이 하시고 **충심으로 통회하는자를 구원하시는도다** 의인은 고난이 많으나 여호와께서 그의 모든 고난에서 건지시는도다
>
> _ 시편 34:17-19

저는 허리디스크 협착증으로 늘 고생하며 좌골신경통까지 겸해서 통증에 시달리다 작년 여름에는 디스크 시술까지 받고 누워있는 어려움도 겪었습니다. 또 통증 때문에 지속적으로 앉아 있는 것이 불편해 20분 간격으로 서 있어야 했고 약을 계속 먹고 있었는데, 두 달 전부터는 통증이 사라져서 1시간 이상 앉아 있을 수 있게 되었고, 무엇보다 약을 끊었다는 사실이 정말 감사합니다. 코로나로 인해 예배를 드리지 못하다가 1월 중순부터 소수가 모여 예배를 드리기 시작한 시기부터 약도 끊고 통증도 사라진 것입니다. 그리고 큰아들이 원하는 새로운 사업을 시작하며 우리 가정에 서서히 문제해결의 문이 열리고 있어 감사합니다.

저는 요즘 "주님, 제가 그동안 살면서 날마다 부지불식간에 또는 알면서 지은 죄와, 남편과 두 아들의 죄를 대신 고백합니다. 하나님의 형상대로 지음 받은 저의 영혼육의 정결함을 위해 은혜의 보좌 앞으로 기쁘게 나아갑니다. 오늘도 **거듭남의 기도**로 거듭난 저와 가정을 바라보며 항상 기도와 감사, 기쁨이 넘치는 믿음의 가정으로 변화된 것을 기대하며 확신합니다. 저희 가계를 예수 그리스도의 혈통, 보혈의 가계로 바꾸어 주신 주님을 진심으로 찬양합니다."라고 매일 기도합니다.

예수님 감사합니다! 예수님 사랑합니다! 예수님 경배하며 영광 올려드립니다!

2021. 3. 23 최사라 권사

영혼구원의 열쇠 "거듭남의 기도"

저는 김봉화 목사님을 만나게 된 것이 하나님의 특별한 은혜입니다. 왜냐하면 **거듭남의 기도**를 알게 되었고 이 기도를 통해 저와 저희 가족들은 신비한 체험들을 많이 하게 되었고, 더 나아가 **거듭남의 기도**를 하고 있던 중 친정아버지가 92세가 되던 해 주님께로 돌아오셨기 때문입니다. 처음 21일 작정 기도를 시작했을 때, 매일 밤 꿈에서는 영적전쟁이 치열하였고, 몸도 눌림이 있었습니다. 그렇게 저 자신을 위해 자녀를 위해 그리고 조상의 죄를 기도하고 있던 **2일째 밤 꿈에는** 사탄이 나타나 *"중단하지 않으면 죽이겠다."*라며 협박했는데, 즉시 예수 그리스도 이름으로 명하여 꾸짖고 쫓아냈습니다. 그러다 **3주째** 접어들면서 꿈도 깨끗해 졌고 몸을 짓누르던 영적 무거움도 사라졌으며 상쾌해졌습니다. 저는 21일 기도를 마친 후에도 쉬지 않고 계속 **거듭남의 기도**를 하였고, 주변에 기도가 필요한 분들을 위해서도 **거듭남의 기도**로 중보기도 했습니다. 그러던 중 놀라운 일이 일어났습니다. 조상들의 죄를 내 죄처럼 여기며 간절히 기도했는데 친정아버지가 달라지신 것입니다. 그간 30년이 넘게 복음을 전해왔으나 완강하게 거부하셔서 '저러시다가 끝끝내 주님을 만나지 못한 채 돌아가시면 어떻게 하나'라는 심히 안타깝고 애타는 마음이 있었습니다. 그러다 **거듭남의 기도**에서 조상들의 죄를 회개하는 **기도를 40일** 가까이 했을 때 친정에 가게 되었는데, 그날이 주일이어서 교회에 갈 준비를 하고 있었습니다. 그런데 **아버지가** 조용히 일어나 옷을 차려입으시길래 어디 가시냐고 물었더니 **교회에 입학하러 간다고** 하셨습니다. 그날 우리는 친정 부모님을 모시고 잊지 못할 감격의 예배를 드렸습니다. 올해(2021) 아버지는 97세이시고 그날 이후 공식예배를 빠지지 않고 다니시며 얼굴도 많이 밝아지셨고 마음도 평안해지셨습니다.(저자 첨삭: 이 어르신은 2021년 11월 중순에 평안하게 그 영혼이 천국입성 하셨습니다.)

거듭남의 기도는 능력이 있으며 여러 가지 체험으로 간증이 풍성해집니다. 아버지를 구원해주신 하나님께 감사와 영광을 올려드립니다.

거듭남의 기도를 써주신 김봉화 목사님께도 감사를 전합니다.

2021년 4월 5일 ○○○

벼랑 끝에서 만난 구원의 통로

저는 3대째 신앙을 지켜온 남편과 결혼해서 두 딸을 둔 가정주부입니다. 아버지의 모진 핍박 속에 신앙생활을 해온 저로서는 3대째 믿는 집에 시집왔으니 심각한 문제는 없을 것이라고 기대했는데 참으로 어려운 일들이 많았습니다. 신실하셨던 친정어머니가 암으로 세상을 떠나신 뒤, 갓 태어나서부터 자신의 양육을 맡아준 외할머니와 유난히 애착이 깊었던 큰 딸이 방황하기 시작했는데, 점점 심해져 자살 시도도 여러 번 했으며 우울증으로 매일 죽고 싶다는 말을 달고 살았습니다. 작은 딸도 우울증으로 대인 관계가 힘들 정도여서 정신과 검사를 받게 되어 전 매일 울면서 하나님께 매달리고 또 매달릴 수밖에 없었습니다. 가슴이 터질 것 같은 답답함 속에 매일 새벽마다 살기 위해 교회로 달려갔고 교회에 앉으면 그 순간부터 눈물이 폭포수처럼 흘렀습니다. 그때마다 하나님은 말로 표현하기 어려운 따뜻함으로 저를 위로해 주셨습니다. 그렇게 12년간 아이들을 위해 기도했는데 아이들은 크게 변하지 않았고, 설상가상으로 남편이 폐암 선고를 받게 되면서 전 벼랑 끝으로 떨어지는 기분이었습니다.

'하나님, 아직 아이들도 회복이 안 되었는데 남편까지 데려가시면 저는 어떻게 합니까?'

그날부터 남편을 살려 달라고 울며 죽을힘을 다해 매달렸지만, 남편은 2021년 3월에 폐의 3/2 절제 수술을 받았고, 4월에는 뇌로 전이가 되어 감마나이프 수술까지 받았습니다. 그런데 뇌에 종양이 더 생겨, 7월에 2차 수술을 했지만 증세는 악화되어 매번 응급실 입·퇴원을 반복하며 저는 너무나 지쳐가고 있었습니다. 하나님은 사랑하는 자녀의 기도에 반드시 응답해 주신다고 했는데, 12년을 기도했음에도 응답이 없고, 남편까지 암으로 투병 중이니 이건 '뭔가 나의 기도가 잘못되었나?'라는 생각을 하던 중 지인 목사님을 통해 김봉화 목사님의 **'거듭남의 기도'** 책을 소개받고, 바로 7월 말쯤 **거듭남의 기도**를 시작했습니다. 지금까지 저는 주로 방언 기도만 했었는데 너무 다른 기도에 의아하기도 했지만 주저할 시간이 없었습니다. 그리고 기도에 대해 목사님께 질문했을 때, 육체의 질병을 수술할 때도 용도에 따라 매스, 가위, 바늘 등 수술 도구가 다르게 필요한 것처럼 영적인 기도를 할 때도 상황과 목적에 따라 명령, 선포, 간구, 방언, 등 기도의 방법을 다르게 해야 한다는 원리를 알게 되었습니다. 남편과 같이 **거듭남의 기도**를 시작하면서 남편이 계속 꿈을 꾸었는데, 처음에는 주로 그동안 조상들이 지었던 죄를 통해 저희 집안 환경 구석구석에서 공격하던 영들이 드러나는 꿈들이었습니다.

–(21. 8. 3) 김 풍이라는 사람이 고깃배에서 30년 동안 벗어나지 못한 채 타고 있다가 용기를 내어 남편에게 도와 달라고 하는 꿈 : 바닷가가 고향인 남편의 조상들이 그동안 살아오면서 다른 사람을 억울하게 억압한 죄로 인해 그 집안에서 공격하던 **억울함의 영**이 **거듭남의 기도**를 통해 나가려는 것을 의미함.

–(21. 8. 16) 남편이 가지고 있던, 뿔이 돋아나 있고 꼬리가 달린 주먹만 한 공룡이 시차를 두고 세 번 알을 낳았는데 다 깨지는 꿈 : 공룡은 위협적이고 공포를 주는 사탄을 상징하는데, 3대째 대물림되어 내려와 위협과 공포로 공격하던 **두려움의 영**이 주먹만 하게 세력이 작아지고 세 번 낳은 알이 전부 깨졌으므로 세력을 잃는 것을 의미함.

–(21. 8. 29) 일제강점기 같은 배경의 사무실 공간에 남편이 있었는데 밖으로 나가는 문이 잠겨 있어서 발로 차고 문을 아무리 열려고 해도 열리지 않았음, 다음 장면에는 남편이 이불속에 있는데 어떤 여자가 이불속으로 들어와 남편이 잠들면 목을 졸라 죽이려고 기다리는 것을 알고 물리쳐서 여자가 문을 열고 나가는 꿈 :

남편 집안 조상 대대로 아주 오래전부터 공격하는 **죽음의 영**이 남편도 일찍 죽이려고 했지만, **거듭남의 기도**로 실패하고 쫓겨 가는 것을 의미함(실제로 남편 가까운 친척이 2명이나 자살했음)

거듭남의 기도를 한 지 40일 가까이 되어가면서부터는 저희 집안 환경 구석구석에서 또는, 가족 개인을 공격하던 영들이 점점 세력을 잃어가고 회복되는 꿈을 꾸기 시작했습니다.

–(21. 8. 29) 남편이 큰 DSLR(디지털 일안 반사식) 카메라로 아름다운 자연을 찍은 것을 프린트해 야외에 전시하는데, 어떤 아주머니가 사진이 멋있다며 자기 핸드폰으로 찍어가는 꿈: 자연을 사진 찍는 것은 마음에 여유가 생기고 하나님께 감사하는 단계로 발전한 것이며, 사진을 인화해서 전시한 것을 다른 사람이 찍어 가는 것은 남편이 하나님의 능력과 은혜를 간증하는 것을 의미함.

–(21. 9. 3) 벽 같은 곳에 강아지만 한 크기의 작은 소가 반쯤 엉덩이만 보이게 머리와 상체가 박혀 있었고 회색이었는데 남편이 빼보니 황금색으로 바뀌는 꿈 : 소는 아론의 금송아지 범죄로 인해 조상들이 지은 죄를 상징하므로, 소가 벽에 박혀있는 것은 조상들의 죄로 인해 집안에서 공격하던 영들이 세력을 잃고 있지만, 색깔이 바뀌는 것은 아직도 완전하게 다 제거된 것이 아님을 의미함.

-(21. 9. 18) 병실에 누워있는데 실제 남편의 담당 의사가 다른 의사 2명과 함께 들어와서 '뇌의 화학구조가 어떻게 되느냐?'고 남편에게 묻는 꿈 : 의사가 3명이나 찾아와 남편 뇌의 화학구조를 묻는 것은, 의사들이 내린 진단이나 의학상식과 다르게 남편 뇌의 상태가 회복이 되고 있다는 것을 의미함.

-(21. 10. 8) 남편이 넓은 해변에서 큰 가오리 한 마리를 잡아 정 중앙을 먼저 세로로 3등분으로 자르고 가로로도 3등분으로 잘라서 몇 사람이 포크로 찍어 먹는 꿈 : 바닷속을 날아다니는 가오리를 잡은 것은 행운을 상징하는데, 그것도 가로세로 6등분 해서 먹은 것은 아주 좋은 주님의 축복을 우리 가족들이나 우리와 연관된 사람들이 취한 것을 의미함.

-(21. 10. 13) 큰 가죽 부대에 자갈이 가득 차 있었고 양도 한 마리 그 안에 있었는데 가죽 부대의 바닥이 거의 다 보일 정도로 양이 자갈을 먹었으며, '끝까지 다 먹어야 한다.'고 누가 이야기하는 소리를 남편이 듣는 꿈 : 원래 가죽 부대에는 포도즙이나 우유가 들어있어야 하는데 자갈이 가득 차 있는 것은, 남편의 몸속에 암세포가 들어있는 것을 상징하며, 양이 자갈을 먹었기 때문에 어린양 되시는 주님의 능력으로 암세포가 거의 다 죽고 이제 곧 완치가 될 것을 의미함.

생전 꿈을 꾸지 않는 저도 기도한 지 40일이 지나자 신기하게 꿈을 꾸

'거듭남의 기도'의 응답들

었습니다.

 –(21. 9. 21) 어느 길에서 내가 돈이 양팔로 다 안아도 넘칠 정도로 많아서 옆에 사람이 도와주겠다고 하여 그 사람의 도움으로 은행까지 갔고, 돈 세는 기계에서 세고 있는데 숫자는 잘 안 보이고 0이 점점 늘어가며 돈의 액수가 커지고 내가 놀라는 꿈 : 셀 수 없이 많은 돈을 기계에서 세는 모습은 그동안 내가 수없이 해 왔던 기도가 누군가의 도움을 받아 이제 하나하나 해결 받는다는 의미. 실제로 경제적인 면에서도 이익이 창출되거나 막혔던 재정이 해결될 것을 뜻함.

 –(21. 10. 9) 돌아가신 친정엄마가 나타나셔서 집에 있는 알배기 배추로 백김치를 담아 주시는 꿈 : 믿음이 신실하셨던 어머니가 생전에 알배기 배추처럼 차곡차곡 쌓아 놓으신 기도와, 백김치처럼 깨끗하고 진실하셨던 신앙생활의 모습이 나에게 믿음의 유산으로 대물림되고 결실되어 나타날 것을 의미하는 내용.

 그동안 남편이 꿈을 꾸고 해석이 안 될 때마다 김봉화 목사님이 주님께 해석을 구하셔서 명쾌하게 해석해 주셨는데 정말로 놀라웠습니다. 저는 워낙 꿈을 안 꾸는 사람이라 태몽도 한번 못 꾼 사람입니다. 그런 제가 꾼 꿈이라 제 꿈은 별 의미가 없을 줄 알고 한 달이 지나서야 혹시나 해서 얼마 전 해석을 부탁드렸더니, "꿈을 안 꾸는 사람이 꾼 꿈이라서 더 의미가 있다."라고 하시며 해석을 해 주셨는데 이렇게 귀한 의미가 있다니 그저 감사할 뿐입니다. 신기하게도 작정기도 40일이 다 되어 갈수록 회복되어 감을 하나님이 꿈으로 미리 알게 해 주셨습니다.

9월 7일 40일 작정 기도가 끝나자 며칠 후 큰 아이한테서 전화가 왔습니다. 대학원 논문 후원회에 논문을 제출했는데 합격했다는 기쁜 소식이었습니다. 전국적으로 뽑는 후원회이기에 정말 큰 의미가 있었습니다. 늘 죽고 싶다던 큰딸이 40일 **거듭남의 기도**가 끝나자 죽고 싶다는 말을 하지 않기 시작해서 얼마나 감사한지 모릅니다. 또한 작은 아이도 늘 우울해서 항상 울던 아이가 기도한 지 한 달쯤 되었을 때 미국 유학을 예상보다 좋은 조건으로 가게 되었고, 얼마 전에는 좋은 친구를 사귀어 이젠 한결 안정되고 밝은 목소리로 전화를 합니다. 또한, 남편이 점점 회복되어 가는 것을 보면서 정말 **거듭남의 기도**의 힘을 믿지 않을 수가 없습니다. 우리 부부는 이미 치유해 주신 하나님을 믿고 날마다 **거듭남의 기도**와 함께 완치된 것을 선포하며 감사기도를 천 번씩 드리고 있습니다. 남편은 더 이상 항암치료를 받지 않기로 결정하고 11월 22일부터 10일간 온전 금식을 마쳤는데, 항암 부작용으로 나타났던 피부발진과 여러 가지 현상들이 사라졌습니다. 저희 부부는 11월 30일에 **거듭남의 기도 120일**을 마쳤지만 남편과 저는 매일 하고 있으며 앞으로 계속 이어갈 생각입니다.

거듭남의 기도를 알게 해 주신 하나님께 감사드리고, 우리 가족을 위해 늘 중보기도 해주시는 김봉화 목사님께도 진심으로 감사드립니다.

2021. 12. 1. ○○○

이 외에도 정말 많은 간증들이 있습니다.

한 권사님의 딸은 30대 초반인데 작년(2020) 봄에 결혼 후, 그 해 8월에 병원에서 자궁에 이상이 있어 임신이 불가능하다는 판정을 받고 **거듭남의 기도**를 하면서 9월 말경에 임신하여 2021년 7월 14일에 건강하게 아들을 순산했습니다. 얼마 전 백일이 지나 감사예배를 드렸는데 잘생기고 건강한 아기가 아주 잘 자라고 있었습니다. 또 사위도 더 나은 조건의 좋은 직장으로 이직하게 되는 돌파를 경험하고 있습니다.

다른 권사님은 1년 8개월 기도하시고 집과 차를 새로 사는 은혜와 능력을 경험하셨으며 고질병을 치유 받으셨고 피부가 깨끗해지셨습니다.

88세의 한 어머님은 젊어서부터 늘 병약하셨고 식사도 잘 못하시는 분이셨는데, **2년 전 거듭남의 기도**를 시작하실 무렵에는 정신까지도 흐릿한 상태셨습니다. 그런데 거듭남의 기도를 시작하시고 기도를 하실수록 총기가 돌아오시고, 아프시던 무릎과 허리가 치유되어 지금은 강건해지셨습니다. 무엇보다 그동안 고기를 드시지 못했었는데 2년을 기도하시더니 올해(2021년) 추석 무렵부터는 식욕이 왕성하게 살아나셔서 고기를 맛있게 드시게 되셨고, 정신과 목소리도 이전보다 더욱 또렷해지고 분명해지셨습니다. 시력도 밝아지셔서 매일 뜨개질을 하시는 모습에 가족들이 모두 놀라고 있습니다.

어느 분은 정말 해결될 것 같지 않았던 법정 다툼이 승소로 마무리 지어지고, 꽉꽉 막혀있던 재정의 물꼬가 트이고, 새로운 사업을 시작하는 데 도움을 주는 사람을 만나게 되는 일 또한 있었습니다.

아주 오랫동안 신앙생활을 했지만 아버지께 받은 상처 때문에 분노조절이 잘 되지 않았던 한 집사님은, **거듭남의 기도**를 시작하자 방해도 많이 받고 중간에 그만두기도 했었습니다. 하지만 포기하지 않고 다시 시작하여 1년쯤 기도했을 때 자기 안에서 무엇인가 쑥 빠져나가는 것을 느낀 후로 그 분노가 사라지고 삶에 많은 변화가 일어나자, 매일 **거듭남의 기도**를 하기로 계획하고 지금까지 3년이 넘게 열심히 기도하고 있습니다. 그리고 새로운 직장에 취업이 되어 요즘처럼 어려운 시기를 걱정 없이 보내고 있습니다.

어린 자녀가 말이 늦거나, 과잉행동 장애를 보이거나, 심한 낯가림과 대인기피증을 보일 때도 **거듭남의 기도**를 하고 회복되는 경우가 많습니다.

아주 오랫동안 매매가 이루어지지 않던 땅이 **거듭남의 기도**에 지번을 넣어 80일을 기도하자 매매가 이루어지기도 했습니다.

여성의류 숍을 운영하는 한 집사님은 **거듭남의 기도**를 650일쯤 했을 때, 요즘처럼 힘든 시기에 4일 만에 천만 원 이상의 매출을 올리는 기적도 체험했습니다.

지금도 세계 곳곳에서 간증들이 이어지고 있음에 감사드립니다.

성경말씀 해석의 오류들

영혼의 구원 유무는 오직 자기 죄로 인하여

거듭남의 기도에 대해 다음 말씀을 가지고 반박하는 사람들이 있습니다. 아들은 아버지의 죄악을 담당하지 않고 누구나 자기의 죄로 인하여 죽는다고 말씀하는데, 왜 조상들의 죄를 대신 회개해야 하느냐 하는 것입니다.

> 왕을 죽인 자의 자녀들은 죽이지 아니하였으니 이는 모세의 율법책에 기록된 대로 함이라 곧 여호와께서 명령하여 이르시기를 자녀로 말미암아 아버지를 죽이지 말 것이요 아버지로 말미암아 자녀를 죽이지 말 것이라 오직 사람마다 자기의 죄로 말미암아 **죽을 것**이니라 하셨더라 _ 열왕기하 14:6

> 아버지는 그 자식들로 말미암아 죽임을 당하지 않을 것이요 자식들은 그 아버지로

말미암아 죽임을 당하지 않을 것이니 각 사람은 자기 죄로 말미암아 **죽임을 당할 것이니라** _ 신명기 24:16

범죄하는 그 영혼은 **죽을지라** 아들은 아버지의 죄악을 담당하지 아니할 것이요 아버지는 아들의 죄악을 담당하지 아니하리니 의인의 공의도 자기에게로 돌아가고 악인의 악도 자기에게로 돌아가리라 _ 에스겔 18:20

그 때에 그들이 말하기를 다시는 아버지가 신 포도를 먹었으므로 아들들의 이가 시다 하지 아니하겠고 신 포도를 먹는 자마다 그의 이가 신 것 같이 <u>누구나 자기의 죄악으로 말미암아 **죽으리라**</u> _ 예레미야 31:29-30

그런데 이 말씀들을 보면 그 영혼이 구원받지 못하고 죽는 것에 대해 아버지나 아들 그 누구도 그 죄를 대신 할 수 없다는 뜻을 분명히 담고 있습니다. 즉 아버지가 죽을죄를 지었다면 아버지가 담당해서 죽고, 아들이 죽을죄를 지었다면 아들이 담당해서 죽어야지 대신 죽이지 말라는 생명 **구원에 관한 말씀**인 것입니다. 그러나 우리가 <u>조상들의 죄를 대신 회개하는 이유는,</u> 하나님이 우리에게 주시는 영적인 축복과 유업을 선조들의 죄로 인해 사탄에게 참소거리를 제공하므로 취하지 못하고 누리지 못하는 안타까운 현실에서, 그들의 참소거리(죄의 흔적)를 제거하므로 사탄에게 빼앗긴 유업을 합법적으로 되찾기 위해서입니다. 다음의 말씀이 위의 내용을 분명하게 증명해 주고 있습니다.

너는 나에게 기억이 나게 하라 우리가 함께 변론하자 너는 말하여 네가 의로움을

나타내라 **네 시조가 범죄하였고 너의 교사들이 나를 배반하였나니** 그러므로 내
가 성소의 어른들을 욕되게 하며 야곱이 진멸 당하도록 내어 주며 이스라엘이 비방
거리가 되게 하리라 _ 이사야 43:26-28

나에게 상기시키고 싶은 일이 있느냐? 함께 판가름을 하여 보자 네가 옳다는 것을
나에게 증명하여 보여라 **너의 첫 조상부터 나에게 죄를 지었고, 너의 지도자들도
나를 반역하였다** 그래서 내가 성소의 지도자들을 속되게 하였으며, 야곱이 진멸을
받게 버려 두었고, 이스라엘이 비방거리가 되게 버려 두었다"
_ 표준새번역 이사야 43:26-28

결국 시조(첫 조상)와 교사(지도자)들이 지은 죄 때문에 성소의 어른(지
도자, 대제사장)들을 욕보이고, 이방인들에게 이스라엘이 진멸당하며 비
방 거리가 되게 하셨다는 말씀으로, 선조들의 죄와 자손들의 삶이 무관
할 수 없음을 분명히 말씀하고 있는 것입니다. 즉 회개하지 않은 죄에 대
한 보응이 반드시 대를 이어서라도 따른다는 뜻입니다.

인자를 천대까지 베풀며 악과 과실과 죄를 용서하리라 그러나 벌을 면제하지는 아
니하고 아버지의 악행을 자손 삼사 대까지 보응하리라 _ 출애굽기 34:7

여호와는 노하기를 더디하시고 인자가 많아 죄악과 허물을 사하시나 형벌 받을 자
는 결단코 사하지 아니하시고 아버지의 죄악을 자식에게 갚아 삼사대까지 이르게
하리라 하셨나이다 _ 민수기 14:8

여호와는 노하기를 더디하시며 권능이 크시며 벌 받을 자를 결코 내버려두지 아니하시느니라 여호와의 길은 회오리바람과 광풍에 있고 구름은 그의 발의 티끌이로다 _ 나훔 1:3

선조들과 민족의 죄를 대신 회개한 다니엘

"네 시조가 범죄하였고 너의 교사들이 나를 배반하였나니. 그러므로 내가 성소의 어른들을 욕되게 하며 야곱이 진멸 당하도록 내어 주며 이스라엘이 비방 거리가 되게 하리라"라고 말씀하신 대로 이스라엘은 결국 바벨론에게 포로로 끌려가 70년간 노역의 때를 채우게 되었고, 때가 되자 하나님은 신실하고 성결한 다니엘이 민족을 대신해 21일을 금식하며 회개 기도하도록 이끄셨습니다. 이것이 유명한 **다니엘 기도**가 된 것입니다. 하나님은 다니엘의 회개 기도를 받으신 후 고레스를 통해 이스라엘 백성들을 귀환시키셨습니다.

곧 그 통치 원년에 **나 다니엘**이 책을 통해 여호와께서 말씀으로 선지자 예레미야에게 알려 주신 그 연수를 깨달았나니 곧 예루살렘의 황폐함이 **칠십 년**만에 그치리라 하신 것이니라 **내가 금식하며 베옷을 입고 재를 덮어쓰고 주 하나님께 기도하며 간구하기를** 결심하고 내 하나님 여호와께 기도하며 자복하여 이르기를 크시고 두려워할 주 하나님, 주를 사랑하고 주의 계명을 지키는 자를 위하여 언약을 지키시고 그에게 인자를 베푸시는 이시여 우리는 이미 범죄하여 패역하며 행악하며 반역하여 주의 법도와 규례를 떠났사오며 우리가 또 주의 종 선지자들이 주의 이름

으로 우리의 **왕들**과 우리의 **고관**과 **조상들**과 온 국민에게 말씀한 것을 듣지 아니

하였나이다 _ 다니엘 9:2-6

주여 들으소서 주여 용서하소서 주여 귀를 기울이시고 행하소서 지체하지 마옵소

서 나의 하나님이여 주 자신을 위하여 하시옵소서 이는 주의 성과 주의 백성이 주

의 이름으로 일컫는 바 됨이니이다 내가 이같이 말하여 기도하며 **내 죄와 내 백성**

이스라엘의 죄를 자복하고 내 하나님의 거룩한 산을 위하여 내 하나님 여호와 앞

에 간구할 때 _ 다니엘 9:19-20

그 때에 나 다니엘이 **세 이레 동안**을 슬퍼하며 **세 이레**가 차기까지 좋은 떡을 먹지

아니하며 고기와 포도주를 입에 대지 아니하며 또 기름을 바르지 아니하니라

_ 다니엘 10:2-3

말씀에서 다니엘은 왕들과 고관들, 조상들, 온 백성의 죄를 대신 회개

하며 자신의 기도를 들으시고 하나님 자신을 위하여 용서하시라고 간구

하고 있습니다. 여기서 우리가 주목해야 할 것은, 다니엘은 매일 세 번

하나님만을 경배하다 사자 굴까지 들어갔던 사람으로, 그의 삶은 하나님

께만 헌신되어있었고 개인의 죄는 거의 없었을 것으로 보이는 사람이었

다는 것입니다. 이렇게 성결했던 그였기에 민족의 죄를 대신 회개할 자

격이 있었고 선택되었던 것입니다. 이것은 죄가 없으신 예수님이 우리의

죄를 대신 담당하신 원리와 같습니다. 우리도 다니엘처럼 정결한 그릇이

된다면 이와 같이 귀한 일에 쓰임 받게 될 것입니다.

야곱에 대한 하나님의 관점

우리는 성경에서 '야곱'[4]이라는 이름이 나오면 사기꾼, 속이는 자로 해석하고 그런 내용의 설교를 들어왔습니다. 심지어 어느 목사님은 "야곱이 형 에서를 속여 축복을 가로챘기 때문에 외삼촌 라반에게 속임을 당하며 20년간 봉사를 했다."라고 설교를 해서 그런 줄로 믿었었습니다. 그런데 어느 날 성경을 읽던 중에 불현듯 야곱에 대해 의문이 생겨 하나님께 질문했습니다.

"하나님! 왜 택한 백성 이스라엘의 조상으로 사기꾼이란 이름을 가진, 속이는 자 야곱을 민족의 조상으로 삼으시고 그를 축복하셨나요?"
"야곱이란 이름의 뜻을 확실하게 알아봐라. 그는 사기꾼도 속이는 자도 아니니라. 오히려 그는 내 앞에 머물러 있기를 즐겨하던 신실한 자이니라!"

그래서 성경을 찾아보니 성경 어디에도 야곱이 사기꾼이라는 말은 나오지 않고, 야곱에 대해서 이렇게 처음 소개하고 있습니다.

> 그 해산 기한이 찬즉 태에 쌍둥이가 있었는데 먼저 나온 자는 붉고 전신이 털옷 같아서 이름을 에서라 하였고 후에 나온 **아우는 손으로 에서의 발꿈치를 잡았으므로 그 이름을 야곱이라 하였으며** 리브가가 그들을 낳을 때에 **이삭이 육십세였더라** _ 창세기 25:24-26

---

4) 야곱: 발꿈치를 잡은 자

성경 주석에도, 히브리어 성경에도 야곱은 **"발꿈치를 잡은 자"**라고만 나와 있습니다. 물론 야곱의 히브리어 "야아코브"의 어근 "아카브"는 "어떤 사람의 발꿈치를 잡다" "속여 넘기다" "숨기다"라는 뜻이 있지만, 그 것은 어근일 뿐이고 성경에 **"에서의 발꿈치를 잡았으므로 그 이름을 야곱이라 하였으며"**(창세기 25:26)라고 분명하게 해석되어 있으면 우리는 그 뜻만 따르면 되는 것입니다. 창세기 27장 12절에 속이는 자라고 나오는 성경 구절도 사실은 야곱 스스로가 양심의 가책을 느껴서 한 이야기일 뿐입니다.

영적으로 어두워진 이삭의 분별력

> 이삭이 나이가 많아 눈이 어두워 잘 보지 못하더니 **맏아들 에서를 불러 이르되** 내 아들아 하매 그가 이르되 내가 여기 있나이다 하니 이삭이 이르되 내가 이제 늙어 어느 날 죽을는지 알지 못하니 그런즉 네 기구 곧 화살통과 활을 가지고 들에 가서 나를 위하여 사냥하여 내가 즐기는 별미를 만들어 내게로 가져와서 먹게 하여 내가 죽기 전에 내 마음껏 네게 축복하게 하라 _ 창세기 27:1-4

이삭이 나이가 많아 눈이 어두워지자 에서를 불러 "내가 죽기 전에 먹고 네게 마음껏 축복하도록 사냥하여 내가 즐기는 별미를 만들어 오라." 라고 하였습니다. 여기서 우리는 이삭의 어두워진 영적 분별력을 발견할 수 있습니다. 일반적인 부모라도 유언을 하려면 자식들을 모두 불러 놓고, 그 자녀들에게 각기 합당한 말로 축복하고 또 당부의 말을 남기고 죽는 것이 마땅한 일인데, 그 당시 아브라함의 하나님, 이삭의 하나님이라고 부를 정도로 믿음의 조상이었던 이삭이 나이가 많아 늙어 눈이 어두워지자 자신이 언제 죽을지 모른다는 생각에 미리 유언을 하려고 합니다. 더구나 쌍둥이 중에 큰아들만 불러서 그가 사냥하여 만든, 자신이 즐기는 별미를 먹고 마음껏 축복할 테니 만들어 오라고 했습니다. 우리는 이런 이삭의 모습을 통해 믿음의 사람들은 육의 눈이 어두워 잘 보이지 않을수록 영적으로 민감해지기 위해 더욱 기도에 힘써야 한다는 교훈을 얻을 수 있습니다.

그런데 이삭은 그 이후로도 43년이나 더 산 것을 알 수 있습니다. 야곱이 몇 살에 하란으로 떠났는지를 역으로 추적해 계산해보면, 야곱이 130세에 요셉을 만나는데 그때 요셉의 나이가, 30세에 애굽의 국무총리가 되고 7년 풍년을 지나 흉년 2년째 이므로 39세였습니다. (창세기 41:46, 45:6, 11, 47:9) 그러면 130-39=91 야곱이 91세에 요셉을 낳았는데, 하란에서 20년을 사는 동안 14년은 두 아내를 위해 봉사하고, 사랑하는 아내 라헬에게서 요셉을 낳자 그곳을 떠나려고 했습니다. 그런데 라반의 만류에 품삯 대신 아롱지고 얼룩진 양과 염소가 새로 태어나는 것을 받기로 약속하고 자신의 양떼를 위해 6년을 더 있었습니다. 이때 야곱이 다시 머문 6년은 요셉이 태어난 이후의 기간이므로 요셉이 6살에 하란에서 가나안을 향해 떠나게 되었다는 것을 사실을 알 수 있습니다.

라헬이 요셉을 낳았을 때에 야곱이 라반에게 이르되 나를 보내어 내 고향 나의 땅으로 가게 하시되 내가 외삼촌에게서 일하고 얻은 처자를 내게 주시어 나로 가

게 하소서 내가 외삼촌에게 한 일은 외삼촌이 아시나이다 라반이 그에게 이르되 여

호와께서 너로 말미암아 내게 복 주신 줄을 내가 깨달았노니 네가 나를 사랑스럽

게 여기거든 그대로 있으라 또 이르되 네 품삯을 정하라 내가 그것을 주리라

_ 창세기 30:25-28

내가 **외삼촌의 집**에 있는 이 **이십 년 동안** 외삼촌의 **두 딸**을 위하여 **십사 년** 외삼

촌의 **양 떼**를 위하여 **육 년**을 외삼촌에게 봉사하였거니와 _ 창세기 31:41

또 야곱이 하란에 몇 살에 도착했는지를 알아보기 위해서는, 야곱이 요
셉을 낳은 나이에서 전까지 있었던 기간을 **빼면** 됩니다. 그러니까 91-
14=77 야곱은 77세의 결코 젊지 않은 나이에 하란으로 떠났던 것입니
다. 여기서 놀라운 사실을 발견할 수 있는데, 야곱은 아브라함이 하란을
떠난 75세의 나이와 비슷한 77세에 하란으로 갔다는 것입니다. 그래서
모든 계산을 종합해 보면, '이삭의 나이'는 야곱이 태어난 나이에 야곱이
하란으로 떠난 나이를 더해, 60+77=137세였음을 알 수 있습니다.

신실하게 하나님의 때를 기다린 야곱

이삭이 60세에 두 아들을 낳고, 에서가 40세에 이방 여인들과 결혼했
으므로 이때 이삭의 나이가 100세였는데, 에서는 그 이후 37년이나 부
모에게 근심이 되는 존재였고, **야곱**은 이방 여인들과 결혼하지 않은 채
신실하게 하나님의 때를 기다렸다가 77세에 하나님의 인도하심 따라 하

란으로 간 것입니다.

> 리브가가 그들을 낳을 때에 이삭이 육십세였더라 _ 창 25:26

> 에서가 사십세에 헷 족속 브에리의 딸 유딧과 헷 족속 엘론의 딸 바스맛을 아내로
> 맞이하였더니 그들이 이삭과 리브가의 마음에 근심이 되었더라 _ 창 26:34-35

저는 이 책을 쓰기 전까지만 해도 야곱이 에서가 결혼한 40세에 하란으로 떠난 것이라고 믿고 있었는데, 하나님이 야곱에 대해 말씀하시며 재조명해 주시고, 요셉의 나이를 기준으로 역추적하게 하셔서 이렇게 큰 차이가 있음을 발견하게 되었습니다. 이것을 계기로 하나님의 말씀을 깊은 고찰과 성령의 조명하심 없이, 더구나 뚜렷한 근거도 없이 자의적으로 해석하는 것이 얼마나 위험한 것인지 다시 한번 깊이 깨닫게 되었고, 진실을 알게 되어 정말로 놀랍고 감사했습니다.

여기서 우리는, 창세기 26장 끝 35절에서부터 27장 1절 사이에 37년이란 세월이 흘렀다는 것을 꼭 기억해야만 성경의 전체적인 연대를 정확하게 이해할 수 있습니다. 무엇보다도 27장 1절에서 **"이삭이 나이가 많아 눈이 어두워 잘 보지 못하더니"**라는 말씀은 긴 세월이 흘렀다는 것을 암시해 주고 있기 때문입니다.

> 그들이 이삭과 리브가의 마음에 근심이 되었더라 _ 창 26:35

이삭이 나이가 많아 눈이 어두워 잘 보지 못하더니 맏아들 에서를 불러 이르되 내 아들아 하매 그가 이르되 내가 여기 있나이다 하니 이삭이 이르되 내가 이제 늙어 어느 날 죽을는지 알지 못하니 그런즉 네 기구 곧 화살통과 활을 가지고 들에 가서 나를 위하여 사냥하여 내가 즐기는 별미를 만들어 내게로 가져와서 먹게 하여 내가 죽기 전에 내 마음껏 네게 축복하게 하라 _ 창세기 27:1-4

이삭은 137세가 되어 눈이 어두워져 시력이 약해지자 자신이 곧 죽을 것이라 예상하고, 에서에게 "내게 별미를 만들어 와서 먹게 하여 죽기 전 네게 마음껏 축복하게 하라"라고 했지만, 그는 그 뒤로도 43년을 더 살고 180세에 죽었습니다.

이삭의 나이가 **백팔십세**라 이삭이 나이가 많고 늙어 기운이 다하매 **죽 어** 자기 열조에게로 돌아가니 그의 아들 에서와 야곱이 그를 장사하였더라 _ 창세기 35:28-29

이 일은 믿음의 조상의 직계 후손이며 축복의 사람이었던 이삭이라면, 기도로 자신의 죽음의 때가 언제인지 분별하고, 아들들에게 어떤 유언을 남길지 영적으로 민감하게 준비했어야 한다는 교훈과 함께 많은 아쉬움과 안타까움을 주고 있습니다. 하나님은 이삭의 이런 영적 상태를 잘 아시기에 이삭이 에서에게 하는 소리를 리브가가 듣게 하셨던 것입니다. **하나님이 택하신 백성의 조상을 만드는 일이, 어찌 하나님의 간섭하심 없이 이루어질 수 있겠습니까?** 이 모든 일은 **하나님의 철저한 계획 속에 이루어진 것이며, 갓난아기 야곱이 에서의 발꿈치를 잡고 나온 것도 하**

나님이 둘의 출생 시를 같게 하시려고 그렇게 하셨기 때문에 가능했다는 것을 우리는 알아야 합니다.

야곱에게 장자권을 주기 위해
에서와 야곱의 출생 시를 같게 하신 하나님

아무리 쌍둥이라도 대부분 짧으면 3분, 길면 10분 이상의 시차를 두고 출생하는데, 에서와 야곱은 그렇지 않고 출생 시각이 동일합니다. 병원에서 아기들이 출생할 때, 머리부터 발가락까지 온몸이 모태로부터 완전하게 밖으로 나온 시각을 출생 시로 잡습니다. 그렇다면 에서는 머리만 먼저 나왔을 뿐 발꿈치를 잡고 나온 **야곱과 출생 시는 동일한 것입니다**. 그러므로 **야곱이 장자가 되어도 손색이 없는 출생 자격**을 갖춘 것인데, **하나님이 그 자격을 주신 것입니다**. 하나님은 왜 이렇게까지 야곱에게 장자의 축복권을 주시려고 하셨을까요? 그 이유는 바로 두 사람의 성품에서 찾을 수 있습니다. 하나님은 과거 현재 미래를 다 보시는 분이시므로, 태중에서부터 앞으로 행할 그들의 성품을 너무나 잘 아시고 그렇게 이끄셨던 것입니다.

그 아들들이 그의 태 속에서 서로 싸우는지라 그가 이르되 이럴 경우에는 내가 어찌할꼬 하고 가서 여호와께 묻자온대 **여호와께서 그에게 이르시되** 두 국민이 네 태중에 있구나 두 민족이 네 복중에서부터 나누이리라 이 족속이 저 족속보다 강하겠고 **큰 자가 어린 자를 섬기리라 하셨더라** _ 창세기 25:22-23

신실한 기도의 어머니 리브가

리브가는 복중에서 태아들이 서로 싸우자 하나님께 기도했던 것으로 보아 영적이며 믿음의 여인이라는 사실을 알 수 있습니다. 그리고 이삭을 만나기도 전에 이미 하란에서 기도하며 이삭을 남편으로 결정하고 바로 아브라함의 종 엘리에셀을 따라 가나안으로 왔던 여인입니다. 그러므로 **리브가는 "큰 자가 어린 자를 섬기리라"라고 하신 하나님의 말씀을 마음 깊이 간직하고 있었을 것입니다.** 또한 평소에도 들로 산으로 사냥만 하러 다니는 에서보다는, 장막에 머물며 조용히 할아버지 아브라함의 신앙 이야기를 들으며 신실하게 성장하는 야곱이 좋았을 것으로 보입니다. 그래서 처음과 달리 육적인 사람으로 변한 이삭은 에서를, 영적인 리브가는 야곱을 사랑하였으리라 짐작됩니다.

> 그 아이들이 장성하매 에서는 익숙한 사냥꾼이었으므로 들사람이 되고 **야곱은 조용한 사람이었으므로 장막에 거주하니** 이삭은 에서가 사냥한 고기를 좋아하므로 그를 사랑하고 **리브가는 야곱을 사랑하였더라** _ 창세기 25:27-28

아브라함에게 신앙교육을 받고 성장한 야곱

아브라함이 100세에 낳은 이삭이 60세에 야곱과 에서를 낳았고, 아브라함은 175세에 죽었으니, **야곱은 15살까지 할아버지 아브라함과 한 집에 살면서 신앙교육을 받으며 성장할 수 있었습니다.**

아브라함의 향년이 **백칠십오세라** 그의 나이가 높고 늙어서 기운이 다하여 죽어 자

기 열조에게로 돌아가매 _ 창세기 25:7-8

　　아브라함이 하나님의 말씀에 순종해 하란의 친척 아비 집을 떠난 이야기, 100세에 이삭을 낳은 이야기, 하나님이 이삭을 번제로 바치라고 하셨을 때 순종하자 숫양을 준비해 주셨던 이야기, 포로로 끌려간 조카 롯을 구하고 돌아올 때 **살렘 왕 멜기세덱이 떡과 포도주를 가지고 나와 맞이하므로 아브라함이 전리품 중에 십 분의 일을 멜기세덱에게 주었던 일**들을 할아버지 아브라함에게 생생히 들으며 야곱의 신앙이 성장했을 것을 우리는 짐작할 수 있습니다. 그랬기에 야곱이 형 에서를 피해 외삼촌 집으로 가는 길, 광야에서 두려움으로 가득 차 있던 그 날밤 꿈에 하나님이 "네 자손이 땅의 티끌 같이 되어 동서남북으로 퍼져나가고 모든 족속이 너와 네 자손으로 말미암아 복을 받으리라. 네가 어디로 가든지 너를 지키며 너를 이끌어 이 땅으로 돌아오게 할지라 내가 네게 허락한 것을 다 이루기까지 너를 떠나지 아니 하리라" (창 28:14-15) 말씀하시자 잠에서 깨어, 할아버지 아브라함에게 듣고 배운 대로 **하나님께 십 분의 일을 드리겠노라** 서원한 것입니다. 그러므로 "믿음은 들음에서 나고 들음은 하나님의 말씀으로 말미암는다"는 성경 말씀이 사실이며, 실제 듣고 보고 자라는 신앙교육이 정말로 중요하다는 것을 우리에게 가르쳐 주고 있습니다.

　　야곱이 서원하여 이르되 하나님이 나와 함께 계셔서 내가 가는 이 길에서 나를 지키시고 먹을 떡과 입을 옷을 주시어 내가 평안히 아버지 집으로 돌아가게 하시오면

여호와께서 나의 하나님이 되실 것이요 내가 기둥으로 세운 이 돌이 하나님의 집이

될 것이요 하나님께서 내게 주신 모든 것에서 **십분의 일을** 내가 반드시 **하나님께**

드리겠나이다 하였더라 _ 창세기 28:20-22

아브라함에게 성찬식을 행하신 하나님

그리고 우리가 또 중요하게 알아야 할 사실은, 하나님은 이미 믿음의 조
상 **아브라함에게 떡과 포도주**를 가지고 나타나셔서 신약의 예수님이 행하
신 성찬식을 하셨다는 것입니다. 그러므로 **주님의 살과 피를 예표하는 떡
과 포도주**를 먹고 마신 아브라함은, **"누구든지 나로 말미암지 않고는 아
버지께로 올 자가 없다"**는 주님의 말씀에도 합당한 구원의 조건을 갖추었
던 사람입니다. **살렘 왕 멜기세덱**은 창세기 14장 18절에 딱 한 번 등장하
는데, 그 이름의 뜻이 **평강의 왕, 의의 왕**이므로 성자의 위를 가지신 하나
님, 즉 당시에 장차 오실 예수 그리스도로 봐야 합니다. **예수 그리스도**는
우리의 영원한 **대제사장**으로서 지금도 하나님 우편의 보좌에서 우리를 위
해 중보하고 계시는 **의의 왕, 평강의 왕**이시기 때문입니다. 후에 멜기세덱
에 대해 증언하는 히브리서 말씀이 이것을 입증해 주고 있습니다.

살렘 왕 멜기세덱이 떡과 포도주를 가지고 나왔으니 그는 지극히 높으신 **하나님
의 제사장**이었더라 그가 아브람에게 축복하여 이르되 천지의 주재이시요 지극히
높으신 하나님이여 아브람에게 복을 주옵소서 너희 대적을 네 손에 붙이신 지극히
높으신 하나님을 찬송할지로다 하매 **아브람**이 그 얻은 것에서 **십분의 일을** 멜기세

이 **멜기세덱**은 **살렘 왕**이요 지극히 높으신 **하나님의 제사장**이라 여러 왕을 쳐서 죽
이고 돌아오는 아브라함을 만나 복을 빈 자라 아브라함이 모든 것의 십분의 일을 그
에게 나누어 주니라 그 이름을 해석하면 먼저는 의의 왕이요 그 다음은 **살렘 왕**이니
곧 **평강의 왕**이요 아버지도 없고 어머니도 없고 족보도 없고 시작한 날도 없고 생명
의 끝도 없어 **하나님의 아들과 닮아서 항상 제사장으로 있느니라** _히브리서 7:1-3

　그러므로 구약의 성막이나 절기, 제사들은 예수 그리스도와 연결이 되
어 있고, 철저하게 예수 그리스도의 구속사를 예표하는 일이라는 것을
우리는 알아야 합니다.

스스로 장자의 축복권을 포기한 에서

　이처럼 택하신 백성의 조상을 철저하게 하나님의 사람으로 이끌어 가
시는 주님이 장자권을 가볍게 여겨 팥죽 한 그릇에 팔며 장자의 자격을
스스로 포기한 에서에게 장자의 축복을 주실 수는 없으셨기에 리브가를
통해 하나님의 뜻을 이루어 가신 것입니다.

야곱이 죽을 쑤었더니 에서가 들에서 돌아와서 심히 피곤하여 야곱에게 이르되 내
가 피곤하니 그 붉은 것을 내가 먹게 하라 한지라 그러므로 에서의 별명은 에돔이
더라 야곱이 이르되 형의 장자의 명분을 오늘 내게 팔라 에서가 이르되 내가 죽게

되었으니 이 장자의 명분이 내게 무엇이 유익하리요 야곱이 이르되 오늘 내게 맹세

하라 에서가 맹세하고 장자의 명분을 야곱에게 판지라 야곱이 떡과 팥죽을 에서에

게 주매 에서가 먹으며 마시고 일어나 갔으니 **에서가 장자의 명분을 가볍게 여김**

이었더라 _ 창세기 25:29-34

　또한 에서는 육적인 사람으로, 하나님의 영적 유업을 경홀히 여기는 것
을 너무 잘 아시기에 그에게 맡기실 수가 없어서 에서 스스로가 장자의 명
분을 팔도록 야곱에게 지혜를 주신 것입니다. 이때 에서는 팥죽 한 그릇에
장자권을 팔지 않고 다른 먹을 것을 선택할 수도 있었습니다. 그런데 그
는 육적인 욕망과 소욕을 절제하고 뛰어넘을 인내력이 없었고, 하나님이
주신 장자의 명분이 얼마나 중요한지 모르는 영적으로 무지한 자였기 때
문에 스스로 장자의 자격을 상실하는 길을 선택한 것입니다. 하나님은 언
제나 우리 앞에 복과 화를 두시고 스스로 선택하도록 기회를 열어 두셨습
니다. 이 성경의 이야기는 우리에게 아주 귀중한 교훈을 주고 있는 말씀입
니다. 바울 사도는 에서가 그 귀한 장자의 명분을, 그것도 팥죽 한 그릇에
판 것이 얼마나 잘못된 일인지를 이방신을 섬기는 음행한 자의 죄에 견주
어 말하고 있습니다.

　음행하는 자와 혹 한 그릇 음식을 위하여 **장자의 명분을 판 에서와 같이 망령된**

자가 없도록 살피라 너희가 아는 바와 같이 그가 그 후에 축복을 이어받으려고 눈

물을 흘리며 구하되 버린 바가 되어 회개할 기회를 얻지 못하였느니라

　_ 히브리서 12:16-17

위의 말씀에서 사도 바울은 **에서를 망령된 자라**고 부르는 데, 여기서 **'망령된'**이란 말의 헬라어 **'베벨로스'**는 '*이방의*', '*사악한*', '*불경스러운*'이란 뜻으로, 에서의 행동을 이방신을 섬기는 것과 같은 영적 간음으로 규정하고 있는 무서운 말입니다. 그러므로 에서는 이미 장자의 명분을 판 것으로 인해 영적 간음을 가장 싫어하시는 하나님께 버려진 자가 되었고, 아니, 스스로 그 길을 선택한 자가 되었습니다. 즉 이스라엘의 장자는 하나님의 영적 유업의 계승자로서 구원의 기름 부음과 은혜의 기름 부음을 흘려보내는 축복의 근원이요, 축복의 통로이기 때문에 그 귀한 장자의 명분을 팔았다는 것은 구원의 하나님, 은혜의 하나님을 섬기는 것을 저버리고 다른 이방신을 섬기기로 선택한 것과 같은 결과라는 말씀입니다. 그뿐만 아니라 에서는 이미 자신의 마음대로 헷 족속의 이방 여인을 둘씩이나 아내로 맞아 하나님의 선민 이스라엘 백성의 영적 계보를 이어 줄 조상이 될 수 없는 자격 미달의 사람이었습니다. 결정적으로 이 일이 하나님이 에서가 아닌 야곱을 장자의 축복을 받도록 이끄신 이유입니다. 그러므로 우리가 그동안 잘못 알고 있었던 야곱에 대한 바른 재해석이 반드시 필요하고, **야곱이 장자가 되는 것이 하나님의 뜻**이었음을 우리는 확실히 알아야 합니다. 성경 여러 곳에서 그 사실을 증언하고 있기 때문입니다.

에서가 사십세에 **헷 족속 브에리의 딸 유딧**과 **헷 족속 엘론의 딸 바스맛**을 아내로 맞이하였더니 그들이 이삭과 리브가의 마음에 근심이 되었더라

_ 창세기 26:34-35

영의 사람 기도의 어머니 리브가에게 주신 하나님의 지혜

이삭이 에서에게 "별미를 만들어 오면 먹고 죽기 전에 마음껏 축복하겠다."라고 말하는 걸 아내인 리브가가 듣게 된 것은 **하나님의 작전**이었다는 것을 우리는 알 수 있어야 합니다. 기도의 사람 리브가는 쌍둥이가 태중에서 싸울 때 이미 하나님이 **"큰 자가 어린 자를 섬기리라."** 하신 말씀을 들었기 때문에, 이삭이 에서에게 하는 소리를 듣자 야곱에게 좋은 염소 새끼 두 마리를 가져오면 별미를 만들어 줄 테니 아버지 이삭에게 드리고 축복을 받으라고 이야기한 것입니다.

이삭이 그의 아들 에서에게 말할 때에 리브가가 들었더니 에서가 사냥하여 오려고 들로 나가매 리브가가 그의 아들 야곱에게 말하여 이르되 네 아버지가 네 형 에서에게 말씀하시는 것을 내가 들으니 이르시기를 나를 위하여 사냥하여 가져다가 별미를 만들어 내가 먹게 하여 죽기 전에 여호와 앞에서 네게 축복하게 하라 하셨으니 그런즉 내 아들아 내 말을 따라 내가 네게 명하는 대로 염소 떼에 가서 거기서 좋은 염소 새끼 두 마리를 내게로 가져오면 내가 그것으로 네 아버지를 위하여 그가 즐기시는 별미를 만들리니 네가 그것을 네 아버지께 가져다 드려서 그가 죽기 전에 **네게 축복하기 위하여** 잡수시게 하라 _ 창세기 27:5-10

야곱이 그 어머니 리브가에게 이르되 내 형 에서는 털이 많은 사람이요 나는 매끈매끈한 사람인즉 아버지께서 나를 만지실진대 내가 아버지의 눈에 **속이는 자로 보일지라** 복은 고사하고 저주를 받을까 하나이다 _ 창세기 27:11-12

리브가의 말을 들은 야곱은 도리어 어머니에게 양심적으로 말합니다. "형은 털이 많고 자기는 털이 없는 매끈한 사람이라, 아버지가 만지실 때 자기를 알아보고 되려 <u>속이는 자로 인정하여 저주를 받을까 한다.</u>"라고 이야기하는데, 야곱의 이런 모습만 보아도 우리가 그를 속이는 자라고 말하며 그렇게 인정하는 것은 옳지 않다고 생각합니다. 그때 이 소리를 들은 리브가가 **"내 아들아 너의 저주는 내게로 돌리리니 내 말만 따르고 가서 가져오라"**라고 자신 있게 말하는 것을 보면, 그녀는 이 일에 하나님이 함께하신다는 확신을 가졌었던 것으로 보입니다. 마치 내 때가 아직 이르지 아니했다라는 예수님의 말씀에 "무슨 말씀을 하시든지 그대로 하라."라고 하인들에게 명령하는 마리아의 모습과도 흡사합니다. 이러한 확신이 있었기에 리브가는 야곱에게 에서의 좋은 옷을 골라 입히고, 지혜를 내어 염소 새끼의 가죽으로 그의 손과 목의 매끈한 살에 입혀 이삭이 만졌을 때 에서로 느끼도록 하고, 또 별미를 만들어 주어 야곱이 아버지 이삭에게 축복을 받을 수 있도록 이끌었던 것입니다. 뒤늦게 사냥에서 돌아온 에서가 이삭이 야곱에게 축복한 것을 알고 아버지가 빌 복이 하나뿐이냐며 내게도 축복해 달라고 소리 높여 울자 **이삭은 에서에 대한 하나님의 예언을 선포합니다.**

아버지 이삭이 그에게 대답하여 이르되 네 주소는 땅의 기름짐에서 멀고 내리는 하늘 이슬에서 멀 것이며 너는 칼을 믿고 생활하겠고 네 아우를 섬길 것이며 네가 매임을 벗을 때에는 그 멍에를 네 목에서 떨쳐버리리라 하였더라 _ 창세기 27:39-40

곧 에서는 땅과 하늘의 축복에서 멀고, 칼을 믿고 생활하며 종의 정체성으로 살 것을 예언한 말씀으로, 에서는 하나님이 아브라함과 이삭에게 약속하신 땅과 후손의 축복을 받을 자격이 없음을 선포하게 하신 것입니다. 후에 리브가가 낸 이 모든 지혜가 하나님께로부터 왔다는 것을 분명히 알 수 있는 말씀이 있는데, 에서가 야곱이 이삭에게 받은 축복으로 인해 그를 미워하여 '야곱을 죽여 버리겠다.'라고 마음속으로 생각한 것을 리브가가 들었다는 말씀에서 입니다.

> 그의 아버지가 야곱에게 축복한 그 축복으로 말미암아 에서가 야곱을 미워하여 **심중에 이르기를** 아버지를 곡할 때가 가까웠은즉 내가 내 아우 **야곱을 죽이리라** 하였더니 맏아들 에서의 **이 말이 리브가에게 들리매** 이에 사람을 보내어 작은 아들 야곱을 불러 그에게 이르되 네 형 에서가 너를 죽여 그 한을 풀려 하니 내 아들아 내 말을 따라 일어나 하란으로 가서 내 오라버니 라반에게로 피신하여 네 형의 노가 풀리기까지 몇 날 동안 그와 함께 거주하라 네 형의 분노가 풀려 네가 자기에게 행한 것을 잊어버리거든 내가 곧 사람을 보내어 너를 거기서 불러오리라 어찌 하루에 너희 둘을 잃으랴 _ 창세기 27:41-45

심중에 일렀다는 말은 에서가 **마음속으로 생각했다**는 뜻인데, 에서의 심중의 소리가 리브가에게 들렸다는 것은 하나님이 영으로 그 소리를 듣게 하셨다는 것으로, 리브가가 영의 사람이었다는 사실을 확인해 주고 있습니다. 그 소리를 들은 리브가는 야곱을 자기 오라버니 라반의 집 하란으로 보내게 되었고, 야곱은 하란으로 가던 바로 그날 밤에 하나님을 꿈에서 만나 할아버지 아브라함과 아버지 이삭이 받았던 땅과 후손의 축복을 받게 됩니다. **야곱**은 이때 **"너와 너의 후손이 모든 민족의 복의 근원이**

되게 하겠다."라는 **하나님의 약속을 처음으로 직접 받게 된 것입니다.**

> 야곱이 브엘세바에서 떠나 하란으로 향하여 가더니 한 곳에 이르러는 해가 진지라 거기서 유숙하려고 그 곳의 한 돌을 가져다가 베개로 삼고 거기 누워 자더니 꿈에 본즉 사닥다리가 땅 위에 서 있는데 그 꼭대기가 하늘에 닿았고 또 본즉 하나님의 사자들이 그 위에서 오르락내리락 하고 또 본즉 여호와께서 그 위에 서서 이르시되 나는 여호와니 너의 조부 아브라함의 하나님이요 이삭의 하나님이라 네가 누워 있는 땅을 내가 너와 네 자손에게 주리니 네 자손이 땅의 티끌 같이 되어 네가 서쪽과 동쪽과 북쪽과 남쪽으로 퍼져나갈지며 땅의 모든 족속이 너와 네 자손으로 말미암아 복을 받으리라 내가 너와 함께 있어 네가 어디로 가든지 너를 지키며 너를 이끌어 이 땅으로 돌아오게 할지라 내가 네게 허락한 것을 다 이루기까지 너를 떠나지 아니하리라 하신지라 _ 창세기 28:10-15

    만약에 야곱이 받은 장자의 축복이 에서가 말한 것처럼 자기의 축복을 부당하게 속여 **빼앗은** 것이라면, 왜 하나님이 야곱에게 직접 나타나셔서 아브라함과 이삭에게 하신 축복의 말씀을 하셨겠습니까? 물론 에서 개인의 입장에서 보면 **빼앗겼**다고 생각할 수도 있겠지만, **하나님은 받을만한 자에게 장자의 축복권과 영적 계보와 유업을 물려주신 것입니다.** 그리고 하나님은 약속하신 대로 야곱의 12아들, 이스라엘의 12지파를 통해 하나님의 나라를 확장해 가시고 구속사를 이루고 계시는 것입니다.

    이 이야기를 통해 우리가 얻는 교훈은 '오늘의 그리스도인들 모두는 믿음의 장자이므로 영적 유업을 절대로 포기해서는 안 되며, 그 무엇과도

바꾸거나 대신 선택하는 일이 있어서는 절대로 안 된다.'라는 것입니다.

하나님이 야곱을 보내 하란 땅을 축복하신 이유

그런데 하나님이 야곱을 그의 외삼촌의 집 '하란'으로 보내 20년간 훈련시키시고 축복하신 후에 돌아오게 하신 이유가 있습니다. '하란'은 아브라함이 하나님께 믿음의 조상으로 부르심 받기 전 약 20년간 아버지 데라와 지내며 우상을 섬겼던 땅입니다. 결론부터 말씀드리면, 하나님은 믿음의 조상으로 택하신 아브라함이 언약을 받기 전에 머물렀던 모든 땅도 축복의 땅(복의 근원)으로 바꾸시기 위해, **믿음의 사람인 야곱을 하란으로 보내셔서 그 땅의 영적 기류를 바꾸시고, 하나님의 주권 아래 있는 축복의 땅으로 개혁하신 것입니다.**

> 여호수아가 모든 백성에게 이르되 이스라엘의 하나님 여호와께서 이같이 말씀하
> 시기를 옛적 에 너희의 조상들 곧 **아브라함의 아버지, 나홀의 아버지 데라가 강**
> **저쪽에 거주하여 다른 신 들을 섬겼으나** _ 여호수아 24:2

성경에 처음 '가나안 땅'으로 가고자 한 사람은 아브라함이 아니라 그의 아버지 데라였다고 창세기 11장에 나옵니다. 그러나 데라는 무슨 연유에서인지 갈대아 우르를 떠나 가나안으로 가던 중 **하란**에 도착하자 그곳에 거류했다고 나옵니다. 저는 그 이유를 창세기 12장에서 찾을 수 있었습니다. 하나님이 아브라함을 처음으로 부르시고 그를 축복하시며 '약속

의 땅'으로 주신 곳이 '가나안'이기 때문에, 우상을 섬겼던 데라가 그 가나안 땅에 거주하며 다른 신을 섬기는 것을 하나님은 허락하지 않으시고 막으셨던 것입니다.

> **데라가** 그 아들 아브람과 하란의 아들인 그의 손자 롯과 그의 며느리 아브람의 아내 사래를 데리고 **갈대아인의 우르를 떠나 가나안 땅으로 가고자 하더니 하란에 이르러 거기 거류하였으며** _ 창세기 11:31

> 데라는 나이가 이백오세가 되어 하란에서 죽었더라 _ 창세기 11:32

> **여호와께서 아브람에게** 이르시되 너는 너의 고향과 친척과 아버지의 집을 떠나 내가 네게 보여 줄 땅으로 가라 _ 창세기 12:1

> 이에 아브람이 여호와의 말씀을 따라갔고 롯도 그와 함께 갔으며 아브람이 하란을 떠날 때에 **칠십오세였더라** _ 창 12:4

데라가 하란에서 죽자 하나님은 아브라함에게 하란을 떠날 것을 명하십니다. 여기서 한 가지 주목해야 할 사실이 있는데, 하나님이 하란을 아브라함의 고향이라고 말씀하셨다는 것입니다. 창세기 11장에는 데라가 갈대아 우르를 떠날 때 아브람과 사래와 롯을 데리고 떠났다고만 나오지만, 성경을 통해 데라에게 딸린 가족 모두가 하란으로 이주했던 것을 알 수 있습니다. 창세기 24장을 보면 아브라함이 늙어 그의 아들 이삭을 위해 "내 고향 내 족속에게로 가서 아내를 구해오라"라고 말하며 그의 종

엘리에셀을 보냅니다. 이때 엘리에셀이 순종하여 도착한 곳이 **하란**에 있는 **나홀의 성**이었습니다. 엘리에셀은 아브라함의 형제 나홀의 아들 브두엘이 낳은 딸 리브가를 이삭의 아내로 데려왔고, 후에 리브가는 야곱을 자기 오라비 라반에게 피신 보내는데 그곳도 하란이었습니다. 이것으로 볼 때 하란은, 아버지 데라의 집을 중심으로 모든 형제자매 일가친척이 모여 살았던 곳으로 아브라함에게는 제2의 고향이 되었으리라고 짐작할 수 있습니다.

그리고 여기서 우리가 살펴보아야 할 성경 해석의 오류가 있는데, 아래의 말씀 때문에 많은 사람들이 아브라함 형제들의 서열을 잘못 알고 있다는 사실입니다.

> **데라는 칠십세에 아브람과 나홀과 하란을 낳았더라** 데라의 족보는 이러하니라 데라는 아브람과 나홀과 하란을 낳고 하란은 롯을 낳았으며 **하란은 그 아비 데라보다 먼저 고향 갈대아인의 우르에서 죽었더라** _ 창 11:26-28

이 말씀을 글자 그대로 해석하면 데라의 아들의 출생 순서가 아브람, 나홀, 하란이 되고, 데라가 70세 한 해에 아들 셋을 낳은 것으로 해석되어 '모두 배다른 형제인가?'라는 생각이 들 수도 있지만, 성경에 다른 부인에게서 낳았다는 언급이 없으므로 70세부터 첫아들을 낳았다고 해석해야 맞습니다. 창세기 5장에 아담의 계보를 적은 내용을 보면, 첫아들을 낳은 나이만 기록하고 이후 몇 년을 지내며 자녀를 낳았다고만 기록하고 있습니다. 그리고 창세기 12장 4절에 아브라함이 하나님의 명령을 따라 하란을 떠난 나이가 75세이고, 데라가 하란에서 죽은 나이가 205세 이므로, 데라가 죽은 그 해에 아브라함이 하란을 떠났다고 가정했을 때, 데라는 아브라함을 205-75=130세에 낳은 것을 알 수 있습니다. 만약에 아브라함이 데라가 죽은 뒤에 몇 년이 지나 하란을 떠났다고 해도, 데라가 아브라함을 70세에 낳았다는 것을 증명하려면 아브라함이 하란에 머무른 기간이 60년이 되어야 하는데 {205세-(75세+60년)=70세}, 그렇게 되면 아브라함이 하란에 도착한 나이가 15세라는 뜻으로, 아브라함은 이미 장성하여 결혼한 후에 하란으로 오게 되었다고 성경에 나와있으니 이것은 말이 되지 않습니다. 그런데 저는 하나님이 아브라함을 믿음의 조상으로 택하기로 결정하신 이상 우상을 섬기던 그 땅에 조금도 더 머물게 하지 않으셨을 것이라고 생각합니다.

그리고 출생의 순서 또한 기록된 대로 본다면 아브람, 나홀, 하란 순으로 생각할 수 있지만, 사실과 전혀 다르다는 것을 다음 성경구절을 통해 발견할 수 있습니다.

아브람과 나홀이 장가 들었으니 아브람의 아내의 이름은 사래며 **나홀의 아내의 이름은 밀가니 하란의 딸이요** 하란은 밀가의 아버지이며 또 이스가의 아버지더라
_ 창세기 11:29

리브가......그는 아브라함의 동생 나홀의 아내 밀가의 아들 브두엘의 소생이라
_ 창세기 24:15

만약 글자의 순서대로 하란이 막내아들이었다면, 둘째 나홀이 막냇동생 하란의 어린 조카딸과 결혼한 것이었을까요? 아닐 것입니다. 큰형의 조카딸이 막내 삼촌과 연배가 비슷했기에 결혼할 수 있는 조건이 되었던 것입니다. 우리나라도 옛날에는 형제가 많다 보니 큰 오빠나 큰 언니의 자녀가 막내 삼촌이나 막내 고모 이모보다 나이가 많은 경우가 있었습니다. 윗 단락의 내용으로 가정해 보면 데라가 큰 아들을 70세에 낳았고, 아브라함을 130세에 낳은 것으로 볼 수 있으니, 두 사람의 나이 차이가 60세인 것을 알 수 있습니다. 그런데 나홀은 **"아브라함의 동생 나홀"**이라고 분명히 나와 있으므로, 하란이 큰 아들로서 롯과 나홀의 아내 밀가를 낳은 것이며 **데라의 아들들의 출생 서열은 하란-〉 아브라함-〉 나홀**이었음을 알 수 있습니다.

그렇다면 왜 아브라함을 먼저 기록했을까요? **그 이유는, 아브라함이 믿음의 조상이기 때문에,** 그리고 큰아들 하란은 일찍 죽었으므로 **막내 동생 나홀 보다도 나중에 기록을 한 것**이라고 보면 됩니다. 데라가 아브라함과 사래와 롯을 데리고 떠난 것만 기록하고 나홀과 그의 아내 밀가가 함께 떠난 것은 기록하지 않은 것을 보아도, **믿음의 조상 아브라함을 중심으로 기록**되었다고 볼 수 있을 것입니다.

야곱을 하란에서 20년간 머물게 하신 이유

하란의 뜻은 **"바짝 마른"**, **"녹이다"**, **"태우다"** 즉 열매가 없다는 의미인데, 하나님은 야곱을 그곳에 보내셔서 그 땅을 축복하시고, 라반의 재산을 증식시켜 주셨으며, 야곱이 그곳에서 12아들을 얻게 하시고 거부가 되어 돌아오게 하셨습니다. 하나님은 믿음의 조상으로 택하고 부르신 아브라함이 그곳에 머물며 하나님이 아닌 다른 신을 의지하며 우상을 섬겼던 그 시간에 대한 대가 지불을 야곱을 통해 받으시고, **우상의 영향력 아래 있던 그 지역의 영적기류를 하나님의 주권 아래 있는 축복의 영적기류로 바꾸셨으며, 땅 또한 축복의 땅으로 변화시키신 것입니다.**

여기서 우리는 하나님이 하시는 일에는 그에 상응하는 대가 지불의 역사가 반드시 있다는 것을 알아야 하는데, 사사기 6장을 보면 이스라엘 백성들이 악을 행하자 하나님이 그들을 미디안의 손에 넘기셔서 7년간 혹독한 압제를 당하게 하시고, 이스라엘 백성이 부르짖자 기드온을 사사로 세워 7년 된 수소를 번제물로 드리되 그들이 섬겼던 아세라 상을 쪼갠 나무로 태워 번제로 드리라고 하셨는데, 이것은 그들이 압제당했던 년 수에 해당하는 제물과 우상을 함께 불로 태워 받으시기 위함이었습니다. 대부분 하나님께 드리는 번제물은 1년이나 3년 된 어리고 흠 없는 소나 양, 염소를 제물을 드리도록 하시고 받으시는데, 7년 된 둘째 수소를 잡으라고 하신 이유는 바로 이스라엘이 미디안을 섬긴 기간과 상응하기 때문입니다.

이스라엘 자손이 또 여호와의 목전에 악을 행하였으므로 여호와께서 **칠 년** 동안 그들을 미디안의 손에 넘겨 주시니...... 그 날 밤에 여호와께서 기드온에게 이르시되 네 아버지에게 있는 **수소** 곧 칠 년 된 둘째 수소를 끌어 오고 네 아버지에게 있

는 바알의 제단을 헐며 그 곁의 **아세라 상을 찍고** 또 이 산성 꼭대기에 네 하나님

여호와를 위하여 규례대로 한 제단을 쌓고 그 둘째 수소를 잡아 **네가 찍은 아세**

라 나무로 번제를 드릴지니라 하시니라 _ 사사기 6:1, 25-26

이런 사실들로 볼 때 저는, <u>아브라함이 하란에 거류했던 기간이 야곱이</u>
<u>나홀의 집에 머물렀던 20년과 동일하지 않았을까</u> 생각합니다.

벧엘의 언약을 신실하게 지키신 하나님

하나님이 '하란'을 축복의 땅으로 변화시키셨다는 것은, **"여호와께서 너**
로 말미암아 내게 복 주신 줄을 내가 깨달았노니"라고 라반이 야곱에게
직접 증언하고 있습니다. 야곱은 사랑하는 아내 라헬이 요셉을 낳자 라
반에게 이제 자기의 고향으로 처자와 함께 가도록 허락해 달라고 요청합
니다. 그러나 라반은 야곱 때문에 자신이 복을 받았다는 것을 알기에 야
곱을 만류하며 품삯을 다시 정하자고 제안합니다.

라헬이 요셉을 낳았을 때에 야곱이 라반에게 이르되 나를 보내어 내 고향 나의 땅

으로 가게 하시되 내가 외삼촌에게서 일하고 얻은 처자를 내게 주시어 나로 가게

하소서 내가 외삼촌에게 한 일은 외삼촌이 아시나이다 **라반이 그에게 이르되 여**

호와께서 너로 말미암아 내게 복 주신 줄을 내가 깨달았노니 네가 나를 사랑스

럽게 여기거든 그대로 있으라 또 이르되 네 품삯을 정하라 내가 그것을 주리라 야

곱이 그에게 이르되 내가 어떻게 외삼촌을 섬겼는지, 어떻게 외삼촌의 가축을 쳤는

지 외삼촌이 아시나이다 내가 오기 전에는 외삼촌의 소유가 적더니 **번성하여 떼를 이루었으니 내 발이 이르는 곳마다 여호와께서 외삼촌에게 복을 주셨나이다 그러나 나는 언제나 내 집을 세우리이까** _ 창세기 30:25-30

라반의 이야기를 듣고 난 후 야곱은 하나님이 주시는 지혜로 대답합니다. "내가 오기 전에는 외삼촌의 소유가 적었는데 번성하여 떼를 이룬 이유는, **내 발이 이르는 곳마다 하나님이 복을 주셨기 때문**입니다. 그런데 나는 언제나 내 집을 세울 수 있겠습니까?"라며 묻습니다. 그리고는 양 중에 아롱진 것, 점 있는 것, 검은 것과 염소 중에 아롱지고 점박이는 다 자신의 것으로 달라고 제안하자 라반은 흔쾌히 허락합니다. 그 이유는 아롱지고 점 있는 양이나 염소가 나올 확률은 상대적으로 낮고, 흰색 양끼리 교미했을 때 검은 양이 나올 확률은 거의 없기 때문입니다. 그리고 야곱은 나중에 조사해서 자신이 말한 것 외에 다른 것이 있다면 다 도둑질한 것으로 인정해도 좋다라고 당당하게 말합니다. 여기서 **"나의 의가 내 대답이 되리이다."**라는 말은 자신의 정직함이 야곱 스스로를 증거 해 줄 것이라는 뜻으로 계약 내용을 성실하게 지키겠다는 약속의 말입니다.

라반이 이르되 내가 무엇으로 네게 주랴 **야곱**이 이르되 외삼촌께서 **내게 아무것도 주시지 않아도** 나를 위하여 이 일을 행하시면 내가 다시 외삼촌의 양 떼를 먹이고 지키리이다 오늘 내가 외삼촌의 양 떼에 두루 다니며 그 **양 중에 아롱진 것**과 점 있는 것과 검은 것을 가려내며 또 **염소 중에 점 있는 것**과 아롱진 것을 가려내리니 이같은 것이 내 품삯이 되리이다 후일에 외삼촌께서 오셔서 내 품삯을 조사하실 때에 **나의 의가 내 대답이 되리이다** 내게 혹시 염소 중 아롱지지 아니한 것이나 점

이 없는 것이나 양 중에 검지 아니한 것이 있거든 다 도둑질한 것으로 인정하소서

라반이 이르되 내가 네 말대로 하리라 하고 _ 창세기 30:31-34

야곱이 이렇게 자신에게 불리해 보이는 제안을 한 이유는 욕심 많은 라반이 자신의 조건에 순순히 응하게 하기 위함이었을 테지만, 다른 한편으로 그에게는 모든 상황을 아시는 하나님이 자신의 수고를 반드시 갚아 주실 것이라는 믿음도 있었던 것으로 보입니다. 결과적으로 야곱의 제안은, 라반이 그동안 품삯을 열 번이나 바꾼 것을 아시는 하나님이 **야곱의 소유만을 확실하게 축복하시기 위한 전략**이었습니다. 라반은 야곱의 말을 듣는 순간 자신에게 매우 유리하다고 즉시 판단이 서기에 흔쾌히 제안을 수락합니다. 그리고는 혹시나 야곱이 말을 번복할까 봐, 그날로 실천에 옮겨 염소 중에 무늬와 점 있는 것들, 양 중에 검은 것들을 가려내어 자기 아들들에게 맡기고, 자기의 가축 무리와 야곱의 가축 무리 사이에 3일 길의 거리를 두어 두 떼가 섞여 교미하는 일이 없도록 완벽히 분리합니다. 이렇게 야곱은 자신의 몫이 한 마리도 없는 순백색의 양과 순흑색과 순흰색의 염소로만 구성된 라반의 가축 떼를 치게 된 것입니다.

그 날에 그가 숫염소 중 얼룩무늬 있는 것과 점 있는 것을 가리고 **암염소 중 흰 바탕에 아롱진 것과 점 있는 것을 가리고 양 중의 검은 것들을 가려** 자기 아들들의 손에 맡기고 자기와 야곱의 사이를 **사흘 길이 뜨게 하였고** 야곱은 라반의 남은 양 떼를 치니라 _ 창세기 30:35-36

다시 라반의 가축 떼를 치게 된 야곱은 버드나무와 살구나무, 신풍나무

가지를 꺾어 드문드문 껍질을 벗겨 알록달록 무늬를 만들고, 처음에는 이 것을 모든 양이 물을 먹으러 올 때 개천의 물 구유 옆에 세워두었습니다. 이 렇게 한 이유는 양 떼가 물을 마시러 모였을 때 그 가지 앞에서 교미를 하게 되면 가지의 무늬를 보고 수태에 영향을 받도록 하려는 의도였는데, 이것은 과학적으로는 전혀 근거가 없지만 정말로 가지 앞에서 새끼를 밴 양들은 점 이 있고 아롱진 새끼들을 낳았고, 그때에 비로소 야곱은 자신의 양 떼가 생 겼습니다. 야곱은 다시 자기 양과 라반의 양이 섞이지 않게 두 떼를 마주 보 게 두었고, 튼튼한 양이 새끼를 밸 떼에만 개천에 가지를 두어 그 가지 곁에 서 새끼를 배게 하니 약한 것은 라반의 것이 되고 튼튼한 것은 야곱의 것이 되어 야곱의 양 떼와 노비와 낙타와 나귀가 매우 번창하게 되었습니다.

> 야곱이 버드나무와 살구나무와 신풍나무의 푸른 가지를 가져다가 그것들의 껍질 을 벗겨 흰 무늬를 내고 그 껍질 벗긴 가지를 양 떼가 와서 먹는 개천의 물 구유에 세워 양 떼를 향하게 하매 그 떼가 물을 먹으러 올 때에 새끼를 배니 가지 앞에서 새끼를 배므로 얼룩얼룩한 것과 점이 있고 아롱진 것을 낳은지라 야곱이 새끼 양 을 구분하고 그 얼룩무늬와 검은 빛 있는 것을 라반의 양과 서로 마주보게 하며 자 기 양을 따로 두어 라반의 양과 섞이지 않게 하며 튼튼한 양이 새끼 밸 때에는 야 곱이 개천에다가 양 떼의 눈 앞에 그 가지를 두어 양이 그 가지 곁에서 새끼를 배게 하고 약한 양이면 그 가지를 두지 아니하니 그렇게 함으로 약한 것은 라반의 것이 되고 **튼튼한 것은 야곱의 것이 된지라** 이에 그 사람이 매우 번창하여 양 떼와 노 비와 낙타와 나귀가 많았더라 _ 창세기 30:37-43

그런데 여기서 우리가 명심할 것은 야곱의 방법이 정말로 수태에 영향을 주어 그의 소유가 번창한 것이 아니라, **벧엘의 하나님이 신실하게 그와의 언약을 지키신 것이라는 사실**입니다. 하나님은 야곱을 축복하시기로 작정하시고 라반에게 그런 제안을 하도록 지혜를 주셨으며, 그가 나뭇가지를 세울 때마다 가축의 태를 여시고 태어나는 새끼마다 얼룩무늬와 점이 있고 아롱진 것을 낳게 하신 것입니다. **야곱은 이토록 철저한 하나님의 주권으로 복을 받아 번성하게 된 사람**입니다. 실제로 하나님은 야곱의 꿈을 통해 하나님이 역사하고 계심을 보여주시며 말씀하셨습니다.

그대들도 알거니와 내가 힘을 다하여 그대들의 아버지를 섬겼거늘 그대들의 아버지가 나를 속여 품삯을 열 번이나 변경하였느니라 그러나 하나님이 그를 막으사 나를 해치지 못하게 하셨으며 그가 이르기를 점 있는 것이 네 삯이 되리라 하면 온 양 떼가 낳은 것이 점 있는 것이요 또 얼룩무늬 있는 것이 네 삯이 되리라 하면 온 양 떼가 낳은 것이 얼룩무늬 있는 것이니 하나님이 이같이 그대들의 아버지의 가축을 빼앗아 내게 주셨느니라 그 **양 떼가 새끼 밸 때에 내가 꿈에 눈을 들어 보니 양 떼를 탄 숫양은 다 얼룩무늬 있는 것과 점 있는 것과 아롱진 것이었더라** 꿈에 하나님의 사자가 내게 말씀하시기를 야곱아 하기로 내가 대답하기를 여기 있나이다 하매 이르시되 네 눈을 들어 보라 양 떼를 탄 숫양은 다 얼룩무늬 있는 것, 점 있는 것과 아롱진 것이니라 라반이 네게 행한 모든 것을 내가 보았노라 **나는 벧엘의 하나님이라 네가 거기서 기둥에 기름을 붓고 거기서 내게 서원하였으니 지금 일어나 이 곳을 떠나서 네 출생지로 돌아가라** 하셨느니라 _ 창세기 31:6-13

야곱은 지난 14년간 정직하고 성실하게 맡은 일에 최선을 다하며, 충직하게(낮에는 더위와 밤에는 추위를 무릅쓰고 눈 붙일 겨를도 없이 지냈나이다) 하나님의 때를 기다렸다고 볼 수 있습니다. 때가 되자 하나님은 6년 만에 그를 거부로 만드시고 아버지의 집으로 돌아오게 하셨습니다. 저는 야곱이 억울한 상황과 오랜 시간을 견디며 그토록 성실하게 일할 수 있었던 이유는, 벧엘에서 만난 하나님의 언약의 말씀 **"내가 너와 함께 있어 네가 어디로 가든지 너를 지키며 너를 이끌어 이 땅으로 돌아오게 할지라 내가 네게 허락한 것을 다 이루기까지 너를 떠나지 아니하리라"**라고 하신 그 언약을 믿고 붙들었기 때문이라고 생각합니다.

내가 이 이십 년을 외삼촌과 함께 하였거니와 외삼촌의 암양들이나 암염소들이 낙태하지 아니하였고 또 외삼촌의 양 떼의 숫양을 내가 먹지 아니하였으며 물려 찢긴 것은 내가 외삼촌에게로 가져가지 아니하고 낮에 도둑을 맞았든지 밤에 도둑을 맞았든지 외삼촌이 그것을 내 손에서 찾았으므로 내가 스스로 그것을 보충하였으며 내가 이와 같이 낮에는 더위와 밤에는 추위를 무릅쓰고 눈 붙일 겨를도 없이 지냈나이다 내가 외삼촌의 집에 있는 이 이십 년 동안 외삼촌의 두 딸을 위하여 십사 년, **외삼촌의 양 떼를 위하여 육 년을 외삼촌에게 봉사하였거니와** 외삼촌께서 내 품삯을 열 번이나 바꾸셨으며 우리 아버지의 하나님, 아브라함의 하나님 곧 이삭이 경외하는 이가 나와 함께 계시지 아니하셨더라면 외삼촌께서 이제 나를 빈손으로 돌려보내셨으리이다마는 **하나님이 내 고난과 내 손의 수고를 보시고 어제 밤에 외삼촌을 책망**하셨나이다 _ 창세기 31:38-42

철저하게 야곱을 보호하시고 인도하시는 하나님

야곱은 사랑하는 아내 라헬에게서 요셉이 태어나자 자신의 처자들만 데리고 고향으로 돌아가고자 했지만, 하나님은 라반을 통해 그를 만류하시고 하나님이 주시는 지혜로 품삯을 다시 정해 일하게 하셨습니다. 그리고 6년간 야곱을 축복하셔서 거부로 만드신 후에 하란을 떠나도록 인도하셨습니다. 야곱이 거부가 되자 라반의 아들들 눈에 그가 자기 아버지의 재산을 다 빼앗아 가는 것 같이 보여 불평하게 하므로 야곱이 더 이상 그곳에 머무르지 않고 떠날 수밖에 없도록 이 모든 상황을 세밀하게 이끌어 가신 것입니다.

> 라헬이 요셉을 낳았을 때에 야곱이 라반에게 이르되 나를 보내어 내 고향 나의 땅으로 가게 하시되 내가 외삼촌에게서 일하고 얻은 처자를 내게 주시어 나로 가게 하소서 내가 외삼촌에게 한 일은 외삼촌이 아시나이다 _ 창세기 30:25-26

> 야곱이 라반의 아들들이 하는 말을 들은즉 야곱이 우리 아버지의 소유를 다 빼앗고 우리 아버지의 소유로 말미암아 이 모든 재물을 모았다 하는지라 야곱이 라반의 안색을 본즉 자기에게 대하여 전과 같지 아니하더라 **여호와께서 야곱에게 이르시되 네 조상의 땅 네 족속에게로 돌아가라 내가 너와 함께 있으리라** 하신지라
> _ 창세기 31:1-3

라반이 자기에 대해 전과 같지 않은 것을 본 야곱은 라반이 양털을 깎으러 간 사이에 가족과 모든 소유를 이끌고 라반의 집을 떠나 길르앗에

이룹니다. 3일 후 그 사실을 알게 된 라반이 형제들과 함께 7일을 쫓아 길르앗에 도착했는데, 그날 밤 하나님이 라반에게 나타나셔서 야곱을 해치지 못하도록 말씀하십니다. 만일 그 밤에 하나님이 나타나지 않으셨더라면 라반은 야곱을 해칠 수 있는 사람이라는 것을 스스로 증언하고 있습니다.

> 너를 해할 만한 능력이 내 손에 있으나 **너희 아버지의 하나님이 어제 밤에 내게 말씀하시기를 너는 삼가 야곱에게 선악간에 말하지 말라 하셨느니라**
>
> _ 창세기 31:29

야곱의 삶은 이렇듯 철저하게 하나님의 인도하심과 보호하심, 역사 가운데 때를 기다리며 순종하는 삶이었습니다. 하나님의 강권적인 개입으로 라반은 딸들과 손자들을 축복하고 돌아갑니다. 고향으로 가기 위해 다시 길을 가던 중 야곱은 '**마하나임**' 하나님의 군대를 만납니다. 에서를 만날 두려움으로 가득 차 있던 야곱에게 하나님은 **하늘의 군대**를 보이시며, '내가 너와 함께한다. 너는 혼자가 아니니 두려워하지 말라.'라는 말씀을 하고 계신 것입니다.

> 야곱이 길을 가는데 **하나님의 사자들**이 그를 만난지라 야곱이 그들을 볼 때에 이르기를 이는 **하나님의 군대**라 하고 그 땅 이름을 **마하나임**이라 하였더라
>
> _ 창세기 32:1-2

야곱이 돌아온다는 소식을 들은 에서는 400명을 거느리고 야곱을 만나

기 위해 옵니다. 야곱은 심히 두렵고 답답한 마음에 형 에서의 감정을 예물로 먼저 풀어 보려고 그의 소유 중 예물을 택하고 그 가축을 각각 떼로 나누어 종들의 손에 맡겨 거리를 두고 자기 앞에 보냅니다. 예물을 앞서 보내고, 야곱은 밤에 일어나 아내와 여종과 열한 아들을 인도하여 얍복 나루를 건너게 한 후 홀로 강가에 남아 있을 때, 그의 마음은 여전히 두렵고 답답했을 것입니다. 그런 야곱의 마음을 아시는 하나님이 그의 앞에 나타나셔서 먼저 씨름을 청하신 것입니다. 달빛이 환한 강가에서 하나님은 야곱에게 먼저 손짓하시며 "여보시오, 누구신지 이곳에서 밤을 지내려거든 나와 함께 씨름이나 한판 합시다!"라고 이야기하자, 야곱은 그렇지 않아도 불안한 마음 때문에 누구하고라도 한판 붙어보고 싶던 차에 "좋소! 그렇게 합시다!"라며 씨름을 시작한 것이라고 상황을 그려 볼 수 있겠습니다. 저는 이 광경을 상상했을 때 '하나님은 이렇게나 우리의 형편과 감정 상태를 세밀히 살피시고 먼저 찾아오셔서 우리에게 가장 합당한 방법으로 함께하시며 힘과 용기를 주시고 이끌어 가시는구나!' 생각되어 감사의 눈물을 흘렸습니다.

> 그 예물은 그에 앞서 보내고 그는 무리 가운데서 밤을 지내다가 밤에 일어나 두 아내와 두 여종과 열한 아들을 인도하여 얍복 나루를 건널새 그들을 인도하여 시내를 건너가게 하며 그의 소유도 건너가게 하고 야곱은 홀로 남았더니 어떤 사람이 날이 새도록 야곱과 씨름하다가 자기가 야곱을 이기지 못함을 보고 그가 야곱의 허벅지 관절을 치매 야곱의 허벅지 관절이 그 사람과 씨름할 때에 어긋났더라
> _창세기 32:21-25

그렇게 날이 새도록 씨름하는 동안 하나님은 자신이 야곱을 이기지 못함을 보시고 그의 허벅지 관절을 치셨습니다. 여기서 하나님이 이기지 못하신 것은 '제게 축복하시기 전에는 하나님을 절대로 놓을 수 없다'라는 야곱의 강한 의지였습니다. 야곱은 그가 사람이 아니라는 것을 알고 하나님께 강청한 것입니다. 그러자 하나님은 그의 이름을 물어보시고 다시는 너를 야곱이라 부르지 말고 **이스라엘(하나님과 및 사람들과 겨루어 이김)**이라 부르라고 하시며, 야곱을 축복하시고 떠나셨습니다. 그래서 그 장소의 이름이 **브니엘(하나님의 얼굴)**이 된 것입니다.

> 그가 이르되 네 이름을 다시는 야곱이라 부를 것이 아니요 **이스라엘이라 부를 것이니 이는 네가 하나님과 및 사람들과 겨루어 이겼음이니라** 야곱이 청하여 이르되 당신의 이름을 알려주소서 그 사람이 이르되 어찌하여 내 이름을 묻느냐 하고 거기서 야곱에게 축복한지라 그러므로 야곱이 그 곳 이름을 **브니엘**이라 하였으니 그가 이르기를 내가 **하나님과 대면**하여 보았으나 내 생명이 보전되었다 함이더라 그가 브니엘을 지날 때에 해가 돋았고 그의 허벅다리로 말미암아 절었더라
>
> _ 창세기 32:28-30

이 씨름을 통해 야곱은 두려움과 답답함이 사라졌을 뿐만 아니라, 하나님이 나와 함께하신다는 위로와 함께 하나님과 겨루어 이겼다는 자신감으로 충만해졌을 것입니다. 날이 새자 야곱은 먼저 보낸 가족들과 합류합니다.

진심 어린 사과의 모습으로 에서의 마음을 푼 야곱

야곱은 400명의 장정을 거느리고 오는 에서 앞으로 몸을 일곱 번 땅에 굽히며 나아가 맞이합니다. 이때 야곱이 허벅지 관절이 위골 되어 절룩 거리는 모습으로 몸을 굽히며 겸손한 자세로 나아가자 에서가 먼저 달려 와 두 팔을 벌려 야곱의 목을 끌어안고 입을 맞추며 함께 울었습니다.

> 자기는 그들 앞에서 나아가되 **몸을 일곱 번 땅에 굽히며** 그의 형 에서에게 가까이
> 가니 **에서가 달려와서** 그를 맞이하여 안고 목을 어긋맞추어 **그와 입맞추고 서로**
> **우니라** _ 창세기 33:3-4

400명의 사람을 이끌고 올 정도로 아직까지도 자신에게 분노를 가지고 있던 형 에서의 마음을 풀어주기 위해 야곱은 겸손하고 낮은 자세로 몸을 굽히며 그에게 나아가 진심 어린 사과의 모습을 보였던 것입니다. 그 모습을 보는 순간 에서는, 가슴에 품고 있던 야곱을 죽이고 싶을 만큼 미워했던 분노의 감정이 한순간에 녹아내리고 눈물로 승화되어 흐른 것 입니다. 이 사실은 에서가 야곱을 **내 동생**이라고 부르고 있는 모습을 통 해 확인할 수 있습니다. 만남 후에 에서는 오면서 본 짐승의 떼에 대해서 묻습니다. 야곱은 "형님께 은혜를 입기 위해 드리는 예물"이라고 답변합 니다. 에서는 이미 이 이야기를 가축 떼를 인도하는 자에게 들었지만 확 인하려는 의도에서 질문을 했을 것입니다. 야곱에게 동일한 대답을 듣자 처음에는 사양을 합니다. 그러나 야곱이 "내가 형님의 눈앞에서 은혜를 입었사오면 청하건대 내 손에서 이 예물을 받으소서."라며 강권하자 에

서가 받으므로 야곱이 20년간 마음에 가지고 있던 에서에 대한 오랜 빚도 깨끗하게 청산할 수 있게 된 것입니다.

> 에서가 또 이르되 내가 만난 바 이 모든 떼는 무슨 까닭이냐 야곱이 이르되 내 주께 은혜를 입으려 함이니이다 에서가 이르되 **내 동생아** 내게 있는 것이 족하니 네 소유는 네게 두라 야곱이 이르되 그렇지 아니하니이다 **내가 형님의 눈앞에서 은혜를 입었사오면 청하건대 내 손에서 이 예물을 받으소서** 내가 형님의 얼굴을 뵈온즉 하나님의 얼굴을 본 것 같사오며 형님도 나를 기뻐하심이니이다 하나님이 내게 은혜를 베푸셨고 내 소유도 족하오니 청하건대 내가 형님께 드리는 예물을 받으소서 하고 **그에게 강권하매 받으니라** _ 창세기 33:8-11

우리는 이 모습을 보면서 주님이 **"네 물질이 있는 곳에 네 마음이 있다."**라고 하신 말씀을 확실히 이해하게 됩니다. 보이지 않고 형태가 없는 마음을 전할 수 없기에, 그 마음과 사랑을 담아서 예물을 드리면 하나님은 그 예물을 받으시고 축복과 은혜로 교환해 주십니다. 또 우리가 누군가를 생각하며 선물을 하면 그 사람의 마음에 감동이 전해지고 섭섭했던 마음 또한 풀어지게 됩니다. 그러나 우리가 관계를 푸는 데 있어서는 선물을 하기에 앞서 진심 어린 사과와 회개가 있어야 합니다. 마음에 박힌 못은 우리의 말로밖에 뽑을 수 없기 때문입니다. 하나님은 피조물 중 유일하게 사람에게만 강력한 무기인 언어를 주셨습니다. 우리는 이 무기를 사용해 사람을 살릴 수도 죽일 수도 있습니다. 그렇기에 관계의 모든 문제는 먼저 대화를 통해 해결하기 위해 노력해야 합니다.

이렇게 야곱과 에서는 하나님의 도우심으로 관계를 회복하고 에서는 세일로, 야곱은 숙곳으로 각각 돌아갑니다. 그런데 이 장면에서 야곱이 에서를 "내 주께 은혜를 입으려 함이니이다."라며 내 주라고 표현하는데 여기서 **"주"**라는 히브리어는 **"아돈"**으로, 잘 사용되지 않는 다스린다는 의미의 어근에서 유래된 말로 **"주권자" "통제자" "주인" "소유자"**라는 인간에게 사용하는 표현으로써, **"주님=아도나이"**와는 다른 차이가 있음을 참고적으로 알아두시면 좋겠습니다. 그러므로 야곱은 형 에서를 주님과 같은 신적인 존재로 높이면서까지 아부한 것이 아니라 최대한의 예우를 해서 표현한 것입니다.

야곱은 하나님의 선택이므로 재해석이 필요

이렇게 **하나님은 아브라함에게 하신** "내가 너로 큰 민족을 이루고 네게 복을 주어 네 이름을 창대하게 하리니 너는 복이 될지라."라는 **약속의 말씀을 지키시기 위해** 육의 사람 에서가 아닌 **영의 사람 야곱을 택하시고 그 언약을 이루어 가신 것이므로 우리는 하나님의 관점으로 야곱을 재해석하는 것이 필요**합니다. 그리고 생각해보면 에서는 야곱이 집을 떠나 있던 20년간 장남의 특권과 축복을 부모님과 함께 살며 누렸을 것입니다. 그러므로 그렇게까지 억울할 게 없도록 하나님이 만드셨고, 거처 또한 그의 가축 떼가 번성하여 넓은 곳을 찾아야 했기에 에서가 자원하여 평소 가축을 치던 세일 산으로 그의 가족과 함께 옮기도록 역사하셨습니다. 하나님은 야곱이 아버지 이삭의 집과 축복의 장자의 위치로 돌아오는 데 문제가 없도록 미리 교통정리를 해 놓으셨던 것입니다.

> **에서**가 자기 아내들과 자기 자녀들과 자기 집의 모든 사람과 자기의 가축과 자기
> 의 모든 짐승과 자기가 가나안 땅에서 모은 모든 재물을 이끌고 그의 동생 야곱을
> 떠나 다른 곳으로 갔으니 두 사람의 소유가 풍부하여 함께 거주할 수 없음이러라
> 그들이 거주하는 땅이 그들의 가축으로 말미암아 그들을 용납할 수 없었더라 이에
> **에서 곧 에돔이 세일 산에 거주하니라** _ 창세기 36:6-8
> 여호와의 분깃은 자기 백성이라 **야곱은 그가 택하신 기업이로다** _ 신명기 32:9

성경말씀에도 야곱이 하나님의 선택이었다고 분명히 기록되어 있습니
다. 그러므로 우리도 **'야곱이 하나님의 선택이었다'라는 사실을 믿어야
합니다.** 인간들의 이론이나 교리는 불완전하고 완벽할 수 없기에 언제나
하나님의 관점과 진리에 비추어 해석되어야 하며, 오직 하나님의 뜻과
말씀만이 진실의 기준이 되어야 합니다. 그런데 사람들이 말씀을 자의적
으로 해석하다 보니 오류를 범하기도 하는 것입니다. 저 또한 여러 가지
자료와 함께 기도하는 가운데 성령님이 주시는 조명을 따라 해석을 하지
만 불완전하다는 것을 인정하며, 누구든지 성경 말씀을 근거로 더 정확
한 해석을 해온다면 언제든 그것을 받아들여야 한다고 생각합니다.

이어서 아래 내용에서는 아직도 많은 목회자들이 잘 못 알고 있는 노아
의 방주가 지어진 기간에 대해 나누고자 합니다.

노아의 방주가 지어진 기간은 120년이 아니라 약 65-70년

노아는 오백세 된 후에 셈과 함과 야벳을 낳았더라 _ 창세기 5:32

세 아들을 낳았으니 셈과 함과 야벳이라 그 때에 온 땅이 하나님 앞에 부패하여 포악함이 땅에 가득한지라 하나님이 보신즉 땅이 부패하였으니 이는 땅에서 모든 혈육 있는 자의 행위가 부패함이었더라 하나님이 노아에게 이르시되 모든 혈육 있는 자의 포악함이 땅에 가득하므로 그 끝 날이 내 앞에 이르렀으니 내가 그들을 땅과 함께 멸하리라 너는 고페르 나무로 너를 위하여 방주를 만들되 그 안에 칸들을 막고 역청을 그 안팎에 칠하라……내가 홍수를 땅에 일으켜 무릇 생명의 기운이 있는 모든 육체를 천하에서 멸절하리니 땅에 있는 것들이 다 죽으리라 그러나 너와는 내가 내 언약을 세우리니 너는 네 아들들과 네 아내와 네 며느리들과 함께 그 방주로 들어가고 _ 창세기 6:10-14, 17-18

홍수가 땅에 있을 때에 노아가 육백세라 _ 창세기 7:6

셈의 족보는 이러하니라 **셈은 백세 곧 홍수 후 이 년에** 아르박삿을 낳았고
_ 창세기 11:10

  노아는 500세 된 후에 셈과 함과 야벳 세 아들을 낳았는데, 이때 온 땅이 하나님 앞에 부패하고 포악함이 가득하므로, 하나님이 그들을 땅과 함께 멸하기로 정하시고 노아에게 방주를 만들라고 명하십니다. 그리고 홍수가 노아 600세에 있었으니 아무리 길어도 100년 이내에 방주를 만

든 것입니다. 그런데 성경에 큰아들 셈이 백세 되던 해가 홍수 후 2년이라고 밝히고 있으므로, 홍수가 있던 해에 셈은 98세였다는 사실을 알 수 있습니다. 그리고 방주는 셈과 함과 야벳 세 아들이 태어난 후에 만들기 시작했으니, 2년 터울로 치면 94년, 연년생으로 쳐도 약 95년 정도 만든 것으로 볼 수 있을 것입니다. 그런데 이보다 더 짧을 수밖에 없는데, 하나님이 노아에게 **며느리들도** 함께 들어가라고 말씀하셨기 때문입니다. 이것은 세 아들 모두가 결혼한 상태인 것을 말해주는데, 아들 모두가 장성하여 결혼한 후에 방주를 만들기 시작했다면, 셋째 아들 야벳이 그 당시 평균 결혼연령 30세에 결혼을 했다고 가정했을 때 약 65년, 더 빨리 잡아 25세에 했다고 하더라도 약 70년간 만들었다고 봐야 될 것입니다. 어떤 가정을 하더라도 노아의 방주는 120년간 만들어지지 않았다는 것이 성경 말씀으로 증명되고 있습니다.[5]

 그동안 많은 분들이 노아가 방주를 120년간 만들었다고 주장하고 설교해온 이유는 예전에 많은 목회자들이 참고자료로 사용했던 톰슨 주석성경과 이후에 나온 그랜드 종합주석성경에 다음 말씀을 근거로 그렇게 해석이 되어 있기 때문이라고 생각합니다. 그런데 이 말씀은 하나님이 모세를 기준으로 율법을 받은 인간의 수명을 정해주신 것으로 봐야합니다. 말씀을 살펴보면 이 말씀이 노아에게 하신 말씀이 아니라, 하나님 스스로가 한탄하시며 결단하신 내용을 모세에게 알려주신 것이라는 사실을 알 수 있습니다.

---

5) 참고, 창세기 11:12-22, 95-30=65, 95-25=70: 세 아들의 결혼 후 방주를 만든 대략적인 추정기간

성경말씀 해석의 오류들

사람이 땅 위에 번성하기 시작할 때에 그들에게서 딸들이 나니 **하나님의 아들들이** **사람의 딸들의 아름다움을 보고 자기들이 좋아하는 모든 여자를 아내로 삼는지** **라** 여호와께서 이르시되 나의 영이 영원히 사람과 함께 하지 아니하리니 이는 그들 이 육신이 됨이라 그러나 그들의 날은 **백이십 년**이 되리라 하시니라 _ 창세기 6:1-3

120년은 모세를 기준으로 율법을 받은 자들의 수명

"그들의 날은 백이십 년이 되리라" 이 말씀은 **하나님이 사람의 수명을** **120세로 정하시던 당시 심중에 하신 소리를** 창세기를 기록한 모세에게 **영으로 들려주신 것**으로 볼 수 있는데, 이 말씀이 하나님이 사람을 홍 수로 심판하시기 전 그들이 *회개할 수 있도록, 유보의 기간 120년을 주* *겠다.* 라는 뜻으로 말씀하신 것이라고도 해석들을 하고 있습니다. 그러 나 성경적 근거가 전혀 없을 뿐 아니라 맞지 않는 이야기입니다. 창 6:7 절에서 하나님이 사람을 지면에서 쓸어버리겠다(홍수 심판)라고 말씀하 신 것은, 창 6:5절에서 사람의 죄악이 세상에 가득함과 생각하는 모든 계획이 항상 악함을 보시고 사람 지은 것을 한탄하시며 하신 말씀으로, 창 6:3절의 120년을 말씀하신 뒤의 일입니다. 오히려 6:5절 말씀 앞에 서 그에 대한 이유를 **"하나님의 아들들이** 사람의 딸들의 아름다움을 보 고 자기들이 좋아하는 모든 여자를 아내로 삼는지라 **나의 영이 영원히** **사람과 함께 하지 아니하리니 이는 그들이 육신이 됨이라"**라고 설명하고 있습니다. 즉 하나님의 아들들이 세상 사람의 딸들을 보고 탐하여 하나 님이 세우신 1부 1처제라는 부부의 규례를 어기고 자신의 욕심대로 아내를 취하는 육적인 사람이 되었기에 육체의 생명 연한을 120년으로 정하신다는 말씀입니다. 그러므로 이보다 앞서 말씀하신 120년이 사람이 회개할 수 있는 유보의 기간을 주신 것이라는 주장은 맞지 않습니다. 그리고 **"나의 '영'**이 영원히 사람과 함께 하지 아니하리니 이는 그들이 **'육신'이 됨이라"** 이 말씀은, 분명하게 **사람의 육신**을 지목하시며 **하나님의 영이 영원히 함께하지 않으시겠다**는 단호한 결정을 말씀하시는 것입니다. **'영'**이라는 히브리어 **'루아흐'**는 **'호흡', '생기', '생령'**을 의미하고, **'육신'**이라는 히브리어 **'바사르'**는 **'살아있는 몸'**을 말하므로 사람의 육신에서 호흡, 생기를 거두어 가신다는 뜻입니다. 그렇기에 앞으로 계속 이어질 육신을 입은 사람들의 수명을 정해주신 것이라는 분명한 성경적 근거가 되고 있는 것입니다.

> 그들은 전에 노아의 날 방주를 준비할 동안 하나님이 오래 참고 기다리실 때에 복종하지 아니하던 자들이라 방주에서 물로 말미암아 구원을 얻은 자가 몇 명뿐이니 겨우 **여덟 명**이라 _ 베드로전서 3:20

또 어떤 사람들은 위 말씀에서 하나님이 오래 참으셨다고 하여 노아가 방주를 만든 기간이 120년이라고 하는 사람도 있고, 홍수 이후 사람의 수명이 200년 이상으로 길었기 때문에 120년은 오래 참고 기다리신 기간이라고 하는 사람도 있습니다. 그런데 하나님을 떠난 이스라엘 백성들을 바벨론에서 포로생활 70년을 하게 하신 것으로 볼 때 70년이라는 시간도 오래 참으신 것입니다.

하나님은 홍수 이후 노아를 통해 제2의 창조를 하셨고, 모세의 율법을 통해 하나님의 백성들과 언약 관계를 맺으셨습니다. 성경에, **율법시대를 대표**하는 사람 **모세**는 "120세에도 눈이 흐리지 않고 기력이 쇠하지도 않았다."라고 나오는데 그런 **그를 하나님이 120세에 데려가신 것이 "창세기 6장 3절의 120세는 모세 이후에 율법을 받은 자들에 대한 생명 연한이다."라는 저의 주장을 뒷받침해주는 근거**라고 할 수 있습니다. 모세 이후로는 120세까지나 그 이상 살았던 성경 속 인물이 대제사장 여호야다 외에는 없었고, 요즘 시대에도 수명이 길어졌다지만 120세를 넘기는 사람은 아주 드물기 때문에 창세기 6장 3절의 말씀은 **하나님이 모세 이후 정해주신 인간의 생명 연한**으로 봐야 합니다.

> 모세가 죽을 때 나이 **백이십세**였으나 그의 눈이 흐리지 아니하였고 기력이 쇠하지 아니하였더라 _ 신명기 34:7

셋의 후손 하나님의 아들들과 가인의 후손 사람의 딸들

"하나님의 아들들이 사람의 딸들의 아름다움을 보고 자기들이 좋아하는 모든 여자를 아내로 삼는지라"(창세기 6:2) 이 말씀에서 많은 사람들이 궁금해하는 부분이 있습니다. '하나님의 아들들은 누구이며, 사람의 딸들은 누구인가?'라는 질문입니다. 창세기 4장을 보면 가인이 아벨을 죽인 뒤 하나님께로부터 **"너는 땅에서 피하며 유리하는 자가 되리라"**라는 심판을 받고 **여호와 앞을 떠나** 에덴 동쪽 놋(유리함) 땅에 거주하는 것이 나옵니다. 하나님 앞을 떠났다는 것은 무소부재하신 하나님의 편재성에 비추어 볼 때, 가인 스스로가 그의 마음속에 하나님을 두지 않고 떠난 상태로 가인의 영이 하나님께 속하지 않은 것을 의미합니다.

> 또한 그들이 **마음에 하나님 두기를 싫어하매** 하나님께서 그들을 그 상실한 마음대로 내버려 두사 합당하지 못한 일을 하게 하셨으니 곧 모든 불의, 추악, 탐욕, 악의가 가득한 자요 시기, 살인, 분쟁, 사기, 악독이 가득한 자요 수군수군하는 자요 비방하는 자요 하나님께서 미워하시는 자요 능욕하는 자요 교만한 자요 자랑하는 자요 악을 도모하는 자요 부모를 거역하는 자요 우매한 자요 배약하는 자요 무정한 자요 무자비한 자라 그들이 이같은 일을 행하는 자는 사형에 해당한다고 하나님께서 정하심을 알고도 자기들만 행할 뿐 아니라 또한 그런 일을 행하는 자들을 옳다 하느니라 _ 로마서 1:28-32

당시 가인과 그의 후손들의 마음 상태가 위의 말씀과 같았으리라고 봅니다. 창세기 4장 17-24절까지 가인의 자손들이 계속 기록되고 있는데 그들 모두가 하나님의 영이 없는 자들인 것입니다. 현재도 믿는 자와 믿지 않는 자, 인간 모두를 사람이라고 하는 것처럼 가인의 후손들 즉, 외형만 사람의 형태를 갖춘 그들의 자녀를 사람의 딸들이라고 구분한 것입니다. 아담이 그 후에 다시 아들을 낳고, 그의 이름을 '아벨 대신 다른 씨를 주셨다'하여 셋이라고 불렀는데 **그가 낳은 후손들을 하나님의 아들들**이라고 칭하는 것입니다.

> 아담이 다시 자기 아내와 동침하매 그가 아들을 낳아 그의 이름을 셋이라 하였으

니 이는 하나님이 내게 가인이 죽인 **아벨 대신에 다른 씨를 주셨다** 함이며 셋도 아 들을 낳고 그의 이름을 **에노스**라 하였으며 **그 때에 사람들이 비로소 여호와의 이 름을 불렀더라** _ 창세기 4:25-26

위의 말씀을 보면 **셋**이 아들을 낳아 그의 이름을 **에노스**라 하였고, 그 때에 사람들이 비로소 하나님의 이름을 불렀다고 나오는데, **에노스**는 히 브리어로 **'에노쉬'**인데 **'죽을 수밖에 없는 존재' '미약한'**이란 뜻으로 **셋**은 하나님을 인정하지 않았던 가인과 달리, 인간은 오직 미약한 존재로서 죽 을 수밖에 없는 피조물임을 인정하고, 그의 아들의 이름을 그렇게 부르며 그동안 찾지 않고 부르지 않았던 하나님의 존재를 찾고 그분의 이름을 부 르며 예배하는 삶을 살았던 것을 볼 수 있습니다. 그렇기 때문에 성경에 서 **셋의 후손들을 하나님의 아들들로 구분한 것**입니다. 또한 창세기 5장 1절을 보면 **"아담의 계보를 적은 책이니라"**라고 하면서 최초에 하나님이 사람을 창조하시고 복을 주셨던 내용(창세기 1:27-28)을 다시 언급하며, **"아담은 백삼십 세에 자기의 모양 곧 자기의 형상과 같은 아들을 낳아 이 름을 셋이라 하였고"**라며 셋에 대해서만 기록하고 있습니다.

이것은 **아담의 계보**를 적은 책이니라 하나님이 사람을 창조하실 때에 하나님의 모 양대로 지으시되 남자와 여자를 창조하셨고 그들이 창조되던 날에 하나님이 그들 에게 복을 주시고 그들의 이름을 사람이라 일컬으셨더라 **아담은 백삼십세에 자기 의 모양 곧 자기의 형상과 같은 아들을 낳아 이름을 셋이라 하였고** 아담은 셋을 낳은 후 팔백 년을 지내며 자녀들을 낳았으며 그는 구백삼십세를 살고 죽었더라 셋은 백오세에 에노스를 낳았고 _ 창세기 5:1-6

그런데 여기서, "하나님이 사람을 하나님의 모양대로 지으시고 그들에게 복을 주시며 그 이름을 사람이라 하셨더라"라고 말씀한 것에 이어서, **"아담은 백삼십 세에 자기의 모양 곧 자기의 형상과 같은 아들을 낳아 이름을 셋이라 하였고"**라며 계보를 말씀하신 이유가 무엇일까요? 그것은 다름 아닌 하나님께 복을 받은 사람, 하나님의 형상을 따라 지음 받은 아담이, 자기의 형상과 같은 아들을 낳았다는 것은 곧 **셋을 말하는 것으로, 셋이 하나님의 형상과 모양대로 지음 받았고 복을 받은 하나님의 아들이라는 것**을 이야기하기 위해서입니다. 또한 자녀들이 그의 부모를 아버지, 어머니라고 부르는 소리를 듣고 그들의 관계를 알 수 있듯이, 하나님의 이름을 부르는 셋의 자손들이 바로 하나님의 자녀, 하나님의 아들들인 것을 우리는 알 수 있습니다. 마지막으로 *하나님의 아들들이 천사들이라고 주장하는 사람들도 있는데*, 그것은 예수님이 하신 말씀으로 틀렸다는 것을 증명할 수 있습니다. 천사들은 장가도 아니 가고 시집도 아니 간다라고 주님이 분명히 말씀하셨는데, "하나님의 아들들이 좋아하는 모든 여자를 아내로 삼았다"라고 나오기 때문입니다.

부활 때에는 장가도 아니 가고 시집도 아니 가고 하늘에 있는 **천사들**과 같으니라
_ 마태복음 22:30

사람이 죽은 자 가운데서 살아날 때에는 장가도 아니 가고 시집도 아니 가고 하늘에 있는 **천사들**과 같으니라 _ 마가복음 12:25

성경말씀 해석의 오류들

우리가 취해야 할 정체성의 메시지

우리가 이 말씀에서 취해야 할 중요한 교훈은 정체성에 관한 메시지입니다. 외형은 사람의 형태를 갖추었으나 그 영이 하나님께 속한 자가 아니면 그는 그냥 사람일 뿐이고, 그 영이 하나님께 연결되어 성령의 인도하심을 받으면 그의 정체성이 하나님의 자녀인 것이 확실하므로 그렇게 인정받는 것이 마땅합니다. 하나님이 사람을 창조하시고 그 코에 생기를 불어넣으셨기 때문에 생령이 되었다고 말씀하셨으므로, **하나님의 생기** 즉 **성령**이 그 사람 안에 있어야만 그 영이 살아있는 하나님의 자녀인 것입니다.

여호와 하나님이 땅의 흙으로 사람을 지으시고 **생기**를 그 코에 불어넣으시니 사람
이 **생령**이 되니라 _ 창세기 2:7

기록된 성경의 말씀을 왜곡하는 사람

저는 얼마 전 제가 영적으로 케어해 준 한 젊은 전도사로부터 '지구촌 대특종'이라는 동영상을 전달받았습니다. 그의 이야기를 듣는데 미심쩍은 부분이 있어서 보내 달라고 한 것입니다. 'BOJ 지구촌 대특종'이라는 시리즈로 100편 이상 되는 영상들이 올라와 있었습니다. 창세기 2장은 1장의 천지창조 역사를 다시 한번 부가적으로 언급하며 사람과 에덴동산의 관계를 말씀하시는 내용인데, 그의 영상 중 몇 가지를 들어보니 창세기 2장 4-7절을 가지고 "하나님이 *여섯째 날*에 지은 사람은 생기를 불어넣지 않

은 **짐승 같은 네피림**이고, *셋째 날에 아담을 지으셔서 생기를 불어넣으셨*
다"라는 너무나 황당한 이야기를 하고 있었습니다. 그는 창세기 2장 5절
에서 땅에 비를 내리지 아니한 상태, 땅을 갈 사람이 없는 상태, 초목이 나
지 않은 상태, 안개만 올라와 지면을 적신 지구의 상태를 **모세가 다시 언**
급한 것은 *아무것도 만들어지지 않은 지구의 땅의 흙으로 셋째 날 아담을*
*창조하신 것을 말하기 위함*이라고 주장하고 있습니다. 만약 이 이야기가
사실이라면, 왜 성경에 이렇게 중요한 사실이 언급되어 있지 않을까요?
이런 사람들의 가장 큰 문제는 자신도 성령님이 깨닫게 해 주셨다고 주
장한다는 것입니다. 미디어의 홍수에 노출되어 있는 이 시대에 분별력이
절대적으로 필요한 이유입니다. 기록되어 있는 성경의 말씀도 왜곡하며
해석하고 있는데, 그런 이야기에 현혹되어 분별력을 잃고 있는 사람들을
볼 때 진심으로 권면하고 싶은 것은, 검증되지 않은 사람들의 메시지를
듣기보다는 그 시간 성경을 읽으며 주님께 집중하고 성령님께 지혜를 구
하시라는 것입니다. 성경은 성경에 나오는 말씀을 가지고 풀어가는 것이
진리를 벗어나지 않는 가장 안전한 해석 방법인 것을 명심하시고 잊지
않으시를 부탁드립니다.

다음은 사람들을 미혹하거나 실족하게 하는 죄가 얼마나 무서운 것인
지를 알려주는 말씀입니다.

> 또 **누구든지 나를 믿는** 이 **작은 자들 중 하나라도 실족하게 하면** 차라리 연자맷
> 돌이 그 목에 매여 바다에 던져지는 것이 나으리라 _ 마가복음 9: 42

창세기 2장의 귀한 진리

창세기 1장에는 창조에 관한 큰 그림들이 있고, 2장에는 1장의 그림을 보완 설명하는 내용들이 있습니다. 2장 4절을 보면 "천지가 창조 될 때 하늘과 땅의 내력이니"라고 말씀하며, 2장의 내용이 1장의 내용을 보완 하는 내용임을 설명하고 있습니다. 또한 2장 1-3절에는 1장에 기록되지 않은 일곱째 날 **안식일을 복되게 하신 일**에 대하여 기록하고 있습니다. 먼저 2장 5-6절의 말씀은, 1장 9-10절 둘째 날 창조에 대한 설명으로 지구의 땅이 물속에 잠겨 있던 상태에서 하나님이 물을 한 곳으로 모아 바다를 만드시고 땅이 드러나게 하시니 물속에 잠겨있던 땅이 드러나면서 **첫째 날 창조하신 빛에 의해 물이 증발하여 안개로 올라와있는 모습**을 설명한 것입니다.

천지와 만물이 다 이루어지니라 하나님이 그가 하시던 일을 일곱째 날에 마치시니 그가 하시던 모든 일을 그치고 **일곱째 날에 안식**하시니라 하나님이 그 **일곱째 날**을 복되게 하사 거룩하게 하셨으니 이는 하나님이 그 창조하시며 만드시던 모든 일을 마치시고 그 날에 안식하셨음이니라 이것이 천지가 창조될 때에 하늘과 땅의 내력이니 여호와 하나님이 땅과 하늘을 만드시던 날에 여호와 하나님이 땅에 비를 내리지 아니하셨고 땅을 갈 사람도 없었으므로 들에는 초목이 아직 없었고 밭에는 채소가 나지 아니하였으며 **안개만 땅에서 올라와 온 지면을 적셨더라** 여호와 하나님이 **땅의 흙으로 사람을 지으시고** 생기를 그 코에 불어넣으시니 사람이 생령이 되니라 _ 창세기 2:1-7

이것을 다시 설명하신 이유는, 그 땅 자체가 식물이 자랄 수 있는 조건을 갖추었기에 아무것도 없는 상태에서 풀과 채소와 나무를 창조하셨다는 것을 말씀하시기 위한 것으로, 1장 11-13절의 셋째 날 창조의 역사를 보충하여 자세히 설명하시고 있는 것입니다. 그리고 무엇보다도 경작할 사람이 없는 상태에서 식물이 자라나 있다는 것은 하나님의 초자연적인 창조의 역사를 역설적으로 표현하고 있는 내용으로, 7절의 말씀은 하나님이 1장에서 언급하지 않은 내용, 사람을 창조 하실 때 흙으로 빚으셨고 사람에게는 특별히 **하나님의 생기를 불어넣어 살아있는 영이 되게 하셨다**라는 말씀을 하시는 것입니다. 또한 19절에서는 모든 생명체, 곧 피가 흐르는 육체는 흙으로 지으신 것을 밝히시므로 사람을 비롯하여 생물의 근원이 흙이기 때문에 사람이나 모든 생물은 흙을 떠나서는 살 수 없다라는 사실을 말씀하시는 내용입니다. 물속의 생물 또한 흙으로 지어졌고, 바다나 강물도 흙 위에 채워져 있기 때문에 **하나님이 창조하신 하늘과 땅이 생명체와 불가분의 관계**임을 설명하시는 것입니다.

> 여호와 하나님이 흙으로 각종 들짐승과 공중의 각종 새를 지으시고 아담이 무엇이라고 부르나 보시려고 그것들을 그에게로 이끌어 가시니 아담이 각 생물을 부르는 것이 곧 그 이름이 되었더라 _ 창세기 2:19

여섯째 날에 창조하신 사람이 짐승 같은 네피림?

BOJ에 의하면 여섯째 날에 지은 사람이 네피림이며 그들이 아담 이전 시대의 사람들이라고 주장을 하는데, 어떻게 여섯째 날에 지은 사람이 셋째 날에 지은 아담 이전 시대에 존재한 사람들이 될 수 있는지 도무지 말이 맞질 않습니다. 그리고 하나님은 "창조 당시부터 구원받을 영혼들 아담의 후손과, 구원받지 못할 마귀의 자녀들 네피림의 후예들을 구분하여 두 부류로 창조하셔서 이 세상에서 섞여 살게 하셨다"고 주장하고 있습니다. 만약 이 주장이 맞는다면 하나님은 왜 그들에게 복을 주셨을까요? 그의 주장이 맞지 않다는 사실을 확실하게 밝혀주는 말씀이 성경에 있습니다.

> 하나님이 자기 형상 곧 하나님의 형상대로 사람을 창조하시되 남자와 여자를 창조하시고 **하나님이 그들에게 복을 주시며 하나님이 그들에게 이르시되** 생육하고 번성하여 땅에 충만하라, 땅을 정복하라, 바다의 물고기와 하늘의 새와 땅에 움직이는 모든 생물을 다스리라 하시니라 _ 창세기 1:27-28

> **이것은 아담의 계보를 적은 책이니라** 하나님이 사람을 창조하실 때에 하나님의 모양대로 지으시되 남자와 여자를 창조하셨고 그들이 **창조되던 날**에 하나님이 그들에게 **복을 주시고** 그들의 이름을 **사람**이라 일컬으셨더라
> _ 창세기 5:1-2

바로 창세기 1장 27-28절에서 아담의 계보를 적은 책이라고 하면서 여섯째 날 사람을 창조하신 이야기를 모세가 기록하고 있는 것입니다. 그리고 또 한 가지 근거는, **지금 세상에 살고 있는 사람들은 모두 아담의**

후손 즉, 셋의 자녀들로서 그가 주장하는 마귀의 씨인 네피림들은 이미 노아의 홍수 때 다 멸절되었고, 노아의 여덟 식구를 통해 열방의 민족들이 번성하고 있는 것입니다. 그러므로 *네피림의 후손 사단의 씨가 지금 세상에 섞여 있다는 BOJ의 주장*은 근거 없는 오류 중의 오류라고 할 수 있습니다.

네피림에 대한 올바른 이해가 필요

네피림에 대해 처음 성경에 언급된 시기는 아담이 130세에 셋을 낳은 지 1500년이 지난 후입니다. 창세기 5장에 나오는 아담의 계보에서 아담부터 노아까지 10대에 이르는 장자들의 출생 나이를 더하면 홍수가 있던 해가 정확히 아담이 셋을 낳은 지 1556년[6]째 되는 해임을 알 수 있습니다.

그런데 가인의 자손들은 셋을 낳기 130년 전부터 자손들을 낳으며 번성하고 있었다는 사실을 알 수 있습니다. 그러므로 그들은 1600년이 넘는 시간을 살고 있었던 것입니다. 다양성을 인정하시며 종류대로 만물을 창조하신 하나님이, 가인의 자손들이 살아오는 동안 사람들의 유전인자도 환경과 그들이 섭취하는 음식을 통해 골격이나 키, 성격 등이 달라지도록 창조하셨다고 봐야 합니다. 그 실례로, 하나님께 지음 받은 아담과 하와로부터 출산된 가인과 아벨의 성품이 완전히 달랐고, 그들의 후손인 우리도 나라마다 피부색과 체격이 다른 것을 볼 때, 하나님이 사람을 창

---

6) 130+105+90+70+65+162+65+187+182+500=1556

조하실 때 그들이 살고 있는 자연환경에 잘 적응할 수 있는 조건으로 신체가 형성되도록 만드셨다는 것을 알 수 있습니다. **그러므로 네피림도 그런 생태적 조건에 의해 후천적으로 생겨난 인체의 특성을 지닌 사람들로 봐야 합니다.**

> 당시에 땅에는 **네피림**이 있었고 그 후에도 하나님의 아들들이 사람의 딸들에게로 들어와 자식을 낳았으니 그들은 용사라 고대에 명성이 있는 사람들이었더라
>
> _ 창세기 6:4

그렇다면 하나님의 아들들이라고 인정받던 셋의 후손들이 왜 하나님의 뜻을 거스르며 죄악의 길로 떨어져 홍수 심판을 당하고 말았을까요? 그 이유는 **우리의 영이 끊임없이 하나님을 예배하며 주님께 잇닿아 있어야 하는데,** 주변의 많은 것이 번창하다 보면 눈에 보이는 것에 현혹되기 쉽고 감정에 이끌리는 생활을 하게 되기 때문입니다. 그리고 그 당시는 하나님의 율법을 받기 전이기 때문에 하나님 자녀의 정체성을 지키며 신실한 모습으로 살아가는 것이 더 어려웠을 것이라고 짐작이 됩니다. 모세에게 율법을 받고 살아계신 하나님의 초자연적인 역사를 직접 경험하고도 하나님을 불평했던 이스라엘 백성들을 볼 때, 원죄가 있는 우리는 그 죄를 이길 능력이 없는 존재들입니다. 그렇기에 하나님은 홍수로 인간을 멸하시고도 결국 성자 예수님을 보내셔서 우리의 죄를 대속하시고 우리를 위해 죽으셔야 했습니다.

대속죄일에 지성소 안에 들어가는 대제사장에 대한 해석 오류

지성소에는 1년에 한 번 대속죄일에 대제사장만이 들어가 이스라엘 백성들 전체가 1년간 지은 죄를 대속하는 제사를 드리는데, 대제사장이 죄가 있으면 그 안에서 죽기 때문에 방울 달린 겉옷을 입고 발목에 줄을 매고 들어가 제사를 드리다가 소리가 나지 않으면 죽은 것으로 알고 줄을 잡아당겨 시체를 끌어냈다고 그동안 설교를 들어왔습니다. 그런데 4년 전 레위기 16장 말씀을 읽다가 그 설교의 내용이 사실과 다르다는 것을 발견하고 자료들을 찾아보았습니다.

'성막'은 휘장을 사이에 두고 법궤가 있는 '지성소'와 '성소'로 나뉘는데, 법궤 위(뚜껑)에 그룹 천사들이 양쪽에서 서로 날개를 잇대고 있는 곳을 속죄소라고 합니다. 하나님은 이 속죄소 위에 구름 가운데 나타나시겠다고 말씀하셨습니다. 또 대제사장이라도 지성소 안은 아무 때나 들어갈 수 없게 하셨고, 지성소에 들어갈 때에는 평소 성소에서 입던 방울 달린 겉옷이 아닌 세마포 속옷만 입도록 명령하셨습니다.

> 여호와께서 모세에게 이르시되 네 형 아론에게 이르라 성소의 **휘장 안 법궤 위 속죄소 앞에 아무 때나 들어오지 말라** 그리하여 죽지 않도록 하라 이는 **내가 구름 가운데에서 속죄소 위에 나타남이니라** 아론이 성소에 들어오려면 수송아지를 속죄제물로 삼고 숫양을 번제물로 삼고 거룩한 **세마포 속옷을 입으며** 세마포 속바지를 몸에 입고 세마포 띠를 띠며 세마포 관을 쓸지니 이것들은 **거룩한 옷이라** 물로 그의 몸을 씻고 입을 것이며 _ 레위기 16:2-4

대속죄일에 지성소의 대제사장

레위기 16장의 말씀 전체를 묵상하며 자세히 보니 대제사장이 속죄소 앞 **지성소**에 **1년**에 **하루**만 들어가는 것은 맞지만, 한 번 들어가는 것이 아니라 **4번** 들어갔다 나오는 것을 알게 되었고, 13절에서 하나님은 대제사장이 죽지 않도록 보호하시는 은혜를 이미 베풀어 두셨음을 발견하고서 정말 감사했습니다.

1. 대제사장은 향로에 불을 담아 가지고 휘장 안으로 들어가 증거궤 앞에 둠
2. 향기로운 향 가루를 두 손으로 가득 담아 가지고 들어가 향로 위에 얹어 향연으로 증거궤 위 속죄소를 가리게 함(대제사장을 보호하신 하나님의 은혜)
3. 수송아지(대제사장과 그 가족들의 속죄제물) 피를 가지고 들어가 속죄소 동쪽(휘장=출입구)에 뿌리고 속죄소 앞에 일곱 번 뿌림

4. 염소(백성들의 속죄제물)의 피를 가지고 들어가 3번과 동일하게 행함

향로를 가져다가 여호와 앞 제단 위에서 피운 불을 그것에 채우고 또 곱게 간 **향기로운 향을 두 손에 채워 가지고 휘장 안에 들어가서** 여호와 앞에서 분향하여 **향연으로 증거궤 위 속죄소를 가리게 할지니** 그리하면 그가 죽지 아니할 것이며 그는 또 **수송아지의 피를** 가져다가 손가락으로 **속죄소 동쪽에 뿌리고** 또 손가락으로 그 피를 **속죄소 앞에 일곱 번 뿌릴 것이며** 또 백성을 위한 속죄제 **염소를 잡아 그 피를 가지고 휘장 안에 들어가서 그 수송아지 피로 행함 같이** 그 피로 행하여 **속죄소 위와 속죄소 앞에 뿌릴지니** 곧 이스라엘 **자손의 부정과** 그들이 범한 모든 죄로 말미암아 **지성소를 위하여 속죄하고** 또 그들의 부정한 중에 있는 **회막을 위하여** 그같이 할 것이요 그가 **지성소에 속죄하러 들어가서** 자기와 그의 집안과 이스라엘 온 회중을 위하여 **속죄하고 나오기까지는** 누구든지 회막에 있지 못**할 것이며** _ 레위기 16:12-17

 백성 전체의 죄를 대속하여 그들을 살리기 위해 속죄소에 들어가는 대제사장을 죽이시는 하나님이 아니심을 우리는 분명히 알아야 하고, 죄인의 신분으로 들어가기 때문에 화려한 겉옷을 벗고 하얀 세마포 속옷만 입고 들어간다는 사실을 정확히 알아야 합니다. 그리고 **대제사장이 속죄의 일을 마치고 나올 때까지 어느 누구도 회막에 있지 못하도록 명령하시므로 그가 반드시 나올 것을 암시**하고 있습니다. 또한 성경 어디에도 대제사장이 지성소에서 죽어 나왔다는 말씀이 없으며, 유대인 성경학자들의 기록에도 전혀 없습니다.

대제사장은 나와서 회막(성소)에도 동일하게 피를 뿌려 속죄하고, 번제단 뿔에 송아지와 염소의 피를 바르고 그 위에 일곱 번 뿌려 지성소와 회막과 제단의 속죄를 마친 후에, 아사셀(내보내는) 염소의 머리에 안수하여 이스라엘 백성 전체의 죄를 전가시켜 광야로 보내도록 합니다. 그 후에 대제사장은 회막에 들어가 **지성소에 들어갈 때 입었던 세마포 속옷을 벗어 거기에 두고, 물로 몸을 씻고 자기 옷**(대제사장복) 즉 **에봇 받침 겉옷과 에봇**을 입고 나와 번제를 드립니다.

> 아론은 그의 두 손으로 살아 있는 염소의 머리에 안수하여 이스라엘 자손의 모든 불의와 그 범한 모든 죄를 아뢰고 그 죄를 염소의 머리에 두어 미리 정한 사람에게 맡겨 광야로 보낼지니 염소가 그들의 모든 불의를 지고 접근하기 어려운 땅에 이르거든 그는 그 염소를 광야에 놓을지니라 **아론은 회막에 들어가서 지성소에 들어갈 때에 입었던 세마포 옷을 벗어 거기 두고** 거룩한 곳에서 물로 그의 몸을 씻고 **자기 옷을 입고 나와서** 자기의 번제와 백성의 번제를 드려 자기와 백성을 위하여 속죄하고 _ 레위기 16:21-24

대제사장이 방울 달린 에봇 받침 겉옷을 입을 때는, 성소에서 매일 드리는 상번제나 평상시 개인의 속죄제, 속건제, 화목제 등의 제사를 드릴 때 제사장들과 구별하여 입었습니다. 하나님은 이때 **대제사장이 방울소리를 내야 죽지 않을 것**이라고 하시며 겉옷 끝에 금방울 하나, 석류 자수 하나, 금방울 하나, 석류 자수 하나 이렇게 달도록 명령하셨습니다. 그렇게 하신 이유는 당시 고대근동에서 **금방울은 권위를 상징**했기 때문에 대제사장이 여호와께 제사를 집례 할 때 방울소리가 들리므로 자신의 행동을 조심스럽게 하며, 밖에 있는 백성들은 그 소리를 듣고 제사 절차가 얼마나 남았는가 짐작하며 마음으로 동참하도록 하신 것이라고 유대 랍비들은 주장합니다. 그런데 **청색, 자색, 홍색**실로 **석류 모양**을 만들게 하신 이유는 **'청색'은 주님의 신성, '자색'은 왕권, '홍색'은 보혈**을 상징하며, '석류'는 풍요로움과 영원한 삶을 상징하기도 합니다. "석류를 먹고 목욕을 하라. 당신의 젊음이 바로 돌아올 것이다."라는 고대 이집트 속담이 있을 정도로 석류를 건강한 삶과 연결 짓습니다. **석류**는 속살이 터지면서 붉은 보혈과 비슷한 물이 계속 흐르기에 **주님의 십자가 구속**을 상징하며, **금은 불변성과 성결**을 의미하므로 **석류와 금방울은 주님의 거룩하신 십자가 보혈의 은혜와 그 사랑은 영원히 변하지 않음을 나타낸 것**입니다. 구약의 성막과 제사 제도는 예수 그리스도의 구속사역을 예표하며, 대제사장 역시 인류의 영원한 대제사장 되시는 예수 그리스도를 예표하기 때문입니다.

> 너는 **에봇 받침 겉옷을 전부 청색**으로 하되 두 어깨 사이에 머리 들어갈 구멍을 내고 그 주위에 갑옷 깃 같이 깃을 짜서 찢어지지 않게 하고 그 옷 **가장자리로 돌아가며 청색 자색 홍색 실로 석류를 수 놓고 금 방울을** 간격을 두어 달되 그 옷 가장자리로 돌아가며 **한 금 방울, 한 석류, 한 금 방울, 한 석류가** 있게 하라 **아론이 입고 여호와를 섬기러 성소에 들어갈 때와 성소에서 나올 때에 그 소리가 들릴 것이라 그리하면 그가 죽지 아니하리라** _ 출애굽기 28:31-35

이 말씀을 보면 아론이 금방울 달린 대제사장 복을 입고 **성소에서 섬기**라고 분명하게 나와 있습니다. **지성소가 아니라는** 사실을 알아야합니다.

아론은 회막에 들어가서 **지성소**에 들어갈 때 입었던 세마포 옷을 벗어 거기 두고(레위기 16:23)라고 분명히 말씀하고 있습니다. 평소 회막(성소)에서 매일 드리는 상번제와 백성들의 속죄제, 속건제, 화목제 등을 담당할 때 **대제사장만 방울달린 겉옷과 에봇을 입고** 섬기므로 일반 제사장들과 구별됩니다.

성소 안의 대제사장과 제사장들

속죄일의 규례가 너무도 중요하기 때문에 레위기 16장 전체에 기록을 했으며 레위기 23장에도 기록되어 있습니다. 이스라엘 사람들은 레위기가 모세오경(창세기, 출애굽기, 레위기, 민수기, 신명기) 중 한가운데 중심에 있어서 모세오경의 심장이라고 하며 레위기를 자녀들에게 제일 먼저 가르친다고 합니다.

솔로몬의 일천 번제에 대한 해석의 오류

솔로몬이 기브온 산당에서 하나님께 드린 일천 번제는 횟수로 드린 천 번의 제사가 아니라, **번제물 일천 마리를 한 번에 드린 희생 제사입니다.** 그런데 어느 교회에서는 횟수로 일천 번제의 헌금까지 드리는 곳도 있습니다. 다음 두 성경의 내용은 동일한 사건을 기록한 것으로 **일천 번제가 천 마리의 희생 제사라고** 나옵니다.

> 이에 왕이 제사하러 기브온으로 가니 거기는 산당이 큼이라 솔로몬이 그 제단에 **일 천 번제**를 드렸더니 기브온에서 밤에 여호와께서 솔로몬의 꿈에 나타나시니라 하나님이 이르시되 내가 네게 무엇을 줄꼬 너는 구하라 _ 열왕기상 3:4-5

> 여호와 앞 곧 회막 앞에 있는 놋 제단에 솔로몬이 이르러 그 위에 **천 마리 희생으로 번제를** 드렸더라 그 날 밤에 하나님이 솔로몬에게 나타나 그에게 이르시되 내가 네게 무엇을 주랴 너는 구하라 하시니 _ 역대하 1:6-7

또한, 솔로몬의 일천 번제는 주목하면서 그 아버지 **다윗이 삼천 번제를 드린 것**은 사람들이 주목하지 않고 있는데, 솔로몬의 천 마리의 희생제사는 아버지 **다윗이** 성전건축에 필요한 모든 재료들을 풍족하게 준비한 후에 그 은혜가 너무나 크고 감사하여 **하나님께 드린 삼천 마리의 희생 제사를** 보고 드린 것입니다.

> 또 내 아들 솔로몬에게 정성된 마음을 주사 주의 계명과 권면과 율례를 지켜 이 모든 일을 행하게 하시고 내가 위하여 준비한 것으로 성전을 건축하게 하옵소서 하였더라 **다윗이** 온 회중에게 이르되 너희는 너희 하나님 여호와를 송축하라 하매 회

성경말씀 해석의 오류들

중이 그의 조상들의 하나님 여호와를 송축하고 머리를 숙여 여호와와 왕에게 절하고 이튿날 여호와께 제사를 드리고 또 **여호와께 번제를 드리니 수송아지가 천 마리요 숫양이 천 마리요 어린 양이 천 마리요** 또 그 전제라 온 이스라엘을 위하여 풍성한 제물을 드리고 _ 역대상 29:19-21

모세를 갈대상자에 담아 나일 강에 띄워 보냈다는 오류

아들을 낳으면 죽이라는 애굽 바로 왕의 명령을 어기고 아들을 석 달 동안 숨겨서 키운 모세의 어머니 요게벳은 그를 더 이상 숨길 수 없게 되자, **갈대상자**에 물이 새지 않도록 역청과 나무진을 칠하고 **아기를 상자에 담아 나일강가 갈대 사이에 두고** 누나 미리암이 멀리서 지켜보고 있었습니다. 그런데 그때 목욕하러 나온 바로의 공주 눈에 **갈대 사이에 있는 상자**가 보이게 되었고, 공주는 아기를 데려다가 물에서 건졌다는 뜻의 **모세**라는 이름을 지어주고 자신의 아들로 삼았습니다. 그런데 여기서 많은 분들이 갈대 상자를 강물에 띄워 보냈다고 하며 노래까지 부릅니다. 만약에 그랬다면 금방 사람들 눈에 띄거나 다른 많은 위험이 따랐을 텐데 어머니 입장에서 도저히 그렇게 할 수는 없었을 것입니다.

더 숨길 수 없게 되매 그를 위하여 갈대 상자를 가져다가 역청과 나무 진을 칠하고 아기를 거기 담아 나일 강 가 **갈대 사이에 두고** 그의 누이가 어떻게 되는지를 알려고 멀리 섰더니 바로의 딸이 목욕하러 나일 강으로 내려오고 시녀들은 나일 강 가를 거닐 때에 그가 **갈대 사이의 상자를 보고** 시녀를 보내어 가져다가 _ 출애굽기 2:3-5

바울 사도 이름에 대한 해석의 오류

사울이라고 하는 바울이 교회를 핍박하고 기독교인들을 잡아 옥에 가두고 그리스도인들을 잡으러 다메섹으로 가다가 그 길에서 예수님을 만났습니다. 그때부터 초대교회를 핍박하던 사울은 위대한 사도로 변화하게 되었습니다.

> 사울이 주의 제자들에 대하여 여전히 위협과 살기가 등등하여 대제사장에게 가서 다메섹 여러 회당에 가져갈 공문을 청하니 이는 만일 그 도를 따르는 사람을 만나면 남녀를 막론하고 결박하여 예루살렘으로 잡아오려 함이라 사울이 길을 가다가 다메섹에 가까이 이르더니 홀연히 하늘로부터 빛이 그를 둘러 비추는지라 땅에 엎드려 들으매 소리가 있어 이르시되 **사울아 사울아 네가 어찌하여 나를 박해하느냐 하시거늘** 대답하되 주여 누구시니이까 **이르시되 나는 네가 박해하는 예수라** _ 사도행전 9:1-5

그런데 이 성경 내용을 가지고 바울이 회심하기 전에는 **큰 자**라는 뜻의 사울이었지만, 예수님을 만나고 **작은 자**라는 뜻의 바울로 이름을 바꿨다고 이야기하는 분들이 있는데, 은혜로운 해석이기는 하지만 그것은 사실이 아닙니다. **"사울"**이란 이름은 히브리어로 **"여호와께 구하다" "묻다" "요청하다"**라는 뜻이지 큰 자라는 뜻이 아닙니다. 그리고 사울은 유대식 이름이고 바울은 로마식 이름입니다. 바울은 유대 본토 출신이 아니고 디아스포라로 불리는 유대인 이민자 가정에서 출생했는데, 바울의 고향 길리기아 다소(지금의 터키 남부)는 AD 1세기 당시에 로마제국의 관할 하에 있었습니다. 그렇기 때문에 그는 로마 시민권을 갖고 있었고 태어날 때부터 사울과 바울이라는 두 가지 이름을 가지고 있었습니다. 그래서 바울은 안디옥교회 목회자로 있을 때와, 예루살렘 교회에 파송되었을 때(사도행전 11:30, 12:25), 제1차 선교여행을 떠날 때까지만 해도 사울로 불렸다가(사도행전 13:1-3, 7-9), 로마제국 내에서 본격적인 선교활동에 들어가면서부터 바울이란 로마식 이름을 사용합니다(사도행전 13:13, 16). 우리에게 익숙한 사도 바울이라는 이름은 이런 배경을 통해 알려졌다는 것을 참고로 알아두시면 좋겠습니다.

신명기 이름의 뜻은 "하나님의 율법을 다시 기록한 책"

성경 신명기의 뜻을 제대로 알고 있는 성도 분들이 많지 않은 것 같아서 이 기회에 도움이 됐으면 하는 바람으로 그 이름의 뜻을 밝히려고 합니다. 신명기는 한자로 "申命記"라고 쓰는데 중국어 성경에서 유래한 것입니다. "申"자는 납신 자이며 원숭이를 뜻하는데, "申"자에는 거듭할 중(重)의 뜻도 들어 있다고 합니다. "命"은 "하나님의 명령" 율법을 의미하고 있습니다. 그러므로 신명기는 하나님의 율법을 다시 기록한 책으로, 실제로 모세가 이스라엘 백성들이 가나안 땅에 들어가기 전 모압 평지에서 세 편의 설교를 통해 출애굽 과정과 하나님이 함께하신 역사와, 약속의 땅에 들어가서 지켜야 할 율법과 규례들을 다시 설교하는 내용입니다. 그리하여 출애굽기에서부터 레위기 민수기의 내용들이 반복적으로 기록되고 있습니다.

신명기의 히브리어 원제목은 "엘레 하 데바림"(이것은 ... 말이다) 또는 줄여서 **"데바림"**이라고 하는데, 이는 신명기 1장의 첫 구절입니다. **"이는 ...... 선포한 말씀이니라"**(신명기 1:1) 히브리어 성경은 그 책의 첫 구절을 그대로 책 제목으로 삼았기 때문입니다. 그러므로 우리가 사용하는 성경의 제목이, 히브리어 성경의 원제목과는 다르다는 것을 참고로 알아 두시면 도움이 되겠습니다. 또 영어로는 Deuteronomy인데 "두 번째 율법"이란 뜻을 가진 헬라어 "듀테로노미온"(Deuteronomion)에서 왔습니다. 율법이 시내 산에서 처음 주어졌다면, 신명기는 이스라엘 백성이 가나안에 들어가기 전 하나님께 받은 두 번째 율법과 같다는 의미에서 이 표현이 나온 것입니다.

▣ 구약성경 모세 오경만 히브리어 명칭을 참고적으로 알려드리겠습니다. 히브리어는 오른쪽에서 왼쪽으로 씁니다.

1. 창세기 (Genesis, בראשית 베레쉬트: **처음에**)
2. 출애굽기 (Exodus, שמות 쉬모트: **이름들**)
3. 레위기 (Leviticus, ויקרא 봐이크라: **그가 부르셨다**)
4. 민수기 (Numbers, במדבר 바미드바르: **광야에서**)
5. 신명기 (Deuteronomy, דברים 데바림: **말씀들**)

하나님의 사랑의 원리는 원

2015년 비행기에서 우연히 창밖을 보는데 원형 무지개가 보였습니다. 그때까지 저는 무지개가 반원인 줄로 알고 있었는데 너무 신기해서 하나님께 질문했습니다.

"하나님! 무지개가 원형이네요?"

"그래! 내 사랑의 원리는 원이라 그렇단다."

"네? 무슨 특별한 의미가 있나요?"

"나는 알파와 오메가요, 처음과 마지막이요, 시작과 마침이니라."

나는 알파와 오메가요 처음과 마지막이요 시작과 마침이라 _ 요한계시록 22:12

"네! 요한계시록에서 말씀하셨어요."

"시작점과 마침점이 같은 도형은 세상에서 원밖에 없느니라."

그래서 생각해보니 정말 다른 도형은 여러 선으로 이루어져 그리는 방법이 다양하므로 시작과 마침점이 다를 수도 있는데 오직 원만 하나의 선으로 이루어져 왼쪽으로 돌리나, 오른쪽으로 돌리나 시작과 마침점이 동일합니다. 그리고 계속 말씀하시는데 정말 그 사랑의 원리가 놀라웠습니다.

"원은 모가 나지 않았고, 원 주위에 서 있는 사람들은 서로가 다 바라볼 수 있으며, 손을 잡으면 모두 하나로 연합할 수 있느니라. 그리고 원의 중심에서 원 주위에 둘러 서 있는 사람들과의 거리는 모두가 일정한 것처럼, 나에게 사랑하는 자녀들은 누구든지 동일하게 소중하단다."

즉 하나님께는 나라와 민족, 피부색, 혈통, 가문, 지위, 학벌, 인물, 능력 등이 중요한 것이 아니라, 주님을 믿는 자녀라면 누구든지 동일하게 소중하다는 말씀이었습니다. 그리고 더욱 놀라운 말씀을 하셨습니다.

"그래서 사람들이 절대로 만들 수 없는 지구가 둥글고, 태양과 달, 하늘에 떠 있는 천체가 다 둥글며, 내 언약의 상징인 무지개가 둥근 것이니라. 너에게 이 계시를 풀어 주려고 오늘 원형 무지개를 보여 준 것이니라."

저는 이 말씀을 듣고 '하나님의 창조 안에는 일류를 향한 주님의 깊은 사랑의 마음이 담겨 있구나!' 생각하며 감사기도를 드렸습니다.

포도나무의 비밀

그 후에 제가 성경을 읽는데 다음 말씀에서 의문이 생겼습니다. 그동안 이 말씀을 수없이 읽고 들었을 뿐 아니라 암송까지 하고 있던 말씀인데, 아마 신실한 그리스도인들 대부분이 암송하는 구절일 것입니다.

> 나는 포도나무요 너희는 가지라 그가 내 안에, 내가 그 안에 거하면 사람이 열매를
> 많이 맺나니 나를 떠나서는 너희가 아무 것도 할 수 없음이라 _요한복음 15:5

'세상에 수많은 과일나무가 있는데 왜 포도나무에 비유를 하셨을까?'라는 의문이 생겼는데 이렇게 의문이 생길 때마다, 새로운 계시를 풀어 주시며 주님의 깊은 뜻을 알려주셨기 때문에 이번에도 기대를 가지고 질문했습니다.

"주님! 왜 세상에 수많은 과일나무가 있는데 포도나무에 비유를 하셨나요?"

"다른 과일들은 개체로 하나씩 열리므로 자기중심적이지만, 포도송이는 작은 알이 여러 개가 모여서 한 송이를 이루므로 연합을 상징한단다. 다른 과일나무들은 사방으로 뻗어나가서 가지를 쳐주는데 그 또한 자기중심적이며 교만을 상징하지만, 포도나무는 키가 낮아 겸손의 모습이며, 덩굴로 뻗어나가 형제사랑과 이웃사랑을 나타낸단다. 또한 여러 과일나무들은 베어서 다른 용도로도 사용할 수 있지만 포도나

무는 땔감으로 밖에 사용하지 못하기 때문에 <u>오직 열매 맺기 만을 위</u>
<u>해 존재하는 나무</u>이며 포도의 성분이 혈액과 가장 유사하기 때문이니
라."

저는 이 말씀을 들으며 얼마나 놀라웠는지 감탄이 절로 나왔습니다.
'아! 주님은 정말 창조주이시기에 모든 우주 만물 속에 새겨 놓으신 그
창조의 원리에 따라 만물을 세상에서 사용하시는구나! 그처럼 우리 인간
들도 DNA 가운데 새겨져 있는 기질에 따라 쓰임을 받겠구나!'라고 생각
하게 되었습니다. 그리고 **'주님이 중요하게 여기시는 것은 역시 겸손과**
형제사랑, 이웃사랑, 연합이며 삶의 열매이다!'라는 사실을 다시 한번 깨
닫게 해 주셨습니다. 또한 "주님이 포도나무고 내가 가지이면 주님과 나
<u>는 하나이기에, 나의 영·혼·육을 통해 주님이 공생애 3년간 행하셨던</u>
<u>모든 이적과 표적과 기사와 치유의 능력이 나타나는 것은 마땅하다.</u> 오
<u>히려 나타나지 않는 것이 비정상이며 천국 자체이신 주님과 하나인 내가</u>
<u>천국이다!</u>"라는 확신을 갖게 되었습니다. 그래서 저는 우리 교인들에게
"나는 천국이다!"를 수시로 선포하도록 권면했습니다.

예수님이 행하신 첫 표적의 비밀

포도나무의 영적 의미를 알고 난 얼마 후에 저는 또 한 가지 궁금함이 생겼습니다. 그것은 '예수님이 공생애 3년간 수많은 이적과 표적과 기사를 행하셨는데 왜, 가나 혼인잔치에서 물이 포도주로 변하는 사건을 첫 표적으로 선택하셨을까?'였습니다. 이번에도 주님께 질문했을 때 놀라운 영적 비밀을 알게 되었습니다.

"주님! 공생애 3년간 행하신 수많은 이적들 중 죽은 자를 살리시고, 12년 된 혈루병 여인과 38년 된 중풍병자를 고치시고, 소경의 눈을 뜨게 하시고, 오병이어로 5천 명을 먹이시고, 풍랑 이는 바다를 잠잠케 하신 기적 외에도 수많은 표적과 기사가 있었는데 왜 가나 혼인잔치에서 물이 포도주로 변하는 사건을 첫 표적으로 택하셨나요?"
"인류의 역사가 어떻게 시작되었니?"
"네? 아담과 하와의 결혼에서 시작되었지요?"

"그래, 인류의 역사가 결혼에서 시작되었으므로 나의 공생애 시작의 첫 표적도 결혼식에서 행한 것이고, 나는 처음과 마지막이며 시작과 마침이므로 내가 다시 오는 사건을 어린양의 혼인잔치에 비유한 것이니라."

저는 이 말씀을 듣는데 정말 이렇게 하나님의 창조의 역사와 예수님의 사역과 구속사가 정확하게 맞추어져 이루어지고 있다는 사실에 다시 한 번 놀랄 수밖에 없었습니다. 그리고 주님은 말씀 한 구절 한 구절에 들어 있는 영적 비밀들을 풀어주셨습니다.

사흘째 되던 날 갈릴리 가나에 혼례가 있어 예수의 어머니도 거기 계시고 예수와 그 제자들도 혼례에 청함을 받았더니 포도주가 떨어진지라 예수의 어머니가 예수에게 이르되 저들에게 포도주가 없다 하니 예수께서 이르시되 여자여 나와 무슨 상관이 있나이까 내 때가 아직 이르지 아니하였나이다 그의 어머니가 하인들에게 이르되 너희에게 무슨 말씀을 하시든지 그대로 하라 하니라 거기에 유대인의 정결 예식을 따라 두세 통 드는 돌항아리 여섯이 놓였는지라 예수께서 그들에게 이르시되 항아리에 물을 채우라 하신즉 아귀까지 채우니 이제는 떠서 연회장에게 갖다 주라 하시매 갖다 주었더니 연회장은 물로 된 포도주를 맛보고도 어디서 났는지 알지 못하되 물 떠온 하인들은 알더라 연회장이 신랑을 불러 말하되 사람마다 먼저 좋은 포도주를 내고 취한 후에 낮은 것을 내거늘 그대는 지금까지 좋은 포도주를 두었도다 하니라 예수께서 이 첫 표적을 갈릴리 가나에서 행하여 그의 영광을 나타내시매 제자들이 그를 믿으니라 _ 요한복음 2:1-11

위의 말씀 1절에서 사흘째 되던 날은 예수님의 최초 공생애 사역 3일째를 뜻합니다. 예수님은 세례를 받으시자마자 성령께 이끌리어 광야로 가서, 마귀에게 40일간 시험을 받으셨지만 모두 말씀으로 물리치시고 천사들의 수종을 받으며 돌아오셨습니다.

예수께서 세례를 받으시고 곧 물에서 올라오실새 하늘이 열리고 하나님의 성령이 비둘기 같이 내려 자기 위에 임하심을 보시더니 하늘로부터 소리가 있어 말씀하시되 **이는 내 사랑하는 아들이요 내 기뻐하는 자라** 하시니라 _ 마태복음 3:16-17

그 때에 예수께서 **성령에게 이끌리어** 마귀에게 시험을 받으러 광야로 가사 사십 일을 밤낮으로 금식하신 후에 주리신지라 시험하는 자가 예수께 나아와서 이르되 네가 만일 하나님의 아들이어든 명하여 이 돌들로 떡덩이가 되게 하라 예수께서 대답하여 이르시되 기록되었으되 **사람이 떡으로만 살 것이 아니요 하나님의 입으로부터 나오는 모든 말씀으로 살 것이라 하였느니라** 하시니 이에 마귀가 예수를 거룩한 성으로 데려다가 성전 꼭대기에 세우고 이르되 네가 만일 하나님의 아들이어든 뛰어내리라 기록되었으되 그가 너를 위하여 그의 사자들을 명하시리니 그들이 손으로 너를 받들어 발이 돌에 부딪치지 않게 하리로다 하였느니라 예수께서 이르시되 또 기록되었으되 **주 너의 하나님을 시험하지 말라 하였느니라** 하시니 마귀가 또 그를 데리고 지극히 높은 산으로 가서 천하 만국과 그 영광을 보여 이르되 만일 내게 엎드려 경배하면 이 모든 것을 네게 주리라 이에 예수께서 말씀하시되 **사탄아 물러가라 기록되었으되 주 너의 하나님께 경배하고 다만 그를 섬기라 하였느니라** 이에 마귀는 예수를 떠나고 천사들이 나아와서 수종드니라 _ 마태복음 4:1-11

광야에서 돌아오신 후 예수님은 안식일을 회당에서 지키시고, 2일째는 제자들(베드로, 빌립, 나다나엘)을 부르셨습니다(요한복음 1:35-51). 그리고 3일째 되는 날 공생에 첫 기적을 시작하셨습니다. 3은 삼위일체 하나님을 상징하는 숫자로, 예수님은 십자가에 달려 돌아가신 지 3일 만에 부활하셨습니다. 그리고 창세기 1장을 보면 **셋째** 날에만 **'하나님이 보시기에 좋았더라'**라는 말씀이 두 번 나옵니다(창세기 1:10, 12). 그래서 이스라엘에서는 안식일 이후 **셋째 날**을 길한 날로 여겨 이날 결혼식을 하는 풍습이 있다고 합니다.

가나 혼인잔치에서 첫 표적을 행하신 이유

a. 예수님의 일가친척들 앞에서 메시아임을 확증하기 위해

예수님의 어머니가 그곳에 있었던 것과, 결혼식을 마치고 어머니와 형제들과 제자들과 함께 가버나움으로 내려가셨다는 것으로 볼 때, 아마도 예수님 친척의 결혼식이라고 추측해 볼 수 있습니다. 그렇다면 그곳에는 이후에 예수님을 메시아로 인정하지 않던 고향사람들과 친척들, 형제자매들도 있었을 것이므로 예수님 스스로가 그들에게 메시아라는 사실을 보여주시기에 가장 적합한 장소[7]였을 것입니다.

그런데 그들은 왜 가나 혼인잔치 이후에도 예수님을 배척했을까요? 그 이유는, 예수님이 첫 표적을 행하실 때 그 상황을 정확하게 알고 있던 사

---

7) 참고 : 가나와 예수님의 고향 나사렛은 약 10km

람은 극히 적은 수에 불과했기 때문입니다. 우선 어머니 마리아와 물 떠온 하인들과 그 당시 제자는 사도 요한, 안드레, 베드로, 빌립, 나다나엘 뿐이었습니다. 이렇게 약 10명 내외였을 것으로 생각되는데, "그 표적을 보고 제자들이 믿었다"라고만 성경에 나오기 때문입니다.

> 예수께서 이 첫 표적을 갈릴리 가나에서 행하여 그의 영광을 나타내시매 제자들
> 이 그를 믿으니라 그 후에 예수께서 그 어머니와 형제들과 제자들과 함께 가버나
> 움으로 내려가셨으나 거기에 여러 날 계시지는 아니하시니라 _ 요한복음 2:11-12

> 이 사람이 마리아의 아들 목수가 아니냐 야고보와 요셉과 유다와 시몬의 형제가
> 아니냐 그 누이들이 우리와 함께 여기 있지 아니하냐 하고 예수를 배척한지라 예
> 수께서 그들에게 이르시되 선지자가 자기 고향과 자기 친척과 자기 집 외에서는
> 존경을 받지 못함이 없느니라 하시며 _ 마가복음 6:3-4, 마태복음 13:56-57

가나 혼인잔치에 관한 기록은 요한복음에만 있기 때문에, 그 당시 이 표적 사건을 목격한 제자는 복음서를 기록한 4명(마태, 마가, 누가, 요한)의 제자 중에 요한 뿐이었음을 증명하는 것입니다. 요한복음 1장 36절에서 세례 요한이 예수님에 대해 **"보라 하나님의 어린 양이로다"**라고 하는 증언을 듣고, 세례 요한의 두 제자가 예수님을 따르는데 하나가 베드로의 형제 안드레라고 나옵니다(1장 40절). 그러면 다른 한 명은 요한복음을 기록한 저자 사도 요한임을 알 수 있습니다. 그리고 41절부터 베드로, 빌립, 나다나엘을 제자로 부르시는 장면이 49절까지 나오며, 그다음 셋째 날에 혼인잔치에 제자들과 함께 참석하셨기 때문입니다.

요한(세례요한)의 말을 듣고 예수를 따르는 두 사람 중의 하나는 시몬 베드로의 형제 안드레라 _ 요한복음 1:40

b. 어린양의 혼인잔치에 주인공 신랑으로 오실 예수님이기에

여호와 하나님이 아담을 깊이 잠들게 하시니 잠들매 그가 그 갈빗대 하나를 취하고 살로 대신 채우시고 여호와 하나님이 아담에게서 취하신 그 갈빗대로 여자를 만드시고 그를 아담에게로 이끌어 오시니 아담이 이르되 이는 내 뼈 중의 뼈요 살 중의 살이라 이것을 남자에게서 취하였은즉 여자라 부르리라 하니라
_ 창세기 2:21-23

저는 이 말씀 중에 **"여호와 하나님이 아담에게서 취하신 그 갈빗대로 여자를 만드시고 그를 아담에게로 이끌어 오시니"**라는 말씀을 볼 때, 마치 결혼식장에서 신부 아버지가 신부의 손을 잡고 신랑에게로 이끌어 데리고 와 두 사람이 손을 잡도록 인도하는 모습을 떠올릴 수 있었습니다. 이렇게 **아담과 하와의 결혼식으로부터 인류의 역사가 시작**되었으므로, 주님은 처음과 마지막이요 시작과 마침이시기 때문에 **인류의 마지막 날도, 어린양의 혼인잔치로 끝이 나게 되는 것**이라는 놀라운 영적 의미를 알게 해 주셨습니다. 다시 오실 예수님은 어린양의 혼인잔치에서 신랑 되신 주인공으로 오실 분이시기에, 그것에 대한 상징적인 의미로 가나 혼인잔치에서 첫 표적을 행하신 것입니다.

우리가 즐거워하고 크게 기뻐하며 그에게 영광을 돌리세 **어린 양의 혼인 기약이**

이르렀고 그의 아내가 자신을 준비하였으므로 그에게 빛나고 깨끗한 세마포 옷을 입도록 허락하셨으니 이 세마포 옷은 성도들의 옳은 행실이로다 하더라 천사가 내게 말하기를 기록하라 **어린 양의 혼인 잔치**에 청함을 받은 자들은 복이 있도다 하고 또 내게 말하되 이것은 하나님의 참되신 말씀이라 하기로 _ 요한계시록 19:7-9

어머니 마리아를 통칭적인 호칭으로 부르신 이유

잔치에 손님이 예상보다 많이 왔는지 잔치 중에 포도주가 떨어졌다고 합니다. 그러자 예수님의 어머니 마리아가 예수님께 그 사실을 알렸는데, "**여자여** 나와 무슨 상관이 있나이까 내 때가 아직 이르지 아니하였나이다 (4절)"라고 하셨습니다. 이 문장에서 오해할 수도 있는 호칭이 나오는데 "**여자여**"라는 말씀입니다. "**여자**"라는 뜻의 헬라어 주격 명사는 "**귀네**"이며, "**여자여**"라는 호격은 "**귀나이**"인데, "**결혼한 부인**"들을 부르는 통칭적인 호칭으로, 우리가 생각하듯 하대하는 뜻이 아니라는 사실을 참고로 알아두시면 좋겠습니다. 여기서 예수님이 어머니를 "**여자여**"라는 통칭적 호칭으로 부르신 것은, 이제는 육신의 어머니 마리아와의 혈육관계에서 떠나 **하나님 아들로서의 사역이 시작되었음을 알리시는 의미**가 있는 것입니다.

초자연적인 역사를 이루기 위해 반드시 필요한 믿음

나아가 **"내 때가 아직 이르지 아니하였나이다**(4절)"라고 말씀하신 이유는, 주님이 초자연적인 역사를 이루시기 위해서는 반드시 요청한 사람의 절대적인 믿음이 선행되어야 하기에, 요청한 마리아의 믿음의 말을 끌어내기 위해 하신 말씀이었습니다. 그런데 마리아가 누구입니까? 천사가 찾아와 "네가 성령으로 잉태하여 아들을 낳을 것"이라는 사실을 알려주었을 때 "주의 여종이오니 말씀대로 내게 이루어지이다"라고 했던 영적인 믿음의 사람이었습니다. 그랬기에 그녀는 주님의 뜻을 바로 알고, **"너희에게 무슨 말씀을 하시든지 그대로 하라**(5절)"라고 하인들에게 명령한 것입니다. 그리고 이어서 나오는 말씀이 정결 예식에 관한 말씀입니다.

거기에 유대인의 **정결 예식**을 따라 두세 통 드는 **돌항아리 여섯**이 놓였는지라

_ 요한복음 2:6

정결예식에 담겨 있는 영적인 의미

실제로 이스라엘은 기후가 건조하고 먼지가 많으므로 밖에서 들어오기 전에 물을 떠서 손발을 씻는 풍습이 있었는데 여기서 말하는 **정결 예식**은 이것입니다. 그래서 대문 입구에 물을 담은 항아리를 놓아두고 손님들이나 외출한 사람들이 들어올 때 사용하도록 했는데 그들은 샌들을 신었으므로 가능한 일이었습니다. 마가복음 7장 3-4절을 보면 장로들의 전통을 따라 그렇게 지키고 있었다고 나옵니다. 그런데 하나님께서 이 정결 예식 속에 놀라운 영적 의미가 있다고 하셨습니다.

정결 예식을 통해 이 땅에서 더럽혀진 손과 발을 씻는 것처럼, 세상에서 지은 그들의 죄 또한 씻으라는 회개의 뜻이 담겨 있다는 것입니다. 개역개정 번역에는 **물**이 빠져 있는데 다른 번역본에는 **물**이 기록되어 있습니다.

거기에 유대인들의 정결하게 하는 관례에 따라 **물** 두세 통 담는 돌항아리 여섯 개가 놓여 있더라 _ KJV 흠정역, 요한복음 2:6

그런데 유대 사람의 정결 예법을 따라, 거기에는 돌로 만든 **물**항아리 여섯이 놓여 있었는데, 그것은 **물** 두세 동이들이 항아리였다. _ 표준새번역, 요한복음 2:6

물은 **성령**을 의미하며 우리의 더러워진 몸을 물로 씻는 것처럼, 영혼에 쌓여있는 죄를 성령으로 정결케 씻어내라는 놀라운 의미가 있는 것입니다. 예수님이 공생애를 시작하시며 하신 첫마디가 **"회개하라 천국이 가까이 왔느니라"**셨습니다. 또한 죄 씻음이 없이는 천국을 소유할 수 없기 때문에 공생애 마지막 사역으로 성만찬 때 제자들의 발을 씻어 주신 것입니다.

예수께서 대답하시되 진실로 진실로 네게 이르노니 사람이 **물**과 **성령**으로 나지 아니하면 하나님의 나라에 들어갈 수 없느니라 _ 요한복음 3:5

우리가 즐거워하고 크게 기뻐하며 그에게 영광을 돌리세 **어린 양의 혼인 기약**이 이르렀고 그의 아내가 자신을 준비하였으므로 그에게 **빛나고 깨끗한 세마포 옷을**

입도록 허락하셨으니 이 **세마포** 옷은 **성도들의 옳은 행실**이로다 하더라

_ 요한계시록 19:7-8

그렇다면 이 일을 언제까지 해야 할까요? 우리는 어린양의 혼인잔치에 들어갈 때까지 자신을 날마다 정결한 신부의 모습으로 단장하고, 깨끗한 세마포 옷을 입을 수 있도록 준비해야 하는 것입니다. 만일, 그리스도 인들이 처음 예수를 믿었을 때 한 번 죄를 고백하고 '나는 구원받았으니 죄로부터 자유하다'라고 자신의 삶을 마음대로 살아도 된다면 주님이 왜 다음과 같은 말씀을 하셨을까요?

불의를 행하는 자는 그대로 불의를 행하고 더러운 자는 그대로 더럽고 의로운 자는 그대로 의를 행하고 거룩한 자는 그대로 거룩하게 하라 보라 내가 속히 오리니 **내가 줄 상이 내게 있어 각 사람에게 그가 행한 대로 갚아 주리라** 나는 알파와 오메가요 처음과 마지막이요 시작과 마침이라 **자기 두루마기를 빠는 자들은 복이 있으니** 이는 그들이 생명나무에 나아가며 문들을 통하여 성에 들어갈 권세를 받으려 함이로다 _ 요한계시록 22:11-14

주님이 속히 오시는데, 각 사람이 살고 있는 삶의 모습대로 상을 주시고 행한 대로 갚아 주러 오신다는 말씀을 사도 요한에게 예언으로 선포하시며, **"자기 두루마기를 빠는 자들은 복이 있으니"**라고 말씀하셨는데, 그리스도인이라면 그의 삶이 의와 진리 안에서 행하고, 거룩하고 성결한 영혼을 지키기 위해 **날마다 회개하며 옳은 행실을 지키며 살라**는 말씀을 강조하신 것입니다. 만약에 우리가 날마다 죄를 짓지 않고 살 수만 있다면 굳

예수님이 행하신 첫 표적의 비밀

이 회개를 할 필요가 없겠지요. 그러나 성경에서 죄와 관련된 생각조차도 죄로 규정하기 때문에 누구나 **"그가 행한 대로 갚아 주리라"**라고 하신 말씀에서 자유롭지 못합니다. 그래서 회개가 필요한 것입니다. 그다음 말씀에 주님이 행하실 **심판의 기준**이 더 정확하게 언급되어 있습니다. "개들과 점술가들과 음행하는 자들과 살인자들과 우상 숭배자들과 및 거짓말을 좋아하며 지어내는 자는 다 성 밖에 있으리라" 이 말씀에서 '개들'이라고 표현하신 것은 그들의 속성이 야만적이고 더러운 것을 상징하며, 개가 자기가 토한 것을 다시 먹는 것처럼 성령 세례를 받고도 다시 세상으로 돌아가 계속 죄를 짓는 자들을 주님이 직접 비유하신 말씀입니다.

> 개들과 점술가들과 음행하는 자들과 살인자들과 우상 숭배자들과 및 거짓말을 좋아하며 지어내는 자는 다 성 밖에 있으리라 **나 예수**는 교회들을 위하여 내 사자를 보내어 이것들을 너희에게 증언하게 하였노라 나는 다윗의 뿌리요 자손이니 곧 광명한 새벽 별이라 하시더라 _ 요한계시록 22:15-16

> "**개**는 자기가 토한 것을 도로 먹는다." 그리고 "**돼지**는 몸을 씻고 나서, 다시 진창에 뒹군다." 하는 속담이 그들에게 사실로 들어맞았습니다.
> _ 표준새번역, 베드로후서 2:22

> 거룩한 것을 **개**에게 주지 말며 너희 진주를 **돼지** 앞에 던지지 말라 그들이 그것을 발로 밟고 돌이켜 너희를 찢어 상하게 할까 염려하라 _ 마태복음 7:6

그리고 **돌 항아리 여섯**이 나오는데 **여섯(6)은 완성의 수**이며 **사람을 상**

징하는 수이기도 합니다. 하나님이 여섯째 날 사람을 흙으로 지으시고 천지창조를 6일째 마치셨기 때문입니다. 항아리는 흙으로 빚은 사람을 상징하지만 여기서 돌 항아리로 나오는 것은 흙으로 빚은 질그릇처럼 깨지기 쉬운 사람의 마음을 단단한 돌처럼 준비하라는 의미가 담겨 있는 말씀입니다. 물은 또한 우리를 영생의 길로 이끄는 영원한 **진리의 말씀**이기도 합니다. 우리는 그 진리의 말씀 샘물을 매일 먹고 마셔 주님 오실 때까지 내 영이 자라야 하며 내 삶이 끝나는 날까지 붙들고 놓지 말아야 하는 것입니다. 그러기 때문에 주님도 물을 아귀까지 채우라고 명령하신 것입니다.

> 예수께서 그들에게 이르시되 **항아리에 물을 채우라 하신즉 아귀까지 채우니**
>
> _ 요한복음 2:7

> 내가 주는 물을 마시는 자는 영원히 목마르지 아니하리니 **내가 주는 물은 그 속에**
>
> **서 영생하도록 솟아나는 샘물이 되리라** _ 요한복음 4:14

즉, **"물을 아귀까지 채우라"**는 것은 진리의 말씀이 주님 오실 때까지 그리스도인들을 이끌 것이며, 또 성도 개개인은 충만한 성령 안에서 은혜를 누리고 그 영향력을 세상 가운데로 흘려보내는 삶을 살아야 함을 비유적으로 말씀하시고 있다는 것을 깨닫게 해 주셨습니다.

초자연적인 기적의 필수요소는 절대적인 믿음과 순종

또한, 초자연적인 기적을 이끌어 내기 위해서는 먼저 절대적인 믿음이 필요하지만, 그 믿음에 부응하는 순종이 따라야만 한다는 것도 알게 하셨습니다. 이 말씀을 보면 예수님의 어머니 마리아가 주님이 일하실 때가 되신 것을 알고 절대적으로 믿어드렸고, 바로 하인들의 순종이 뒤 따랐던 것입니다. 하인들은 물을 항아리의 아귀까지 채우라고 하셨을 때는 어렵지 않게 순종할 수 있었겠지만, 그 물을 떠서 연회장에게 갖다 주라고 하셨을 때는 온전히 순종하기가 쉽지 않았을 것입니다. 그러나 **"물 떠 온 하인들은 알더라(9절)"** 그들은 순종했으므로 예수님의 첫 표적을 경험하는 은혜를 맛보게 된 것입니다.

주님의 보혈을 상징하는 포도주

가나 혼인잔치의 주인공은 절대적으로 주님이시기 때문에, 마지막에 신랑이라는 단어가 한 번 연회장의 입을 통해 언급되는데 이 또한 놀라운 영적 비밀이 숨어 있습니다. 연회장은 결혼식을 총괄하는 사람으로 앞으로 있을 어린양의 혼인잔치를 준비하고 진행할 영적 존재를 예표 하는데, 그가 물로 된 포도주를 맛보고 신랑을 불러서 **"그대는 지금까지 좋은 포도주를 두었도다"**라고 칭찬을 했습니다. 포도주에 담겨 있는 영적 의미를 먼저 구약의 제사에서 찾자면, 제물이 소제(가루)이면 기름과 함께 드렸고, 동물일 때는 제물 위에 마지막으로 포도주를 쏟아붓는 전제를 드렸습니다.

한 **어린 양**에 고운 밀가루 십분의 일 에바와 찧은 기름 사분의 일 힌을 더하고 또 전제로 **포도주** 사분의 일 힌을 더할지며 _ 출애굽기 29:40

너희가 그 단을 흔드는 날에 일 년 되고 흠 없는 **숫양**을 여호와께 번제로 드리고 그 **소제**로는 기름 섞은 고운 가루 십분의 이 에바를 여호와께 드려 화제로 삼아 향기로운 냄새가 되게 하고 전제로는 **포도주** 사분의 일 힌을 쓸 것이며
_ 레위기 23:12-13

번제나 다른 제사로 드리는 제물이 어린 양이면 전제로 **포도주** 사분의 일 힌을 준비할 것이요 **숫양**이면 소제로 고운 가루 십분의 이에 기름 삼분의 일 힌을 섞어 준비하고 전제로 **포도주** 삼분의 일 힌을 드려 여호와 앞에 향기롭게 할 것이요 번제로나 서원을 갚는 제사로나 화목제로 **수송아지**를 예비하여 여호와께 드릴 때에는 소제로 고운 가루 십분의 삼 에바에 기름 반 힌[8]을 섞어 그 수송아지와 함께 드리고 전제로 **포도주** 반 힌을 드려 여호와 앞에 향기로운 화제를 삼을지니라
_ 민수기 15:5-10

즉 동물의 제물 위에 포도주를 붓는 것은 그리스도의 보혈을 상징하는 것으로, 아무리 제물을 드려도 **그리스도의 보혈만이 모든 죄를 대속할 수 있다**는 영적 의미가 있습니다. 그러므로 예수님은 십자가에서 물과 피를 다 쏟으시고 인류의 모든 죄를 단번에 대속하신 속죄제물이 되신 것을 우리는 잘 알고 있습니다.

---

8) 1에바(고체부피 단위) = 약 22리터, 1힌(액체부피 단위) = 약 3.7리터

이는 황소와 염소의 피가 능히 죄를 없이 하지 못함이라 그러므로 주께서 세상에 임하실 때에 이르시되 하나님이 제사와 예물을 원하지 아니하시고 오직 나를 위하여 한 몸을 예비하셨도다............. 이 뜻을 따라 **예수 그리스도의 몸을 단번에 드리심으로** 말미암아 우리가 거룩함을 얻었노라 제사장마다 매일 서서 섬기며 자주 같은 제사를 드리되 이 제사는 언제나 죄를 없게 하지 못하거니와 오직 **그리스도**는 죄를 위하여 한 영원한 제사를 드리시고 하나님 우편에 앉으사 그 후에 자기 원수들을 자기 발등상이 되게 하실 때까지 기다리시나니 그가 거룩하게 된 자들을 한 번의 제사로 영원히 온전하게 하셨느니라 _ 히브리서 10:4, 10-14

그렇기에 주님이 십자가에서 대속하시기 바로 전날 제자들과 성만찬을 하실 때, 상징적으로 **떡**을 떼어주시며 **주님의 살**이라 표현하시고, **포도주를 주님의 피**라고 하시며 사랑하는 자녀들과 성찬식으로 영원한 언약을 하신 것입니다.

나는 하늘에서 내려온 **살아 있는 떡**이니 사람이 이 떡을 먹으면 **영생**하리라 내가 줄 떡은 곧 세상의 생명을 위한 **내 살**이니라 하시니라 예수께서 이르시되 내가 진실로 진실로 너희에게 이르노니 인자의 살을 먹지 아니하고 인자의 피를 마시지 아니하면 너희 속에 생명이 없느니라 **내 살을 먹고 내 피를 마시는 자는 영생을 가졌고** 마지막 날에 내가 그를 다시 살리리니 **내 살은 참된 양식이요 내 피는 참된 음료로다** 내 살을 먹고 내 피를 마시는 자는 내 안에 거하고 나도 그의 안에 거하나니 살아 계신 아버지께서 나를 보내시매 내가 아버지로 말미암아 사는 것 같이 나를 먹는 그 사람도 나로 말미암아 살리라 _ 요한복음 6:51, 53-57

그들이 먹을 때에 예수께서 **떡을** 가지사 축복하시고 떼어 제자들에게 주시며 이르시되 받아서 먹으라 이것은 **내 몸이니라** 하시고 또 **잔을** 가지사 감사기도 하시고 그들에게 주시며 이르시되 너희가 다 이것을 마시라 이것은 죄 사함을 얻게 하려고 많은 사람을 위하여 흘리는 바 **나의 피** 곧 **언약의 피니라** 그러나 너희에게 이르노니 내가 포도나무에서 난 것을 이제부터 내 아버지의 나라에서 새것으로 너희와 함께 마시는 날까지 마시지 아니하리라 하시니라 _ 마태복음 26:26-29

그러므로 연회장이 신랑에게 지금까지 좋은 포도주를 두었다고 칭찬하는 것은, 어린양의 혼인잔치에서 **신랑으로 오실 예수님이 우리를 위해 흘리셨던 보혈만이 구원의 길이요 진리이므로 끝까지 변하지 않음을 영적으로 상징**하는 것이라고 하셨습니다. 이렇게 **가나 혼인잔치는 어린양의 혼인잔치를 상징적으로 비유한 사건**입니다.

예수님의 출생과 세례를 받으신 이유, 사탄의 시험

예수님은 하나님 자신이시기 때문에 굳이 여자의 몸을 통해 출산되지 않으셔도 되지만, 우리가 모태에서부터 받고 나온 원죄까지도 사해주시려고 마리아의 몸을 통해 출산되시므로 인간의 모든 죄를 대속하실 조건을 갖추신 것입니다. 그리고 예수님이 세례를 받으신 이유는 주님이 우리에게 전해주신 두 가지 세례와 **성찬의 본을 미리 보여 주신 것**이며, 세례를 받고 물에서 올라오실 때 하늘이 열리고 성령이 비둘기 같이 임하며 **"이는 내 사랑하는 아들이요 내 기뻐하는 자라"** 말씀하시는 하나님 아버지의 음성을 듣고, 세례 요한이 예수님이 메시아임을 분명하게 알게 하시려고 받으신 것입니다. 또 **성령에게 이끌리어** 광야에 가서 40일을 금식하며 마귀에게 시험을 받으신 것도, 우리는 주님이 다시 오실 때까지 이 세상에서 사탄에게 계속 시험을 받아야 하기 때문에 그럴 때마다 승리할 수 있는 본을 보여주시기 위함이었습니다.

> 그 때에 **예수께서 성령에게 이끌리어** 마귀에게 시험을 받으러 광야로 가사 사십
> **일을 밤낮으로** 금식하신 후에 주리신지라 _ 마태복음 4:1-2

그때 사탄은 예수님을 **육적, 혼적, 영적**인 순서로 시험했는데 바로 사탄이 우리를 공격할 때도 이와 같은 순서로 하는 것입니다. 금식하시는 예수님이 얼마나 배고프셨는지를 알고 육적인 배고픔을 채우는 떡으로 시험하고, 다음에는 **"하나님의 아들이면 뛰어내리라 천사들이 받들어 다치지 않게 하리"**며 혼적인 부분을 자극합니다. 이때 만약에 조급하고 혈기왕성한 인간이라면 '그래, 내가 누구인지 한번 보여주마!'하고 뛰어내릴 수도 있을 것입니다. 하지만 그럴 때 절대로 흔들리지 말고 말씀으로 담대하게 대적하라는 본을 보여 주신 것입니다. 끝으로 높은 곳으로 데리고 올라가 천하 만국과 영광을 보여주며 **"만일 내게 엎드려 경배하면 이 모든 것을 네게 주겠다"**라고 영적으로 굴복시키려 합니다. 그러나 **"사탄아 물러가라 기록되었으되 주 너의 하나님께 경배하고 다만 그를 섬기라 하였느니라"**라고 하시며 예수님은 너무나 담대하게 말씀으로 물리치셨습니다. 그러자 마귀는 떠나가고 천사들이 나와서 수종을 들었다는 것은, 성령과 천사들이 지켜보는 데서 시험을 받으셨고 능히 이기셨다는

것을 우리에게 알려주신 것입니다.

이 말씀이 우리에게 주는 교훈은 그리스도인들이 사탄에게 시험을 받을 때도 주님이 모르시는 것이 아니라 모든 것을 보시고 알고 계시지만, 우리가 먼저 말씀으로 담대하게 대적하며 물리치기를 바라신다는 뜻입니다. 그리고 승리하신 **예수 그리스도의 이름으로** 대적하며 선포할 때, 그 이름의 주체이신 그리스도가 성령을 통해 능력을 발휘하시며 사탄의 세력을 제압하고 굴복시키시는 것입니다. 그래서 주님이 직접 제자들에게 **"내 이름으로 무엇이든지 내게 구하면 내가 행하리라"**라고 말씀하셨던 것입니다. 그런데 흥미로운 것은 **예수님이 세례를 받으시고 공생애를 시작하시는 첫 번째 관문이** 성령께 이끌려 광야로 가셔서 40일을 금식하시며 사탄에게 시험을 받으시는 과정이었다는 것입니다. 여기에 깊은 영적 의미가 있는데 아담이 사탄에게 시험을 받아 이기지 못하고 이 세상 통치권을 빼앗겼으므로, 아니 사탄은 **"내게 넘겨 준 것"**(눅 4:6) 이라고 합니다. 그 권한을 되찾아 오려면 예수님도 합법적인 영적 결투를 통해 승리하셔야만 그 이름의 권세를 발휘하실 수 있었다는 사실입니다. 주님이 십자가 대속을 이루시기 전이었으므로 그렇습니다. 그러나 이제는 대속하시고 승리하셔서 부활 승천하셨기에, **예수 그리스도의 이름으로** 우리가 싸우면 승리하는 것입니다.

> 너희가 내 이름으로 무엇을 구하든지 내가 행하리니 이는 아버지로 하여금 아들로 말미암아 영광을 받으시게 하려 함이라 내 이름으로 무엇이든지 내게 구하면 내가 행하리라 _ 요한복음 14:13-14

마귀가 또 예수를 이끌고 올라가서 순식간에 천하 만국을 보이며 이르되 이 모든 권위와 그 영광을 내가 네게 주리라 이것은 내게 넘겨 준 것이므로 내가 원하는 자에게 주노라 _ 누가복음 4:5-6

아담과 사탄 사이에서 이루어진 교환

위의 말씀을 보면 마귀는 천하 만국에 대한 모든 권위와 영광을 자기에게 넘겨준 것이기 때문에 자기가 원하는 자에게 준다고 말하고 있습니다. 그것은 아담이 선악과를 먹을 때 세상의 통치 권한을 사탄에게 넘겨주며 죄가 아담에게로, 사탄의 세력이 세상 가운데로 들어오게 되는 교환이 자연스럽게 이루어졌기 때문입니다. **우리의 삶은 전반적으로 교환이라는 수단과 방법을 통해 이루어지고 있습니다.** 예를 들어 화폐가 나오기 전 세대들은 물물교환을 통해 자신들의 필요를 채우는 방식으로 살았지만, 점점 더 편리한 생활방식으로 진화되는 과정 속에 돈과 물질을 교환하는 방법으로 귀결되었는데, 아마도 이 방식은 세상 끝날까지 이어지리라고 봅니다. 왜냐하면 우리가 물건을 사기 위해서 카드로 결제를 하지만 결국은 돈을 지불하기 위한 하나의 수단이므로 자신의 필요를 채우려면 돈과 교환을 해야 하기 때문입니다. 요즘 나오는 가상화폐도 마찬가지입니다. 이처럼 우리가 예배를 드릴 때도 하나님께 우리의 아픔, 슬픔, 문제를 가지고 나아가서 기도로 주님께 올려드리면, 주님이 평안과 위로와 감사 그리고 문제 해결이라는 응답으로 **교환**해 주시는 것입니다.

그런데 반대의 경우도 마찬가지로 내가 원망, 불평, 낙심좌절, 분노, 시기질투, 미움 등을 쏟아놓으면 *사탄에게 나를 지배하는 권세를 내어주게 되므로,* **하나님 자녀라는 나의 정체성을** *사탄이 가져가는 교환이 나도 모르는 사이에 이루어져 나는 사탄에게 종노릇 하며 지배당하게 되는 무서운 현실이 일어납니다.* 이렇게 에덴동산에서 교환이 이루어졌으므로 사탄은 세상에서 악한 영향력을 끼칠 수 있게 되었고, 우리가 그 영향력에서 벗어나기 위해서는 영적 전투를 통해 승리해야만 하는 것입니다. 예를 들어 권투선수들이 세계 챔피언벨트를 차지하기 위해서는 링 위에서 최후의 승리를 거두기까지 계속 결투를 해야만 하는 것과 같은데, **우리는 예수 그리스도라는 승리의 무기를 가지고 싸운다**는 차이만 있습니다. 하나님은 한번 선포하시고 언약하신 것은 반드시 지키시는 분으로 **"선악과를 네가 먹는 날에는 반드시 죽으리라"**라고 하셨기 때문에 죄의 삯은 사망입니다. 그래서 죄인인 우리를 대신해 예수님이 십자가에 달려 죽으시며 우리 죄를 대속하셨고, 또 살리시려고 삼일 만에 사망 권세 이기시고 부활하신 것을 우리 모두는 알고 있습니다. 즉 예수님의 생명과 우리의 생명을 맞바꾸시는 **교환**을 하신 것입니다.

사망의 권세를 이기신 예수 그리스도라는 이름의 능력

생명과 맞바꾸어 주신 **예수 그리스도**의 이름에는 사망 권세를 이긴 능력이 있기 때문에, 우리가 그 이름으로 선포할 때 사탄은 세력을 잃고 쫓겨 갈 수밖에 없습니다. 이 **합법적 권한**을 예수님이 만들어 놓으신 것입니다. 그래서 **예수 그리스도**의 이름으로 많이 선포할수록 그 능력이 확장되는 것을 알아야 합니다. 어떤 사람은 방언으로만 기도한다고 하는데, 물론 방언 기도가 중요하지만 방언으로 모든 것이 다 해결된다면 성경에서 왜 **마귀를 대적**하라고 하셨을까요? 축사나 대적기도를 할 때에는 정확하게 공격하는 악한 영들의 이름을 하나하나 부르며 강력하게 선포기도 하는 것이 가장 능력 있고 효과적입니다.

근신하라 깨어라 **너희 대적 마귀가** 우는 사자 같이 두루 다니며 삼킬 자를 찾나

니 너희는 믿음을 굳건하게 하여 **그를 대적하라** 이는 세상에 있는 너희 형제들도

동일한 고난을 당하는 줄을 앎이라 _ 베드로전서 5:8-9

믿는 자들에게는 이런 표적이 따르리니 곧 그들이 **내 이름으로 귀신을 쫓아내며**

새 방언을 말하며 뱀을 집어올리며 무슨 독을 마실지라도 해를 받지 아니하며 병든

사람에게 손을 얹은즉 나으리라 하시더라 _ 마가복음 16:17-18

이 말씀을 보면 **예수님의 이름으로 귀신을 먼저 쫓아내고 방언을 말한다**고 주님이 직접 말씀하셨는데, 방언은 귀신이 알아듣지 못하는 성령의 언어라서 사람 안에 있는 악한 영을 먼저 하나하나 이름 불러 내보낸 후, 그 자리에 성령과 보혈로 채워야만 그 능력이 활성화될 수 있기 때문입니다. 마가복음 16장 18절의 말씀은, 우리가 이렇게 성령으로 충만해지면 밖으로부터 공격하는 사탄의 세력을 **뱀을 집어 올리는 것** 같이 제압한다는 뜻이며, **무슨 독을 마실지라도 해를 받지 않는다**는 것은 사탄의 세력을 제압할 능력이 있으면 사탄이 공격하는 어떠한 말이나 행동에도

영향을 받지 않는다는 놀라운 영적 의미가 있는 것입니다.

예를 들어 남편이나 아내, 자녀들, 또는 부모, 형제자매, 친구나 동료들에게 나를 공격하는 마치 독을 마시는 것과 같은 여러 가지 아픈 말을 들었을지라도, **내가 성령으로 충만해 있으면 성령의 능력이,** 그 소리가 내 안에서 악한 영향력을 미치지 못하도록 막아 주므로 **예수 그리스도의 이름으로** 담대하게 물리칠 수 있다는 뜻입니다. 그리고 **그 충만한 능력이 나의 영·혼·육을 통해 흘러나오므로** 그때 내가 병든 사람에게 손을 얹고 기도하면 치유가 일어난다는 놀라운 영적 원리의 말씀입니다.

이토록, 주님이 승천하시면서 남겨주신 **예수 그리스도**라는 이름의 권세가 강력하기에 십자가를 지시기 전 제자들에게 **"내 이름으로 구하라"**라고 직접 당부하신 것입니다. 예를 들어 우리가 대통령 이름의 친필 사인을 가지고 간다면 어디서든 그에 상응하는 대우를 받는 것처럼, **예수 그리스도의 이름의 권세**는 죽음뿐 아니라 모든 것을 이길 수 있을 만큼 크다는 것을 우리는 알고 담대하고 당당하게 즐겨 사용해야 합니다. 사도행전 4장에서는 "예수 안에 죽은 자의 부활이 있다"라고 말하는 사도들의 가르침을 싫어하는 제사장들과 사두개인들이 그들을 잡아 대제사장에게 데려갔습니다. 그들이 "너희가 무슨 권세와 누구의 이름으로 이 일을 행하였냐"라고 물으니, 오순절 성령강림을 체험한 이후 완전히 달라진 사도 **베드로**와 사도 **요한**이 나서서 "너희가 십자가에 못 박고 **하나님이 죽은 자 가운데서 살리신** 나사렛 **예수 그리스도의 이름으로** 이 사람이 건강하게 되어 너희 앞에 섰느니라... **다른 이로써는 구원을 받을**

수 없나니 천하 사람 중에 구원을 받을 만한 다른 이름을 우리에게 주신 일이 없음이라"라고 성령 충만하여 담대하게 말하자, 그 이름의 권세를 사용한 그리스도의 제자들에게 나타난 표적이 예루살렘에 사는 모든 사람에게 알려졌고 그들 자신도 이 사실을 부인할 수 없으니, 이것이 더 이상 민간에 퍼지지 못하게 하기 위해 다시는 "예수의 이름으로 말하지도 말고 가르치지도 말라"라고 경고합니다. 이처럼 예수 그리스도의 이름의 권세는 세상 그 누구도 부인할 수 없는 완전한 능력입니다.

> 이것이 민간에 더 퍼지지 못하게 그들을 위협하여 이 후에는 이 이름으로 아무에게
> 도 말하지 말게 하자 하고 그들을 불러 경고하여 도무지 **예수의 이름으로** 말하지
> 도 말고 가르치지도 말라 하니 _ 사도행전 4:17-18

아담의 피를 통해서 나온 가정과 예수님의 보혈에서 나온 교회

이 말씀을 풀어주시는 중에 또 하나의 새로운 영적 비밀을 알려 주셨는데, 그동안 한 번도 생각하지 않았던 내용을 주님이 생각나게 하시며 알려주셨습니다. '하나님이 아담을 깊이 잠들게 하시고 그의 갈비뼈 하나를 취하실 때 아담은 피를 흘렸을까?'라는 질문을 떠올려 주셨는데, 그런 생각을 하는 저 자신에게 스스로 놀랄 수밖에 없었습니다. 사실 저는 그동안 하나님이시니까 당연히 피가 나지 않게 하셨을 거라고 막연히 짐작하며 깊이 생각해보지 않았었습니다.

육체의 생명은 피에 있음이라......... **모든 생물은 그 피가 생명과 일체라** 그러므로 내가 이스라엘 자손에게 이르기를 너희는 어떤 육체의 피든지 먹지 말라 하였나니 **모든 육체의 생명은 그것의 피인즉 그 피를 먹는 모든 자는 끊어지리라**

_ 레위기 17:11, 14

그런데 가만히 생각해 보니, 하나님이 아담을 창조하셨을 때는 이미 완벽한 사람의 모습으로 영·혼·육을 온전히 갖춘 상태였기에, 그의 몸에는 생명의 상징인 피가 흐르고 있었고 그렇다면 피를 흘리는 것이 당연한 원리인 것입니다. 여기서 하나님이 아담을 깊이 잠들게 하신 것은 전신마취를 하신 것이고, 물론 하나님이시니까 최소한의 피를 흘리게 하시고 흉터도 생기지 않게 수술하셨겠지만, 이런 과정을 통해 아담에게서 하와가 나왔고, 그 일로 **가정**이라는 기관이 만들어졌기 때문에, **아담이 옆구리에서 흘린 피를 통해 하와라는 생명과 가정이 탄생된 것입니다.** 이 일은 신약의 십자가 사건에서 **예수님이 옆구리에 창이 찔려 물과 피를 다 쏟으시므로 전 인류가 생명을 얻고, 교회라는 기관을 탄생시키신** 것과 너무나 닮은 모습입니다. 그러므로 **하나님이** 자녀인 우리를 절대로 포기하지 않으시는 것처럼, **가정과 교회도 절대로 포기하지 않으시며 끝까지 사랑으로 품고 회복시키시려고 하신다**는 사실을 깨달을 수 있었습니다.

기록된 바 **첫 사람 아담은 생령이 되었다** 함과 같이 **마지막 아담은 살려 주는 영**이 되었나니 _ 고린도전서 15:45

그래서 이 말씀에서 **예수님을 마지막 아담**이라고 하며, 첫 아담은 생령 (살아 있는 영)이 되었고, 마지막 아담(예수님)은 **살려주는 영**이 되었다고 하는 것입니다. 즉, 첫째 아담의 피를 통해 **가정이라는 공동체**가, 마지막 아담 예수님의 피를 통해 **교회라는 공동체**가 만들어졌기에 **둘 다 생명의 공동체**라고 하셨습니다. 그러므로 하나님은 **가정**과 **교회**를 절대 포기하지 않으신다는 말씀입니다. 그래서 사탄은 이 **두 생명의 공동체**를 제일 먼저 파괴하려고 공격합니다.

둘째 아담 예수가 아니라 마지막 아담 예수님

간혹 어떤 분들은 둘째 아담 예수라고 말하기도 하는데, 그렇다면 셋째, 넷째가 또 있다는 뜻이 될 수도 있기에, **마지막 아담 예수님**이라고 해야 맞는 표현이라고 생각합니다. 위 말씀에서 사용한 **마지막**이라는 헬라어 **'에스카토스'**는 최상급으로써 **'가장 먼,' '~의 맨 끝', '종말'**이라는 뜻으로 **'더 이상의 아담은 없다'**라는 의미입니다. 그러므로 성경을 찾아봐도 둘째 아담이라는 말씀은 나오지 않고, 바울 사도가 표현한 **마지막 아담**이라는 정확하고 분명한 표현만 고린도전서 15장 45절에 **"마지막 아담은 살려 주는 영이 되었나니"**라고 기록되어 있습니다. **예수 그리스도** 외에는 그 누구도 살려주는 영이 될 수 없기에 우리는 정말로 구원의 길이 되신 예수님에 관해서는 단어 하나라도 자의적으로 해석해서 사용하면 안 되고 주의해야겠다는 생각이 들었습니다. 그런데 다음의 말씀 때문에 둘째 아담이라고 하는지 모르겠습니다.

첫 사람은 땅에서 났으니 흙에 속한 자이거니와 둘째 사람은 하늘에서 나셨느니라 무릇 흙에 속한 자들은 저 흙에 속한 자와 같고 무릇 하늘에 속한 자들은 저 하늘에 속한 이와 같으니 우리가 흙에 속한 자의 형상을 입은 것 같이 또한 하늘에 속한 이의 형상을 입으리라 _ 고린도전서 15:47-49

 이 말씀은 사람의 육체를 설명하는 것으로, 첫 번째 사람 아담은 흙으로 빚어서 그 육이 흙으로부터 왔다는 것이고, 두 번째 사람 예수님은 눈에 보이는 모습이 영·혼·육 사람의 조건을 갖춘 분이시지만, 그분의 육이 하늘로부터 왔다는 의미로 받아들여야 합니다.

 '아담'을 히브리어로는 '첫 사람의 이름'이라고 해석하고, 헬라어로도 동일하게 '아담'이라고 하는데 '예수에 대한 상징적 표현'이라고 해석하고 있습니다. 그러나 고린도전서 15장에서의 '사람'은 헬라어로 '안드로포스'라고 하며 여러 가지 의미가 있는데, '생물에서의 한 부류' '동물이나 식물 등과 대조하여'라고 원어 사전에 주된 해석이 나오고 있습니다. 그러므로 쉽게 설명하자면 사람은 크게 육의 사람과 영의 사람 두 부류로 나누는데, 아담은 인류의 시조로서 첫 번째 사람이며 육의 사람을 대표하고, 예수님은 하나님 자신이 사람의 몸을 입고 오신 하늘에 속한 분으로서 영의 사람을 대표하신다는 뜻입니다. 그리고 우리가 세상에서는 첫째 부류의 사람 아담의 형상을 입고 살지만 믿는 사람들이 부활할 때는 둘째 부류의 사람 예수님이 입으신 하늘의 형상을 입게 되리라는 것을 말씀하고 있는데 그것을 다음 말씀들이 증거하고 있습니다.

형제들아 내가 이것을 말하노니 혈과 육은 하나님 나라를 이어 받을 수 없고 또한 썩는 것은 썩지 아니하는 것을 유업으로 받지 못하느니라 보라 내가 너희에게 비밀을 말하노니 우리가 다 잠 잘 것이 아니요 마지막 나팔에 순식간에 홀연히 다 변화되리니 나팔 소리가 나매 죽은 자들이 썩지 아니할 것으로 다시 살아나고 우리도 변화되리라 이 썩을 것이 반드시 썩지 아니할 것을 입겠고 이 죽을 것이 죽지 아니함을 입으리로다 _ 고린도전서 15:50-53

썩지 아니할 것을 입는다는 것은 '부활체'를 말하는 것으로 예수님이 부활하신 후에 닫혀 있는 문으로 들어오셔서 제자들에게 나타나신 것과 같은 시공간의 제약을 받지 않는 신령한 몸을 의미하는 것입니다. 그러므로 그리스도인들은 부활할 때 이렇게 주님과 같은 부활체를 입는 영광을 누리게 되니 너무나 감사한 일입니다.

사랑으로 구원하시는 하나님의 은혜

2020. 11. 7. 토요일 저녁에 대구에서 회복 사역을 하시는 목사님으로 부터 전화를 받았습니다. 목사님의 51살 된 독신 남동생이 갑자기 고독사를 당해 서울로 올라오는 중이라고 하시며 심장이 터질 것 같이 아파 말을 못 하겠다고 하십니다. 15일 동안 연락이 되지 않아 경찰과 함께 동생이 살고 있던 오피스텔 문을 강제로 열고 들어가 부패된 시신을 발견했는데 부검을 해야 한다고 합니다. 그 순간 저에게 가장 먼저 떠오른 질문은 이것이었습니다.

"동생이 예수를 믿었나요?"
"신앙생활을 안 해서 마음이 더 아픕니다."

그래서 '저는 믿음이 전혀 없었던 형제였나 보다'라고 짐작하며 그래도 그의 어머니의 간절한 기도가 있었으니 혹시나 하는 기대를 가지고 마음

아파하며 그날 밤 이 형제를 위해 하나님께 간절히 기도를 드리는데, 이 형제가 주님 품에 있는 모습이 떠오르면서 그 아들이 힘들고 어려울 때마다 주님을 찾았다는 감동을 받았습니다. 그때 저는 그럴 수도 있겠다는 생각이 들었습니다. 그 이유는, 대구의 목사님도 주님을 떠나 살다가 어머니의 간절한 기도로 변하여 새사람이 되어 지금 주님의 종으로 살아가고 있기 때문입니다. 이렇게 어머니가 사랑하는 자녀를 위해 눈물로 심은 기도의 씨앗은 결코 사라지지 않고, 언젠가 열매로 결실한다는 것을 저는 여러 경험을 통해 잘 알고 있었기 때문입니다.

다음 날 그 목사님이 저희 교회 주일예배에 참석하셨습니다. 예배 후에 저는 어제의 기도 응답을 나누었더니 사실 동생이 고등학교 때까지는 신앙생활을 열심히 했었다며, 며칠 전 동생이 목사님의 꿈에 나타나 '형! 나 세상사는 게 너무 힘들어서 할머니 계신 곳으로 갈래'라고 하며 사라져서 깜짝 놀라 깼었다고 합니다. 그가 말한 외할머니는 권사님이셨고, 목사님의 집안을 신앙의 가문으로 세우신 분이라고 합니다. 저는 "동생이 신앙이 전혀 없는 줄로 생각했었는데 그렇다면 제 기도 응답의 확증이네요"라고 하면서 오늘 밤에 다시 기도해서 확실하게 응답을 받아 전해 주겠노라고 했더니, 동생의 증명사진을 보여 주었습니다. 제가 사진을 보는 순간 법관의 이미지라고 하자, 동생이 중국에 있는 아주 유명한 세계적으로 수준이 높은 대학의 국제경영통상 법률을 전공한 수재이며, 유능한 젊은이였다고 이야기해 주었습니다. 그런데 일이 잘 풀리지 않자 권위주의적인 아버지로부터 인정받지 못하고 책망 받았던 상처와 자책감에 마음이 여렸던 동생은 그것을 극복하기 힘들어했고, 술 중독에 빠져 스스로 은둔

자의 삶을 지내서 가슴이 더 아프다고 했습니다. 부검 결과 사인은 다발성 복막염으로 급성 패혈증이었다고 합니다. 말씀을 마치시고 다음날 입관 예배 인도를 부탁하셔서 알았다고 대답을 하고 그날 밤 하나님께 또 기도를 했습니다.

"하나님! 재윤 형제 입관예배 인도를 부탁받았는데 어떻게 해야 하나요?"
"그 아들이 내 품에 이미 들어와 있는데 입관예배가 무슨 의미가 있니? 천국 환송예배로 인도해라!"
"그러면 오늘 밤 꿈으로 재윤 형제가 주님 품에 있는 것을 확실하게 보여 주셔서 내일 분명하게 간증하도록 역사해 주세요."

이렇게 기도를 하고 주님이 인도하시는 대로 천국 환송예배를 다음과 같이 준비했습니다.

찬송: 492장 "잠시 세상에 내가 살면서"
480장 "천국에서 만나보자"

말씀: 데살로니가 전서 4:14-18

우리가 예수께서 죽으셨다가 다시 살아나심을 믿을진대 이와 같이 예수 안에서 자는 자들도 하나님이 그와 함께 데리고 오시리라 우리가 주의 말씀으로 너희에게 이것을 말하노니 주께서 강림하실 때까지 우리 살아 남아

사랑으로 구원하시는 하나님의 은혜

있는 자도 자는 자보다 결코 앞서지 못하리라 주께서 호령과 천사장의 소리와 하나님의 나팔 소리로 친히 하늘로부터 강림하시리니 그리스도 안에서 죽은 자들이 먼저 일어나고 그 후에 우리 살아 남은 자들도 그들과 함께 구름 속으로 끌어 올려 공중에서 주를 영접하게 하시리니 그리하여 우리가 항상 주와 함께 있으리라 그러므로 이러한 말로 서로 위로하라

그리고 잠들기 전에 다시 한번 간절히 기도를 드리고 잤습니다.

"하나님! 오늘 밤에 재윤 형제가 주님 품에 있는 것을 꼭 꿈으로 보여주셔서, 살아 계신 주님을 반드시 증거 하게 하실 것을 믿고 예수 그리스도의 이름으로 선포하며 감사기도 드립니다." 아멘.

그런데 정말로 새벽에 꿈을 꾸었습니다. 아주 밝고 환한 빛 가운데 재윤 형제가 30대 초반의 건강하고 준수한 청년의 모습으로 흰 옷을 입고 나타나 제게 이렇게 말했습니다.

"목사님, 저를 위해 기도해 주셔서 감사합니다. 무거운 육신을 벗고 주님 계신 곳에 와보니 너무 좋아요. 그러니까 우리 부모님과 형제들, 저를 사랑하는 모든 분들께 저를 위해 슬퍼하지 말고 기뻐하라고 꼭 좀 전해주세요. 그것이 주님의 뜻이며 제 간절한 소원이에요."

라며 이야기하고는 사라져 버렸습니다. 저는 깜짝 놀라 깨서 휴대폰 시계를 보니 3시 16분인데 1분 동안 멈춰있었습니다. 그 순간 성령님이 요

한복음 3장 16절을 떠 올려주셨는데, 이 말씀은 우리가 너무나 잘 알다시피 바로 성경 66권을 한 구절로 요약한 말씀입니다.

> 하나님이 세상을 이처럼 사랑하사 독생자를 주셨으니 이는 그를 믿는 자마다 멸망
> 하지 않고 영생을 얻게 하려 하심이라 _ 요한복음 3:16

그때부터는 저는 너무 기쁘고 감동이 되어 잠을 잘 수가 없어 뒤척이다 겨우 다시 잠이 들었는데, 얼마 후 다시 눈이 떠져 시계를 보니 4시 50분이었고 역시 1분 동안 멈춰 있었습니다. 성경에 45절 이상 넘어가는 본문이 많지 않은데, 요한복음 4장 50절을 보고 싶은 감동이 들어 찾아보았더니 정말 놀라운 내용이 적혀 있었습니다.

> 예수께서 이르시되 가라 **네 아들이 살아 있다** 하시니 그 사람이 예수께서 하신 말
> 씀을 믿고 가더니 _ 요한복음 4:50

즉, 그 아들의 영혼이 지금 주님 품에서 살아 있다고 계속 말씀하시는 것입니다. 이처럼 하나님은 주님을 믿고 찾는 사람들을 사랑으로 끝까지 품으시고 구원의 길로 인도하시며 그들의 삶을 책임지신다는 사실을 확증해 주셨습니다. 할렐루야!!!

> **누구든지 주의 이름을 부르는 자는 구원을 받으리라** _ 로마서 10:13

저는 다음날 병원에서, 슬퍼하는 그의 형제자매들에게 이 모든 내용을

간증하고, 우리는 이 세상에 살지만 땅에 속한 자들이 아니라 하늘에 속한 사람들로서 우리의 정체성은 왕 같은 제사장이요 거룩한 나라임을 선포했습니다. 그리고 천국은 죽어서만 가는 곳이 아니라 이 땅에서도 우리가 누려야 하는 것임을 이야기하고, **하나님을 믿는 우리는 천국을 소유한 자들로서 내가 가는 곳마다 하나님 나라가 확장되고, 내가 밟는 곳마다 어둠이 물러가고 빛이 임하는 빛의 사자와 영광의 운반자들이 되어야 한다**고 선포하며, 천국에 입성한 재윤 형제를 진심으로 축복하고 언젠가 우리 모두 반드시 그를 다시 만날 것을 기대한다고 기도한 후에 축도로 마쳤습니다.

다음날 그 목사님에게 놀라운 간증을 듣게 되었는데, 발인예배를 드릴 때 목사님에게 환상이 열리며 동생이 어린아이의 모습으로 주님 품에 안겨 있는 것을 보여 주셨다고 합니다. 또 믿지 않는 조카가 식사 후에 깜빡 잠이 들었는데 "꿈에 아주 밝은 빛 가운데서 하얀 옷을 입은 삼촌(재윤 형제)이 나타나 자기를 안아주고 갔다"라는 전화를 납골당에서 유골을 안치 한 후에 받았다고 합니다. 그런데 더 놀라운 이야기는 주님이 목사님에게 재윤 형제를 그 가정의 선교사로 부르셨다고 말씀하셨다는 것입니다. 정말로 동생이 화목제물이 되어 그동안 불편했던 가족들이 연합을 이루게 되었고, 특히 완고하셨던 82세의 아버지가 예수님을 믿으시겠다고 결단하는 역사가 일어났다고 간증하셨습니다.

이 일을 통해 제가 느낀 가장 안타까운 마음은, 사탄은 하나님이 귀하게 쓰시려고 선택한 사람들이 그 부르심을 감당하지 못하도록 그들을 집중적으로 공격 하는데, 성정이 여리고 착한 사람들 일수록 이런 영적 원리를 모를 때 그것을 잘 감당하지 못하고 스스로 주저앉는 안타까운 일들이 많다는 사실이었습니다. 그러나 하나님은 그런 상황까지도 선용하셔서 가정의 선교사로 그 부르심을 다하게 하시는 선한 분이심을 알게 하셔서 얼마나 감사했는지 모릅니다.

우리가 알거니와 하나님을 사랑하는 자 곧 그의 뜻대로 부르심을 입은 자들에게는
모든 것이 합력하여 선을 이루느니라 _ 로마서 8:28

하나님은 이렇게까지 우리가 화목하게 살기를 원하시는데, 그 이유는 바로 주님이 우리의 속죄제물과 화목제물로 돌아가셨기 때문입니다.

다음은 공교롭게도 재윤 형제 소식을 듣게 된 날(2020. 11. 7) 소천하신, 우리에게 너무나 잘 알려진 탤런트 송재호 씨가 어떻게 하나님을 만나게 되었었는지 그가 2005년에 기록했던 간증 내용을 그대로 옮겨 봅니다.

하나님 전상서

2005. 3. 송재호

얼마 전 종영한 드라마 〈부모님 전상서〉에서 나는 교감 선생님 역을 맡아 밤마다 돌아가신 부모님께 편지를 썼다. 드라마에서 뿐 아니라 실제로도 나

는 아버지께 매일매일 내 삶을 낱낱이 고백하는 편지를 쓴다. 바로 하늘에 계신 우리 하나님 아버지께 말이다.

"하나님, 오늘도 〈새롭게 하소서〉 녹화를 은혜 가운데 마쳤습니다. 이 방송을 통해서, 귀한 출연자 분들을 만나게 해 주시고, 늘 큰 은혜와 도전을 받게 하시니 감사합니다."

환갑을 넘어섰지만 나는 지금도 여느 젊은 배우 못지않게 활발한 활동을 펼치고 있다. 나와 같은 연배의 배우들이 대부분 비중 없는 조연 역할을 하게 마련인데 비해, 최고의 인기를 끌었던 〈부모님 전상서〉에서도 나는 당당히 주연을 맡게 된 것이다. 김희애, 허준호 등 젊고 인기 있는 배우들보다 더 내 이름 석 자 '송재호'가 가장 먼저 스크롤을 장식했다. 그 작품이 끝나고 나서도 다른 드라마와 영화, CF 촬영이 연이어져서 바쁜 나날을 보내고 있다.
'하나님이 아니었다면 내가 어떻게 이런 복을 누릴 수 있었을까?'
그러한 생각이 날 때마다 감사의 고백이 절로 흘러나온다. 예수님을 믿기 전의 나는 지금과 같은 평안함과 행복함에 대해서는 상상도 하지 못했었다. 내 모습을 보며 믿지 못하는 사람들도 있겠지만, 이전의 나는 미신에 푹 빠져 사는 사람이었다. 우리 집에는 집안 모든 일에 관여하는 점쟁이가 있을 정도였다. 작은 일 하나라도 점쟁이에게 먼저 물어보았고 물건도 그의 허락이 떨어진 뒤에야 살 수 있었다. 우리는 점쟁이의 말이라면 "팥으로 메주를 쑨다."고 해도 믿었다. 철마다 점쟁이가 바꿔 써주는 부적이 집안 구석구석 붙어있었고, 식구들의 옷과 신발, 가방, 자동차를 포함하여 부적이 빠지는 곳은 아무데도 없었다. 부적이 우리 가족을 나쁜 일로부터 지켜 줄 것이라고 철석같이 믿었던 것이다.

"어머니를 만나면 되는 일이 없다." 점쟁이의 이 말 한마디 때문에 부산에 사시는 어머니가 아들을 만나기 위해 서울에 올라오셨는데도 불구하고 집에 들어오지 않고 어머니를 피해 다닌 적도 있었다. 하지만 나는 이런 모습이 잘못됐다는 것을 전혀 깨닫지 못한 채 생활했었다. 그랬던 나에게 교회에 가자고 권하는 사람들이 있었다. 바로 내가 가장 싫어하고 지겨워하던 예수쟁이들이었다. 종교란 다 동등한 것인데, 기독교만이 사람을 구원해 줄 수 있다고 떠들어대는 모습이 가소로웠다. 십일조, 감사헌금, 선교헌금, 건축 헌금……수많은 종류의 헌금들도 다 교회의 장삿속이라고 생각했다. 아무리 친한 사람이라도 내 앞에서 교회 이야기를 꺼냈다 하면 나는 금세 안면을 바꿀 정도였다. 극심한 고난을 겪은 뒤 나는 예수님을 영접하게 되었다. 돌아보면 그때 내게 닥쳤던 물질적인 어려움과 절망도 모두 하나님의 뜻이었음을 깨닫게 된다.

1980년, 나는 사업을 하다 부도가 나면서 경제적으로 무척 어려운 상황을 맞았다. 그해 시청자들의 사랑을 한 몸에 받았던 드라마 〈열풍〉으로 방송연기대상을 받으며 배우로서는 상한가를 달리고 있었지만 실생활에 있어서는 자살을 시도할 만큼 극과 극을 오갔다. 매일매일 빚쟁이들의 독촉 발걸음이 끊이지 않았고, 걸려오는 전화의 대부분 내용이 빨리 돈을 갚으라는 애기였다. 빚을 생각하면 하루하루 숨쉬기도 괴로웠고, 다 때려치우고 어디론가 떠나고 싶은 마음뿐이었다. 그렇게 힘들면 힘들수록, 절박하면 절박할수록

나는 더 열심히 불경을 읽고 염주 알을 굴렸다.

그러던 어느 날 밤, 잠을 자다가 아내의 비명소리에 놀라 눈을 떴다. 아내의 얼굴에는 비 오듯 땀이 흐르고 있었다. 걱정스럽게 바라보는 내 눈길을 받으며 아내는 믿기 어려운 이야기를 했다. "여보, 당신이 일본에서 사다 주신 염주 있잖아요. 꿈을 꾸는데, 그 염주가 완전히 오그라져 있더라고요. 아무리 풀어보려고 해도 다시 오그라지고…너무 힘들어 기진맥진해 있는데 누군가 웃으면서 나를 내려다보고 있더라고요. 나도 모르게 그 사람을 향해 소리를 질렀어요. '당신이 이걸 풀어주면 내가 당신을 믿을게요.' 그랬더니 그 사람이 정말 손쉽게 염주를 푸는 거예요. 너무 신기해서 보니까. 한줄기 빛이 그 남자 얼굴 위로 비치는데…자세히 보니까 그림에서 봤던 예수 있잖아요, 그 얼굴과 똑 닮았더라고요."

대체 말이나 되는 소리인가. 나는 아내의 꿈 이야기를 무시했다. "당신! 이런 꿈 꿨다고 교회 나가면 절대 안 돼." 그렇게 한마디를 내뱉고는 돌아누워 잠을 청했다. 나는 드라마 출연과 더불어 한 방송사에서 라디오 프로그램을 진행하고 있었다. 나의 파트너는 전 YWCA 이사였던 전성자 씨였다. 경제적인 고통에 시달리던 나는 내 이야기를 들어주고 상담해줄 사람을 찾고 있었기에 같이 일하던 전성자 씨에게 나의 고민을 털어놓았다.

"돈은 없고 빚은 산더미인데, 자식들은 다섯이나 되고 앞이 캄캄해. 내가 어떻게 해야 되겠나?"
긴 이야기를 털어놓자, 한참 동안 하소연을 묵묵히 들어주던 그녀가 입을 열었다.

"송 선생님. 우리, 교회 나갑시다."

이야기를 잘 들어주어서 고맙다는 생각도 잠시, 교회에 가자는 그녀에게 화가 났다. '믿을 만한 사람인 줄 알았더니, 한심하구먼.' 진지하게 상담하던 내가 그녀에게 따지기 시작했다.

"내가 납득할 수 있도록 교회에 가야 되는 이유를 설명해보시죠."

그녀는 세 가지 이유를 들었다.

"하나님은 송 선생을 무척 사랑하십니다. 하나님은 송 선생을 지금 물질로 때리고 계십니다. 그리고 지금 여기서 하나님의 뜻을 깨닫지 못하면 절대 수렁에서 빠져나올 수 없습니다."
상담을 하려다가 말도 안 되는 이야기만 듣고 돌아온다는 생각에 부글부글 화가 끓었다. '뭐? 내가 예수를 믿어? 웃기지 마, 절대 못 믿어!' 강퍅한 마음이 되어 집으로 돌아왔는데, 더욱 기가 막힐 일이 집에서 벌어지고 있었다. 불경과 향로가 놓여 있던 응접실 한 켠을 떡하니 차지하고 있는 것은, 색깔도 유난히 빨간 성경책이 아닌가! 나는 아내에게 고래고래 소리를 질렀다.

"이거 당장 내 눈앞에서 못 치워!"
이상한 예수 꿈을 꾼 뒤부터 나 모르게 2주 전부터 교회에 다니고 있었다는 아내. 아내는 나의 고함에도 굴하지 않고 함께 교회에 나가자고 나를 설득했다. 그날 밤, 나는 밤새 한잠도 이루지 못했다. 설명할 수 없는 어떤 강한 힘이 나를 끌어당기고 있었다. 마침내 새벽동이 틀 무렵, 나는 상상도 하지 못할 얘기를 입 밖으로 꺼내고 말았다.

"여보, 나 교회에 좀 데려가 줘." 1980년 10월 18일, 내 평생 잊을 수 없는 날 나는 난생처음 교회에 나갔다. 교회 맨 뒷자리에 어색하게 앉아 있는데 성경 구절 하나가 내 눈에 들어왔다. '믿는 자에게 능치 못할 일이 없다고?'

쉽게 이해되지는 않았지만 단단히 잠겨 있던 내 가슴속의 빗장을 풀어 주는 말씀이었다. 지금껏 고집스럽게 견지해왔던 나의 생각과 가치관이 성경 말씀 한 구절로 흔들리기 시작했다. 나도 모르는 새에 무릎을 꿇었고, 처음 안긴 하나님 품에서 부끄러움도 잊은 채 어린아이처럼 엉엉 울었다. 막혀 있던 가슴이 뻥 뚫리듯 시원해졌다.

"하나님 아버지, 사랑합니다." 내가 그토록 거부하고 부인하던 그분께 고백했던 그날! 하나님을 영접하면서 나의 삶은 완전히 달라졌다. 그렇게 힘들고 도망치고만 싶던 세상…그런데 이제 그런 세상에서 살아볼 만하다는 용기와 자신감이 생겼다. 돌이켜봐도 그토록 강퍅하던 내 마음을 한순간에 녹여주신 하나님의 은혜가 놀라울 따름이다.

극적으로 하나님을 만난 후, 내 삶 속에는 놀라운 체험들이 끊임없이 생겨났다. 가장 대표적인 것은 소문난 주당이자 골초였던 내가 하루아침에 술 담배를 싹 끊은 일이었다. 신앙생활을 한 지 1년쯤 되었을 때, 나는 주님과 나눴던 뜨거운 교제가 다시금 그리워졌다. 어떻게 하면 좋을까 고민하다가 금식 기도를 해야겠다고 생각한 후 날짜를 정했다. 그러자 이상하게도 예정에 없던 드라마 섭외가 줄줄이 들어오기 시작했다. 조금 흔들리는 마음도 있었다.

'혹시 사단의 짓이 아닐까?' 그러한 생각이 드는 순간 나는 모든 유혹을 뿌리치고 기도원에 들어갔다. 막상 한 번도 와본 적이 없는 기도굴에 들어서자 막막해졌다. '회개를 하긴 해야 할 텐데, 어떻게 해야 하나….' 방법을 몰라서 어슬렁거리며 돌아다니는 나를 보고 어느 전도사님이 방법을 알려주었다. 매점에서 공책을 사서 생각나는 모든 죄를 자세하게 적은 뒤에, 그 죄를 낱낱이 읽고 용서를 구하고 다시 죄짓지 않게 해달라고 기도하라고 했다. 나는 전도사님이 시키는 대로 했다. 어린 시절, 친구의 지우개를 훔친 죄까지 포함해서 내가 지은 모든 죄를 깨알같이 기록하기 시작했다.

'내 죄가 이렇게 많았던가?!'
두꺼운 공책 열여덟 장을 다 채우고 나서야 펜이 멈췄다. 나는 기도 굴로 돌아와서 내가 지은 죄들을 큰 소리로 읽고 기도하기 시작했다. 옆에서 들리는 다른 성도들의 기도 소리에 눌리지 않으려고 더 크게 "주여" 외치며 열심히 회개했다. 그렇게 시간이 흐르자, 어둡던 굴 안이 환해지고 무겁던 마음도 구름 위에 떠있는 듯 가벼워졌다. 기도 굴의 문을 열고 나와서 바라본 세상은 이전과는 전혀 다르게 보였다.
기쁜 마음으로 나는 듯 기도원을 내려오자, 차를 가지고 온 아들이 나를 기다리고 있었다. 거듭나긴 했지만 아직 옛 습관이 남아 있던 나는 사흘 동안 참았던 담배를 피우고 싶은 생각이 들었다. 원래 나는 하루에 세 갑씩 담배를 태우고, 양손에 양주병을 들고 벌컥벌컥 마셔댈 만큼 술 담배를 좋아하는 사람이었다. 그런데 이게 웬일인가! 자동차 문을 여는데 말할 수 없이 역겨운 냄새가 코를 찔러왔다. 내가 피우던 담배 냄새가 자동차 내부에 배어 있었다. 사흘 전까지만 해도 담배를 피우던 나는 결국 차를 타지 못하고 길바닥에 내려 구토를 하고 말았다. 역겨운 냄새를 사라지게 해 달라는 기도가 절로 나왔다. 무려 17년간을 매일매일 담배를 끼고 살았던 터라 내 의지로는 도저히 끊을 수 없다고 생각했는데…. 나는 괴롭다는 금단 현상 하나 없이 손쉽게 술 담배와 멀어질 수 있었다. 사람이 생각할 수 없는 하나님의 방법으로, 예전의 죄악 된 모습을 완전히 끊게 해 주신 것이다.

내가 하나님의 사람으로 붙잡힌 1980년의 그날과 함께, 인생에서 지울 수 없는 날이 또 하루 있다. 2000년 1월 6일, 하나님께서 막내아들을 불러 가신 날이다. 지방 행사를 마치고 집에 돌아오는데, 집에서 전화가 왔다. 아내의 목소리는 숨이 넘어갈 듯 절박했다.

"여보, 막내가 교통사고가 났대요. 곧장 강릉으로 가세요!"
'며칠 전만 해도 친구들과 용평에 가겠다고 들뜬 목소리로 전화하더니….'
나는 떨리는 가슴을 누르고 병원으로 전화를 걸었다.
"우리 아들 상태가 어떤가요? 많이 다쳤습니까?"
다급한 나의 질문에 담당 의사는 가라앉은 목소리로 짧게 답했다.
"이미 사망하셨습니다."

'하나님! 우리 막내가 죽다니요!'

도저히 믿을 수가 없었다. 스물여덟, 다 키워놓은 장성한 아들이었다. 다섯 자식 가운데서도 막내라서 유난히 정이 많이 가는 아이였다. 이제 짝을 맺어 가정을 이룰 나이가 되었는데….

막내아들이 세상을 뜨고 나자, 나는 정신을 차릴 수가 없었다. 아들이 이 세상에 없다는 사실을 도저히 받아들일 수가 없었고, 매일매일 아들이 쓰던 방을 들여다보는 것이 습관이 된 정도였다. 아들의 죽음으로 인한 충격이 너무 커서 몸에서는 이상 증세까지 나타났다. 말을 더듬음과 동시에 단기 기억상실 증상이 있었다. 대본을 외워야 하는 연기자에게는 너무 치명적이었다. 나는 병원을 찾아 치료를 받기 시작했다. 견디기 힘든 시간이었지만 내게 주어지는 치료를 묵묵히 받으며 맡겨지는 일에 최선을 다했다.

그런데 고통을 겪는 와중에서도 이상하리만큼 하나님에 대한 원망은 전혀 생기지 않았다. '막내를 데려가신 하나님의 뜻은 무엇일까?' 다만 이 의문만이 나를 답답하게 했다. 나는 그 메시지를 발견하려고 몇 시간씩 성경을 읽으며 기도를 했지만 답답한 마음은 풀리지 않았다. '하나님이 주신 아들이라 하나님이 다시 데려가실 때는 분명한 뜻이 있으실 텐데….'

아들이 떠난 지 올해(2005)로 5년. 즉각적인 답을 주시지 않았던 하나님은 5년에 걸쳐 서서히 그 답을 보여주고 계신다. 부끄러운 이야기지만 우애가 좋지 않았던 나의 자녀들이 막내의 죽음을 아픔으로 겪으면서 주님 앞에

사랑으로 구원하시는 하나님의 은혜

회개하고 모이기 시작한 것이다. 서로 위로하고 걱정하고 챙겨주는 과정에서 이제는 그 어떤 가정보다 우애 좋은 형제들이 되었다. 특히 큰아들은 지금 신학교에 들어가 목회자의 길을 준비하고 있다.

하나님께서 내게 가장 소중한 것을 거두어가시며 주신 메시지. 그것은 내가 받은 은혜를 다른 사람들에게도 전하는 것이다. 하나님을 전할 수 있는 자리라면 나는 어디든 마다하지 않는다. 교회의 초청을 받아 1500여회 이상 간증 집회를 갖기도 했다. 지금은 CBS의 〈새롭게 하소서〉의 MC로서, 출연자들의 은혜로운 간증을 전하는 일에 동참하고 있다. 이런 내 모습을 하늘에 있을 우리 막내가 흐뭇하게 지켜보고 있지 않을까?

나의 이름만 높이기 위해서 살던 내게 하나님의 이름을 높이는 영광스러운 사명을 주신 하나님 아버지께, 많은 고난 가운데서도 원망 대신 감사할 수 있는 믿음을 주신 하나님께 나는 오늘도 감사의 기도편지를 올려드린다.

"아버지 하나님, 저의 하루가 하나님이 기뻐 받으실 만한 거룩한 산제사가 되게 하소서!"

전 세계에 사랑의 매를 드신 하나님

신종 코로나바이러스 감염증

2019년 12월 중국 우한 시에서 발생한 바이러스성 호흡기 질환, 우한 폐렴, **신종 코로나바이러스 감염증, 코로나19**라고도 하는 질병이 2020년 3월 전 세계로 확산되자, **세계 보건기구**는 이 질환에 대해 **팬데믹(**감염병 세계 유행)을 선언했습니다. 세계 각국에서 감염자가 급증함에 따라 2020년 도쿄 올림픽이 1년 연기되는 등 많은 국제행사가 취소되거나 연기되는 일이 벌어졌습니다. 해마다 전염병이 발생하긴 했지만 이렇게 확산이 빠르고 사망자가 많이 속출한 적은 처음입니다. 천문학에서는 지구가 태양을 가리는 일식 때 그 둘레에 왕관처럼 보이는 빛을 코로나라고 하는데, **코로나 바이러스**를 현미경으로 확대해서 보면 **그 모양이 마치 태양의 코로나(왕관)**와 비슷해서 붙여진 이름입니다. 이 이야기를 들었을 때 저는 코로나 바이러스는 하나님이 보낸 사자의 임무를 띠고 왕의 세력으로 온 것이란 생각이 들었습니다. 코로나19 바이러스는 박쥐에서 천산갑을 거쳐 변이 되어 인간에게 감염된 것으로 일단은 알려졌지만 분명치 않으며, 상황은 전 세계의 발을 묶었고 국가마다 문을 닫는 봉쇄정책 속에 하늘과 바닷길을 닫고 비행기를 세워 놓는 사상 초유의 사태가 벌어졌습니다. **코로나19**로 인해 **사회적 거리두기**라는 신종어가 등장하고, 학생들이 집에서 온라인 수업을 들으며, 직장인들은 재택근무를 하고, 교회에서도 예배를 드리지 못하고 **비대면 영상예배**를 드리는 정말 기가 막힌 상황들이 벌어지고 있습니다. 중소기업들뿐만 아니라 항공사, 여행사, 소상공인이나 식당들이 줄줄이 문을 닫자 하루아침에 일자리를 잃는 사람들이 속출해 현실이 막막하기만 한 상황들이, 전 세계에서 2021년 현재까지 약 2년간 지속되고 있는데 언제 회복될지는 아무도 모릅니다. 오직 하나님만이 아시는데 이일을 끝내고 회복시킬 권한을 가지고 계시는 유일한 분이시기 때문입니다.

코로나19 팬데믹이 주는 하나님의 메시지

저는 코로나19의 팬데믹은 하나님이 인간에게 주시는 경고라고 생각합니다. 그동안 인간들은 인본주의, 이성주의, 과학주의에 기반을 두고 하나님의 존재를 부인해 왔으며, 하나님의 말씀이 갖는 진리성을 꾸준히 왜곡시키고 거슬러왔습니다. 어찌 보면 **코로나19 팬데믹은** 인간의 교만함과 무력함을 깨닫게 하시려고 하나님이 드신 징계의 매이자 사랑의 매 일수도 있다고 생각됩니다. 하나님은 한 영혼을 사랑하시며 그 누구도 멸망당하지 않고 구원받길 원하십니다. 하지만 또 한편으로는 하나님의 뜻을 거스를 때 수백만의 생명도 멸망시키는 분이십니다. 성경을 보면 하나님의 말씀을 거스를 때 전염병(**여호와의 칼**)을 통해 진멸하시는 내용이 여러 군데 나옵니다. 코로나19 뿐 아니라 그동안 있어왔던 **전염병** 사스, 메르스 모두 1937년 닭에게서 처음 발견되었던 코로나 바이러스가 변이 되어 생긴 것으로, 하나님이 보낸 사자의 임무를 띠고 왕의 세력으로 온 것이라고 저는 보고 있습니다.

열국이여 너희는 나아와 들을지어다 민족들이여 귀를 기울일지어다 땅과 땅에 충만한 것, 세계와 세계에서 나는 모든 것이여 들을지어다 대저 여호와께서 열방을 향하여 진노하시며 그들의 만군을 향하여 분내사 그들을 진멸하시며 살륙 당하게 하셨은즉 그 살륙 당한 자는 내던진 바 되며 그 사체의 악취가 솟아오르고 그 피에 산들이 녹을 것이며 하늘의 만상이 사라지고 하늘들이 두루마리 같이 말리되 그 만상의 쇠잔함이 포도나무 잎이 마름 같고 무화과나무 잎이 마름 같으리라 **여호와의 칼**이 하늘에서 족하게 마셨은즉 보라 이것이 에돔 위에 내리며 진멸하시기로 한 백성 위에 내려 그를 심판할 것이라 _ 이사야 34:1-5

이는 **블레셋** 사람을 유린하시며 두로와 **시돈**에 남아 있는 바 도와 줄 자를 다 끊어 버리시는 날이 올 것임이라 여호와께서 갑돌 섬에 남아 있는 블레셋 사람을 유린하시리라 가사는 대머리가 되었고 아스글론과 그들에게 남아 있는 평지가 잠잠하게 되었나니 네가 네 몸 베기를 어느 때까지 하겠느냐 오호라 **여호와의 칼이여** 네가 언제까지 쉬지 않겠느냐 네 칼집에 들어가서 가만히 쉴지어다 여호와께서 이를 명령하셨은즉 어떻게 잠잠하며 쉬겠느냐 아스글론과 해변을 치려 하여 그가 정하셨느니라 하니라 _ 예레미야 47:4-7

내가 의인과 악인을 네게서 끊을 터이므로 **내 칼을** 칼집에서 빼어 모든 육체를 남에서 북까지 치리니 모든 육체는 나 **여호와가** 내 칼을 칼집에서 빼낸 줄을 알지라 칼이 다시 꽂지지 아니하리라 하셨다 하라 인자야 탄식하되 너는 허리가 끊어지듯 탄식하라 그들의 목전에서 슬피 탄식하라 그들이 네게 묻기를 네가 어찌하여 탄식하느냐 하거든 대답하기를 재앙이 다가온다는 소문 때문이니 각 마음이 녹으며 모든 손이 약하여지며 각 영이 쇠하며 모든 무릎이 물과 같이 약해지리라 보라 재앙이 오나니 반드시 이루어지리라 주 여호와의 말씀이니라 하라 여호와의 말씀이 또 내게 임하여 이르시되 인자야 너는 예언하여 여호와의 말씀을 이같이 말하라 **칼이여 칼이여** 날카롭고도 빛나도다 _ 에스겔 21:4-9

갓이 다윗에게 나아가 그에게 말하되 여호와의 말씀이 너는 마음대로 택하라 혹 삼년 기근이든지 혹 네가 석 달을 적군에게 패하여 적군의 칼에 쫓길 일이든지 혹 **여호와의 칼 곧 전염병**이 사흘 동안 이 땅에 유행하며 여호와의 천사가 이스라엘 온 지경을 멸할 일이든지라고 하셨나니 내가 무슨 말로 나를 보내신 이에게 대답할지를 결정하소서 하니 다윗이 갓에게 이르되 내가 곤경에 빠졌도다 여호와께서는 긍휼이 심히 크시니 내가 그의 손에 빠지고 사람의 손에 빠지지 아니하기를 원하나이다 하는지라 이에 여호와께서 이스라엘 백성에게 **전염병**을 내리시매 이스라엘 백성 중에서 죽은 자가 **칠만 명**이었더라 _ 역대상 21:11-14

전염병은 구약에서 43회 신약에서 2회 언급되고 있는 하나님의 재앙입니다. 대표적인 사건으로 민수기 25장에서 이스라엘 백성이 요단강을 건너기 전 싯딤에 머물러 있을 때, 모압 여인들과 음행하고 이방신 바알을 섬기며 하나님을 대적하자(바알브올의 죄) **하나님은** 그들을 전염병으로 치셨습니다. 아론의 손자 비느하스가 하나님이 주시는 의분에 의해 그 남녀를 창으로 찔러 죽이자 염병이 그쳤는데 하루에 **이만 사천 명**이 죽었다고 나옵니다.

이스라엘이 싯딤에 머물러 있더니 그 백성이 모압 여자들과 음행하기를 시작하니라 그 여자들이 자기 신들에게 제사할 때에 이스라엘 백성을 청하매 백성이 먹고 그들의 신들에게 절하므로 이스라엘이 바알브올에게 가담한지라 여호와께서 이스라엘에게 진노하시니라 여호와께서 모세에게 이르시되 백성의 수령들을 잡아 태양을 향하여 여호와 앞에 목매어 달라 그리하면 여호와의 진노가 이스라엘에게서 떠나리라 모세가 이스라엘 재판관들에게 이르되 너희는 각각 **바알브올**에게 가담한 사람들을 죽이라 하니라 이스라엘 자손의 온 회중이 회막 문에서 울 때에 이스라엘 자손 한 사람이 모세와 온 회중의 눈앞에 미디안의 한 여인을 데리고 그의 형제에게로 온지라 제사장 **아론의 손자** 엘르아살의 아들 **비느하스**가 보고 회중 가운데에서 일어나 손에 창을 들고 그 이스라엘 남자를 따라 그의 막사에 들어가 이스라엘 남자와 그 여인의 배를 꿰뚫어서 두 사람을 죽이니 염병이 이스라엘 자손에게서 그쳤더라 그 **염병으로 죽은 자가 이만 사천 명**이었더라 ······ 이는 그들이 속임수로 너희를 대적하되 브올의 일과 미디안 지휘관의 딸 곧 브올의 일로 **염병이 일어난 날**에 죽임을 당한 그들의 자매 고스비의 사건으로 너희를 유혹하였음이니라
_ 민수기 25:1-9, 18

하나님은 성경을 통해 수없이 말씀하셨습니다. 하나님의 율법과 계명을 지키지 않았을 때 재앙을 내리시겠다고 전염병, 폐병, 열병, 염증, 학질, 치질, 괴혈병, 놋 하늘, 철 땅, 가뭄, 기근, 온역, 곡식이 시들고, 깜부

기가 나고, 메뚜기, 황충, 적의 침입, 재앙, 질병 등으로 치시겠다는 무서운 말씀을 하고 계십니다.

> 네가 만일 네 하나님 **여호와의 말씀을 순종하지 아니하여** 내가 오늘 네게 명령하는 그의 **모든 명령과 규례를 지켜 행하지 아니하면** 이 모든 저주가 네게 임하며 네게 이를 것이니 네가 성읍에서도 저주를 받으며 들에서도 저주를 받을 것이요 또 네 광주리와 떡 반죽 그릇이 저주를 받을 것이요 네 몸의 소생과 네 토지의 소산과 네 소와 양의 새끼가 저주를 받을 것이며 네가 들어와도 저주를 받고 나가도 저주를 받으리라 네가 악을 행하여 그를 잊으므로 네 손으로 하는 모든 일에 여호와께서 저주와 혼란과 책망을 내리사 망하며 속히 파멸하게 하실 것이며 여호와께서 네 몸에 **염병이** 들게 하사 네가 들어가 차지할 땅에서 마침내 너를 멸하실 것이며 여호와께서 **폐병과 열병과** 염증과 **학질과 한재와 풍재와 썩는 재앙**으로 너를 치시리니 이 재앙들이 너를 따라서 너를 진멸하게 할 것이라 네 머리 위의 하늘은 놋이 되고 네 아래의 땅은 철이 될 것이며 여호와께서 비 대신에 **티끌과 모래**를 네 땅에 내리시리니 그것들이 하늘에서 네 위에 내려 마침내 너를 멸하리라
> _ 신명기 28:15-24

> 만일 이 땅에 **기근이나 온역이** 있거나 **곡식이 시들거나 깜부기가** 나거나 **메뚜기나 황충이** 나거나 적국이 와서 성읍을 에워싸거나 무슨 재앙이나 무슨 질병이 있든지 무론하고 _ 대하 6:28

전염병은 예기치 못한 상황 속에서 발생하며 발병의 원인을 모르기에 예방에 어려움이 있고 백신 개발이 쉽지 않다고 합니다. 전 세계적으로

퍼지고 있는 코로나19 바이러스 또한 갑작스럽게 찾아와 열방을 마비시켰습니다. 세계적으로 큰 사건이 일어날 때의 특징 중 하나가, 예기치 못한 상황에서 일어나므로 누구나 놀라고 당황하여 대처하는 데 실수가 따르기도 한다는 것입니다. 그런데 성경에서는 언제 어떻게 일어날지를 상황적으로 알 수 있도록 미리 말씀으로 알려주시는 것을 볼 수 있습니다. 일어날 시와 때를 정확히 알 수는 없지만, 상황적으로 짐작할 수 있도록 말씀해 주셔서 전염병이 일어났을 때 대처할 수 있는 최소한의 방법을 알려 주시는 것입니다. 사람들은 누구나 이 시대를 이야기할 때 말세라고 부르고 있습니다. 믿는 사람들은 성경에 뚜렷한 근거가 있기 때문이고, 세상 사람들이 말세라고 말하는 것은 인륜을 저버리는 극단의 일들이 세상에서 버젓이 일어나고 있기 때문입니다. 그래서 많은 사람들이 이 시대가 말세임을 부정하지 않는 것입니다. 그런데 더욱 안타까운 일은 모두가 말세라고 생각은 하면서도 무엇을 어떻게 대처해야 하는지에 대해서는 아무런 생각도 하지 않고 있다는 사실입니다.

코로나19라는 징계의 매를 드신 하나님

코로나19 바이러스가 중국에서부터 시작되었기 때문에, 그들에게만 책임을 돌리려고 하는 세계적인 의견들도 있었는데, 물론 그들이 왜 실험을 했는지 그리고 왜 은폐하려고 했는지는 밝혀져야 합니다. 그리고 최근 호주 플린더스 대학의 니콜라이 교수는 연구결과 코로나19 바이러스가 천산갑이나 다른 동물보다 인간을 감염시키는 것에 매우 잘 적응했다는 보고를 2021. 7. 2 Science Times에 하며 정확한 실험 원인을 밝혀야 한다고 주장했습니다. 물론 중국이 1차적인 책임을 져야 하지만, 성경에서 이스라엘 백성들이 하나님의 뜻을 거스를 때 주변 국가들을 사용하셔서 징계하시고, 다시 사용했던 국가들을 징벌하셨던 역사를 볼 때, 중요한 것은 그들만의 문제가 아니라 우리 모두의 책임이라는 것입니다. 그 이유는 열방의 사람들이 하나님이 심판의 기준으로 삼으신 일들을 그동안 꾸준히 해왔기에 하나님이 징계의 매를 드셨다고 보기 때문입니다. 21년 7월, 10월 중국에 대홍수가 일어나서 약 200만여 명의 이재민과 만명 이상의 사망자를 내는 것을 볼 때, 하나님이 중국을 사용하시고 그들을 다시 징벌하신다는 것을 느끼게 됩니다.

a. 징계의 매를 드신 첫째 이유 동성애

동성애는 남자와 여자를 창조하신 하나님의 본래 목적이 사라지는, 창조질서가 무너져 내리는 것으로 하나님께 정면으로 도전하는 행위입니다. 동성애자들도 남녀의 역할을 나누어 즐긴다는 것 자체가 성은 남녀로만 나뉘어야 정상이라는 것을 반증하는 일이라 생각합니다. 동성애는 믿지 않는 사람들 중에도 깨어있는 의식을 가진 사람이라면 누구나 인정하는 인륜을 저버리는 일인데, 요즘은 우리나라에서도 많은 젊은이들이 소수인권보호라는 이유로 동성애를 찬성하고 있는 안타까운 현실입니다. 이미 선진국이라 일컫는 나라들의 대다수는 이를 인정하기에 이르렀는데, 그것은 분명 인권으로 포장한 반인륜적 행위를 허용하며 지지하는 악한 일입니다. 신구약 성경에서 동성애는 죄라고 분명히 말씀하고 있는데, 그동안은 불법으로 음지에서 행해지던 이러한 일들이, 현시대에는 공공연하게 합법화되고 있다는 무서운 사실이 화를 불러일으켰습니다. '태어날 때부터 선천적으로 그런 성향을 타고난 것을 어떻게 하느냐?'라고 동정하는 쪽으로 말하는 사람들도 있지만, 아닙니다! 그것은 분명하게 영적인 현상입니다! 물론 조상들 중에 그런 죄를 범한 사람으로부터 유전인자가 흘러왔을 수는 있지만, 영적으로 꾸준히 대적하며 주님의 보혈과 성령의 도우심을 간구할 때 분명 치유가 가능하다고 저는 확신합니다. 다만 사람들이 그런 원리를 모르기 때문에 그것을 영적인 현상으로 접근하지 못하고, 그것에서 빠져나오려는 노력을 쉽게 포기하거나 아예 시도조차하지 않으며, 결국엔 스스로가 그 속에 빠져 즐기기 때문에 치유되지 못하는 것이라고 봅니다. 만약 동성애가 인간의 힘으로 빠져나올 수 없는 것이고, 고칠 수 없는 것이었다면 왜 하나님이 동성애의 발원지 소돔과 고모라를 유황불로 멸하셨겠습니까? 동성애자들은 그 영이 사단에게 조종당하고 있기 때문에 성경에서는 그들을 향해 분명하고 단호하게 말씀하고 있는 것입니다.

> 누구든지 여인과 동침하듯 남자와 동침하면 둘 다 가증한 일을 행함인즉 반드시 죽일지니 자기의 피가 자기에게로 돌아가리라 _ 레위기 20:13

만 아니라 레위기 20장 전체에서 반드시 죽일 죄에 대해 열거하고 있는데, 그 일들이 요즘 세상에서 버젓이 다 일어나고 있습니다. 이것은 매우 두려운 일이 아닐 수 없습니다. 이미 전 세계 대다수의 나라들은 동성애를 합법적으로 인정하고, 낯이 뜨거워 도저히 바라볼 수 없는 모습으로 공공연하게 축제를 벌이는 일이 우리나라에서도 일어나고 있는데, 이것은 우리 모두의 책임이라고 생각합니다. 우리 후손들이 살아가야 할 세상인데 나와는 무관한 것처럼 강 건너 불 보듯 하며, 더러는 앞장서서 막는 사람들을 오히려 지나치다는 비난의 눈초리로 바라보았던 묵인 방조의 죄를 지은 우리 모두는 그 일에 책임이 있는 것입니다. 마지막 때 심판받을 사람들이 어떤 자들인가에 대해 로마서는 분명하게 말씀하고 있습니다.

> 그러므로 하나님께서 그들을 마음의 정욕대로 더러움에 내버려 두사 그들의 몸을 서로 욕되게 하셨으니 이는 그들이 하나님의 진리를 거짓 것으로 바꾸어 피조물을 조물주보다 더 경배하고 섬김이라 주는 곧 영원히 찬송할 이시로다 아멘 이 때문에 하나님께서 그들을 부끄러운 욕심에 내버려 두셨으니 곧 그들의 여자들도 순리대로 쓸 것을 바꾸어 역리로 쓰며 그와 같이 남자들도 순리대로 여자 쓰기를 버리고 서로 향하여 음욕이 불 일듯 하매 남자가 남자와 더불어 부끄러운 일을 행하여 그들의 그릇됨에 상당한 보응을 그들 자신이 받았느니라 _ 로마서 1:24-27

그동안 하나님은 동성애자들에게 에이즈라는 불치병으로 징계를 내리셨지만, 이제 반인륜적 행위를 합법화시키는 인간 모두가 징계의 대상이 된 것입니다. 해마다 사스, 메르스 등 전염병으로 하나님의 진노를 조금씩 나타내시며 경고를 하셨지만, 사람들은 전혀 반성의 기미가 보이지 않고 오히려 동성애자 목사들까지 나오다 보니 하나님이 직접 칼을 빼 드셨다고 봐야 합니다. 요즘 성전환 수술을 받는 사람들이 많이 증가하고 있는데 안타깝게도 성전환 수술을 받은 후 정신적 육체적 고통으로 자살하는 확률이 높다는 보고가 있습니다.

송홍섭(한국성과학연구협회, 산부인과 의사) **원장**은 성전환을 하기 위해 준비하는 과정과, 수술에서 생기는 부작용과 그로 인해 겪는 고통을 지적하며, 특히 10대 청소년들이 트랜스젠더 유튜버들에 무분별하게 노출되어 돌이킬 수 없는 선택을 하게 된다고 지적했습니다. 송 원장은 "성별 위화감 또는 젠더 불쾌감(Gender Dysphoria, GD)은 타고난 성별과 인식되는 성별 사이의 차이로 인해서 유발되는 스트레스를 말한다. 호르몬 요법이나 성전환 수술을 시행한 이들 중 일부는 만족스러운 삶을 살 수도 있지만, 상당수는 성전환 과정에서 생기는 부작용과 비가역적인 전환의 후회로 고통을 받게 된다. 생물학적 남성이 여성으로 성전환을 하기 위해 시행하는 여성호르몬 요법은 혈전색전증, 관상동맥질환, 심근경색, 프로락틴종, 유방암, 뇌혈관질환, 편두통 등을 유발할 수 있다. 생물학적 여성이 남성으로 성전환하기 위해 시행하는 남성호르몬 치료는 테스토스테론을 주사, 경구약, 크림 또는 패치의 형태로 투여가 가능하다. 남성호르몬 요법은 남성형 탈모, 여드름, 몸의 털이 증가할 수 있고 질 위축, 질 건조를 유발하여 심한 성교통을 일으킬 수 있다. 또한 뇌졸중, 혈전, 심장질환이 증가하며 자궁내막암의 위험도 높아진다."라고 분석했습니다. 이어 "성전환 수술은 더욱 심각하고 다양한 부작용을 유발할 가능성이 높다. 성전환 수술 후 발생 가능한 합병증으로는 감염, 통증, 요도협착, 질협착, 혈전 색전증, 공여부의 흉터 및 기능 손실 등 심각한 부작용이 발생할 가능성이 높다. 수술이 성공적이더라도 성기능의 장애는 필연적이며 배뇨, 배변 기능의 이상도 적지 않게 발생하게 된다."라고 지적했습니다. 특히 청소년들에 대해 "정서적으로 불안정하고 약한 10대들이 방황할 때, 유명 트랜스젠더 유튜버들은 어렵지 않게 그들의 우상이 되기도 한다. 10대 소녀들은 자신들의 억압, 외로움, 사회에 대한 불만 등을 여자로 태어났지만 남자의 모습으로 당당하게 살아가는 이들에게 위로를 얻고 그들을 따라 하게 된다. 트랜스젠더로 커밍아웃을 하면 부모와의 관계는 단절되고 더욱더 트랜스젠더 커뮤니티로 빠져들게 된다. 사이비 종교에 빠져드는 양상과 비슷하다. 우리는 10대 청소년들이 무분별하고 왜곡된 유튜브의 트랜스젠더 영상에 노출되는 것에 대비해야 한다. 본인의 몸과 마음을 비가역적으로 파괴하여 평생을 고통 속에 살아가는 이들에게 최소한 객관적으로 분별할 수 있는 정보를 누구나 쉽게 찾을 수 있도록 적극적으로 돕고 행동해야 한다."라고 강조했습니다.

류현모(서울대 의학 대학원) **교수**는 "모든 세포의 DNA에 새겨진 성 염색체를 바꿀 수는 없다. 호르몬 요법으로도 수술로도 성전환은 불가능하다. 성전환 수술 후 나이가 들면 정체성을 상실한 영혼과 육체가 남을 뿐이다."라고 경고했습니다. 2016년 4월부터 미국에서는 **젠더 포용정책**으로 본인의 선택에 의해 성을 결정해서, 공공화장실이나 탈의실을 사용하게 했는데, 그 이후에 성범죄 중 특히, 아동 성범죄가 급증하고 있는 실정이라고 합니다.

b. 여호와가 징계의 매를 드신 두 번째 이유 음란

우리는 이번 코로나 사태와 함께 또 한 가지 경악을 금치 못할 일을 겪었는데, 바로 **박사방** 이라는 사이트에서 벌어진 일들입니다. 여성을 성착취 대상으로 삼고 동영상 거래를 통해 돈을 벌어온 운영자가 이제 25살 (2020년) 밖에 되지 않았고, 그것도 고아원을 방문하는 등 두 얼굴을 가진 젊은이였다는 매우 충격적인 일들이 주변에서 일어나고 있다는 사실입니다. 박사방 피해자 74명 중, 16명이 미성년자이고 그중에는 아주 어린아이들까지 있는데, 가해자가 약 26만 명이나 되며 MBC 기자도 포함됐다는 충격적 사실을 접했습니다. 공동 범행자는 자신의 고교 담임선생님을 무려 9년간 괴롭히며 살해를 의뢰하고 그의 어린 딸까지 성폭행을 해달라고 사주하는 등 정말 그 범행이 소름 끼치고 무서울 정도인데, 이런 일들이 우리 사회에 만연해 있다는 사실이 너무나 가슴이 아픕니다. 박사방 운영에 가담한 자들 중에 12세 초등학생부터 10대들도 여럿 있다는 뉴스를 보면서, 국민들 대부분이 심각한 우려로 우리의 자녀를 떠올렸으리라 생각합니다. 또한 요즘 빠르게 확산되고 있는 온라인상의 성범죄는 뿌리 뽑을 수 없다는 게 무섭고 안타까운 일입니다. 게다가 부산시장 성추행 사건, 서울시장 비서실 직원의 성폭행 사건, 이전에 충남도지사의 성폭행 사건, 가장 충격적인 것은 서울시장이 성추행 추문으로 자살을 하는 등 시민들의 손과 발이 되어야 할 사람들이 오히려 직위를 이용해 약자를 괴롭히고 군림하는 이 세상이 너무나 추악하고 음란할 뿐입니다.

또한 그들이 마음에 하나님 두기를 싫어하매 하나님께서 그들을 그 상실한 마음대로 내버려 두사 합당하지 못한 일을 하게 하셨으니 곧 모든 불의, 추악, 탐욕, 악의가 가득한 자요 시기, 살인, 분쟁, 사기, 악독이 가득한 자요 수군수군하는 자요 비방하는 자요 하나님께서 미워하시는 자요 능욕하는 자요 교만한 자요 자랑하는 자요 악을 도모하는 자요 부모를 거역하는 자요 우매한 자요 배약하는 자요 무정한 자요 무자비한 자라 그들이 이같은 일을 행하는 자는 **사형에 해당한다고 하나님께서 정하심을** 알고도 자기들만 행할 뿐 아니라 또한 그런 일을 행하는 자들을 옳다 하느니라 _ 로마서 1:28-32

그러므로 이번 코로나 사태는 하나님이 우리를 징계하시므로, 우리가 깨닫고 회개하여 죄에서 돌이키라고 말씀하시는 경고의 메시지로 봐야 합니다.

> 다만 네 고집과 회개하지 아니한 마음을 따라 진노의 날 곧 **하나님의 의로우신 심판**이 나타나는 그 날에 임할 진노를 네게 쌓는도다 _ 로마서 2:5

> 만일 이 땅에 기근이나 온역이 있거나 곡식이 시들거나 깜부기가 나거나 메뚜기나 황충이 나거나 적국이 와서 성읍을 에워싸거나 무슨 재앙이나 무슨 질병이 있든지 무론하고 한 사람이나 혹 주의 온 백성 이스라엘이 다 각각 자기의 마음에 재앙과 고통을 깨닫고 이 전을 향하여 손을 펴고 **무슨 기도나 무슨 간구를 하거든 주는 계신 곳 하늘에서 들으시며** 사유하시되 각 사람의 마음을 아시오니 그 모든 행위대로 갚으시옵소서 주만 홀로 인생의 마음을 아심이니이다 그리하시면 저희가 주께서 우리 열조에게 주신 땅에서 사는 동안에 항상 주를 경외하며 주의 길로 행하리이다 _ 대하 6:28-30

c. 징계의 매를 드신 3번째 이유 낙태 자유화

2019년 4월 11일, 헌법재판소는 형법의 낙태죄 조항에 대하여 헌법불합치 결정을 내렸습니다. 헌법재판소의 결정에 따라 대한민국 국회(입법부)는 2020년 12월 31일까지 낙태죄의 처벌 조항을 제거하거나 개정하여 임신중절을 일부 또는 전면적으로 합법화할 의무를 지게 되었습니다. 그러나 입법부와 행정부 모두가 대체 입법에 관한 결정을 내리지 못한 채 시간을 허비한 탓에, 임신중절의 권리나 제한은 입법 공백 상태에

놓이게 되었습니다. 어떤 방향으로든 정부와 국회가 낙태죄 조항을 개정하지 못한 채로 기한이 만기 되면서, 2021년 1월 1일부터는 **임신중절이** 합법은 아니지만 기간이나 이유 등의 제한 없이 **전면 자유화**가 되었습니다. 세계 여러 나라들의 경우를 살펴보면 낙태죄의 기간제 허용과 완전 불허용으로 나뉘는데, 종교나 지역적으로 차이를 보이고 있으며 그 내용은 다음과 같습니다.

> * 유럽의 많은 나라들은 임신 초기인 12-24주까지 기간제 낙태를 허용한다.
> * 일본, 중국, 싱가포르, 대만 등 아시아 국가도 14-24주까지 기간제 낙태를 허용한다.
> * 남미(멕시코, 브라질, 페루, 칠레, 파라과이 등)는 엄격하게 낙태를 불허하는 국가이다.
> * 미국의 경우는 주(state)마다 다르지만 대부분 기간제 낙태가 가능하다.

결국 세계의 많은 나라들이 6개월까지 자란 태아를 죽이는 죄를 합법적으로 범하고 있으며, 그 수가 해마다 급증하고 있는데 어마어마한 숫자라고 합니다. 그런데 우리나라는 초기부터 막달까지 다 자란 아기를 죽이는 것이 자유화되었으니 하나님 아버지 앞에 정말로 두려운 일이 아닐 수 없습니다. 생명의 주관자는 오직 하나님이신데 인간이 하나님의 절대 영역에 겁도 없이 도전하고 있으며, 무고한 생명을 죽이는 살인죄를 아무 거리낌 없이 법의 허용 안에서 범하고 있는 것 또한 징계의 이유입니다.

d. 4번째 이유 적그리스도와 거짓 선지자를 심판

코로나19가 하나님을 대적하는 공산당 사회주의 국가 중국에서 처음 발생하고 세계가 놀랄만한 사망자를 낸 것은, 앞으로 적그리스도를 반드시 징계하시겠다는 분명한 주님의 메시지라고 봐야 합니다. 또한 하나님은 그동안 기승을 부리며 빠르게 교세를 확장한 신천지의 정체를 드러내셔서, 별로 관심이 없던 일반인들에게도 그들의 실체를 알리시고 경각심을 주셨습니다. 그런데 그 가운데 젊은이들이 너무 많이 있어서 정말 안타까웠습니다. 그나마 다행인 것은 이번 기회에 그곳에서 빠져나올 사람들이 생겼다는 것입니다. 신천지가 잘못된 이단집단이라는 것을 알 수 있는 증거가 바로 그들이 가정을 파괴시키고 있다는 사실입니다. 우리나라에서는 코로나19가 처음 신천지를 통해 확산되므로 하나님이 사이비 세력들에게 마지막 때 반드시 하나님의 심판이 따른다는 분명한 경고의 메시지를 전하신 것이라고 봅니다. 그러므로 코로나19 사태가 제일 먼저 공산당이 지배하는 사회주의(적그리스도) 국가 중국에서 일어나게 하시고, 우리나라에서는 신천지(거짓 선지자)를 드러나게 하신 이유가 하나님께는 분명히 있는 것입니다.

e. 5번째 이유 마지막 때를 훈련시키시는 하나님

아무리 부르짖으며 기도해도 응답하지 않으시고 외면하신다면, 사울과 같이 버림받은 것인데 언젠가는 우리 앞에 그런 날이 반드시 올 것입니다. 그러나 징계를 하신다는 것은 기회를 주신다는 뜻이므로, 아직은 우리에게 마음을 찢듯 회개하고 돌이킬 시간이 있다는 것임을 알고 감사해야 합니다. 코로나19 팬데믹을 지내며 우리가 해야 할 일은 자신을 되돌아보고 하나님께 재정렬되어 교회와 사회와 국가를 위해 겸비하는 모습으로 나아가 이 회개의 운동이 전 세계에서 불 일듯 일어나도록 해야만 합니다. 코로나19를 통해 하나님의 징계하심을 보고도 무감각하다면 그는 불쌍한 사람입니다. 목자 없는 양 같은 이스라엘 백성들을 보고, 애끓는 긍휼하심으로 안타까워하셨던 주님의 마음을 우리 모두는 느껴야만 합니다.(마태복음 9:36) 매 맞는 자녀보다 자녀를 징계하는 부모의 마음이 더 아픈 것처럼, 지금 사랑의 매를 드신 우리 하나님 아버지의 마음은 더 아프시다는 것을 우리는 알아야 합니다. 그리고 성경에 때가 되면 우리는 모든 자유를 잃고, 그 자유의 문이 닫힐 날이 올 것이라고 나오는데, 이것을 미리 훈련시키시는 것이라고도 생각됩니다. 그리스도인들은 그동안 교회에서 모임과 예배를 중단하는 일은 마지막 환란의 때에나 있을 것이라고 생각했는데, 지금 이러한 사태가 일어나고 있지 않습니까? 교회의 문도 마음대로 열 수 없고 예배와 찬송도 마음껏 할 수 없는 박해의 때가 언제 이 땅에 도래할지 모르지만 반드시 온다고 성경은 말씀하고 있습니다. 그 누구도 생각하지 못했던 일, 1907년 평양 대 부흥을 일으키며 동방의 예루살렘이라 불리던 평양의 교회가 문이 닫힌 지도 벌써 74년이 되었습니다.

깨어나야 합니다. 순교의 자리에 앉을 각오를 하며 신앙생활을 해야 합니다. 그렇지 않으면 언제 내가 배교자가 될지 모르며 어쩌면 내가 가룟 유다가 되고, 이교도 앞에 무릎 꿇는 날이 올지도 모르는 마지막 때의 모습을 연습시키시는 아버지의 마음을 읽어야만 합니다. 평소 사람들이 화생방 훈련이나 지진대피 훈련을 미리 받아두면, 그 상황이 현실로 닥쳤

전 세계에 사랑의 매를 드신 하나님

을 때 침착하게 대처할 수 있기에 훈련을 하는 것과 같습니다. 군인들이 전쟁을 대비해서 군사훈련을 하는 것도 마찬가지입니다. 세계에서 그리스도인들에 대한 박해의 강도가 점점 더 심해지고 있습니다. 중국에서는 교회들이 파괴되고 십자가가 불태워지며 수많은 나라에서 박해 속에 눈물 흘리는 그리스도인들이 수도 없이 많다고 합니다. 교회 안에서 예배가 중단되고 서로 만나 교제하는 것이 꺼려지는, 이전에 겪어 보지 못한 일들을 겪는 가운데 마지막 심판의 때를 짐작할 수가 있습니다. 그때는 확진자를 가려내듯 그리스도인들을 골라내어 격리시키고 핍박할 것입니다. 사단의 세력들이 666 짐승의 표를 받게 하려고 혈안이 될 것이므로 우리는 영적으로 깨어서 그때를 대비해야만 합니다.

f. 6번째 이유 물질만능주의와 맘몬주의를 징계

우리는 이번 코로나19 사태를 통해 돈이 있어도 마음대로 쓸 수 없는 상황을 경험했습니다. 돈이면 다 된다는 물질만능주의와 돈 밖에 모르는 맘몬주의에서 벗어날 절호의 기회를 주신 것입니다. 이럴 때 우리가 돌이켜 회개하고 겸손한 모습으로 주님께 나아간다면 긍휼이 많고 자비로우신 하나님은 이 재앙을 물리쳐 주실 것이라고 생각합니다.

그런데 먼저는 교회가 개교회주의로 연합하지 못했던 잘못을 하나님 앞에서 철저히 회개해야 할 것입니다. 그 후에 개인과 나라와 민족이 하나님을 거스른 죄악들을 낱낱이 회개하고 아버지께 용서와 자비를 구해야 할 것입니다. 우리는 이 시간을 통해 말씀하시는 하나님의 음성을 듣고 깨달아야 합니다. 더 이상 아버지의 마음을 아프게 해드리지 말아야 합니다.

21대 총선을 통한 하나님의 뜻

우리나라는 코로나19 사태가 아직 잦아들지 않은 상태에서 21대 국회 의원을 뽑는 국민투표가 있었습니다. 2020년 4월 15일 21대 국회의원 선거는 만 18세 이상의 유권자(21세기에 태어난 사람)가 처음으로 투표 하는 선거였습니다. 학교에서는 개학을 4차 연기하고 4월 9일부터 고3, 중3 학생들 먼저 온라인 개학을 시작한 가운데 4월 10-11일 사전투표 를 실시했는데, 역사상 처음으로 마스크를 쓰고 거리두기를 지키며 비 닐장갑을 끼고 투표를 하는 모습을 볼 수 있었습니다. 그런데 더욱 놀 라운 것은 역대 최고의 사전투표율을 보였다는 사실입니다. 4월 15일 본 투표를 실행했는데 총선 결과가 또 한 번 우리를 놀라게 했습니다. 국회의원 수 300명 중에 여당 의원이 비례대표까지 180석을 차지하는 여소야대의 국회가 탄생하는, 그야말로 사상 초유의 사태가 벌어진 것 입니다. 정권이 바뀌기를 기대했던 사람들은 총선 결과에 대한 실망감 과 함께 사전투표 결과에서 보인 부정으로 의심되는 여러 정황들을 보 며 선거절차와 과정에 대해 불신의 목소리들을 내기도 했습니다. 하지 만 저는 이 모든 과정이 하나님이 보시는 가운데 이루어진 일이기에, 우 리가 헤아릴 수 없는 '하나님의 어떤 깊은 뜻이 있으시구나'라고 생각했 습니다. 그런데 총선 이후 약 1년 반이 지나가는 동안 우리는 가려져 있 어 그냥 묻힐 뻔했던 일들이 드러나는 것을 경험하며 이것이 총선을 통 한 하나님의 계획이었다는 것을 알게 되었습니다. 세상의 모든 일은 다 하나님의 목전에서 이루어지고 있기에 하나님이 모르시는 일은 아무것 도 없습니다. 그러므로 우리는 지금 우리나라와 정치인들과 국민 모두에게 하나님이 진정 원하시는 것이 무엇인지를 구하고, 그 뜻에 동의함으로 나아가 하늘의 뜻이 이 땅에 온전히 이루어지기만을 위해 기도해야 할 것입니다.

> 여호와께서 하늘에서 굽어보사 모든 인생을 살피심이여 곧 그가 거하시는 곳에서
> 세상의 모든 거민들을 굽어살피시는도다 그는 그들 모두의 마음을 지으시며 그들
> 이 하는 일을 굽어살피시는 이로다 _ 시편 33:13-15

세상에 설치한 CCTV는 사람들의 보이는 행동만 촬영을 하는데 그것도 장소와 각도에 제약이 있지만, 하나님이 우리 각자에게 설치하신 CCTV는 우리의 마음과 생각까지도 촬영이 되는 그야말로 최첨단 고성능의 기능을 가졌습니다. 이것이 세상 모든 사람들에게 한명도 빠짐없이 설치되어 있기에 하나님의 눈을 피해갈 사람은 아무도 없습니다. 그래서 우리 인간들은 다른 사람의 눈은 속일 수 있겠지만 나 자신과 하나님만은 속일 수 없다는 사실이 두려운 것입니다. 그러므로 믿는 자로서 우리는 사회에서 일어나는 어떤 일에 대하여도 원망 불평하거나 낙심 좌절하는 것이 아니라, 먼저 이 일을 통해 주시는 하나님의 메시지가 무엇인지를 깨닫기 위해 노력하고, 영적 민감함과 분별력으로 기도하며 나아가는 모습이 필요합니다. 그리고 어떤 경우에도 하나님만을 의지해야 하며 사람을 의지하거나 기대해서는 안 됩니다. 우리는 이것을 요셉을 통해서도 배울 수가 있습니다.

사람을 의지했다가 2년을 더 옥에서 살았던 요셉

누구보다도 하나님께 신실했던 요셉은 보디발 장관의 아내가 동침하자고 미혹할 때에도 **"내가 어찌 이 큰 악을 행하여 하나님께 죄를 지으리이까"**라며 거절한 믿음의 청년이었습니다. 이 사건으로 그는 옥살이를 하게 되는데, 함께 있던 바로의 술 맡은 관원장과 떡 굽는 관원장이 꿈을 꾸고 근심하자, **"해석은 하나님께 있지 아니하니이까"**라며 하나님이 주시는 꿈의 해석을 말해주었습니다. 그 결과 그의 말대로 떡 굽는 관원장은 매달리고 술 맡은 관원장은 전직을 회복하여 나가게 되는데, 그때 요셉이 **"당신이 잘 되시거든 나를 생각하고 내게 은혜를 베풀어서 내 사정을 바로에게 아뢰어 이 집에서 나를 건져 주소서"** 라며 간청을 합니다. 그러나 그는 이런 요셉의 부탁을 2년간이나 까맣게 잊고 지냅니다. 여기에 하나님의 깊은 뜻이 있는데, 요셉이 술 맡은 관원장(사람)을 의지 하는 것을 보시고 그를 2년간 더 옥에 있게 하시면서 하나님만을 의지하는 사람으로 만드신 것입니다.

> 당신이 잘 되시거든 나를 생각하고 내게 은혜를 베풀어서 내 사정을 바로에게 아뢰어 이 집에서 나를 건져 주소서 나는 히브리 땅에서 끌려온 자요 여기서도 옥에 갇힐 일은 행하지 아니하였나이다 _ 창세기 40:14-15

요셉을 보디발 장관의 집으로 보내시고 감옥으로 이끄신 분도 하나님이시고, 떡 굽는 관원장과 술 맡은 관원장이 꿈을 꾸게 하시고 요셉에게 해석을 주신 분도 하나님이시기에, 요셉을 옥에서 나오게 하실 분은 오

전 세계에 사랑의 매를 드신 하나님

직 하나님뿐이신데 요셉이 잠시 그 사실을 잊었던 것 같습니다. 자신의 꿈 해석대로 술 맡은 관원장이 관직에 회복되자 나에게도 은혜를 베풀어 이 집에서 건져달라고 간청한 것입니다. 하나님은 그다음 날이라도 바로에게 꿈을 주셔서 술 맡은 관원장이 요셉을 기억하게 하실 수도 있는 분이시지만, 요셉을 온전히 하나님만을 의지하는 사람으로 훈련시키시기 위해 그의 말을 기억하지 못하게 하신 것입니다. 결과적으로 요셉 스스로가 2년을 더 옥에 있게 만든 것이죠. 그러나 다행히 성경 어디에도 그 기간 동안 요셉이 술 맡은 관원장을 불평했다는 내용이 나오지 않습니다. 이것으로 볼 때 요셉은 하나님의 테스트와 훈련을 잘 통과한 것으로 보입니다. 그 결과 요셉은, 2년 후 30세의 아주 젊은 나이에 애굽의 총리가 됩니다.

이처럼 세상의 모든 일에는 원인 없는 결과가 없기에 아직 꿈을 이루지 못했다면 우리 자신이 준비가 덜 되고 부족해서이므로 억울할 것도 없습니다. 하나님은 조금의 오차도 없으시며 모든 것을 다 알고 이끄시기에 우리는 절대적으로 하나님만 신뢰하고 의지하며 내 인생을 온전히 맡긴 채 순종하면 됩니다.

지구를 멈추셨던 하나님은 지금도 동일하심

2020년을 들어서며 하나님이 주일설교를 여호수아서 강해로 하라고 말씀하셔서 순종하던 중에 10장을 설교할 순서가 돌아왔습니다.

> 태양아 너는 기브온 위에 머무르라 달아 너도 아얄론 골짜기에서 그리할지어다 하매 태양이 머물고 달이 멈추기를 백성이 그 대적에게 원수를 갚기까지 하였느니라 야살의 책에 태양이 중천에 머물러서 거의 종일토록 속히 내려가지 아니하였다고 기록되지 아니하였느냐 여호와께서 사람의 목소리를 들으신 이같은 날은 전에도 없었고 후에도 없었나니 이는 여호와께서 이스라엘을 위하여 싸우셨음이니라
> _여호수아 10:12-14

저는 그동안 이 말씀을 읽을 때마다 말씀의 상황이 완전히 이해되질 않아 많은 자료들을 찾아보았었는데 명쾌한 해석을 얻지 못하고 오히려 더 답답해질 뿐이었습니다. 이 구절에 대한 해석들이 많이 있지만 대부분이

인본주의와 이성주의적인 해석들이었습니다. 일식에 의한 현상, 시적인 비유, 빛이 굴절되었다 등등.. 그래서 저는 설교를 준비하는 중에 주님이 확실하게 풀어주시라고 간절히 기도하며 말씀을 묵상하는데 정말 가슴이 뻥 뚫리도록 시원한 해석을 주셨습니다. 우리는 성경에 기록된 말씀은 정확하고 오류가 없다는 측면에서 표현한 그대로 받아들여야 합니다. 그러므로 이 말씀에서 당시 기브온에는 태양이 떠 있었고 아얄론 골짜기에는 달이 떠 있었다는 것을 알 수 있습니다. 같은 시점에 태양과 달이 동시에 하늘에 떠 있었다는 것은 사실입니다. 태양은 빛을 내는 발광체이고 달은 반사체이므로 태양의 빛에 가려 나타나지 않는 것뿐이지 달은 낮에도 하늘에 떠 있다는 것을 우리는 자연과학 시간에 배워서 알고 있습니다. 아주 드문 일이지만 낮에 하늘 위에 하얀 달이 떠있는 것을 볼 때가 있습니다. 이런 현상은 막힘 없이 하늘을 볼 수 있는 바닷가나 넓은 들판 또는 높은 곳에서 보는 것이 가능합니다.

모세가 넘지 못한 산을 넘은 여호수아

실제 위치가 기브온은 동쪽, 아얄론 골짜기는 서쪽에 있는데 기브온에서 약 15km 떨어진 곳으로 걸어서 약 4시간 거리에 위치해 있다고 합니다. 당시 싸움은 기브온 근처에서 하고 있었는데, 사방으로 도망간 연합군을 다 물리치려면 여러 시간이 걸리기에, 해가 지면 불가능해지므로 여호수아가 태양에게 멈추라고 명령을 한 것입니다. 태양이 멈춘다는 것은 지구가 잠시 회전을 멈추어야 하는데, 만약에 달의 위치가 바뀐다면 지구가 회전을 하게 되는 것이므로, 지금 달이 떠 있는 아얄론에도 달이 그대로 멈춰있어야 하는 상황입니다. 당시 여호수아는 지구의 자전 원리를 몰랐을지라도, 낮과 밤이 바뀔 때 해와 달의 위치가 바뀐다는 것을 알고 있었기 때문에 둘 다 멈추라고 명령한 것입니다. 기브온의 지구 반대편은 분명히 밤이었을 것이고 그곳에서는 달이 빛을 발하고 있었을 것인데, 서쪽 아얄론은 동쪽 기브온과 위치상 가까우므로 달이 하얗게 떠 있었을 것입니다. **아얄론**은 여리고와 지중해 사이에 있는 아얄론 평야를 굽어보고 있는 산 위의 성읍으로, 기브온과 아얄론은 둘 다 산 위에 위치하고 있어서 낮이지만 달이 떠 있는 것을 볼 수 있는 조건이었습니다. 그러므로 여호수아는 실제로 그곳에 달이 떠 있는 것을 보았을 것이고 그래서 정확하게 아얄론을 거명하며 달은 그 위에서 머물라고 명령한 것입니다.

"여호와께서 사람의 목소리를 들으신"이라는 표현은 하나님이 태양과 달이 머물도록 명령한 여호수아의 선포를 들으시고 응답해 주신 것을 뜻하는 말씀입니다. 이 일이 있기 전까지는 하나님이 초자연적인 일을 명하시고 인간이 순종할 때 놀라운 역사가 일어났었는데, 여호수아는 스스로 명령을 하는 것입니다. 만일 여호수아가 "여호와여! 태양이 기브온 위에 머무르고 달이 하얄론 골짜기에 머물도록 역사해 주시옵소서!"라고 했다면 그의 기도를 들으셨다고 했겠지만, 여호수아의 선포는 태양과 달을 향해 직접 했던 명령이므로 그것을 움직이는 주체이신 하나님이 사람의 목소리를 들으신 결과가 되는 것입니다. 모세는 자연인 반석에게 명령하여 물을 내라고 하신 하나님의 말씀을 거역해서 약속의 땅 가나안에 들어가지 못했는데, **여호수아는 모세가 넘지 못한 산을 넘은 것입니다.**

> 여호와께서 모세에게 말씀하여 이르시되 지팡이를 가지고 네 형 아론과 함께 회중
> 을 모으고 그들의 목전에서 너희는 **반석에게 명령하여 물을 내라 하라** 네가 그 반
> 석이 물을 내게 하여 회중과 그들의 짐승에게 마시게 할지니라 모세가 그 명령대로
> 여호와 앞에서 지팡이를 잡으니라 모세와 아론이 회중을 그 반석 앞에 모으고 모
> 세가 그들에게 이르되 반역한 너희여 들으라 우리가 너희를 위하여 이 반석에서 물
> 을 내랴 하고 **모세가** 그의 손을 들어 그의 **지팡이로 반석을 두 번 치니** 물이 많이
> 솟아나오므로 회중과 그들의 짐승이 마시니라 여호와께서 모세와 아론에게 이르
> 시되 너희가 나를 믿지 아니하고 이스라엘 자손의 목전에서 **내 거룩함을 나타내지**
> **아니한 고로 너희는 이 회중을 내가 그들에게 준 땅으로 인도하여 들이지 못하**
> **리라** 하시니라 _ 민수기 20:7-12

모세는 **"이 반역한 너희여 들으라 우리가 너희를 위해 이 반석에서 물**
을 내랴!" 하면서 분노와 함께 마치 이스라엘 백성을 치듯이 반석을 두
번치며 백성을 향해 책망했습니다. 이 일로 하나님은 모세와 아론에게
너희가 나를 믿지 않고 거룩함을 나타내지 않았기에 내가 준 땅으로 들
어가지 못하리라 하시므로 여호수아가 그 일을 감당하게 된 것입니다.
여호수아는 이때 자연을 향해 명령하는 것에 대한 믿음을 가지게 된 것
으로 보입니다.

> **태양이 머물고 달이 멈추기를 백성이 그 대적에게 원수를 갚기까지 하였느니라**
> 야살의 책에 태양이 중천에 머물러서 거의 종일토록 속히 내려가지 아니하였다고

기록되지 아니하였느냐 _ 여호수아 10:13

명하여 그것을 유다 족속에게 가르치라 하였으니 곧 활 노래라 **야살의 책**에 기록
되었으되 _ 사무엘하 1:18

   결론짓자면 이 말씀은 **태양이 머물고 달이 멈추어서 한나절 이상 지지
않으므로** 이스라엘 백성들이 가나안 연합군을 완전히 진멸할 수 있었다
는 내용입니다. **야살의 책**은 히브리어로 **세펠 야사르(의로운 자의 책)**란
뜻으로, 이곳과 사무엘하 1장 18절에 한 번 더 기록되어 있지만 오늘날
에는 남아 있지 않습니다. 따라서 이 책의 기원은 정확히 알 수 없고 다
만, 정경 외에 이스라엘 역사에 관한 여러 가지 민족적 자료들이 초기로
부터 연대기를 따라 수록된 고대 역사 수집 문서라고 볼 수 있습니다. 그
래서 성경에 **야살의 책**에 기록되었다고 밝히므로 이 내용이 사실임을 강
조하는 것입니다. 그리고 이어서 **"여호와께서 사람의 목소리를 들으신
이같은 날은 전에도 없었고 후에도 없었나니"**라고 나오는데 이 말씀은
'하나님이 사람의 목소리를 들으시고 태양과 달을 멈추게 하신 일은 여
호수아 외에는 전무후무한 일이었다'라는 뜻입니다. 히스기야 왕 때에도
이 사건과 유사하게 해의 그림자가 일영표상에서 10도 물러간 일이 있었
습니다. 그러나 그 사건은 사람이 직접 해에게 명령한 것이 아니라, 이사
야 선지자가 '여호와께 간구하자 해시계 위에 있던 해 그림자가 십 도 물
러가게 하셨다'라고 성경에 나와 있습니다.

히스기야가 대답하되 그림자가 십 도를 나아가기는 쉬우니 그리할 것이 아니라 십

도가 물러갈 것이니이다 하니라 선지자 이사야가 여호와께 간구하매 아하스의 해
시계 위에 나아갔던 해 그림자를 십도 뒤로 물러가게 하셨더라 _ 열왕기하 20:10-11

홍해를 가르신 일, 요단강의 흐름을 멈추신 일도 자연현상을 변경시킨
것이지만 이는 사람이 하나님의 뜻에 따라 순종했을 때 일어난 일이므
로, 여호수아라고 하는 사람이 직접 태양과 달에게 명령했을 때에 **하나
님이 들어 응답하셨다**와는 분명한 차이가 있는 것입니다. 그래서 하나님
이 자연에게 명령하는 사람의 목소리를 들으시고 그 일을 행하신 이와
같은 기적은 전무후무한 일이 맞는 것입니다.

태양과 달이 멈춘 기적의 사건이 주는 교훈

   a. 요단강을 건넌 기적과 더불어 이 기적 사건은 **가나안 정복전쟁의
      지도자 여호수아의 권위를 한층 더 강화**시켜 주기에 충분했습니
      다. 그리고 오늘날 우리에게 예수 그리스도의 이름으로 무엇을 명
      하든지 그대로 이루어진다는 교훈을 주고 있습니다.

   b. 애굽과 광야에서 뿐만 아니라 **하나님은 가나안 땅에서도 이스라
      엘을 위해 친히 싸우신다**는 사실을 생생히 보여 준 사건입니다.
      그 하나님이 주의 천사를 통해 오늘날에도 **그리스도의 이름**으로
      기도하는 자녀들을 위해 대신 싸워주신다는 사실이 감사할 뿐입
      니다. 할렐루야!

모든 천사들은 섬기는 영으로서 구원 받을 상속자들을 위하여 섬기라고 보내심이

아니냐 _ 히브리서 1:14

여호와의 천사가 주를 경외하는 자를 둘러 진 치고 그들을 건지시는도다

_ 시편 34:7

c. **해와 달과 모든 자연현상들이 하나님의 주권 아래에 있다**는 사실
을 생생하게 보여주고 있습니다. 그 하나님은 지금도 우주만물을
통해서 주님의 뜻을 드러내시고 경고를 하시며 세상의 역사를 친
히 이끌어가고 계십니다.

d. 구속사적으로 이 기적은 **사단의 모든 세력을 섬멸하기까지 '의의
태양' '의로운 해'가 되시는 예수 그리스도가 성도들과 함께 하신다**
는 사실을 예표하고 있습니다.

내 이름을 경외하는 너희에게는 **의로운 해**가 떠올라서 치료하는 광선을 비추리니
너희가 나가서 외양간에서 나온 송아지 같이 뛰리라 _ 말라기 4:2

명령 · 선포 기도의 능력

a. 불가능한 일도 해결하는 강력한 무기!

명령 · 선포 기도는 하나님도 일하시게 하는 능력의 무기입니다. 하나

님이 우리를 위해 일하실 때 저 하늘의 태양도, 달도, 강물도 멈춰서는 초자연적인 역사가 일어나게 되는 것입니다. 또한 오늘날에도 하나님은 천사를 통해 일하십니다.

지역의 변화를 위하여 기도 할 때

ⅰ. 지역 주민들이 지은 죄를 먼저 대신 회개합니다.

ⅱ. 지역에 묶여있는 죄악의 사슬들을 **예수 그리스도의 이름으로** 끊어 냅니다.

ⅲ. 지역과 주민들을 공격하는 어둠의 세력들을 결박해 무저갱으로 던집니다.

ⅳ. 지역 전체 환경 구석구석을 주님 보혈로 덮고 인을 칩니다.

ⅴ. 주님보혈에 의해 그 지역이 하나님 나라로 변한 것을 선포하며 축복합니다.

ⅵ. 천군 천사들을 지역에 파수꾼으로 세워 천국의 영적 기류로 바꾸도록 명령 하고 천국이 확장된 것을 선포하며 축복합니다.

우리 교회에서는 서울 전체를 위해 위의 순서대로 현재(2021) 4년 넘게 기도하고 있는데, 주님이 특별히 과천을 지명하여 기도하라고 2020년 1월에 말씀하셔서 즉시 기도를 시작하여 4개월이 되자, 신천지 과천 본부가 2020년 4월에 폐쇄 조치되었습니다. 또, 교회 바로 옆 건물에 **광명암**이라는 절이 있었습니다. 교회 개척 후 저는 지하철역에서 약 10분간 교회를 향해 걸어가는 동안, '**내가 발을 딛는 곳마다 어둠이 물러가고 빛이 임하는 하나님 나라로 변화된 것을 선포 하노라! 주님의 보혈로 이 길**

들을 덮고 인을 치노라! 천군 천사들은 이 지역 전체에 파수를 서서 지켜 보호할 지어다!'라고 선포하며 다녔습니다. 오늘은 이 길로, 다음날은 저 길로 골목을 바꿔가며 길들을 정화하며 다니면서 **광명암**이 보일 때마다 그곳을 향해 손을 뻗고 강력하게 선포했습니다.

> **"예수 그리스도의 이름으로 명하노니** 광명암에 있는 불상과 달마상 모든 우상들은 결박당하고 무저갱으로 떨어질 지어다! 광명암에 있는 불상과 달마상 모든 우상들은 마치 다곤 신전의 신상이 거꾸러져 목이 부러지고 팔이 부러진 것처럼, 이 시간 거꾸러져 목이 부러지고 팔이 부러져서 완전히 세력을 잃고 떠날 지어다! 천군 천사들은 성령의 불 포크레인으로 우상의 제단 밑을 완전히 파헤치고, 성령의 불도저로 밀어붙인 후, 성령의 불로 깨끗이 태워 재를 만들고, 성령의 생수로 씻어 정결케 한 후 주님 보혈로 인을 칠지어다! 천군 천사들은 이 지역 전체를 접수하여 파수를 서서 지키며 천국의 영적 기류로 바꿀 지어다! 광명암은 속히 문을 닫고 그곳이 하나님 나라로 변화된 것을 예수 그리스도의 이름으로 선포하며 축복하노라!!!"

이렇게 기도했더니 3년이 되자 문을 닫았습니다. 그런데 무슨 이유에선지 약 1년을 간판을 떼지 않고 있었는데, 계속해서 그 앞을 지날 때마다 명령하며 선포기도 했더니 4년 만인 2021년 8월 중순 드디어 간판도 떼고 "임대문의"라고 써 붙였습니다. 할렐루야! 이렇게 명령·선포기도는 영적 세계에서 실제로 승리를 가져다주는 강력한 무기입니다.

b. 응답을 앞당기는 문제 해결의 열쇠!

예수님이 승천하시면서 **예수 그리스도**라는 마스터키를 우리에게 주셨습니다.

내 이름으로 무엇이든지 내게 구하면 내가 시행하리라 _ 요한복음 14:14

즉, 예수 그리스도의 이름으로 무엇이든지 선포하면 주님이 책임지신다는 말씀으로, 우리가 어떤 거래나 계약을 할 때 도장을 찍거나 서명을 하는 것은 본인이 책임을 지겠다는 의미인데, 예수님이 책임을 지시겠다는 것입니다. 그런데 인간은 제한적인 존재라 극히 일부만을 책임 질 수 있지만, 제한 없으신 주님은 모든 부분을 능히 감당하실 수 있으시니 이것이 얼마나 감사한 일입니까? 그러나 **'무엇이든지'**라는 말 안에는 '주님의 사랑과 뜻에 기초한 내용만이 해당 된다'라는 사실이 중요합니다. 저는 오래전 기도를 하는 중에 주님의 놀라운 음성을 들은 적이 있습니다.

"얘야! 나는 너를 위해 생명까지도 주었는데 무엇을 그렇게 달라고 하니?"
"네?! 달라고 한 적 없는데요!?"
"너의 기도 내용을 생각해 보아라"

그래서 생각해보니 '하나님! 오늘도 건강하고 주님을 기쁘시게 하는 하루를 보내게 해 **주세요.** 우리 딸이 시험을 보는데 실수하지 않게 도와**주세요.** 남편이 직장에서 승진하게 은혜 베풀어**주세요.** 우리 아들이 새로운 학교에 잘 적응하도록 인도해**주세요.** 우리 구역 식구들 모두 가정이 평안하고 건강할 수 있게 도와**주세요**......'결국 '주세요 주세요 주세요......'였다는 사실을 발견하고 저는 깜짝 놀라서 주님께 질문 했습니다.

"그럼 어떻게 기도해야 하나요?"
"내 이름으로 선포 해!"

그래서 그 이후 저의 기도는 "나는 오늘도 건강하고 주님을 기쁘시게 하는 하루를 보내게 된 것을 **예수 그리스도의 이름으로 선포하며 축복하노라!** 우리 딸이 시험을 볼 때 실수하지 않고 좋은 성적을 올리게 된 것을 **예수 그리스도의 이름으로 선포하며 축복하노라!** 우리 구역 식구들 모두 가정이 평안하게 된 것을 **예수 그리스도의 이름으로 선포하며 축복합니다!**..." 이렇게 선포기도로 바뀌게 되었습니다.

c. 공중에 씨를 심어 축복의 열매를 거두는 일!

성경 주석가 매튜 헨리(Matthew Henry)는 "하나님이 그 백성들을 축복하실 때에는 무엇보다도 먼저 기도하게 하신다"라고 했습니다. 기도는 씨를 심는 것과 같습니다. 식물의 씨앗은 흙에 심지만, 말의 씨앗은 공중에 즉 영적 세계에 심는 것이므로, 바라는 것을 현재 완료형으로 선포하며 기도하면 그 씨앗의 열매를 거두어 응답받게 되는 것입니다. 수박씨를 심으면 수박이 열리고 호박씨를 심으면 호박이 열리듯이, 긍정적이고 축복하는 현재 완료형의 씨를 심으면 그 축복의 열매를 속히 거두게 되는 원리입니다.

여호수아의 **명령·선포기도**를 들으시고 지구의 자전을 멈추시며 일하셨던 하나님이 바로 우리가 믿는 하나님과 동일한 하나님이시며, 더 나아가 우리의 아버지가 되시기에 지금도 사랑하는 자녀들이 그와 같은 믿음으로 담대하게 **명령·선포기도** 할 것을 바라고 계신다는 사실을 우리는 알아야 합니다.

우리의 말이 가진 세 가지 능력

a. 말은 창조의 도구이다.

주님이 저에게 우리의 말에 대한 능력 세 가지를 말씀해 주셨는데, 하나님이 세상을 말씀으로 창조하셨기 때문에 첫째로 **창조의 도구와 같은 능력이 있다**고 하셨습니다. 예를 들어 어떤 조각가가 머릿속에 창작품을 구상하고 그것을 실체화하기 위해서는 조각도나 끌이나 망치 등의 도구를 사용하여 작품을 완성할 수 있습니다. 그와 같이 우리가 어떤 것을 바라는 소망이 있을 때 그것을 말로 계속 선포하면 그 실체를 보게 된다는 말씀입니다. 그러므로 하나님이 사람의 부르심과 정체성을 바꾸어 주실 때마다 이름을 먼저 바꾸어 주셨는데, 그 이름이 불려질 때마다 그 사람의 인생이 그렇게 창조되기 때문입니다. 예를 들어 "아브라함. 아브라함. 아브라함..."이라고 부를 때마다 "열국의 아비. 열국의 아비. 열국의 아비..."라는 정체성으로 그의 인생이 창조되어 결국은 열국의 아비가 된 것입니다.

초대교회 성도들은 이름 앞에 붙이는 별칭이 있었답니다. '티테디오스 베드로', '티테디오스 바울', '티테디오스 디모데'였는데, 여기서 "티테디오스"라는 말은 "결코 염려하지 않는 사람"이라는 뜻으로 그들은 자기 자신을 '결코 염려하지 않는 ○○○' 이렇게 늘 의지적으로 불러서 어떤 어려움 가운데서도 염려를 묶고 결국 평안의 삶을 살아내는 인생을 창조한 것입니다. 스스로의 삶을 이렇게 말로 창조할 수 있다는 것이 우리에게는 큰 축복입니다. "나는 훌륭한 사업가다!" "나는 성공한 예술가다!" "나는 영광의 운반자다!" 등등 이렇게 스스로를 계속 부를 때 우리의 모습은 그렇게 창조되어 가는 것입니다.

독자 여러분 모두가 스스로를 그렇게 불러서, 하나님 나라를 확장하고, 귀하게 쓰임 받으시게 된 것을 예수 그리스도의 이름으로 선포하며 축복합니다!!!

b. 말은 승리의 무기이다.

앞에서 나눈 바와 같이 예수 그리스도가 사망 권세 이기시고 부활 승천하시면서 믿는 우리에게 가장 귀한 선물을 주고 가셨는데 그것이 바로 **예수 그리스도**라는 **이름의 능력**입니다. 그 이름 안에는 닫혀있는 모든 문을 여는 **마스터키**의 기능과, 모든 대적을 제압하는 **승리의 능력**이 들어있습니다. 그러므로 주님이 그것을 제자들에게 직접 알려주시며 사용하라고 말씀하셨습니다. "내 이름으로 무엇을 구하든지 내가 행하리니"라는 말씀은 **예수 그리스도**의 이름으로 **명령**하거나, **선포**하고, **대적**하며 **묶고 풀면** 그대로 행하시겠다는 뜻입니다. 단, 한 가지 잊지 말아야 할 중요한 사실은 문이 열릴 때까지, 막힌 담이 무너질 때까지, 승리할 때까지 지속 반복해야 한다는 것입니다.

> 너희가 **내 이름으로 무엇을 구하든지 내가 행하리니** 이는 아버지로 하여금 아들로 말미암아 영광을 받으시게 하려 함이라 **내 이름으로 무엇이든지 내게 구하면 내가 행하리라** _ 요한복음 14:13-14

> 지금까지는 너희가 **내 이름으로** 아무 것도 구하지 아니하였으나 **구하라 그리하면 받으리니 너희 기쁨이 충만하리라** _ 요한복음 16:24

> 믿는 자들에게는 이런 표적이 따르리니 곧 그들이 **내 이름으로 귀신을 쫓아내며** 새 방언을 말하며 _ 마가복음 16:17

> **혀는 곧 불이요** 불의의 세계라 혀는 우리 지체 중에서 온 몸을 더럽히고 **삶의 수레바퀴를 불사르나니** 그 사르는 것이 지옥 불에서 나느니라 _ 야고보서 3:6

야고보 사도는 우리의 혀는 불을 사르는 것과 같은 위력을 가졌다고 말합니다. 즉 혀를 움직여서 하는 우리의 말이 자신의 삶이나 타인의 삶을 불사를 만큼 큰 힘을 가졌기 때문에 우리는 말로 대적을 충분히 이길 수 있다는 것입니다. 예를 들어 "우리 가족 안에서 서로를 연합하지 못하도록 조종하는 분리, 반역, 거역, 불순종, 교만, 고집아집, 자기중심적 이기심의 영은 **예수 그리스도의 이름으로** 명하노니 결박당하고 무저갱으로 떨어질 지어다! 악한 영들이 떠난 자리에 주님의 **사랑, 기쁨, 평안, 감사,**

섬김, 겸손, 순종, 존중, 긍휼, 배려, 연합, 화합의 기름이 물붓듯 부어져 아름답게 연합된 가족으로 변화된 것을 **예수 그리스도의 이름으로** 선포 하며 축복하노라!" 이렇게 기도한다면 우리는 반드시 승리합니다.

c. 말은 열매의 씨앗이다.

식물의 씨앗은 흙에 심는데 모든 씨앗에서 싹이 올라오지 않고 60~70%에서만 싹이 난다고 합니다. 그러나 말의 씨앗은 공중에 즉, 영적 세계에 심는 것인데 100% 다 결실한다고 하니 얼마나 능률적인지, 또 반면에 두려운 일인지 모르겠습니다. 말의 씨앗이 모두 결실하는 이유는, 하나님이 우리의 말을 심판의 근거로 삼으시기 위해 없어지지 않도록 창조하셨기 때문입니다. 우리가 지구 반대편 나라에서 하는 방송도 위성통신을 통해 채널을 맞추면 각 가정에서 들을 수 있는 현실이 소리가 없어지지 않는다는 증거입니다. 하나님은 **"그들에게 이르기를 여호와의 말씀에 내 삶을 두고 맹세하노라 너희 말이 내 귀에 들린 대로 내가 너희에게 행하리니"**(민수기 14:28)라고 하셨습니다. 그러므로 우리는 긍정적이고 확실한 말의 씨앗을 공중에 많이 심어야 그 열매를 거두게 됩니다.

이 원리에 따라 우리가 속히 기도의 열매를 거두기 위해서는, 현재 완료형의 씨앗을 계속 심어야만 그것의 열매를 속히 거둘 수 있습니다. 예를 들어 "하나님 우리 가정에 재정적인 문제를 속히 해결해 주시옵소서!" 라고 기도하면 불확실한 씨를 심은 것이 됩니다. 그러나 **"하나님이 우리 가정에 재정을 속히 공급해 주셔서 모든 어려움이 다 해결된 것을 예수**

그리스도의 이름으로 선포하며 축복합니다!"라고 기도한다면 이미 이루어진 완료형의 확실한 씨앗을 심었기 때문에 속히 열매를 결실할 수 있게 되는 것입니다.

저는 하나님의 뜻에 따라 2020년 1월부터 과천 주민들의 죄를 대신 회개하며 그 지역이 변한 것을 선포하고 축복하는 기도를 20개월간 해왔더니, 저의 아들이 2021년 8월 31일 **과천 지식정보타운 아파트 분양에 당첨되는 열매를 상급으로** 주셨습니다. 그것도 아주 좋은 위치의 동과 호수로 주셨습니다. 우리는 전혀 예상치도 못하고 기대도 하지 않은 상황에서, 하나님이 그야말로 깜짝 선물을 주신 것입니다. 하나님은 이렇게 사랑하는 자녀들에게 상급을 주시되 가장 좋은 최상의 것으로 아낌없이 주시는 분이십니다. 하나님은 우리 교회가 주님의 뜻에 순종하여 믿음으로 선포하는 말의 씨앗을 들어 결실케 하시고, 그 확증으로 예상치 않은 열매의 상급도 주신 것입니다. 저는 앞으로도 지금까지 해 온 것처럼 이미 결실한 열매를 바라보고, 주님의 뜻에 따라 말의 씨앗을 공중에 심으며 중보기도 할 것입니다.

영적 장자의 축복을 받은 유다 지파

성경은 하나님께 대한 올바른 믿음과 그리스도인으로서의 경건한 삶과, 그에 상응하는 하나님의 축복을 실제적으로 가르쳐 주고 있습니다. 또한 그것이 개인 한 사람으로만 끝나는 것이 아니라, 자자손손 대를 이어가며 계승되고 발전하는 모습을 보여주기도 합니다. 여호수아 15장은 유다 지파 자손들이 대대로 받는 축복과 갈렙의 딸이 받는 유산을 기록하고 있습니다. 이스라엘의 장자 지파가 르우벤 지파였음에도 불구하고 유다 지파가 먼저 기업을 분배받은 것은 야곱의 예언대로 하나님이 유다를 이스라엘의 영적 장자로 인정하셔서 유다 지파가 실질적인 장자권을 상속받았기 때문입니다. 이 말씀은 우리에게 **하나님 나라에 있어서는 태어난 순서가 아닌 영적으로 앞선 자가 장자로 인정받게 된다는 것**을 알게 해 줍니다.

하늘에 기록된 장자들의 모임과 ...... _ 히브리서 12:23

또 히브리서에 기록된 말씀을 통해서도 세상에서의 장자들과 하늘에 기록된 장자들이 다를 수 있다는 것을 짐작할 수 있습니다. 유다는 가장 먼저 제비를 뽑았을 뿐 아니라, 요단 서편에서는 다른 지파에 비해 가장 넓고 훨씬 비옥한 땅을 기업으로 분배받는 복을 받았습니다. 그 이유를 야곱이 했던 예언에서 찾아보면, 장자인 르우벤은 이렇게 책망 받고 있습니다.

> 르우벤아 너는 내 장자요 내 능력이요 내 기력의 시작이라 위풍이 월등하고 권능이
> 탁월하다마는 물의 끓음 같았은즉 너는 탁월하지 못하리니 네가 아버지의 침상에
> 올라 더럽혔음이로다 그가 내 침상에 올랐었도다 _ 창세기 49:3-4

즉, 서모 빌하를 통간한 죄(창 35:22)로 책망받고 장자권을 빼앗긴 것입니다. 2남과 3남인 시므온과 레위에 대한 예언도 행한 대로 갚으신다는 내용입니다.

> 시므온과 레위는 형제요 그들의 칼은 폭력의 도구로다 내 혼아 그들의 모의에 상
> 관하지 말지어다 내 영광아 그들의 집회에 참여하지 말지어다 그들이 그들의 분노
> 대로 사람을 죽이고 그들의 혈기대로 소의 발목 힘줄을 끊었음이로다 그 노여움이
> 혹독하니 저주를 받을 것이요 분기가 맹렬하니 저주를 받을 것이라 내가 그들을 야
> 곱 중에서 나누며 이스라엘 중에서 흩으리로다 _ 창 49:5-7

그들은 하나님이 명하신 거룩한 '할례'를 누이 디나가 겁탈당한 보복의 수단으로 삼아, 세겜 족속을 속여서 죽인 거짓되고 사악한 행동의 결과

로 흩어지는 저주를 받게 됩니다. 이 예언은 정확하게 이루어져 시므온 지파의 수는 점점 줄어들게 되고, 모세의 마지막 축복기도(신명기 33장) 속에서 유일하게 제외되었을 뿐 아니라, 가나안 땅에서도 독자적인 기업을 받지 못하고 유다 지파의 기업 중에서 일부를 받는 대우를 당하게 됩니다. 레위 지파 역시 일정한 기업을 받지 못하고 종교적 의무를 수행하며 전국 각지에 흩어져 살게 됩니다. 그리하여 야곱의 제4남인 유다에게 장자권이 돌아가게 되었고, **르우벤의 영적 장자권은 유다에게로, 축복의 장자권은 요셉에게로 넘어간 것**입니다.

이처럼 하나님은 잘못된 행위를 심판하시고 벌로써 그 영향이 후손들에게까지 미치게 하시지만, 그 반대의 경우도 있는데 바로 유다 지파입니다. 유다의 후손들이 이러한 축복을 차지할 수 있었던 것은 바로 유다의 희생적인 선행이 있었기 때문입니다. 그는 형제들이 요셉을 죽이려 할 때 그를 죽이지는 말자고 설득 했고, 애굽에서 요셉이 아버지 야곱을 만나기 위해 계책을 써 자신의 은잔을 숨기고 동생 베냐민을 볼모로 잡았을 때, 자신이 대신해서 대가를 치를 테니 베냐민을 아버지에게로 돌려보내 달라고 간청하는 희생적인 모습을 보였었습니다.

> 당신의 종들 중 누구에게서 발견되든지 그는 죽을 것이요 우리는 내 주의 종들이 되리이다 _ 창세기 44:9

유다야 너는 **네 형제의 찬송이 될지라** 네 손이 네 원수의 목을 잡을 것이요 네 아버지의 아들들이 네 앞에 절하리로다 **유다는 사자 새끼로다** 내 아들아 너는 움

킨 것을 찢고 올라갔도다 그가 엎드리고 웅크림이 수사자 같고 암사자 같으니 누
가 그를 범할 수 있으랴 규가 유다를 떠나지 아니하며 통치자의 지팡이가 그 발 사
이에서 떠나지 아니하기를 실로가 오시기까지 이르리니 그에게 모든 백성이 복종
하리로다 그의 나귀를 포도나무에 매며 그의 암나귀 새끼를 아름다운 포도나무에
맬 것이며 또 **그 옷을 포도주에 빨며** 그의 복장을 포도즙에 빨리로다 그의 눈은
포도주로 인하여 붉겠고 **그의 이는 우유로 말미암아 희리로다** _ 창세기 49:8-12

그 당시 애굽의 총리인 요셉의 은잔을 훔친 죄는 즉시 사형감인데, 그
희생을 대신 감당하겠다고 나섰기 때문에, **유다를 향한 야곱의 마지막
예언**을 보면 유다는 형제의 찬송이 되며, 원수를 쳐서 굴복시키는 강
한 용사이고, 형제들에게 높임 받는 존재가 될 것으로 묘사되어 있습니
다.(유다는 찬송이란 뜻) 또한 유다의 후손으로 **유다의 사자, 열방의 통
치자, 실로** 즉 **예수 그리스도**가 오실 것을 예언하고 있습니다. 야곱의 예
언대로 **유다 지파**에서 블레셋 원수의 목을 잡은 **다윗 왕**이 태어났고, 사
단의 목을 십자가로 꺾으시고 부활하여 밟으신 **예수 그리스도**가 오셨습
니다. 그뿐만 아니라 기업을 분배받을 때에도 옷을 포도주에 빨 정도로
풍부한 포도원과, 우유를 생산하는 가축을 기를 넓은 목초지가 있는 가
장 비옥한 땅을 분배받게 됩니다. **"그 옷을 포도주에 빨며"**라는 말씀은
물이 부족한 이스라엘에서는 포도주를 식수 대용으로 사용했는데, 옷을
물에 빠는 것처럼 포도주에 빨 정도로 포도주가 풍부한 것을 비유하는
내용입니다. **"그의 이는 우유로 말미암아 희리로다"**라는 표현은 당시 가
축은 부의 상징이므로, 젖을 짜는 가축이 많아 우유를 마음껏 먹어서 이
가 튼튼하고 희어질 정도인 것을 비유하며 축복하고 있는 것입니다. 이

처럼 형제를 위해 자신의 목숨까지도 아낌없이 내어 놓았던 유다의 희생적인 행동으로 **유다 지파**가 영적 장자권을 받아 비옥한 토지를 차지하게 되고, 형제들의 찬송이 된 일을 보면서 **행위대로 갚으시고 심은 대로 거두게 하시는 하나님**이심을 확실히 알게 된 것입니다.

오스트리아 심리학자 **알프레드 애들러** 박사는 우울증 환자들에게 하루는 이런 처방을 내렸다고 합니다. "하루에 한 번씩 어떻게 남을 기쁘게 할까! 어떻게 한번 이상 남에게 사랑을 전할 수 있을까? 생각하고 실천하세요."라는 메모를 주면서, 실제로 환자들이 이웃 병동을 찾아다니며 자기보다 형편이 훨씬 어려운 환자들을 위로해주고 희망의 말을 전하는 일을 실천하도록 했다고 합니다. 이 이상한 처방전을 받은 **우울증 환자들은** 처음에는 어색해 했지만, 이내 이웃 병동을 찾아다니며 자신들보다 더 어려운 환자들을 위로해 주고 기도해 주며 희망적인 대화를 나누기 시작했는데, 그렇게 시간이 지나면서 자신들도 모르게 우울증이 사라져 버리는 놀라운 결과를 선물로 안게 되었다는 보고가 있었다고 합니다. 남을 위해 던져준 사랑과 희망과 섬김의 부메랑이 이내 자신에게 더 큰 축복과 기쁨으로 돌아오게 된다는 사실을 보여 준 실제적인 사례인 것입니다.

축복을 주실 때 사명도 함께 주시는 하나님!

유다 지파가 차지한 기업을 통해 하나님은 축복을 주실 때 사명도 함께 주신다는 사실을 알 수 있습니다. 여호수아 15장 8절에 **르바임 골짜기**가

나오는데 이 말은 **거인들의 골짜기**라는 뜻으로, 이스라엘을 두고두고 괴롭힌 블레셋 족속들이 살고 있었으며 골리앗도 블레셋 출신 사람입니다.

> 또 힌놈의 아들의 골짜기로 올라가서 여부스 곧 예루살렘 남쪽 어깨에 이르며 또 **힌놈의 골짜기** 앞 서쪽에 있는 산 꼭대기로 올라가나니 이곳은 **르바임 골짜기** 북쪽 끝이며 _ 여호수아 15:8

> **블레셋 사람들이** 이미 이르러 르바임 골짜기에 가득한지라.............**블레셋 사람들이** 다시 올라와서 **르바임 골짜기에** 가득한지라 _ 사무엘하 5:18, 22

 하나님은 왜 유다 지파를 축복해 주시면서 풍부한 목초지와 포도원만 주시지 않고, 가장 강력한 군사력을 지닌 블레셋 사람들이 사는 르바임 골짜기도 같이 주셨을까요? 이는 그것이 유다 지파에게 맡겨진 사명이라 그렇습니다. **하나님이 축복을 주실 때는 그 속에 우리가 감당해야 할 사명도 함께 있다**는 것을 우리는 알아야 합니다. 사명을 잊지 않았던 유다 지파는 다윗 왕 때 비로소 블레셋 사람들을 진멸시키는 그 일을 감당하였고, 후에 메시아 탄생이라는 더 큰 사명을 하나님께로부터 받게 됩니다. 그래서 예수님도 제자들에게 많이 받고 많이 맡은 자에게 많이 요구할 것이라고 말씀하신 것입니다.

> 무릇 많이 받은 자에게는 많이 요구할 것이요 많이 맡은 자에게는 많이 달라 할 것이니라 _ 누가복음 12:48

사명을 감당할 때 친히 승리로 이끄시는 하나님

다윗이 여호와께 여쭈어 이르되 내가 **블레셋 사람**에게로 올라가리이까 여호와께서 그들을 내 손에 넘기시겠나이까 하니 **여호와께서** 다윗에게 말씀하시되 올라가라 내가 반드시 **블레셋 사람**을 네 손에 넘기리라 하신지라 다윗이 바알브라심에 이르러 거기서 그들을 치고 다윗이 말하되 **여호와께서** 물을 흩음 같이 내 앞에서 내 대적을 흩으셨다 하므로 그 곳 이름을 **바알브라심**이라 부르니라 거기서 **블레셋 사람들이** 그들의 우상을 버렸으므로 다윗과 그의 부하들이 치우니라...... **다윗이 여호와께** 여쭈니 이르시되 올라가지 말고 그들 뒤로 돌아서 뽕나무 수풀 맞은편에서 그들을 기습하되 뽕나무 꼭대기에서 걸음 걷는 소리가 들리거든 곧 공격하라 그 때에 여호와가 너보다 앞서 나아가서 **블레셋 군대를** 치리라 하신지라 이에 **다윗이 여호와**의 명령대로 행하여 블레셋 사람을 쳐서 게바에서 게셀까지 이르니라

_ 사무엘하 5:19-21, 23-25

그런데 우리가 사명을 감당할 때도 우리 스스로가 하는 것이 아니라, 하나님이 함께 하시며 승리로 이끄신다는 사실을 위의 말씀을 통해 알 수 있습니다. 신실한 다윗은 블레셋 사람들과 싸울 때마다 하나님의 뜻을 먼저 묻고 말씀대로 싸워 승리를 하는데, 한 날은 **"뽕나무 꼭대기에서 걸음 걷는 소리가 들리거든 곧 공격하라 그 때에 여호와가 너보다 앞서 나아가서 블레셋 군대를 치리라"**라는 명령대로 행하여 승리를 합니다. 저는 그동안 이 말씀을 읽을 때마다 얼마나 가슴이 설레고 벅찼는지 모릅니다. 뽕나무 꼭대기에서 걸음 걷는 소리란, 천군 천사들의 발소리를 뜻하는데 그 천사들은 지금도 우리를 도우려고 준비하고 있으며 실제

로 돕고 있다는 사실을 우리는 믿어야만 합니다. 간혹 우리를 돕는 천사의 존재를 인정하지 않는 성도들도 있어서 안타깝습니다. 다음은 다윗과 신약의 히브리서 저자가 천사의 도움을 직접 언급하고 있는 성경 구절입니다.

모든 천사들은 섬기는 영으로서 구원 받을 상속자들을 위하여 섬기라고 보내심이 아니냐 _ 히브리서 1:14

여호와의 천사가 주를 경외하는 자를 둘러 진 치고 그들을 건지시는도다 _ 시편 34:7

성도들의 대부분은 축복을 사모하고 복을 받기를 원하고 있습니다. 하지만 우리가 받는 축복과 은혜에는 그것을 사용해 하나님 나라의 일을 하라는 사명도 함께 들어 있다는 사실에는 별로 관심을 두지 않는 모습들을 볼 때가 많습니다. 그러나 우리가 기도할 때에는 반드시 이 사명 감당의 기도도 함께 드려야 한다는 것을 기억해야 합니다.

모든 것이 자연적인 하나님의 세계!

우리가 사명을 감당하기 위해 뜻을 세운다면, 그다음은 하나님이 친히 하늘의 군대를 동원해서라도, 아니면 지구의 자전을 멈추게 하셔서라도 우리를 도우시고 대신 싸워주실 것입니다. 그 사실이 저는 그저 가슴 벅

차도록 감사할 뿐입니다. 하나님은 어제나 오늘이나 내일이나 언제나 동일하신 분이시므로, 우리는 우리의 믿음의 분량에 따라 그분의 도우심과 초자연적인 능력을 힘입기도 하고, 그러지 못하기도 합니다. 하나님의 세계에는 초자연적이란 것이 없고 모든 것이 지극히 자연적인 현상입니다. 아날로그 시대와 디지털 시대의 차이처럼, 3차원의 세계에 사는 인간들에게는 초자연적으로 보이는 것도, 4차원보다 더 높은 세계에 계시는 창조주 하나님께는 모든 것이 자연스러운 현상일 뿐입니다. 우리가 이 사실을 믿지 못하고 깨닫지 못하는 것뿐입니다. 그러나 우리는 이 사실을 믿고 깨달아야 합니다. 그래야만 그 능력을 힘입고 세상에 나타낼 수 있기 때문입니다.

하나님의 뜻대로 사용하지 않을 때 축복은 저주가 됨

하나님이 우리에게 복을 주시는 이유는 받은 축복과 은혜를 가지고 더 큰 하나님의 일을 하라고 주신 것인데, 그저 육신의 안일을 누리는 것에만 사용하게 될 때 참으로 비참한 결과가 오고야 맙니다. 여호수아 15장 8절을 보면 유다 지파가 하나님께 기업으로 받은 땅 중에 힌놈의 골짜기가 나오는데, 솔로몬 시대에 와서 그곳에 우상 몰록을 위한 산당이 지어졌고, 아하스 왕 때에는 그곳에서 몰록과 바알 신을 위해 어린 자녀를 불에 태워 제물로 바치는 일이 행해졌습니다.(열왕기하 16:1-4). 이처럼, 현재의 복과 은혜는 하나님의 뜻에 따라 사용하지 않을 때 축복이 아닌 저주가 될 수 있음을 우리는 늘 명심해야 합니다.

믿음의 사람 갈렙의 축복과 영적 유업의 대물림

　여호수아서 15장 13-19절에서는 갈렙이 여호수아에게 헤브론 산지를 기업으로 받은 후에 아낙의 아들 세새와 아히만과 달매를 쫓아내고 점령한 내용과 또 옷니엘이 드빌을 점령한 사실을 소개하고 있습니다. 유다 지파의 대표인 갈렙은 자신의 기업으로 분배받은 헤브론에서 아낙 자손(거인 족속)을 쫓아내고, 계속해서 그 주위를 점령하여 기업으로 삼았습니다. 이때 갈렙은 드빌(기럇 세벨)을 취하기 위해 그곳을 함락시키는 자에게 자기 딸을 주기로 약속했는데 옷니엘이 드빌을 취하자 자기 딸 악사를 그에게 시집보냈습니다. 드빌을 정복하여 갈렙의 딸을 아내로 맞이한 옷니엘은 갈렙의 아우 그나스의 아들이라고(여호수아 15:17)(사사기 1:13) 나옵니다. 그러므로 옷니엘은 갈렙의 조카이며 악사와는 사촌 간인데, 그 당시는 친족 간의 결혼이 주를 이루는 시기였습니다. 이때 옷니엘은 믿음과 용기로 드빌을 정복하여 기업을 확장하는데 활약했을 뿐 아니라, 믿음의 선봉장이라 할 수 있는 갈렙의 사위가 되어 장차 이스라엘의 첫 사사로서 그 역할을 훌륭하게 감당했습니다(사사기 3:9-11). 당시는 결혼지참금을 신랑이 준비하던 때였는데, 악사는 아버지 갈렙에게 밭과 샘물을 요구하여 갈렙이 윗샘과 아랫샘을 악사에게 주었다고 나옵니다. 여기서 우리는 갈렙의 축복과 유산이 옷니엘과 악사에게 대물림으로 이어지는 것을 볼 수 있습니다.

　갈렙은 히브리어로 **'카레브:힘센'**이란 뜻이며 **'케레브:공격하다, 짖다'** 라는 어원에서 온 이름으로 뒤로 물러서지 않는 성품이었던 것을 짐작할 수 있습니다. 그는 45년 전 하나님의 약속을 성취하기 위해 **85세에 헤브론**을 기업으로 받아, 이스라엘 백성들이 그들에 비해 자신들은 메뚜기라고 할 정도로 두려워했던 아낙 자손 거인들을 물리치고 그 땅에 전쟁이 그치게 했습니다. 그러므로 갈렙은 하나님을 기쁘시게 했고, 자기의 사명을 아는 사람으로서 솔선수범 했으며, 하나님 나라에 기여한 것을 알수 있습니다. 훗날 사울이 죽은 후 유다 지파가 중심이 되어 다윗을 왕으로 세울 때, 하나님의 뜻에 따라 다윗이 헤브론으로 가서 왕위에 올라 칠년 육 개월 동안 이스라엘을 다스렸습니다. **갈렙이 정복한 헤브론이 다윗 왕국의 첫 수도가 되므로 하나님 나라에 기여한 것입니다.**

이것은 이스라엘 자손이 가나안 땅에서 받은 기업 곧 제사장 엘르아살과 눈의 아들 여호수아와 이스라엘 자손 지파의 족장들이 분배한 것이니라… 그 때에 유다 자손이 길갈에 있 는 여호수아에게 나아오고 그니스 사람 여분네의 아들 **갈렙이 여호수아에게 말하되** 여호와 께서 가데스 바네아에서 나와 당신에게 대하여 하나님의 사람 모세에게 이르신 일을 당신 이 아시는 바라 내 나이 사십세에 여호와의 종 모세가 가데스 바네아에서 나를 보내어 이 땅을 정탐하게 하였으므로 내가 성실한 마음으로 그에게 보고하였고 나와 함께 올라 갔던 내 형제들은 백성의 간담을 녹게 하였으나 나는 내 하나님 여호와께 충성하였으므로 그 날에 모세가 맹세하여 이르되 네가 내 하나님 여호와께 충성하였은즉 네 발로 밟는 땅은 영원히 너와 네 자손의 기업이 되리라 하였나이다 이제 보소서 여호와께서 이 말씀을 모세에게 이르신 때로부터 이스라엘이 광야에서 방황한 이 사십오 년 동안을 여호와께서 말씀하신 대로 나를 생존하게 하셨나이다 오늘 내가 **팔십오세로되** 모세가 나를 보내던 날과 같이 오늘도 내가 여전히 강건하니 내 힘이 그 때나 지금이나 같아서 싸움에 나 출입에 감당할 수 있으니 그 날에 여호와께서 말씀하신 이 산지를 지금 내게 주소서 당신도 그 날에 들으셨거니와 그 곳에는 아낙 사람이 있고 그 성읍들은 크고 견고할지라도 여호와께서 나와 함께 하시면 내가 여호와께서 말씀하신 대로 그들을 쫓아내리이다 하니 여호수아가 여분네의 아들 갈렙을 위하여 축복하고 헤브론을 그에게 주어 기업을 삼게 하매 헤브론이 그니스 사람 여분네의 아들 갈렙의 기업이 되어 오늘까지 이르렀으니 이 는 그가 이스라엘의 하나님 여호와를 온전히 좇았음이라 _ 여호수아 14:1, 6-14

그 후에 다윗이 여호와께 여쭈어 아뢰되 내가 유다 한 성읍으로 올라가리이까 여호와께서 이르시되 올라가라 다윗이 아뢰되 어디로 가리이까 이르시되 헤브론으로 갈지니라 _ 사무엘하 2:1

다윗이 헤브론에서 유다 족속의 왕이 된 날 수는 칠 년 육 개월이더라
_ 사무엘하 2:11

그뿐 아니라 **헤브론**이 정치적인 수도 못지않게 중요한 의미를 가지는 것은 억울하게 죽음에 내몰린 자들을 살려주는 **도피성**으로 제공되었기 때문입니다. 여호수아서 20장 7-8절에 보면 **"유다 산지의 기럇 아르바 곧 헤브론을 구별하였다"**라는 내용이 나오는데 이렇게 갈렙은 하나님 나라에 기여했던 사람입니다.

헌신의 사람 옷니엘을 사위로 맞은 갈렙

옷니엘이란 이름은 "하나님의 힘"이란 뜻으로 모범된 하나님의 군사로서 갈렙의 계승자이며 이스라엘의 첫 사사이기도 합니다. 갈렙이 지도자 여호수아를 받들어 섬기며 그의 말에 순종할 때 백성들에게 모범이 되었던 것처럼, 옷니엘도 갈렙의 말에 순종하며 백성들에게 자신감을 갖게 하고 통일된 행동을 하도록 이끌었던 것입니다. 갈렙은 처음 약속대로 **드빌** 즉 **기럇 세벨**을 쳐서 승리한 옷니엘에게 자기의 딸 악사를 아내로 주었는데, **기럇 세벨**은 **'책의 도시'**라는 뜻으로 지식과 철학의 도시라는 말입니다. 이론과 지식의 성을 공격하여 점령하기란 쉽지 않았기 때문에 갈렙은 조건을 걸었던 것입니다. 그런데 왜 자신의 딸을 아내로 주겠다는 조건을 걸었을까요? 그 당시 갈렙은 여호수아가 죽은 후 그에 못지않은 존경을 받으며 권위를 가지고 있었던 인물로, 그의 사위가 된다는 것은 큰 영광일 수 있었기 때문입니다.

> 여호수아가 죽은 후에 이스라엘 자손이 여호와께 여쭈어 이르되 우리 가운데 누가 먼저 올라가서 가나안 족속과 싸우리이까 여호와께서 이르시되 유다가 올라갈지니라 보라 내가 이 땅을 그의 손에 넘겨 주었노라 하시니라..........유다가 또 가서 헤브론에 거주하는 가나안 족속을 쳐서 세새와 아히만과 달매를 죽였더라 헤브론의 본 이름은 기럇 아르바였더라 거기서 나아가서 드빌의 주민들을 쳤으니 드빌의 본 이름은 기럇 세벨이라 갈렙이 말하기를 **기럇 세벨**을 쳐서 그것을 점령하는 자에게는 내 딸 악사를 아내로 주리라 하였더니 갈렙의 아우 그나스의 아들인 옷니엘이 그것을 점령하였으므로 갈렙이 그의 딸 악사를 그에게 아내로 주었더라
> _ 사사기 1:1-2, 10-13

마치 사울 왕이 골리앗을 물리치는 사람에게 자기의 딸을 주겠다고 한 것과 같은 원리입니다. 그 당시 이스라엘 가운데는 옷니엘과 비슷한 청년들이 많이 있었을 것입니다. 오히려 용모나 무술에 있어서는 옷니엘보다 더 나은 사람이 있었을 수도 있습니다. 그렇지만 믿음의 사람 갈렙의 뜻을 알고 그 정신을 계승하고자 하는 마음과 열정이 옷니엘에게는 있었기에 선뜻 그 일을 수행하였고 그 결과 약속대로 갈렙의 사위와 후계자가 되었던 것입니다. 그리고 옷니엘은 이스라엘 역사상 무정부 시대라고 불리는 사사시대에 열두 명의 사사(1.옷니엘 2.에훗 3.삼갈 4.드보라 5.기드온 6.돌라 7.야일 8.입다 9.입산 10.엘론. 11.압돈. 12.삼손) 중 첫 번째 사사가 되었고, 하나님의 뜻대로 이스라엘을 다스렸습니다. 사실 이스라엘 백성들은 여호수아가 사는 날 동안은 하나님의 율법을 좇아 하나님을 섬겼지만, 여호수아가 죽은 뒤로는 주위의 이방신을 섬기며 하나님을 노하시게 했습니다.

여호와의 종 눈의 아들 **여호수아가 백십세에 죽으매** 무리가 그의 기업의 경내에 브라임 산지 가아스 산 북쪽 딤낫 헤레스에 장사하였고 **그 세대의 사람도 다 그 조상들에게로 돌아갔고** 그 후에 일어난 다른 세대는 여호와를 알지 못하며 여호와께서 이스라엘을 위하여 행하신 일도 알지 못하였더라 이스라엘 자손이 여호와의 목전에 악을 행하여 바알들을 섬기며 애굽 땅에서 그들을 인도하여 내신 그들의 조상들의 하나님 여호와를 버리고 다른 신들 곧 그들의 주위에 있는 백성의 신들을 따라 그들에게 절하여 여호와를 진노하시게 하였으되 곧 그들이 여호와를 버리고 바알과 아스다롯을 섬겼으므로 여호와께서 이스라엘에게 진노하사 노략하는 자의 손에 넘겨 주사 그들이 노략을 당하게 하시며 또 주위에 있는 모든 대적의 손

에 팔아 넘기시매 그들이 다시는 대적을 당하지 못하였으며 <u>그들이 어디로 가든지</u>
<u>여호와의 손이 그들에게 재앙을 내리시니 곧 여호와께서 말씀하신 것과 같고</u> 여호
와께서 그들에게 맹세하신 것과 같아서 그들의 괴로움이 심하였더라

_ 사사기 2:8-15

그때부터 이스라엘 백성들은 주변 이방민족들의 공격을 받아 많은 어려움을 겪게 되었는데, 하나님이 그들을 대적의 손에 넘기셨기 때문입니다. 그러자 그들은 다시 하나님께 부르짖었고 그 소리를 들으신 하나님이 사사를 세워 구원해 주십니다.

이스라엘 자손이 여호와께 부르짖으매 여호와께서 그들을 위하여 **한 구원자를** 세
워 구원하게 하시니 그는 곧 갈렙의 아우 그나스의 아들 **옷니엘**이라 **여호와의 영**
이 그에게 임하셨으므로 그가 이스라엘 사사가 되어 나가서 싸울때에 여호와께서
메소보다미아 왕 구산 리사다임을 그의 손에 넘겨 주시매 옷니엘의 손이 구산 리사
다임을 이기니라 그 땅이 **평온한 지 사십 년**에 그나스의 아들 옷니엘이 죽었더라

_ 사사기 3:9-11

이스라엘의 초대 사사 **옷니엘**은 그 이름답게 **하나님의 영**으로 충만해 백성을 하나님의 뜻대로 인도하여 이스라엘의 평안을 40년간 유지시켰던 헌신의 사람인데, <u>갈렙</u>은 그런 그를 사위로 맞이하는 영적 대물림의 <u>축복을 받았던 것입니다.</u> **옷니엘** 또한 갈렙의 딸을 아내로 맞이하여, 갈렙 가문의 유산과 믿음의 영적 유업을 물려받는 축복을 얻게 됨으로, 그에게 주어진 사명을 온전히 감당할 수 있는 복을 누리게 된 것입니다. 이

렇게 하나님은 자신의 사명을 신실하게 감당한 갈렙에게, 헌신의 사람 옷니엘을 사위로 맞이하는 축복을 주시고 대를 이어 사명을 감당하도록 하셨습니다.

축복의 사람 악사가 받은 세 가지 복

유다 지파가 계속 영적인 장자로 인정받을 수 있었던 것에는 갈렙의 역할이 크기도 합니다. 갈렙의 딸 '악사'는 '발목 고리'라는 이름의 뜻을 가진 여인으로, 훌륭한 아버지 갈렙으로부터 영적인 유업과 특별히 세 가지 축복을 물려받은 인물로서, 하나님 아버지로부터 은혜와 축복을 받은 오늘날의 성도들의 모습에 비유할 수 있습니다.

1. 신앙 있는 가문의 축복

시편 144:15에 **"이러한 백성은 복이 있나니 여호와를 자기 하나님으로 삼는 백성은 복이 있도다"**라고 하였습니다. 온갖 죄와 우상숭배로 하나님을 거역하는 사람들 속에서, 여호와를 자기의 하나님으로 섬기고, 자손 대대로 그 신앙을 이어가는 집안이야말로 보장된 축복의 가문임에 틀림이 없습니다. 여기 악사의 경우가 그렇습니다. 믿음의 사람 갈렙의 딸로서 하나님 중심 신앙으로 경건하게 자라 하나님의 자녀가 되었고, 장성한 후에는 이스라엘의 초대 사사 옷니엘의 아내가 되어 그 대를 잇는 축복을 받은 것입니다.

2. 기업을 상속받는 축복

구약시대 이스라엘에는 남자들에게 재산 상속권이 주어졌습니다. 그러나 아들이 없고 딸만 있을 때에는 아버지의 재산을 딸이 상속받도록 하셨습니다. 그 내용이 민수기 27장 7-8절에 나오는데 여러 명의 아들이 있던 갈렙이(역대상 2:42-49) 외동딸 악사에게도 밭과 우물을 상속해 주었다는 것은, 그가 남녀 구별 없이 아버지로서 자식에게 줄 수 있는 축복권을 동일하게 행사한 것을 뜻하며, 이것는 우리가 하나님의 자녀일 때 하나님 아버지로부터 남녀 동일하게 받게 되는 영광스러운 기업의 축복을 뜻하는 것이기도 합니다.

> 자녀이면 또한 상속자 곧 하나님의 상속자요 그리스도와 함께 한 상속자니 우리가
> 그와 함께 영광을 받기 위하여 고난도 함께 받아야 할 것이니라 _ 로마서 8:17

3. 땅의 복과 하늘의 복을 받음

고대 히브리 사회에서는 여인의 이름이 족보에 오르지도 못했는데 악사의 이름은 그의 아버지와 남편의 이름과 함께 성경 여러 곳에 기록되어 있습니다. (역대상 2:49, 여호수아 15:16-18, 사사기 1:14-15) 성도들은 세상에서 받는 복과 함께 하늘나라에서의 영원한 복을 보장받은 사람들입니다. 성도들은 잠시 잠깐 살다가 떠나는 이 세상이 아닌, 영원한 하늘나라 생명책에 그 이름이 기록된 영광스러운 신분의 소유자들입니다. 그러므로 주님이 그것을 기뻐하라고 말씀하셨습니다.

> 그러나 귀신들이 너희에게 항복하는 것으로 기뻐하지 말고 **너희 이름이 하늘에 기**

악사가 갈렙에게 받은 유산은 밭과 샘물인데, 그가 시집을 가게 된 남 방지역은 오늘날 네게브 사막에 위치한 매우 건조한 곳으로 그녀에게 샘 물은 절대적 가치가 있는 유산이었습니다. 그것을 알고 있던 악사는 샘 물을 아버지에게 구했는데, 갈렙이 윗샘과 아랫샘을 다 주었다고 나옵니 다.

> 악사가 출가할 때에 그에게 청하여 자기 아버지에게 **밭**을 구하자 하고 나귀에서
> 내리매 갈렙이 그에게 묻되 네가 무엇을 원하느냐 하니 이르되 **내게 복을 주소서**
> 아버지께서 나를 네겝 땅으로 보내시오니 **샘물도** 내게 주소서 하매 갈렙이 **윗샘**
> 과 **아랫샘**을 그에게 주었더라 _ 여호수아 15:18-19

> 너희가 악한 자라도 좋은 것으로 자식에게 줄줄 알거든 하물며 하늘에 계신 너희
> 아버지께서 구하는 자에게 좋은 것으로 주시지 않겠느냐 _ 마태복음7:11

갈렙뿐 아니라 우리 육신의 부모가 비록 악한자일지라도 자기 자녀를 위해서는 좋은 것을 줄줄 아는데, 하물며 하늘의 아버지가 사랑하는 자 녀들에게 가장 좋은 것을 넉넉히 주시지 않으시겠습니까? 그런데 중요 한 것은 구하는 자에게 주신다는 사실입니다. 악사는 진정한 축복의 근 원이 무엇인지를 아는 지혜로운 여인이었고, 그것을 구할 줄도 아는 용 기 있는 여인이었습니다. 그녀는 **사막의 메마른 땅이라도 지하수의 근원 이 흘러나오는 샘물이 있으면 그 땅은 옥토로 변할 수 있다**는 것을 알고

있었던 것입니다. 예레미야는, 사람을 믿으며 육신을 권력으로 삼고 하나님을 떠난 사람은 사막의 떨기나무 같이 좋은 일을 보지 못하는 저주를 받은 자라고 했습니다. 그러나 여호와를 의지하는 사람은 물의 근원에 뿌리를 박은 나무처럼 가무는 해에도 걱정이 없고 결실이 그치지 않는다고 했습니다. 그러므로 **악사가 샘물을 구한 일은 영혼의 생수 되시며 복의 근원 되시는 주님을 구한 것과 같은 영적 의미가 있는 것**입니다.

> 여호와께서 이와 같이 말씀하시니라 무릇 사람을 믿으며 육신으로 그의 힘을 삼고 마음이 여호와에게서 떠난 그 사람은 저주를 받을 것이라 그는 사막의 떨기나무 같아서 좋은 일이 오는 것을 보지 못하고 광야 간조한 곳, 건건한 땅, 사람이 살지 않는 땅에 살리라 그러나 무릇 여호와를 의지하며 여호와를 의뢰하는 그 사람은 복을 받을 것이라 그는 물 가에 심어진 나무가 그 뿌리를 강변에 뻗치고 더위가 올지라도 두려워하지 아니하며 그 잎이 청청하며 가무는 해에도 걱정이 없고 결실이 그치지 아니함 같으리라 _ 예레미야 17:5-8

그래서 신실한 그리스도인들은 축복의 사람 악사가 받았던 **신앙 있는 가문의 축복, 기업을 상속받는 축복, 하늘과 땅 윗샘과 아랫샘의 축복**을 받게 됩니다.

독자 여러분들에게도 이 세 가지의 축복이 임한 것을 선포하며 축복합니다!!!

유다 지파가 여부스 족속을 쫓아내지 못한 일이
우리에게 주는 교훈

예루살렘 주민 여부스 족속을 유다 자손이 쫓아내지 못하였으므로 여부스 족속이 오늘까지 유다 자손과 함께 예루살렘에 거주하니라 _ 여호수아 15:63

그들이 그대로 하여 그 **다섯 왕**들 곧 **예루살렘 왕**과 헤브론 왕과 야르뭇 왕과 라기스 왕과 에글론 왕을 굴에서 그에게로 끌어내니라......그 후에 여호수아가 **그 왕들을 쳐죽여** 다섯 나무에 매달고 저녁까지 나무에 달린 채로 두었다가
_ 여호수아 10:23, 26

유다 자손이 예루살렘을 쳐서 점령하여 칼날로 치고 그 성을 불살랐으며
_ 사사기 1:8

예루살렘 왕은 여호수아에게 죽임을 당했지만, 그 도성은 유다 지파 사람들이 불을 놓을 때까지 여부스 사람들이 계속 차지하고 있었습니다. 그 후에 여부스 사람들이 다시 예루살렘을 탈환하여 다윗 시대까지 차지하고 있었습니다. 그런데 예루살렘에 거주하는 여부스 족속을 베냐민 지파도 쫓아내지 못했다고 나옵니다.

베냐민 자손은 예루살렘에 거주하는 여부스 족속을 쫓아내지 못하였으므로 여부스 족속이 베냐민 자손과 함께 오늘까지 예루살렘에 거주하니라 _ 사사기 1:21

예루살렘이 유다 지파와 베냐민 지파 지역의 경계선에 위치하고 있었던 것으로 볼 때, 여부스 족속에 대한 책임을 두 지파가 서로 미루었던 것은 아닌가 생각됩니다. 두 지파가 책임을 미루지 않고 합심하여 그들을 쫓아냈더라면 그들은 진멸당할 수 있었을 것입니다. 그런데 두 지파 모두 여부스 족속과 함께 살며 하나님의 뜻을 거역했을 뿐 아니라, 그들의 사기까지 키워준 것입니다. 결국 다윗이 왕이 되어 그들을 점령하려고 할 때 그들은 아주 교만한 태도로 다윗 왕을 무시하는 모습을 보이기까지 합니다.

> **다윗**이 나이가 삼십세에 왕위에 올라 사십 년 동안 다스렸으되 헤브론에서 칠 년 육 개월 동안 유다를 다스렸고 예루살렘에서 삼십삼 년 동안 온 이스라엘과 유다를 다스렸더라 왕과 그의 부하들이 **예루살렘**으로 가서 그 땅 주민 **여부스 사람**을 치려 하매 그 사람들이 **다윗에게 이르되** *네가 결코 이리로 들어오지 못하리라 맹인과 다리 저는 자라도 너를 물리치리라* 하니 그들 생각에는 다윗이 이리로 들어오지 못하리라 함이나 **다윗이 시온 산성**을 빼앗았으니 이는 **다윗 성**이더라
>
> _사무엘하 5:4-7

다윗이 예루살렘에 있는 **시온 산성**을 **빼앗**으려고 할 때, 여부스 사람들이 다윗에게 "이 성에 사는 맹인과 다리 저는 자라도 너를 물리칠 수 있기에 너는 이 성에 들어오지 못하리라"라며 아주 교만한 모습을 보입니다. 그러나 다윗의 편에 계신 하나님의 능력으로 이내 시온 산성을 **빼앗**기게 됩니다.

a. 책임회피와 자기 합리화의 죄

우리는 이 이야기에서 얻을 수 있는 **영적 교훈**이 있습니다. 다윗 시대 이전의 유다 지파가 여부스 사람들을 쫓아내지 못한 이유 중 하나는, 그 일이 자신들이 감당해야 할 몫이 아닐뿐더러 여부스 족속은 자신들이 감당할 수도 없는 존재들이라고 생각하는 **자기 합리화의 죄**에서 비롯되었다고 볼 수 있습니다. 왜냐하면 하나님은 여호수아가 나이 많아 늙자 이스라엘 백성들에게 언약하신 땅을 속히 분배하여 기업이 되게 하라고 명령하시며 **하나님이 친히** 블레셋 다섯 족속, 가나안 족속, 아모리 족속, 그발 족속 등을 **쫓아내시겠다고 말씀하셨기 때문**입니다(여호수아 13:1-7). 그러므로 유다지파에게는 하나님의 명령에 순종해 하나님을 의지하고 나아가 여부스 족속을 쫓아내고 그 땅을 기업으로 삼을 의무와 책임이 있었던 것입니다.

> 여호수아가 나이가 많아 늙으매 **여호와께서 그에게 이르시되** 너는 나이가 많아 늙었고 얻을 땅이 매우 많이 남아 있도다.........또 **가나안 족속의 모든 땅**과 시돈 사람에게 속한 므아라와 아모리 족속의 경계 아벡까지와.......또 레바논에서부터 미스르봇마임까지 산지의 모든 주민 곧 모든 시돈 사람의 땅이라 **내가 그들을 이스라엘 자손 앞에서 쫓아내리니** 너는 내가 명령한 대로 그 땅을 이스라엘에게 **분배하여** 기업이 되게 하되 너는 이 땅을 아홉 지파와 므낫세 반 지파에게 나누어 **기업이 되게 하라** 하셨더라 _ 여호수아 13:1, 4, 6-7

b. 하나님에 대한 불신앙과 교만의 죄

두 번째는 위의 말씀을 근거로 볼 때 **하나님이 친히 싸우시고 승리하도**

록 **이끄신다**는 사실을 모른 채, 하나님을 전적으로 신뢰하지 못한 **불신 앙**과, **전쟁의 주체가 하나님이신데** 자신들이라고 착각한 **교만의 죄** 때문이라고 할 수 있습니다. 성취할 수 없다는 이유로 하나님이 명령하신 일을 거역하는 것은 하나님을 불신하는 증거라고 밖에 할 수 없습니다.

이처럼 우리 안에 있는 수많은 가나안 족속의 왕 같은 사단의 세력들을 날마다 쫓아내지 않으면, 끝까지 그들과 동거하며 그들에게 조종당하거나 공격당할 수밖에 없는 것이 우리의 현실입니다. 그러므로 **우리는 날마다 내 안에 있는 사단의 세력들을 쫓아내고, 자신을 온전히 주님께 내어드려 나 자신을 성령님만이 임재하시는 성령의 전으로 만들어야 합니다.** 그렇게 할 수 있는 가장 쉽고 빠른 방법이 바로 '**거듭남의 기도**'입니다. 우리가 날마다 **거듭남의 기도**로 우리의 영혼을 정결케 할 때, 주님은 우리 안에 거하시며 우리에게 사명을 주시고 그것을 잘 감당할 수 있는 힘과 능력 또한 주시는 것입니다. 그럴 때 우리는 주신 복과 영적인 유업을 취해서 누릴 뿐 아니라 축복을 흘려보내는 축복의 통로와 복의 근원, 복의 원천이 될 수 있기 때문입니다.

하나님의 자녀들이 가져야 할 자세

요즘처럼 모두가 힘들고 어려운 시기를 지날 때 하나님의 자녀들이 가져야 할 자세를 두 가지로 요약하면 다음과 같습니다.

1. 언약의 말씀에 대한 절대적인 신뢰와 포기하지 않는 믿음

말씀에 대한 믿음은 곧 그것을 말씀하신 하나님에 대한 믿음입니다. 성경을 보면 하나님의 언약은 시간이 필요할 뿐이지 반드시 이루어지기 때문에 절대로 조급하게 생각거나 쉽게 포기해서 좌절에 빠져서는 안 됩니다. 우리가 좌절을 하거나 언약을 포기할 때 사탄은 누구보다도 크게 기뻐하며 잔치를 벌입니다. 그것은 그들에게 힘을 더해줄 뿐만 아니라 그들의 세력을 키워주는 일로써, 결국 우리가 그들의 악한 영향력과 활동 영역을 확장시켜주는 결과만을 가져오기 때문입니다. 그러므로 자석 같은 믿음으로 절대 포기하지 않고 기다려야 합니다.

우리가 선을 행하되 낙심하지 말지니 포기하지 아니하면 때가 이르매 거두리라

_갈라디아서 6:9

2. 하나님의 가치관으로 생각하고 선택하며 실행해야 함

하나님의 자녀인 우리가 세상에서 그분의 말씀과 약속을 성취하기 위해서는, **주님의 관점에서 생각**하고 인간적이거나 세상적인 방법이 아니라 **하나님이 원하시는 방법을 선택**하며 **하나님의 뜻에 맞게 실행**해야 합니다. 하나님은, 성경에 기록된 믿음의 선진들의 전 인생을 이끄셨듯이 오늘날에도 우리 믿는 자녀들 모두의 삶을 이끌고 계시다는 사실을 믿어야 합니다. 우리가 믿고 섬기는 하나님은 추상적인 분이 아니시며 하늘에만 머무시는 전능자가 아니십니다. 우리를 향해 **"너는 나의 사랑하는 자녀야! 내가 너의 아버지란다!"** 말씀하시며, 우리 인생에 찾아오셔서 사랑하는 자녀들의 삶을 주관하시며 가장 선한 길로 이끌어 주시는 아버지

이심을 믿고, 우리의 인생 전체를 온전히 맡겨드려야 합니다.

자녀들을 성숙하게 다듬어 가시는 하나님

하나님은 우리에게 약속의 말씀을 주시고 그 말씀을 성취할 수 있도록 우리의 삶을 이끌어 가시지만, 그 과정을 통해 자녀들이 보다 더 성숙한 주님의 백성으로 자라나기를 바라고 계십니다. 그래서 약속의 말씀이 이루어지기까지 오랜 인내의 시간을 견디게 하시는데, 그 과정 속에서 우리는 손해를 보기도 하고 때로는 고통과 아픔을 감내해야 할 때가 있을 수밖에 없습니다. 고난이 있고 아픔도 있지만 이 모든 과정을 통해, 어떤 상황 속에서도 하나님을 신뢰하는 믿음을 지키며 하나님의 자녀로서 합당하게 살아가는 존재로 다듬어 가시기 때문입니다. 모든 사람이 평안할 때에는 그 믿음을 분별하기 어렵지만, 고난이 왔을 때에는 그가 가진 믿음의 척도가 드러나므로 하나님은 자녀들에게 고난도 허락하십니다. 즉 우리에게 **'그리 아니하실 지라도'**의 믿음을 소유하길 원하시고 그것을 훈련시키시기 때문에, 나의 중심이 주님께 바로 서 있을 때 아픔과 고난이 찾아왔다면 내가 지금 하나님의 성숙훈련 중에 있는 사인이라고 봐도 될 것입니다.

의인은 고난이 많으나 여호와께서 그의 모든 고난에서 건지시는도다 _ 시편 34:19

누에고치를 헤치고 나오기 위해 발버둥치는 나비가 안쓰러워 누군가 구멍을 뚫어주는 장면을 TV 다큐멘터리에서 본적이 있습니다. 나비는 넓은 구멍을 통해 여유 있게 빠져나왔지만 날개를 펴고 몇 차례 펄럭였을 뿐 땅에 툭 떨어져버렸습니다. 전문가들의 말에 의하면 나비는 고치를 뚫고 나오기 위해 힘을 쓰는 과정에서 그 압력으로 혈액을 날개 끝까지 공급하는데 혈액이 날개 조직에 팽팽하게 차올라야만 날개를 펴고 날아오를 수 있다고 합니다. 그러므로 나비는 고치를 뚫고 나오려고 힘을 쓰며 실패를 반복하는 동안 날개의 조직과 근육이 튼튼해지고, 자신의 힘으로 그 작은 구멍을 뚫고 나왔을 때 드디어 나비로서 훨훨 날갯짓을 하며 자유로운 삶을 살아갈 수 있게 되는 것입니다. 때문에 나비는 그 과정을 거치지 않으면 결국 제 기능을 할 수 없어 죽고 맙니다. 창조주의 의도를 모르는 사람의 도움이 오히려 나비를 죽게 만든 것이지요. 그런데 어떤 나비들은 중간에 포기하고 그냥 고치 안에서 새의 먹이가 되거나, 그대로 말라죽는 경우도 있다고 합니다. 결국 나비 스스로 그 길을 선택하는 안타까운 모습이죠!

우리의 삶도 마찬가지입니다. 응답의 과정과 말씀의 성취 가운데 왜 고난이 필요하고 인내의 눈물이 필요한지 수긍이 되지 않아 때로는 하나님께 섭섭하여 불평하기도 합니다. 그러나 하나님이 사랑하는 자녀들을 다듬어서 성숙시키려고 우리에게 이런 고난과 연단의 시간을 허락하셨다는 사실을 알고 신뢰한다면, 우리는 오히려 감사함으로 이 훈련들을 잘 통과하고 반드시 승리할 수 있습니다!

기록된 바 하나님이 자기를 사랑하는 자들을 위하여 예비하신 모든 것은 눈으로

보지 못하고 귀로 듣지 못하고 사람의 마음으로 생각하지도 못하였다 함과 같으
니라 _ 고린도전서 2:9

언제나 가장 좋은 것을 자녀들에게 선물로 주시려는 분이 바로 하나님 아버지이십니다. 인색하게 주시지 않고 갈렙처럼 넉넉하게 요구한 것에 더해서 주십니다. 우리는 이 세상에서 부모보다 자식을 더 많이 사랑할 수 있는 사람은 없다는 것을 잘 알고 있습니다. 때로는 인색하게 느껴지는 부모님들도 있지만, 우리가 하나님만을 믿고 의지하며 그런 부모님을 축복할 때 하나님은 우리 부모님의 마음 또한 움직여 주십니다. 그러나 육신의 부모는 자식을 사랑하지만 자녀들의 삶을 보장하거나 그들의 인생을 책임져 줄 수는 없는 한계를 가진 존재들입니다. 하지만 하나님 아버지는 그분의 자녀들의 인생과 미래를 책임져 주실 수 있는 창조주이시며 우리 모두의 생명의 주인이십니다. 그러나 우리가 꼭 기억해야 할 것은, 하나님이 우리를 사랑하시기 때문에 은혜의 선물들을 주시지만 동시에 그 은혜의 선물을 온전히 감사하며 누릴 수 있는 성숙한 실력자가 되도록 교육과 훈련을 병행하신다는 것입니다. 교육과 훈련은 언제나 그 과정이 힘들고 어렵지만, 그것을 통과한 사람들에게는 큰 유익이 되는 것처럼 신앙의 훈련도 마찬가지입니다. 말씀을 온전히 신뢰하며 바른 성경적 가치관을 가지고 신앙의 훈련을 잘 통과한다면 우리 또한 나비처럼 거듭난 삶을 누리게 될 것입니다.

영적 장자의 축복을 받은 유다 지파

통일을 위해 준비하시는 하나님

통일을 이루기 전 먼저 풀어야 할 숙제

2021년 3월 중순에 4월 초 제주 사역을 요청받고 기도하던 중, 하나님이 미션을 주셨습니다. "네가 제주도에 가면 해야 할 일이 있는데, 그 땅에서 억울하게 죽임 당한 역사로 인해 제주도민과 그 땅 안에 있는 억울함과 분노, 슬픔을 먼저 영적으로 해결해야 한다. 그래야 남북통일도 이루어진다."라고 말씀하셨습니다. 그래서 '제주의 아픈 역사'를 찾아보게 되었고, 1948년 4월 3일 극우단체인 서북청년회와 군경들이 공산주의자를 진압하는 과정에서 제주도민들을 과잉 진압하여 어린아이까지 억울하게 학살한 4.3 항쟁에 대해 알게 되었습니다. 또한, 옛날 고려왕조가 몽고의 종속 정권으로 전락된 것에 대하여 일어난 삼별초의 난을 제압하는 과정에서, 제주도까지 옮겨가 저항하던 삼별초군을 고려와 몽골 연합군이 그곳에서 죽였던 아픈 역사가 제주도에 있다는 사실 또한 알게 되었습니다.

제주 4 · 3 사건의 역사적 배경

광복 직후 제주사회는 6만여 명 귀환 인구의 실직 난, 생필품 부족, 콜레라의 창궐, 극심한 흉년 등으로 겹친 악재와 미곡 정책의 실패, 일제 경찰의 군정 경찰로의 변신, 군정 관리의 모리(謀利) 행위 등이 큰 사회문제로 부각되었다.

1947년 3월 1일, 3 · 1절 기념 제주도 대회에 참가했던 이들의 시가행진을 구경하던 군중들에게 경찰이 총을 발사함으로써 민간인 6명이 숨지는 사건이 발생했다. 3 · 1절 발포사건은 어지러운 민심을 더욱 악화시켰다. 이에 남로당 제주도당은 조직적인 반경찰 활동을 전개했고, 제주도 전체 직장의 95% 이상이 참여한 대규모 민 · 관 총파업이 이어졌다. 미군정은 이 총파업이 경찰 발포에 대한 도민의 반감과 이를 증폭시킨 남로당의 선동에 있다고 분석했지만, 사후처리는 경찰의 발포보다는 남로당의 선동에 비중을 두고 강공 정책을 추진했다.

도지사를 비롯한 군정 수뇌부들을 모두 외지인으로 교체했고 응원경찰과 서북 청년회원 등을 대거 제주로 파견해 파업 주모자에 대한 검거작전을 벌였다. 검속 한 달 만에 500여 명이 체포됐고, 1년 동안 2,500명이 구금됐다. 서북청년회(이하 '서청')는 테러와 횡포를 일삼아 민심을 자극했고, 구금자에 대한 경찰의 고문이 잇따랐다. 1948년 3월 일선 경찰지서에서 세 건의 고문치사 사건이 발생해 제주사회는 금방 폭발할 것 같은 위기상황으로 변해갔다.

경과

1948년 4월 3일 새벽 2시. 총성과 함께 한라산 중허리의 오름마다 봉화가 타오르면서 남로당 제주도당이 주도한 무장봉기의 신호탄이 올랐다. 350명의 무장대는 이날 새벽 12개의 경찰지서와 서청 등 우익단체 요인들의 집을 습격했다. 무장대는 경찰과 서청의 탄압중지, 단독선거·단독정부 반대, 통일정부 수립촉구 등을 슬로건으로 내걸었다.

– 중략 –

1949년 3월 제주도지구 전투사령부가 설치되면서 진압과 선무를 병용하는 작전이 전개됐다. 신임 유재흥 사령관은 한라산에 피신해 있던 사람들이 귀순하면 모두 용서하겠다는 사면정책을 발표한다. 이때 많은 주민들이 하산했고, 1949년 5월 10일 재선거가 성공리에 치러졌다. 1949년 6월 무장대 사령관 이덕구가 사살됨으로써 무장대는 사실상 궤멸되었다.

그러나 6·25 전쟁이 발발하면서 보도연맹 가입자, 요시찰자, 입산자 가족 등이 '예비검속'이라는 이름으로 붙잡혀 집단으로 희생되었다. 또 전국 각지 형무소에 수감되었던 4·3사건 관련자들도 즉결처분되었다.

결과

1954년 9월 21일, 한라산 금족(禁足)지역이 전면 개방되면서 1947년 3·1절 발포사건과 1948년 4·3무장봉기로 촉발되었던 제주 4·3사건은 7년 7개월 만에 비로소 막을 내리게 된다.

1980년대 이후 4·3사건의 진상규명을 위한 각계의 노력이 결실을 맺어 2000년 1월에 「4·3특별법」(제주 4·3사건 진상규명 및 희생자 명예회복에 관한 특별법)이 공포되고, 이에 따라 8월 28일 '제주 4 · 3사건 진상규명 및 희생자 명예회복 위원회'가 설치되어 정부차원의 진상조사를 실시하였다. 그 결과 2003년 10월 정부의 진상보고서(『제주 4 · 3사건 진상조사보고서』)가 채택되고, 대통령의 공식 사과 등이 이루어졌다. 이후 4 · 3평화공원 등이 조성되었다.

진상보고서에 의하면, 4 · 3사건의 인명 피해는 25,000~30,000명으로 추정되고, 강경진압작전으로 중산간마을 95% 이상이 불타 없어졌으며, 가옥 39,285동이 소각되었다. 4 · 3사건진상조사위원회에 신고 접수된 희생자 및 유가족에 대한 심사를 마무리한 결과(2011. 1. 26 현재), 희생자로 14,032명과 희생자에 대한 유족 31,255명이 결정됐다.

의의와 평가

4 · 3사건으로 인해 제주지역 공동체는 파괴되고 엄청난 물적 피해를 입었으며, 무엇보다 깊은 상처로 남아있는 참혹한 인명피해를 가져왔다. 4 · 3특별법 공포 이후 4 · 3사건으로 인한 갈등과 반목의 역사를 청산하고 화해와 상생의 정신으로 21세기를 출발하는 계기가 마련되었으며, 제주도는 2005년 1월 세계평화의 섬으로 지정되었다.

〈출처: 한국민족문화 대백과사전〉

4 · 3 항쟁은 일제의 탄압으로부터 독립된 직후 무정부 상태에서 생긴 이념적 갈등이 같은 민족 안에서 빚어낸 안타까운 사건입니다. 군경들이 민주주의를 지키기 위해 1948년 4월 3일 남로당의 무장봉기를 진압하는

과정에서, 일반시민들까지 억울하게 죽이는 가슴 아픈 상처를 남겼습니다. 지금은 4·3 항쟁의 가해자와 피해자 거의가 생존하지 않는 상태이며, 2000년에 4·3 특별법이 만들어지고 대통령이 사과를 했지만, 그들의 명예는 회복되지 않고 그때의 억울함과 슬픔이 제주도 전역에 그대로 남아있어, 정부와 국민들 사이에서 영적인 분열을 일으키며 연합을 방해하고 있다는 사실을 알게 되었습니다. 어찌 보면 '누구의 잘잘못을 떠나 당시 모두가 시대의 피해자였다'라는 생각이 듭니다. 그동안 4·3 항쟁에 대해 가끔 뉴스에서 보아도 관심 없이 모른 체 지나쳐온 저 자신의 모습을 먼저 회개하고, 아래와 같이 기도문을 작성해 동역자 두 사람과 함께 10일간, 한 자매는 늦게 동참해 4일간 기도했습니다. 그리고 사역 일정을 하루 더 늘려 4월 7~9일까지로 잡았습니다.

남한의 짝 북한과 북한의 짝 남한이 하나님의 손안에서 반드시 하나가 된 것을 선포 하노라!
제주도민들의 아픔이 치유되고 상처가 회복되어 대한민국정부와 하나 된 것을 선포 하노라!

〈 고려시대 조정과 대한민국 정부와 군인들과 남한 국민들이 지은 죄 〉

1. 하나님! 고려시대조정과 대한민국정부와 군인들이 삼별초의 난과 4·3 항쟁으로 제주도민에게 지은 죄와 남한 국민들이 지은죄를 제가 대신 회개하오니 용서하여 주시옵소서! 삼별초의 난과 4·3항쟁으로 제주도민들을

억울하게죽인죄, 민족의자유를속박하고억압한죄, 하나님을불신하고대적한죄, 하나님을믿지않은죄, 각종우상을섬긴죄, 조상신을섬긴죄, 우상앞에자손들을바친죄, 불상과달마상을섬긴죄, 굿을한죄, 인육을먹은죄, 살인한죄, 자살한죄, 유산한죄, 이혼한죄, 토색하고착취한죄, 도둑질한죄, 욕심부린죄, 거짓말하고사기친죄, 도박한죄, 술마시고담배피고방탕한죄, 음란간음한죄, 동성애한죄, 학대하고폭행한죄, 말로상처준죄, 혈기분노한죄, 불평불만한죄, 판단하고정죄한죄, 미워하고저주한죄, 모함하고비방한죄, 분쟁하고보복한죄, 시기질투한죄, 교만하고무시한죄, 고집과아집부린죄, 의심하고불신한죄, 걱정근심한죄, 사치하고낭비한죄, 게으르고나태한죄 등 대한민국정부와 군인들이 삼별초의 난과 4·3항쟁으로 제주도민에게 지은죄와 남한 국민들이 지은죄를 제가 대신 회개하오니 용서하여 주시옵소서!

2. 고려시대조정과 대한민국정부와 군인들이 삼별초의 난과 4·3항쟁으로 제주도민에게 지은 죄와 남한 국민들이 지은죄로 인해 남한 전체 국민들과 제주도민 전체를 공격하는 모든 죄악의 연결고리와 사슬을 **예수 그리스도의 이름으로 파쇄하고 끊어내노라!**

3. 남한주민 전체와 제주도민 전체의 영·혼·육에서 방해하고 공격하는 모든 어둠의 세력들! 인본주의 주체사상 공산주의 사회주의 독재의영, 전쟁과침략의영, 속박과억압의영, 억울함의영, 두려움의영, 의심불신의영, 살인의영, 자살의영, 유산의영, 이혼의영, 좌절의영, 열등감의영, 가난과궁핍의영, 토색착취의영, 도둑질의영, 탐욕의영, 거짓과사기의영, 폭력의영, 혈기분노의영, 불평불만의영, 판단과정죄의영, 미움과저주의영, 시기질투의영,

술 · 담배중독의영, 방탕과도박의영, 마약의영, 음란간음의영, 동성애의영, 미혹의영, 매개체의영, 고집아집의영, 교만의영, 지식의영, 사치와낭비의영, 게으름과나태의영, 우울증과조울증의영, 소화불량, 불면증, 편두통, 뇌졸중, 고혈압, 심장병, 관절염, 축농증, 당뇨, 비만, 중풍, 통풍, 치매, 변비, 비염, 뇌암, 폐암, 간암, 위암, 대장암, 신장암, 전립선암, 갑상선암, 자궁암, 유방암 각종 암과 질병의영 등 모든 어둠의 세력들은 남한주민 전체와 제주도민 전체의 영 · 혼 · 육과 마음과 생각 속에서 **예수 그리스도의 이름으로 파쇄하고 끊어내노라!**

4. 주님! 거룩하신 보혈로 남한 국민 전체와 제주도민 전체의 영 · 혼 · 육을 덮어 주시옵소서!

5. 남한 국민 전체와 제주도민 전체의 영 · 혼 · 육은 정수리부터 발끝까지 주님의 보혈과 성령님의 은혜와 능력과 사랑과 기름 부으심으로 온전히 성령님께만 이끌림 받는 믿음의 사람들로 **거듭난 것을 예수 그리스도의 이름으로 선포하고 축복하노라!**

6. **하나님 아버지!** 하늘의 천군 천사를 초청하오니 속히 남한 국민 전체와 제주도민 전체에게 파송하여 주셔서 남한 국민과 제주도민 한 사람 한 사람 안전하게 호위하여 오직 성령님께만 이끌림 받는 믿음의 사람들로 지키시고 보호하시고 인도하여 주시옵소서!

〈 우리나라 역대 왕들과 대통령들과 시조까지 조상 대대로 지은의 죄 * 환경 〉

1. 하나님! 우리나라 역대 왕들과 대통령들과 조상 대대로 시조까지 지은 모든 죄를 제가 대신 회개하오니 용서하여 주시옵소서. 하나님을불신하고 대적한죄, 하나님을믿지않은죄, 각종우상을섬긴죄, 조상신을섬긴죄, 우상앞에자손들을바친죄, 무당을믿고굿을한죄, 전쟁을한죄, 살인한죄, 인육을먹은죄, 자살한죄, 유산한죄, 이혼한죄, 토색하고착취한죄, 도둑질한죄, 욕심부린죄, 거짓말하고사기친죄, 도박한죄, 술마시고담배피고방탕한죄, 음란간음한죄, 동성애한죄, 학대하고폭행한죄, 말로상처준죄, 혈기분노한죄, 불평불만한죄, 판단하고정죄한죄, 미워하고저주한죄, 모함하고비방한죄, 분쟁하고보복한죄, 시기질투한죄, 교만하고무시한죄, 고집과아집부린죄, 의심하고불신한죄, 걱정근심한죄, 사치하고낭비한죄 게으르고나태한죄 등 우리나라 역대 왕들과 대통령들과 시조까지 조상 대대로 지은 모든 죄를 제가 대신 회개하오니 용서하여 주시옵소서!

2. 우리나라 역대 왕들과 대통령들과 시조까지 조상 대대로 지은 모든 죄로 인해 남한 전체와 제주도 땅을 공격하는 모든 죄악의 연결고리와 사슬을 **예수 그리스도의 이름으로 파쇄하고 끊어내노라!**

3. 남한 땅 전체와 제주도 전체의 환경 구석구석에서 방해하고 공격하는 모든 어둠의 세력들! 하나님을대적하는영, 인본주의 주체사상 공산주의 사회주의영, 독재의영, 전쟁과침략의영, 속박과억압의영, 억울함의영, 두려움의

영, 살인의영, 자살의영, 의심불신의영, 유산의영, 이혼의영, 좌절의영, 이방신의영, 열등감의영, 가난궁핍의영, 토색착취의영, 도둑질의영, 탐욕의영, 거짓과속임의영, 사기의영, 폭력의영, 분노의영, 불평불만의영, 판단과정죄의영, 미움과저주의영, 시기질투의영, 술 · 담배중독의영, 방탕과도박의영, 마약의영, 음란간음의영, 동성애의영, 미혹의영, 매개체의영, 고집과아집의영, 교만의영, 지식의영, 사치와낭비의영, 게으름과나태의영, 우울증과조울증의영, 정신분열조현병의영, 소화불량, 불면증, 편두통, 뇌졸중, 고혈압, 심장병, 관절염, 축농증, 당뇨, 비만, 중풍, 통풍, 치매, 변비, 비염, 뇌암, 폐암, 간암, 위암, 대장암, 신장암, 전립선암, 갑상선암, 자궁암, 유방암 각종 암과 질병의영 등 모든 어둠의 세력들은 남한 땅 전체와 제주도전체의 환경 구석구석과 공기의 흐름 하나하나에서 **예수 그리스도의 이름으로 명하노니 결박당하고 무저갱으로 떨어질 지어다!**

4. 주님! 거룩하신 보혈로 남한 땅 전체와 제주도 전체의 환경 구석구석을 덮어주시옵소서!

5. 남한 땅 전체의 산과 물, 제주도 전체의 환경 구석구석과 공기의 흐름 하나하나까지도 주님의 보혈과 전지전능하신 성령님의 은혜와 능력과 사랑과 기름 부으심으로 온전한 성령의 전과 하나님 나라로 **거듭난 것을 예수 그리스도의 이름으로 선포하고 축복하노라!**

6. **하나님 아버지!** 하늘의 천군 천사를 초청하오니 속히 남한 땅 전체와 제주도 전체로 파송하여 주셔서, 산과 물 환경 구석구석과 공기의 흐름 하나

하나까지도 안전하게 파수를 서서 지키시고 보호하시므로 오직 빛이 임하는 하나님 나라가 되도록 인도하여 주시옵소서!

제주도민들의 아픔이 치유되고 상처가 회복되어 대한민국 정부와 하나 된 것을 선포 하노라!

이렇게 기도를 하고 기도문 10장을 복사해 작게 접어 돌돌 말아 2018년 백두산에서처럼 땅속에 심기 좋게 만들었습니다. 드디어 4월 7일 오전 11시경에 제주도 렌트카 사업소에 도착했는데, **'무지개 통일 플러스 렌트카'**라는 상호가 저희의 미션을 확증해 주었습니다.

또한 나중에 합류한 자매가 공항으로 오는 리무진 버스를 탔는데 기사 앞자리에 동일한 크기와 모양의 커다란 열쇠 4개가 걸린 꾸러미를 달아 놓은 것이 눈에 들어와 주님이 주시는 예언적 사인으로 보여 사진을 찍어 왔다며 보여주었습니다. 이번 사역을 준비할 때 주님이 "너희 4사람이 제주도의 동서남북 사방에서 억울함과 슬픔으로 막혀있던 영적 기류를 바꾸고, 연합적 관계의 문을 여는 역할을 하게 될 것"이라고 말씀하셔서 계속 그렇게 선포했는데, 그 일에 대한 확증을 주신 것입니다.

김포공항 행 리무진 버스의 열쇠 4개

먼저 사역을 요청받은 장소로 가서 사역을 마치고 일행들이 점심식사를 하는 동안, 저는 속이 불편해 카페에서 커피를 마시며 계속 이번 사역을 방해하고 공격하는 영들을 대적하는 기도를 했더니 나아졌습니다. 식사를 마친 일행들과 함께 포도주스를 사서 4.3 항쟁 당시 희생자들의 시체가 모여 있었던 '너븐숭이 4.3 유적지'를 찾아가 보니 기념관 앞쪽으로 약 20여 개의 애기무덤들이 있었습니다. 저는 그곳 중앙에 기도문을 심고 포도즙을 무덤마다 뿌려 주님의 보혈로 덮고 기도한 후에 무덤 전체를 돌면서 쇼파르(양각나팔)를 7번 불어 이곳에 하나님 나라가 임하여 사랑과 화합이 풀어진 것을 선포했습니다. 이어서 오른쪽으로 이동하여 어른들의 시체가 놓여 있던 모습으로 돌비들이 누워있는 옴팡 밭(움푹 들어간 장소)에도 기도문 3개를 심고 포도주를 뿌려 주님의 보혈로 덮고 동일하게 쇼파르를 불어 하나님 나라를 선포했습니다. 그곳에는 제주도 4.3 항쟁의 내용을 담았던 현기영의 소설 '순이 삼촌' 문학비가 세워져 있었습니다.

너븐숭이 애기무덤에서 포도즙 뿌림

　그다음은 위령비가 세워진 곳으로 이동해 희생자들의 이름이 새겨진 크고 넓은 돌비 전체에 포도즙을 부어 주님의 보혈로 그들의 아픔을 위로했는데, 동역자 세 사람이 비석에 흐르는 포도즙을 닦으며 그곳에 새겨진 443명의 희생자 이름을 불러가며 기도하는 소리를 듣는데, 제 가슴이 뭉클해지면서 그곳의 억울함과 슬픔이 걷히고 위로와 평안이 풀어지는 것을 느꼈습니다. 향을 피우는 곳에도 포도즙을 붓고 제단 아래에 기도문을 심고 그곳에서도 7번 쇼파르를 불어 하나님 나라의 임재를 선포했습니다.

4 · 3희생자 443명의 이름이 새겨진 비석

■ 너븐숭이 4 · 3 기념공원

마을 앞바다에 평화롭게 떠있는 다려도가 눈부시게 아름답다. 그러나 북촌
리는 4 · 3의 과정을 겪는 동안 330여호, 1500여 명의 마을 인구 중 500여
명이 토벌대의 보복학살로 희생됨으로써 리 단위로는 최대의 피해 마을로
기록되고 있다.

북촌리는 4 · 3당시 조천면의 동쪽 끝에 자리 잡은 해변마을이다. 본동 서
쪽에 있는 '해동'과 선흘리와 경계지점에 위치한 '억수동'이란 자연 마을을
품고 있다. 이 마을은 일제시대 당시 항일운동을 한 선각자들이 많았고 해
방 후에는 건준, 인민위원회를 중심으로 자치조직이 활성화되었던 곳이기
도 하다.

– 중략–

그러나 1947년 8월 경찰에 대한 폭행사건과 1948년 6월 마을 포구에서 발
생한 우도지서장 살해와 납치사건이 북촌리 청년들에 의해 벌어지면서부터
늘 군경토벌대의 주목을 받았고, 4 · 3의 와중에는 많은 청년들이 토벌대의
횡포를 피해 피신하면서 엄청난 희생을 불러왔다.

대부분의 청년들이 자의 반 타의 반 마을을 떠날 수밖에 없었던 1948년 12
월 16일에 첫 번째 인명피해가 발생했다. 민보단을 조직해 마을을 지키고
토벌대에 협조하던 24명의 주민들이 느닷없이 군인들에게 끌려가 동복리

지경 '난시빌레'에서 집단총살당한 것이다.

이 엄청난 충격에서 채 벗어나지도 못한 1949년 1월 17일, 세계사적으로도 유래를 찾아볼 수 없는 대규모 민간인 학살이 북촌리에서 자행됐다. 4 · 3 당시 단일 사건으로는 가장 많은 인명 희생을 가져온 북촌리학살 사건이 북촌국민학교를 중심으로 한 동서쪽 들과 밭에서 자행된 것이다. 이 날 북촌리의 마을에 있었던 불가항력의 남녀노소 400명 이상이 한 날 한 시에 희생되었다.

북촌국민학교는 4 · 3 당시 최대의 피해 마을인 북촌리 학살의 상징으로 남아있다.

너븐숭이의 애기무덤은 당시 상태로 잘 보존되어 있다. 현재 이곳에는 4 · 3유적지 정비사업에 따라 북촌학살의 비극을 알리는 소규모 기념관과 북촌 사건을 통해 4 · 3을 전국에 알린 현기영의 소설 '순이삼촌' 문학비가 들어서 있다.

▣ 너븐숭이 애기무덤

북촌 주민들이 밭일을 하다가 돌아올 때 쉬어가던 넓은 팡이 있어서 '너븐숭이'라 불리는 이곳에는 애기무덤 20여개가 군락을 형성해 있어 4 · 3 당시 참혹했던 북촌대학살을 증언하고 있다.

이곳은 4 · 3 이전부터도 어린아기가 병에 걸려 죽으면 묻던 곳이라 한다.

통일을 위해 준비하시는 하나님

지금까지 소나무와 가시덤불이 무성하여 무덤이 드러나지 않았다가 2001년 북제주군 소공원 조성사업으로 부지가 정리되면서 드러나게 된 것이다. 지금 현재 이곳에는 20여기의 애기무덤이 모여 있고 그 옆 밭과 길 건너에도 몇 기의 애기무덤이 있다. 그중 적어도 **3기 이상**은 북촌대학살 당시 희생된 어린아이의 무덤이다.

이곳의 모든 무덤들이 4·3 희생자의 무덤은 아니지만 당시 상태로 보존되어 있다. 또한 잔디나 변변한 장식도 없이 초라하게 자리하고 있어서 당시의 참혹하고 무모한 학살을 알려주기에는 더없이 소중한 공간이다. 따라서 어설프게 무덤을 치장하거나 양지로 이장하는 성역화보다는 지금 현재의 상태로 과거의 아픈 역사를 반추하는 역사교육의 장으로 활용할 방도를 찾아야 할 것이다.

〈 출처: 제주4.3연구소, 「4.3유적」中 발췌〉

4.3 유적지에서 사역을 마치고 동역자들과 함께 차를 타고 제주도 전체를 돌며 기도하던 중에 저는 뒷자리 창문을 열고 쇼파르를 불다가 호흡이 모자라 잠시 쉬게 되었습니다. 그런데 그때 양각나팔 속으로 바람이 역으로 들어와 쇼파르를 불어주기 시작하는데, 그 소리가 얼마나 좋은지 제가 부는 것보다 더 웅장하게 계속해서 불어주어서 저희 모두 탄성을 질렀습니다. 그래서 저는 다음과 같이 계속 선포기도를 하며 기쁘게 서귀포까지의 일주를 마칠 수 있었습니다.

"제주도 전체에 있는 슬픔, 억울함, 원망, 분노, 미움, 분리, 반역, 거역, 죽음과 살인의 영, 우상의 세력들은 예수 그리스도의 이름으로 명하노니 결박당하고 무저갱으로 떨어질 지어다!!!

악한 영들이 떠난 자리에 주님의 보혈과 사랑의 기름이 부어져 제주도민 전체가 아름답게 연합을 이루고 제주도 전역에 하나님 나라가 임하여 천국의 영적 기류로 바뀌게 된 것을 예수 그리스도의 이름으로 선포하며 축복합니다!!!"

그리고 이날은 서울, 부산시장 보궐 선거가 있는 날이었는데, 주님이 우리와 함께하시며 이 사역을 기뻐 받으신다면 그 증거를 오늘 치러지는 선거 결과로 나타내 주시라고 기도했습니다. 이때 주님이 앞 차 번호 4444를 보여주시며, 넷째 날 하늘에 광명체를 만드시고 낮과 밤을 주관하게 하셨던 하나님의 그 은혜가 제주도 동서남북 사방에 풀어져, 제주도 전체를 덮고 있던 암울한 영적 기류와 어둠이 걷히고 빛이 임하는 하나님 나라가 임했음을 확증해 주셨습니다.

기적의 한라산 등반

4월 8일 새벽 5시에 일어나 한라산 등반을 위해 기도를 하고, 선거 결과를 보니 주님이 우리와 함께하시며 이 사역을 기쁘게 받으셨다는 것을 확인할 수 있었습니다. 저희는 가벼운 마음으로 한라산 국립공원에 도착해 오전 8시 입장시간에 맞춰 출발했습니다. 이번에 주신 미션 가운데 하나가 한라산 정상에서 통일을 선포하는 것이었는데, 2018년 백두산 정상에서 선포한 남북의 통일을 한반도 남쪽의 끝 한라산에서도 선포하게 되면 우리나라 전체에 통일의 예언적인 선포가 이루어지는 것이기 때문이라고 생각합니다. 그런데 하나님은 한라산을 오르기 전 먼저 2021년 3월 26일 유월절에 한반도의 허리인 대관령에서 완성의 수 6명이 유월절 기념예배를 드리고 동서남북으로 쇼파르를 7번 불어 이 땅에 하나님의 나라가 임하고 대한민국이 통일을 이루게 된 것을 미리 선포하게 하셨습니다.

2021년 유월절에 대관령에서 통일을 선포

드디어 백록담까지 1,950m의 대장정이 시작되었는데, 성판악코스로 올라가니 처음에는 길이 완만하게 이어졌습니다. 저는 가면서 계속 선포기도하고 1,000m 지점에서 잠시 쉬는 동안, 쇼파르를 7번 불어 하나님 나라의 임재를 알리고 널리 확산시켰습니다. 계속 올라 1,500m 지점에 있는 진달래 휴게소에서 간단하게 김밥으로 점심식사를 하고 12시 30분 통제시간에 다시 출발을 했습니다. 그런데 정상을 얼마 앞둔 지점에서 40대로 보이는 한 남자가 쓰러져 있고 일행이 계속 다리를 주무르는데 쥐가 나서 그렇다고 하는 모습을 보면서 평소에 운동도 하지 않고 몸도 약한 일행들과 나이도 많은 제가 여기까지 올라온 것은 정말 기적이며 하나님이 함께하신다는 확증이라는 생각에 감사했습니다.

　1시 44분, 마침내 정상에 도착했는데 날씨가 너무 청명해서 하늘이 손에 잡힐 듯 가까이 보였고 무엇보다도 좀처럼 보기 힘들다는 백록담에 물이 고여 있는 모습이 보였습니다. 가장자리의 눈은 이곳의 높이를 말해 주는 듯했습니다. 이렇게 하나님은 백두산에서는 보지 못했던 풍경을 보여주시며 그날의 일과 오늘에 대한 보상을 해주셨습니다.

한라산 정상 백록담의 물과 눈

많은 사람들이 기념사진을 찍으려고 줄을 서 있는데, 저는 사람들의 눈을 피해 정상 중앙 다섯 곳에 포도즙을 뿌리고 기도문을 심었습니다. 그리고 오른쪽에서 사방으로 돌며 쇼파르를 3번 불고 중앙에서 7번, 왼쪽으로 가서 3번을 불었습니다. 그런데 신기하게도 백록담 물을 바라보며 7번 돌면서 쇼파르를 부는 동영상 촬영 시간이 1.11(1분 11초)라 통일을 3번 확증해 주시는 사인으로 받았습니다. 더욱 감사한 것은 2시 정각에 모두 하산해야 하므로 10분 전부터 계속 하산을 준비하라는 방송을 하는데, 다행히 나팔을 불지 못하게 제지하지 않아서 하나님이 주신 미션을 모두 완수할 수 있었습니다. 백두에서 대관령과 한라까지 땅을 밟으며 통일을 위한 미션을 잘 감당할 수 있게 도와주신 주님을 찬양합니다!!!

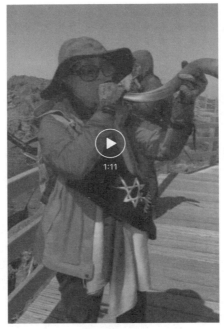

한라산 정상 중앙에서 쇼파르를 7번 불고 마침

드디어 하산을 하는데 300m쯤 내려왔을 때 왼쪽 등산화 밑창이 떨어져 도저히 걸을 수가 없었습니다. 난감해하고 있는데 동행한 집사님이 예쁜 손수건으로 밑창을 감싸 묶어주었습니다. 오른쪽은 떨어지지 않아 다행이라고 여기며 100m쯤 더 내려왔을 때 오른쪽마저 밑창이 떨어져, 아깝지만 집사님의 예쁜 손수건으로 다시 또 묶고 내려왔습니다. 동행한 자매는 스틱 끝이 두 개 다 부러지는 어려움을 겪었고, 저희는 한라산 등반 12시간 만인 밤 8시가 되어서야 마지막으로 일행 모두가 산을 내려올 수 있었습니다. 이렇게 모든 사역과 미션을 주님의 도우심으로 잘 마치고 다음날 9일 밤 돌아오는데, 비행기가 연착되어 일행 모두 새벽 1-2시가 되어서야 각자의 집으로 귀가할 수 있었습니다. 힘든 일정이었지만 머지않아 모두가 하나님이 하셨다고 인정할 수밖에 없는 방법으로 통일을 이루실 주님을 기대하며 감사하는 마음으로 그날의 피로를 이길 수 있었습니다.

지금 주님은 통일을 빠르게 준비하고 계십니다. 그런데 먼저는 국민들의 마음에 통일을 이루어야 한다는 신념이 생겨야 하겠고, 교회들은 통일이 되었을 때 북한 주민들을 어떻게 품고 그들에게 복음을 전할 것인지를 연합적으로 준비해야 한다고 생각합니다.

통일이 반드시 이루어져야 하는 이유

하나님은 이방민족을 대표하는 제사장 국가로 통일한국을 선택하셨습니다. 우리나라 대한민국의 국부이신 이승만 대통령의 부인 프란체스카 여사는 유대인이었습니다. 저는 이것이 통일한국이 이스라엘과 연합하여 한 새사람을 이루어 유대인과 이방인을 화목케 하는 제사장 나라로 부르심 받은 증거라고 생각합니다. 하나님은 한 민족이 분열되는 것을 원치 않으시기에, 이스라엘이 둘로 나뉘었을 때 에스겔을 통해 "남 유다와 북 이스라엘이 하나님의 손에서 하나가 되었다"라고 예언적으로 선포하게 하셨고, 다윗을 통해 통일왕국을 이루셨습니다. 1989년에는 동독과 서독의 베를린 장벽을 무너뜨리시고, 1990년에 통일을 이루게 하셨습니다. 그런 하나님이 양의 나라로 부르심 받은 대한민국을 이대로 두시지는 않을 것이며, 무엇보다도 북한 정권의 인권 유린이 70년을 넘어 그 죄악이 이미 한계를 넘은 것으로 보이기 때문입니다. 1953년 7월 27일 휴전협정과 함께 휴전선이 생기므로 남북이 분단된 지 현재(2021년)로 68년째인데, 70년이 되는 2023년에는 반드시 변화가 있을 것을 저는 기대하며 선포기도 합니다. 왜냐하면 하나님은 이스라엘 백성들도 바벨론 포로생활 70년 만에 회복시켜주셨기 때문에, 이방민족을 대표하는 제사장 국가로 선택하신 대한민국에게도 동일한 은혜를 주시리라 믿기 때문입니다.

저는 요즘 중국과 북한에서 일어나는 현상들을 볼 때, '하나님이 이스라엘을 출애굽 시키셨던 때, 아모리 족속의 죄악이 가득 찼던 것과 비슷하다'라고 느낍니다. 소돔과 고모라의 죄악이 관영했을 때 그들을 유황불로 멸하셨던 것처럼 북한과 중국의 죄악이 위험수위를 넘어 끝을 모르고 달려가고 있기에, 이제는 하나님이 어둠을 걷어내시고 빛을 발하실 때가 되었다고 생각합니다. 그래서 믿는 우리가 다가오는 통일과 대한민국의 부르심의 성취를 위해, 내년 3월 9일에 있을 대통령 선거에서 진정으로 나라와 국민을 사랑하고, 민족을 다스릴 지혜를 하나님께 겸손히 구하는 사람, 하나님이 예비하신 인물이 대선주자로 나오게 되고, 그가 뽑힐 수 있도록 국민의 마음이 하나로 모아져서 정권교체가 이루어지길 위해서 기도해야 합니다. **"우리 대한민국은 하나님이 보호하시는 나라입니다. 하나님의 통치와 사랑과 정의가 바로 세워지는 나라를 만들겠습니다!"**라고 당당하게 외치며 인본주의와 맞설 사람이 대통령 후보로 선출된 것을 예수 그리스도의 이름으로 선포합니다!!!

 저희 교회는 화, 수, 금요일 예배와, 주일 예배시간에 대한민국의 정치를 위해 개인적으로는 매일 기도하고 있는데 상황에 따라 다음과 같이 3번이나 내용을 바꿔가며 기도해오고 있습니다.

대한민국의 정치를 위한 기도 1

하나님 아버지!
우리나라 **대통령**과 **국회의원** 등 **정치인들** 모두가 권력에 대한 욕심 없이, 진심으로 나라와 국민을 사랑하는 마음에서 바른 정책을 펴 나가며, 국민들의 삶에 책임을 갖도록 성령님이 그들의 양심을 터치해 주셔서, 이 나라가 속히 연합하고 사회가 안정을 찾게 된 것을 **예수 그리스도의 이름으로** 선포하며 축복합니다!!!

지금은 국가 재난 상황이므로 여야 의원들이 지혜를 모아서 속히 경제가 살아날 수 있도록 민생안전에 최선을 다하며, 문 대통령이 제시한 한국식 뉴딜정책이 성공적으로 펼쳐질 수 있도록 세밀하게 검토하고 의견을 수렴하여 실행하게 된 것을 **예수 그리스도의 이름으로** 선포합니다!!!

주님의 보혈로 우리나라 경제시스템에 수혈해 주셔서, 많은 일자리가 창출되어 청년실업자들이 줄어들고, 꿈과 희망을 포기한 젊은이들의 삶에 활력이 살아나므로, 그들이 계속 경제력을 창출하고 강화하는 선순환이 일어나게 된 것을 **예수 그리스도의 이름으로** 선포하며 축복합니다!!!

21대 국회의원 선거를 통해 우리 그리스도인들이 점검하고 반성해야 할 자세를 겸허하게 받아들이고, 중도 시민의 민심을 정확하게 파악하여 그들의 마음을 끌어들일 수 있는 전략을 지혜롭게 펼치므로 기독 보수파의 개혁과 승리가 일어난 것을 **예수 그리스도의 이름으로** 선포합니다!!!

문재인 정부의 남은 임기 동안 주님 도와주셔서 사상초유의 여대 국회로써 일방적인 정책을 펴 나가지 않고, 야당 의원들의 의견도 겸손하게 수렴하고 양당 모두 보수 진보의 진영논리가 아닌, 진정한 나라 발전과 민생안전에 총력을 기울이게 된 것을 **예수 그리스도의 이름으로** 선포합니다!!!

예수 그리스도의 이름으로 명하노니 천군 천사들은 청와대와 국회의사당, 대통령과 국회의원 등 정치인들 속에서 그들을 조종하는 종교의영, 하나님을 대적하는영, 분리반역 불순종의영, 인본주의 주체사상 공산주의 사회주의의영, 권력탐욕의영, 물질탐욕의영, 교만의영, 이단과 주술의영, 우상숭배의영, 모함과 비방의영, 거짓과 속임의영, 미혹의영, 아합과 이세벨의영, 하만의영을 결박해 무저갱으로 던지고 주님 보혈로 인을 칠지어다!!!

천군 천사들은 청와대와 국회의사당에 영적기류를 바꾸고 파수를 서서 지켜 보호 할지어다!!!
대통령과 국회의원 등 정치인들은 주님 보혈과 성령의 능력으로 정결케 되고 국민과 나라 사랑하는 진실한 자들로 변화된 것을 **예수 그리스도의 이름으로** 선포하며 축복합니다!!!

하나님 아버지! 코로나19 사태를 통해 국민 모두가 그동안 당연하게 여겼던 일들이 결코 당연한 것이 아니라, 하나님의 도우심과 함께하심으로 가능했다는 것을 깨닫고 하나님을 경외하는 마음을 주셔서 주님 앞으로 많이 돌아오게 된 것을 **예수 그리스도의 이름으로** 선포합니다!!!

믿는 자들이 빛과 소금의 역할을 제대로 감당하도록 성령님 겸손과 진리의 기름을 부어주셔서, 교회가 복음의 등불이 된 것을 **예수 그리스도의 이름으로** 선포하며 축복합니다!!!!

대한민국의 정치를 위한 기도 2

하나님 아버지!

우리나라 **대통령**과 **국회의원 등 정치인들** 모두가 권력에 대한 욕심 없이, 진심으로 나라와 국민을 사랑하는 마음에서 바른 정책을 펴 나가며, 국민들의 삶에 책임을 갖도록 성령님이 그들의 양심을 터치해 주셔서, 이 나라가 속히 연합하고 사회가 안정을 찾게 된 것을 **예수 그리스도의 이름으로** 선포하며 축복합니다!!!

여야 의원들이 지혜를 모아서 어려운 국가 상황이 속히 종결되고 경제가 살아날 수 있도록 민생안전에 최선을 다하며, 우리나라 실정에 잘 맞는 경제정책이 세워지고 성공적으로 펼쳐지도록 전문가들의 세밀한 의견을 수렴하여 실행하게 된 것을 **예수 그리스도의 이름으로** 선포합니다!!!

주님의 도우심으로 새로운 경제정책이 활성화되어서, 많은 일자리가 창출되어 청년실업자들이 줄어들고, 꿈과 희망을 포기한 젊은이들의 삶에 활력이 살아나므로, 그들이 계속 경제력을 창출하고 강화하는 선순환이 일어나게 된 것을 **예수 그리스도의 이름으로** 선포하며 축복합니다!!!

내년 3월 9일에 있을 대통령 선거에서 우리나라를 위해 하나님이 예비하신 인물이 나오고 뽑힐 수 있도록 성령님 역사하셔서 정치인들이 전략적으로 준비하여 국민들의 마음이 하나로 모아져 주님의 뜻에 합당한 선거가 이루어진 것을 **예수 그리스도의 이름으로** 선포하며 축복합니다!!!

문재인 정부가 남은 임기 동안 권력 재집권 욕심을 버리고 그동안 실패한 정책들을 겸손하게 돌아보며 원인을 정확하게 진단 분석하여 대안을 마련하고 이제라도 진정한 나라 발전과 민생안전에 총력을 기울이는 진실한 모습들을 보이도록 주님 도와주시옵소서!!!

예수 그리스도의 이름으로 명하노니 천군 천사들은 청와대와 국회의사당, 대통령과 국회의원 등 정치인들 속에서 그들을 조종하는 종교의영, 하나님을 대적하는영, 분리반역 불순종의영, 인본주의 주체사상 공산주의 사회주의의영, 권력탐욕의영, 물질탐욕의영, 교만의영, 이단과 주술의영, 우상숭배의영, 하만의영, 모함과 비방의영, 거짓과 속임의영 미혹의영, 아합과 이세벨의영을 결박해 무저갱으로 던지고 주님 보혈로 인을 칠지어다!!! 청와대와 국회의사당, 대통령과 국회의원 등 정치인들은 주님 보혈과 성령의 능력으로 정결케 되고 국민과 나라 사랑하는 진실한 자들로 변화된 것을 선포하며 축복합니다!!!

하나님 아버지! 코로나19 사태를 통해 국민 모두가 그동안 당연하게 여겼던 일들이 결코 당연한 것이 아니라, 하나님의 도우심과 함께하심으로 가능했다는 것을 깨닫고 하나님을 경외하는 마음을 주셔서 주님 앞으로 많이 돌아오게 된 것을 **예수 그리스도의 이름으로** 선포합니다!!!

믿는 자들이 빛과 소금의 역할을 제대로 감당하도록 성령님 겸손과 진리의 기름을 부어주셔서, 교회가 복음의 등불이 된 것을 **예수 그리스도의 이름으로** 선포하며 축복합니다!!!

대한민국의 정치를 위한 기도 3

하나님 아버지!

우리나라 대한민국이 정책적으로 이스라엘을 돕고 축복하는 양의 나라가 되어 이스라엘과 연합하여 하나님 편에 서고, 친미 동맹국을 계속 유지하며 일본과도 화목하게 되어 국제정세가 안정된 것을 **예수 그리스도의 이름으로** 선포하며 축복합니다!!!

대한민국에서 종전선언 발언이 무효화되고, 국가보안법 폐지와 학생인권 조례안과 차별금지법 통과가 무산되고, 북한 사회체제의 주민자치법과 연방제 통일을 주장하는 말의 세력들이 완전히 끊어지게 된 것을 **예수 그리스도의 이름으로** 선포합니다!!!

이 사회에서 종북, 친중, 이슬람을 옹호하는 정치, 언론, 종교, 교육, 교회, 시민단체, 전교조, 민주노총이 무너져 그 세력들이 깨끗이 사라지고, 부정선거 시스템이 완전히 뿌리 채 뽑혀서 공정선거가 이루어지므로, 자유민주주의 체제 복음통일을 이룬 대한민국 통일한국이 된 것을 **예수 그리스도의 이름으로** 선포하며 축복합니다!!!

우리나라 정치계에서 권력을 빌미로 행해지는 여러 가지 부정부패가 완전히 뿌리 뽑히고, 임기응변과 권모술수에 능한 정치인들이 국민들의 심판을 받는 기회가 되어서 하나님의 정의와 공의가 살아 숨 쉬는 대한민국이 된 것을 **예수 그리스도의 이름으로** 선포하며 축복합니다!!!

지금도 살아서 역사하시는 하나님

내년 3월 9일에 있을 대통령 선거에서 성령님 강력하게 역사하시므로 자유민주주의와 자유시장경제, 한미동맹과 국가안보론을 주장하며 세계정세를 말씀으로 풀어내는 인물이 대통령으로 뽑히게 된 것을 **예수 그리스도의 이름으로** 선포하며 축복합니다!!!

예수 그리스도의 이름으로 명하노니 천군 천사들은 청와대와 국회의사당, 대통령과 국회의원 등 정치인들 속에서 그들을 조종하는 종교의영, 하나님을 대적하는영, 분리반역 불순종의영, 인본주의 주체사상 공산주의 사회주의의영, 권력탐욕의영, 물질탐욕의영, 교만의영, 이단과 주술의영, 우상숭배의영, 하만의영, 모함과 비방의영, 거짓과 속임의영 미혹의영, 아합과 이세벨의영을 결박해 무저갱으로 던지고 주님보혈로 인을 칠지어다!!! 청와대와 국회의사당, 대통령과 국회의원 등 정치인들은 주님보혈과 성령의 능력으로 정결케 되고 국민과 나라사랑하는 진실한자들로 변화된 것을 선포하며 축복합니다!!!

하나님 아버지! 코로나19라는 징계의 매를 이제 그만 거두시고 경제가 살아나도록 도와주셔서, 젊은이들이 꿈과 소망을 찾고 잃었던 신앙을 회복하며 주님께 많이 돌아와 새로운 부흥을 이루게 된 것을 **예수 그리스도의 이름으로** 선포하며 축복합니다!!!

그동안 교회가 영합하지 않고 한목소리로 기도하지 못했던 것을 회개하고 연합하여 앞으로 빛과 소금, 진리의 파수꾼 역할을 감당하게 된 것을 **예수 그리스도의 이름으로** 선포합니다!!!

다음은 저희 교회에서 '대한민국의 정치를 위한 기도'와 함께 하고 있는 '우리나라 통일을 위한 기도'입니다.

우리나라와 통일을 위한 기도

하나님 아버지!

우리나라 차기 **대통령** 당선자가 하나님을 경외하는 사람이 선출되도록 지금부터 국민들의 마음을 모아주셔서 국론이 분열되지 않고 하나 되어 나라가 안정되도록 역사하여 주시옵소서!!!

우리나라 각 부처의 부서장들이 손이 깨끗하고, 마음이 청결하며, 하나님의 얼굴을 구하는 자들로 세워져, **정치, 경제, 문화, 예술, 종교, 교육, 가정** 가운데 하나님의 정의와 공법이 바로 서게 하옵소서!!!

한국교회 가운데 성령의 역사하심을 비방하고 인정하지 않는 전통적 교회나 목회자들의 사역과 예배 현장에 강력한 성령의 불 폭탄이 떨어지고, 성령의 토네이도가 불어, 그들이 교만을 회개하고 성령님을 인정하게 되었으며, 이 땅에 강력한 회개의 쓰나미가 일어나 낙태와 동성애, 살인이 근절되고, 한반도 전체에 있는 죄악의 요소들을 깨끗이 쓸어간 자리에, 하나님 보좌로부터 흐르는 성령의 생수와 주님 보혈로 가득 채워지고, 다시 성령의 대부흥이 일어난 것을 **예수 그리스도의 이름으로** 선포합니다!!!

전통적 교회와 **사도적 교회**가 **연합하여** 전략적으로 **통일**을 준비할 것을 선포합니다!!!

북한 정부 수립 70주년이 되는 때를 시작으로 하여, 북한이 완전히 핵과 공산주의를 포기하므로 실질적 희년이 북한에 이루어진 것을 선포하며, 김일성 주체사상으로 물든 북한 동포들의 생각을, **하나님 중심사상**으로 바꾸는데 연합된 교회가 중요한 역할을 하게 된 것을 **예수 그리스도의 이름으로** 선포합니다!!!

북한의 김정은을 조종하는 전쟁과 독재의영, 공산당의영, 억압과 폭력의영, 살인의영, 주체사상은 예수 그리스도의 이름으로 명하노니 묶임을 받고 무저갱으로 떨어질지어다!!!

우리나라에서 최초로 성령의 불길이 타올랐던 장소, 장대현교회를 헐고 금수산 태양궁전을 만들어 김일성과 김정일을 섬기는, 북한의 바알브올과 같은 우상숭배의 죄를 우리가 대신 회개하며 북한의 전 지역, 환경 구석구석까지 모든 땅을 주님의 보혈로 덮습니다!!!

북한이 핵무기를 만드는데 들어가는 경제적 통로가 모두 막히고 세계에서 고립되므로, 김정은에 대한 불만 층들이 계속 생겨나고 결속되어, 내란이 일어나 자체적으로 북한 정부가 붕괴되어 북한의 막힌 담이 무너지고 닫힌 문이 열리므로 **자유**와 **평화**와 **복음**의 물결이 강물처럼, **하나님의 은혜와 사랑**이 물이 바다 덮음 같이 북한 전 지역과 동포들을 덮고, **예후** 같은 장군이 일어나 김 씨 3대 세습과 주체사상을 모두 없애므로, 이제 곧 하나님의 방법에 의해 **평화적으로 통일**이 이루어진 것을 **예수 그리스도의 이름으로** 선포하며 축복합니다!!!

통일을 위해 준비하시는 하나님

통일 후 북한 땅에 **사도적 교회**가 제일 먼저 들어가, 죄악으로 황무해진 곳
곳에 자리 잡고 **회개와 주님의 보혈**과 선포로 그 땅을 고쳐서 함경남북도,
양강도, 자강도, 평안남북도, 황해남북도, 강원도 등, 죄악으로 황무한 북한
땅 전 지역에, 주님의 보혈과 성령의 생기가 들어가 에스겔 골짜기의 마른
뼈들이 살아나는 것과 같은 **회복의 기름 부음**이 부어져, 새로운 도시와 역
사를 이루게 된 것을 **예수 그리스도의 이름으로** 선포하며 축복합니다!!!

한반도 전 지역에 **사도적 교회**들이 세워져, 머지않아 다시 오실 **주님의 길**
을 예비하는 아름다운 신부의 영성을 지닌 **주의 군대**들이, **통일한국**에 불일
듯 일어나 주님의 **지상 대 명령**을 감당하며 열방을 제자 삼는데 앞장서므
로 열방에서 이슬람 세력들이 자취를 감추고, 열방이 **하나님** 앞에 무릎 꿇
고 주님께로 돌아오게 된 것을 **예수 그리스도의 이름으로** 선포합니다!!!

하나님이 정하신 때에 이 모든 일들을 이루시고 영광과 경배를 받으실 주
님을 찬양합니다!!!

이렇게 주님이 주시는 감동을 따라 설립 당시부터 4년을 기도해 왔더
니, 현재 이와 같은 일들이 일어나고 있으며, 앞으로 더욱 확장될 것을
저는 믿기에 이 기도를 계속해서 선포할 것입니다. 하나님은 언제나 혼
자 일하지 않으시고 하나님의 사람을 통해 일하시는데, 특별히 중보자들
에게 기도할 마음과 기도제목을 알려주시고, 그들의 기도를 먼저 받으신
후에 그 기도에 응답하셔서 일하시기 때문입니다. 그러므로 우리가 그동
안 통일을 위해, 대한민국의 장래와 정치를 위해, 열방을 위해 뿌린 수많

은 기도의 씨앗은 이미 하늘나라에서 싹을 틔울 준비가 되어 있고, 머지 않아 세계 열방에서 한꺼번에 피어나는 **영적 슈퍼블룸**으로 보게 될 것을 저는 믿습니다.

　열방의 주권자이신 하나님은 선하시며, 오직 주님의 뜻만이 이 땅에 바로 서고 온전하게 이루어질 수 있기 때문에, 코로나19 팬데믹을 통해 하나님의 새로운 계획과 질서가 세워지고 펼쳐지게 하심에 저는 감사하고 있습니다. 2021년 2월 1일부터 HIM에서 매일 아침 6시에 유튜브를 통해 하고 있는 **슈퍼블룸 새벽 기도회**와, 청와대 옆 **국가기도 연합의 집**에서 초교파적으로 함께 모여 나라를 위해 기도하는 기도의 결실이 곧 실제로 나타나게 될 것을 기대하며, 오늘도 우리는 이 땅에서 부르짖는 중보자의 군대로 하늘의 군대와 만나 **마하나임의 춤**을 출 것입니다. 우리 그리스도인들 모두는 마하나임의 군대로써 하늘의 영광을 이 땅에 풀어내는 임무를 수행해야 할 책임이 있습니다. **아름다운 신부의 군대, 마하나임의 군사 여러분 사랑하고 축복합니다!!!**

영적 슈퍼블룸을 계획하시는 하나님

미국과 이스라엘에 슈퍼블룸(Superbloom)을 주신 이유

미국 캘리포니아의 광활한 사막과 척박한 산에서 2017년에 시작돼 2020년까지 **2017, 2019, 2020년 이렇게 3번이나 피어난 슈퍼블룸 현상**이 세계를 가슴 뛰게 했습니다. 특히 2020년에는 비가 오지 않아서 슈퍼블룸을 기대하지 않았었는데, 3월에 기적적으로 많은 비가 와서 4-5월에 슈퍼블룸을 볼 수 있었다고 합니다. **슈퍼블룸**이란 바람에 날려간 꽃씨들이 건조한 사막의 갈라진 틈으로 땅속 깊이 들어가 10~20년을 있다가, 지진이나 홍수 산불 등으로 땅이 움직일 때 영향을 받아 사막 전체에 꽃들이 피어나는 현상입니다. 10년이나 15년 20년 만에 한 번씩 나타나는 그야말로 진귀한 현상인데, 하나님이 미국에 이런 기적을 연이어 보여주신 것입니다. 금영화가 주를 이루지만 그 외에도 다양한 종류의 형형색색의 아름다운 꽃들이 산 전체와 넓은 사막을 가득 메운 모습은 그야말로 천국으로 착각될 만큼 장관을 이루고 있습니다. 영상으로만 보아도 가슴 뛰게 아름다운데, 실제로 보면 그 광경이 얼마나 아름다울지 그곳 가까이에 사는 사람들이 부러울 따름입니다. 그런데 이 것은 오직 하나님만이 하실 수 있는 일이라는 것에 우리 모두는 주목해야 합니다.

또한 이 **슈퍼블룸 현상이 2020년 2월에 이스라엘 사해 주변에서도 일어났는데**, 이것은 '하나님의 어떤 사인이지 않을까?'라고 생각해 볼 수 있습니다. 이스라엘의 슈퍼블룸은 캘리포니아보다는 규모가 작고 덜 화려하지만, 수많은 나라 중에 미국과 이스라엘에서만 피어나게 하신 것에는 분명한 하나님의 뜻이 있으시기 때문입니다. 그래서 그 이유를 생각해 보니, 현재 세계 역사의 주역을 감당하고 있는 <u>미국이 2017년부터 2020년까지 하나님의 뜻에 합당한 정책을 펼치고 있었기 때문</u>이라는 생각이 들었습니다. 그런데 이것은 사람들의 눈에 보이는 현상과는 전혀 다를 수 있습니다. 하지만 하나님은 보이지 않는 것을 보시며, 드러나지 않은 진실도 알고 계시기에, 우리는 그 뜻을 분별하기 어려울 때가 있습니다. 하지만 하나님은 언제나 정확하게 판단하시며 공의롭게 다스리는 분이십니다.

이는 내 생각이 너희의 생각과 다르며 내 길은 너희의 길과 다름이니라 여호와의 말씀이니라 이는 **하늘이 땅보다 높음 같이 내 길은 너희의 길보다 높으며 내 생각은 너희의 생각보다 높음이니라** _ 이사야 55:8-9

그리고 하나님은 언제나 선하시며 은혜로우시고, 악에게 지지 않으실 뿐 아니라, 악을 간과하지도 않으시며 하님의 뜻을 정하신 때에 정확하고 분명하게 이루어 가시는 언약에 신실한 분이십니다. 그렇기에 전 세계가 코로나19로 막막한 상황 가운데 있는 이때에 하나님이 열방의 제사장 국가로 선택하신 **이스라엘에서 슈퍼블룸이 일어났다는 것은, 열방 가운데 앞으로 있을 영적인 축복을 먼저 상징적으로 보여주신 것**이라고 짐작해 볼 수 있습니다.

한국 HIM은 2021년 1월 4-7일까지 **"한국이여 부르심과 정체성을 회복하라!"**라는 주제로 온라인 컨퍼런스를 주최하고, 연이어 **21일 특별기도회**를 이끌었습니다. 그런데 1월 18일 인도자였던 제인 해몬이 슈퍼블룸이 하나님이 우리에게 주신 사인이라고 하면서, 지금까지 그리스도인들이 올려 드렸던 수많은 기도의 씨앗들이 묻혀 있다가, 이제 한꺼번에 응답으로 피어나는 역사를 하나님이 이루실 것에 대한 상징이라고 말하며 슈퍼블룸의 때를 선포했습니다.

"하나님의 기름 부음의 슈퍼블룸!

추수의 슈퍼블룸!
축복의 슈퍼블룸!
영광의 슈퍼블룸!
재정의 슈퍼블룸!

너희가 지금 뒤로 물러나는 것 같아 보이지만 그것은 오히려 나의 계획이다. 내가 지금 너희를 그렇게 만들고 있는 것이다. 회복의 자리로 돌아오게 하기 위해, 앞으로 전진하게 하기 위해, 열방이 진동의 때를 지나고 있다.

어둠 가운데 하나님을 의심하지 말라!
그때 하나님이 빛을 명령하신다!
우리는 영적 전투를 통해 하늘과 정렬되어야 한다!
마하나임 하늘의 군대와 땅의 군대가 정렬되는 역사가 일어난다.
할렐루야!"

마하나임의 뜻과 장소의 기름 부음

'마하나임'은 '두 진영, 두 군대, 천사들의 무리'라는 뜻으로, 야곱이 하란에서 고향으로 돌아가는 길에 형 에서를 만나기 전 두려움으로 가득 차 있을 때, 하나님이 그를 위로하시기 위해 하늘의 군대가 함께 하는 것을 보여주시며 천사들을 보내셨던 장소를 야곱이 '마하나임'이라고 부른 데서 기원된 이름입니다. 그때 그가 '마하나임'이라고 표현한 것은 '하나님의 군대=하늘의 천사들'과 '땅의 자기 사람들'의 두 무리를 두고 한 말이었습니다.

야곱이 길을 가는데 **하나님의 사자들**이 그를 만난지라 야곱이 그들을 볼 때에 이르기를 이는 **하나님의 군대**라 하고 그 땅 이름을 **마하나임**이라 하였더라
_ 창세기 32:1-2

돌아오고 돌아오라 술람미 여자야 돌아오고 돌아오라 우리가 너를 보게 하라. 너

희가 어찌하여 **마하나임**에서 춤추는 것을 보는 것처럼 술람미 여자를 보려느냐

_ 아가서 6:13

'마하나임'은 두 군대라는 뜻과 함께 **'도우심'**과 **'구원'**의 기름 부음이 있는 장소였습니다. 야곱이 어려울 때 그곳에서 하나님의 군대를 만났고, 훗날 다윗 왕도 압살롬의 반란을 피해 도망가던 중 **마하나임**에 도착하자 돕는 사람들이 침상과 대야와 질그릇과 여러 음식을 가지고 나아와 그를 대접하는 그야말로 기적 같은 일을 경험했습니다. 그런데 여기서 그를 **돕는 사람들**이 모두 **이방인**이라는 것을 볼 수 있습니다. 이렇게 다윗과 그의 일행이 **마하나임**에서 전혀 예상치도 못한 이방인들에게 도움을 받는 모습을 통해 그 곳의 기름 부음이 **'도우심'**과 **'구원의 축복'**이라는 것을 우리는 깨달을 수 있습니다.

다윗이 마하나임에 이르렀을 때에 **암몬 족속에게** 속한 **랍바 사람** 나하스의 아들

소비와 **로데발 사람** 암미엘의 아들 마길과 로글림 **길르앗 사람** 바르실래가 침상

과 대야와 질그릇과 밀과 보리와 밀가루와 볶은 곡식과 콩과 팥과 볶은 녹두와 꿀

과 버터와 양과 치즈를 가져다가 다윗과 그와 함께 한 백성에게 먹게 하였으니 이

는 그들 생각에 백성이 들에서 시장하고 곤하고 목마르겠다 함이더라

_ 사무엘하 17:27-29

이렇게 **'두 군대'**라는 뜻의 **'마하나임'**에서 **'다윗 왕과 함께 한 백성들의 무리'**와 **'도움을 주는 이방 사람들'**이 만나 아름다운 사랑을 풀어낸 것처

럼, 코로나 팬데믹으로 각 나라의 국경들이 봉쇄 된 이때에, 열방이 마하나임의 기름 부음을 사모함으로 서로 연합하여 주님의 사랑을 풀어내고 하늘의 군대(천사)와 함께 매일 기쁨과 회복의 춤을 추어, 전 세계에 영적인 슈퍼블룸을 일으켜야 할 것입니다. 이제는 **하나님의 군대**와 **이 땅의 군대**가 만나 연합하여 세상으로 나아갈 때가 왔기 때문입니다. 이 두 군대가 연합되어 세상으로 나아갈 때 하나님 나라의 폭발적인 능력이 나타나고, 영적인 슈퍼블룸이 세계 열방에서 나타나게 될 것입니다.

저는 2021년 1월부터 저희 교회 화요 큐티 모임에서 **아가서**를 나누라고 주님이 말씀하셔서서 순종하고 있었는데, 마침 6장 13절에 마하나임의 춤이 나와서 그것에 대해 찾아보며 깊이 연구해 보았습니다. 우리가 **마하나임의 춤**을 이해하기 위해서는 먼저 아가서의 내용을 이해해야하는데, 아가서에 나오는 '**술람미 여인**'은 '**그리스도인들**'과 더 나아가서는 '**교회**'를 의미하며 '**솔로몬 왕**'은 '**예수 그리스도**'를 상징합니다. 또한 '**예루살렘의 여인들**'은 '**세상 사람들**'을 의미합니다. 아가서 5장에서 솔로몬 왕은 자신이 사랑하는 술람미 여인을 찾아가 문을 열어달라고 하지만 그녀는 이미 옷을 벗었기에 문을 열어줄 수 없다며 냉정하게 반응합니다. 그러나 그가 포기하지 않고 문틈으로 손을 넣자 술람미 여인의 마음이 움직이는데, 문을 열고 보니 몰약즙(희생을 상징)을 문빗장에 묻혀놓고 이미 그는 떠난 후였습니다. 이제는 술람미 여인이 그를 찾기 위해 예루살렘 여인들에게 도움을 청하며 그의 모습을 소개하는데 이때 솔로몬 왕을 향한 자신의 사랑을 확인합니다. 6장 3절에서 솔로몬 왕은 술람미 여인의 간절한 고백(나는 내 사랑하는 자에게 속하였고 내 사랑하는 자는 내게 속하였으며 그가 백합화 가운데에서 그 양 떼를 먹이는도다)을 듣고 다시 찾아오자 술람미 여인은 너무 기뻐서 춤을 추었습니다.

6장에서 두 사람은 다시 서로의 사랑을 확인하고 솔로몬 왕은 그녀의 아름다움을 칭찬합니다. 마지막 13절에서 상반절은 이스라엘 여인들이 하는 말이고 하반절은 솔로몬이 이스라엘 여인들에게 하는 이야기인데, 예루살렘의 여인들(세상사람 들)이 술람미 여인에게 "돌아오고 돌아오라 술람미 여자야 돌아오고 돌아오라 우리가 너를 보게 하라"고 부르며 다시 세상가운데로 나오도록 유혹합니다. 그러자 솔로몬 왕(예수 그리스도)은 "너희가 어찌하여 **마하나임**에서 춤추는 것을 보는 것처럼 술람미 여자를 보려느냐"라고 책망하는데 그 말의 의미는 이미 그리스도를 다시 만나 구원의 감격을 맛보아 **마하나임의 춤**(**기쁨**의 춤, **감사**의 춤, **회복**의 춤, **구원**의 춤)을 추었던 술람미 여인은 세상으로 다시 돌아가도 그렇게 감격하지 않을 테니 기대 하지 말고 유혹하지 말라는 뜻입니다. 세상의 많은 사람들과 문화들이 그리스도인들을 유혹하며 주님을 떠나 세상으로 돌아오라고 미혹하지만 우리 그리스도인들은 세상의 어떤 유혹에도 미혹되거나 타협해서는 절대 안 된다는 의미가 있습니다. 그리고 구원받은 그리스도인들과 교회는 우리를 도우시고 영원한 구원을 베풀어 주신 하나님의 은혜에 감격하여 기쁨과 감사의 춤, **마하나임의 춤**을 추어야 합니다. 춤은 풍부한 감정의 표현이므로 그 사랑을 경험한 자만이, 그 은혜의 깊이를 깨달은 자만이 출수 있기 때문에 성도들은 만왕의 왕이신 그리스도의 신부로서 **그리스도 왕 앞에 신부의 춤**을 추어야 하는 것입니다. 또한, '**솔로몬 왕**'으로 비유된 '**예수 그리스도**'가 '**술람미 여인**'으로 비유된 '성도'와 '교회'에게 사랑을 고백하며 먼저 찾아가 문을 두드리는 모습을 보면서, 예수님은 언제나 닫혀있는 우리의 마음에 먼저 찾아오셔서 문을 두드리시며, 외면 당하셨을지라도 다시 사랑으로 감싸 안아주시며 우리를 세상에서 가장 존귀하고 아름다운 신부의 모습으로 만들어주시는 분이시라는 사실을 다시 한번 깨달을 수 있습니다. 여기서 **'술람미 여인'**이 **'성도'**이지만 **'교회'**를 나타내기도 하는 이유는, 바울 사도가 **초대 교회를 에클레시아**라고 불렀는데, **"에클레시아"**란 헬라어로 **"～으로부터 부름 받은 자들의 모임"**이라는 뜻으로, **"죄악 된 세상으로부터 부름 받은 사람들의 모임"**이라는 의미에서 그가 사용했다고 성경학자들은 말합니다. 또한 바울사도는 "너희는 너희가 하나님의 성전인 것과 하나님의 성령이 너희 안에 계시는 것을 알지 못하느냐(고전 3:16)"라고 말합니다. 그런 의미에서 그리스도인 개개인도 "에클레시아, 교회"라고 부르기 때문입니다.

  그리고 또 **'교회'**는 **'마하나임'**에 비교할 수 있는데, 그 이유는 **'교회'**가 **'유대인 성도들'**과 **'이방인 성도들'**의 두 무리이기도 하지만, **'땅 위의 성도들'**과 **'천상의 성도들'**의 두 무리이기도 하기 때문입니다. 바울 사도에 의하면 **땅 위의 성도들**은 **"전투하는 교회"**가 되어야 함을 강조하고 있으며, 그렇게 승리하여 **온전케 된 의인의 영들**을 **"승리한 교회"**라고 불렀습니다. 그리스도인들과 교회는 첫째 **죄와 싸워야** 하고, 둘째 **육신의 소욕**과, 셋째 **음부(사망)의 권세**와, **넷째 마귀의 세력**과, 다섯째 **진리를 대적하는 자들**과, 여섯째 **세상권세**(하나님을 대적 하는 사상체계와 그것을 추종하는 자들)와 싸워야합니다.

너희가 죄와 싸우되 아직 **피흘리기까지는** 대항하지 아니하고 _ 히브리서 12:4

너희가 육신대로 살면 반드시 죽을 것이로되 영으로써 몸의 행실을 죽이면 살리니
_ 로마서 8:13

또 내가 네게 이르노니 너는 베드로라 내가 이 반석 위에 내 교회를 세우리니 **음부의 권세가 이기지 못하리라** _ 마태복음 16:18

마귀의 간계를 능히 대적하기 위하여 하나님의 전신 갑주를 입으라
_ 에베소서 6:11

얀네와 얌브레가 모세를 대적한 것 같이 그들도 **진리를 대적하니** 이 사람들은 그 마음이 부패한 자요 믿음에 관하여는 버림 받은 자들이라 _ 디모데후서 3:8

무릇 하나님께로부터 난 자마다 세상을 이기느니라 **세상을 이기는 승리**는 이것이니 우리의 믿음이니라 _ 요한일서 5:4

너희는 이 세대를 본받지 말고 오직 마음을 새롭게 함으로 변화를 받아 하나님의 선하시고 기뻐하시고 온전하신 뜻이 무엇인지 분별하도록 하라 _ 로마서 12:2

누가 철학과 헛된 속임수로 너희를 사로잡을까 주의하라 이것은 사람의 전통과 세상의 초등학문을 따름이요 그리스도를 따름이 아니니라 _ 골로새서 2:8

이 시대에 어떤 사람은 인권이란 이름으로, 어떤 사람은 과학이란 이름으로 하나님을 적대시합니다. 교회는, 종교, 과학, 사회, 문화의 이름으로 하나님이 없다고 부정하며 대적하는 세상의 모든 이론과 싸워서 승리해야 하는 존재입니다. 이렇게 지상의 교회는 하나님의 군대로써 거룩한 싸움을 하도록 하나님께 부름 받았습니다. '구약의 교회'인 '이스라엘 백성들'이 가나안 땅에 정착한 후 수없이 많은 전쟁을 할 때, 하나님만을 의지하고 그 명령에 순종하면 반드시 승리했던 모습을 보며, 오늘날 교회인 우리 그리스도인들도 날마다 하나님만을 의지하며 순종함으로 세상 밖으로 나아간다면, 전쟁에 능하신 여호와의 도우심을 힘입어 모든 영적전투에서 승리할 것이라는 교훈을 얻을 수 있었습니다. 또한 가나안 땅에서 이스라엘 백성에게 계속되는 싸움은, 지상에 있는 하나님의 교회가 치열하게 영적으로 전투하는 공동체임을 상징적으로 보여주고 있습니다. 신약시대 사도행전의 교회 역사도 치열한 영적전쟁을 기록하고 있습니다. 이처럼 거룩한 전쟁을 수행한 지상의 교회는 우리 주님이 다시 오시면 최후의 승리를 거두고 하나님의 영광에 동참하게 될 것입니다. 그러나 이미 이 세상에서 선한 싸움을 다 싸우고 승리하여 천국에 들어간 성도들은 **온전하게 된 의인의 영**들로서 승리한 **천상의 교회**로 있는 것입니다.

그러나 너희가 이른 곳은 **시온 산**과 살아 계신 하나님의 도성인 **하늘의 예루살렘과 천만 천사**와 하늘에 기록된 장자들의 모임과 **교회**와 만민의 심판자이신 하나님과 및 온전하게 된 의인의 영들과 _ 히브리서 12:22-23

우리를 거스르고 **불리하게 하는 법조문으로 쓴 증서를 지우시고 제하여 버리사**

십자가에 못 박으시고 통치자들과 권세들을 무력화하여 드러내어 구경거리로 삼

으시고 **십자가로 그들을 이기셨느니라** _ 골로새서 2:14-15

말씀을 정리하면 구원받은 이 땅 위에 있는 교회는 영적 전투하는 교회
로써 **마하나임의 춤을 추는 것과 같습니다. 전쟁에 승리했거나 매우 기
쁠 때 우리는 춤을 춥니다.** 교회는 예수 그리스도로 말미암아 마귀와 죄
와 사망과의 싸움에서 항상 이기며, 그로 인해 주 안에서 항상 기뻐하며
춤을 추어야 합니다. 우리는 지금 코로나19 팬데믹을 겪으며 2년이 넘는
시간동안 말과 행동에서 많은 제약을 받고 있습니다. 사탄은 이를 통해
믿는 자들이 더욱 목소리를 내지 못하게 하려고 교회를 집중해서 공격하
고 있습니다. 그러므로 **지금 이 때가 바로 마하나임의 춤을 추어야 할 때
입니다.** 지금은 교회가 **마하나임의 주님을** 새롭게 만나 **구원의 춤, 기쁨
의 춤, 감격의 춤, 회복의 춤**을 추어야 할 때입니다!!!

이 기도는 저희 교회 성도들과 중보자들이 함께 하고 있는 '세계 열방을 위한 기도'입니다.

세계 열방을 위한 기도

아시아 지역

하나님 아버지!

1. 한국, 북한, 중국, 일본, 몽골, 베트남, 대만, 라오스, 캄보디아, 미얀마, 몰디브, 인도, 인도네시아, 말레이시아, 동티모르, 스리랑카, 싱가포르, 브루나이, 필리핀, 방글라데시, 부탄, 네팔, 태국, 파키스탄, 우즈베키스탄, 카자흐스탄, 키르기스스탄, 타지키스탄, 투르크메니스탄 등이 **조상 대대로 지은 모든 죄**를 제가 **대신 회개**하오니 용서하여 주시옵소서!!!

하나님을 불신하고 대적한죄, 각종우상과 이방신을 섬긴죄, 우상앞에 자손들을 바친죄, 전쟁을 일으킨죄, 인육을 먹은죄, 살인한죄, 자살한죄, 유산한죄, 이혼한죄, 도둑질한죄, 토색한죄, 욕심부린죄, 거짓말한죄, 사기치고 도박한죄, 술마시고 담배피고 방탕한죄, 마약을한죄, 성폭행한죄, 음란간음한죄, 동성애한죄, 폭언과 폭행한죄, 혈기분노한죄, 미워하고 저주한죄, 시기질투한죄, 판단하고 정죄한죄, 모함하고 비방한죄, 분쟁하고 보복한죄, 의심불신한죄, 걱정근심한죄, 교만한죄, 사치하고 낭비한죄, 게으르고 나태한죄 등 **아시아인들 전체가 조상 대대로 지은 모든 죄**를 제가 **대신 회개**하오니 용서하여 주시옵소서!!!

2. 한국, 북한, 중국, 일본, 몽골, 베트남, 대만, 라오스, 캄보디아, 미얀마, 몰디브, 인도, 인도네시아, 말레이시아, 동티모르, 스리랑카, 싱가포르, 브루나이, 필리핀, 방글라데시, 부탄, 네팔, 태국, 파키스탄, 우즈베키스탄, 카자흐스탄, 키르기스스탄, 타지키스탄, 투르크메니스탄 등이 **조상 대대로 지은 모든 죄**로 인해 **아시아 전 지역과 그곳 사람들 전체**를 공격하는 **모든 죄악의 연결고리와 사슬을 예수 그리스도의 이름으로** 파쇄하고 끊어내노라!!!

3. 아시아 전 지역과 그곳 사람들 전체를 공격하는 **모든 흑암의 세력들!!!**
종교의영, 각종우상과 이방신의영, 이슬람의영, 힌두교의영, 불교의영, 조로아스터교의영, 자이나교의영, 시크교의영, 일루미나티의영, 프리메이슨의영, 뉴에이지의영, 무당의영, 토속종교의영, 주술의영, 인본주의의영, 사회주의 공산주의의영, 전쟁과 침략의영, 독재와 억압의영, 폭력의영, 살인의영, 자살의영, 마약중독의영, 술 담배중독의영, 음란간음의영, 동성애의영, 낙태의영, 성폭행의영, 아동과 여성 학대의영, 가난의영, 에이즈와 각종 질병의영, 각종 암 등은 예수 그리스도의 이름으로 명하노니 결박되고 **아시아 전 지역과 모든 사람들**에게서 떠나 무저갱으로 떨어질지어다!!!

4. 주님! 거룩하신 성령의 불로 아시아지역 전체의 환경 구석구석을 정결하게 태우시고 **보혈**로 채우시며, 모든 아시아인들의 정수리부터 발끝까지 **주님의 보혈로 덮어** 주시옵소서!!!

5. 아시아 지역 전체의 환경 구석구석과 공기의 흐름 하나하나까지도, **거룩하신 성령의 불과 보혈로 정결케 되고, 천국의 영적 기류로** 바뀌었으며, **모**

든 아시아인들은 **주님의 은혜**와 **능력**과 **사랑**과 **기름 부으심**으로, 오직 **성령님**께만 이끌림 받는 **성령**과 **믿음**의 사람들로 **거듭난** 것을 **예수 그리스도의 이름으로** 선포하며 축복합니다!!!

6. 내가 **하나님 자녀**의 권세와 **예수 그리스도의 이름으로** 명하노니 **천군 천사 50억**은 속히 **아시아 지역 전체**로 파송될지어다!!!
그리하여 **아시아 지역 전체**의 **환경 구석구석**에 **불성곽**을 둘러 **진**을 치고 **보호막**을 쳐서 지키며, 모든 아시아인들을 **주님의 보혈**로 덮고 **인**을 치며, 앞서가고 뒤를 막아 파수를 서서 지켜 보호할지어다!!!

모든 천사들은 섬기는 영으로서 구원 받을 상속자들을 위하여 섬기라고 보내심이 아니냐 _ 히브리서 1:14

여호와의 천사가 주를 경외하는 자를 둘러 진 치고 그들을 건지시는도다 _ 시편 34:7

세계 열방을 위한 기도

유럽 지역

하나님 아버지!

1. 러시아, 영국, 프랑스, 독일, 스페인, 스위스, 스웨덴, 그리스, 노르웨이, 덴마크, 모나코, 산마리노, 네덜란드, 벨기에, 룩셈부르크, 리히텐슈타인, 포

르투갈, 폴란드, 핀란드, 안도라, 이탈리아, 바티칸, 아일랜드, 아이슬란드, 오스트리아, 슬로베니아, 슬로바키아, 크로아티아, 헝가리, 체코, 세르비아, 불가리아, 알바니아, 에스토니아, 라트비아, 루마니아, 리투아니아, 보스니아 헤르체고비나, 북마케도니아, 벨라루스, 몰도바, 몰타, 몬테네그로, 아제르바이잔, 아르메니아, 우크라이나, 사이프러스, 조지아, 코소보 등이 **조상 대대로 지은 모든 죄**를 제가 **대신 회개**하오니 용서하여 주시옵소서!!!

하나님을 불신하고 대적한죄, 각종우상과 이방신을 섬긴죄, 우상앞에 자손들을 바친죄, 전쟁을 일으킨죄, 인육을 먹은죄, 살인한죄, 자살한죄, 유산한죄, 이혼한죄, 도둑질한죄, 토색한죄, 욕심부린죄, 거짓말한죄, 사기치고 도박한죄, 술마시고 담배피고 방탕한죄, 마약을한죄, 성폭행한죄, 음란간음한죄, 동성애한죄, 폭언과 폭행한죄, 혈기분노한죄, 미워하고 저주한죄, 시기질투한죄, 판단하고 정죄한죄, 모함하고 비방한죄, 분쟁하고 보복한죄, 의심불신한죄, 걱정근심한죄, 교만한죄, 사치하고 낭비한죄, 게으르고 나태한죄 등 **유럽인들 전체**가 **조상 대대로 지은 모든 죄**를 제가 **대신 회개**하오니 용서하여 주시옵소서!!!

2. 러시아, 영국, 프랑스, 독일, 스페인, 스위스, 스웨덴, 그리스, 노르웨이, 덴마크, 모나코, 산마리노, 네덜란드, 벨기에, 룩셈부르크, 리히텐슈타인, 포르투갈, 폴란드, 핀란드, 안도라, 이탈리아, 바티칸, 아일랜드, 아이슬란드, 오스트리아, 슬로베니아, 슬로바키아, 크로아티아, 헝가리, 체코, 세르비아, 불가리아, 알바니아, 에스토니아, 라트비아, 루마니아, 리투아니아, 보스니아 헤르체고비나, 북마케도니아, 벨라루스, 몰도바, 몰타, 몬테네그로, 아제르

바이잔, 아르메니아, 우크라이나, 사이프러스, 조지아, 코소보 등이 **조상 대대로 지은 모든 죄**로 인해 **유럽 전 지역과 그곳 사람들 전체**를 공격하는 **모든 죄악의 연결고리와 사슬을 예수 그리스도의 이름으로** 파쇄하고 끊어내노라!!!

3. 유럽 전 지역과 그곳 사람들 전체를 공격하는 모든 흑암의 세력들!!!

종교의영, 각종우상과 이방신의영, 이슬람의영, 힌두교의영, 불교의영, 조로아스터교의영, 자이나교의영, 시크교의영, 일루미나티의영, 프리메이슨의영, 뉴에이지의영, 무당의영, 토속종교의영, 주술의영, 인본주의의영, 사회주의 공산주의의영, 전쟁과 침략의영, 독재와 억압의영, 폭력의영, 살인의영, 자살의영, 마약중독의영, 술 담배중독의영, 음란간음의영, 동성애의영, 낙태의영, 성폭행의영, 아동과 여성 학대의영, 가난의영, 에이즈와 각종 질병의영, 각종 암 등은 **예수 그리스도의 이름으로** 명하노니 결박되고 **유럽 전 지역과 모든 사람들**에게서 떠나 무저갱으로 떨어질지어다!!!

4. 주님! 거룩하신 성령의 불로 유럽지역 전체의 환경 구석구석을 정결하게 태우시고 **보혈로** 채우시며, **모든 유럽인들의** 정수리부터 발끝까지 **주님의 보혈로 덮어** 주시옵소서!!!

5. 유럽지역 전체의 환경 구석구석과 공기의 흐름 하나하나까지도, **거룩하신 성령의 불과 보혈**로 정결케 되고 **천국의 영적 기류**로 바뀌었으며, **모든 유럽인들은** 주님의 은혜와 능력과 **사랑과 기름 부으심**으로, 오직 **성령님**께만 이끌림 받는 **성령과 믿음의 사람들**로 **거듭난 것을 예수 그리스도의 이**

롬으로 선포하며 축복합니다!!!

6. 내가 **하나님 자녀**의 **권세**와 **예수 그리스도의 이름으로** 명하노니 **천군 천사 50억**은 속히 **유럽지역 전체**로 파송될지어다!!!

그리하여 **유럽지역 전체**의 환경 구석구석에 **불성곽**을 둘러 진을 치고 **보호막**을 쳐서 지키며, **모든 유럽인들**을 **주님의 보혈**로 덮고 **인**을 치며, 앞서가고 뒤를 막아 파수를 서서 지켜 보호할지어다!!!

모든 천사들은 섬기는 영으로서 구원 받을 상속자들을 위하여 섬기라고 보내심 **이 아니냐** _ 히브리서 1:14

여호와의 천사가 주를 경외하는 자를 둘러 진 치고 그들을 건지시는도다 _ 시편 34:7

세계 열방을 위한 기도

남북 아메리카 지역

하나님 아버지!

1. 미국, 캐나다, 멕시코, 벨리즈, 바하마, 바베이도스, 그레나다, 과테말라, 쿠바, 온두라스, 엘살바도르, 코스타리카, 자메이카, 니카라과, 파나마, 도미니카공화국, 트리니다드토바고, 도미니카연방, 앤티가바부다, 세인트루시아, 세인트빈센트그레나딘, 마르티니크, 세인트키츠네비스, 과들루프, 몬트세랫, 버뮤다, 버진아일랜드, 아이티, 아루바, 생마르탱, 생바르텔레미, 생피에르미클

롱, 터크스케이커스제도, 신트마르턴, 케이만제도, 베네수엘라, 안틸레스, 앵귈라, 퀴라소, 푸에르토리코, 가이아나, 콜롬비아, 수리남, 에콰도르, 볼리비아, 페루, 브라질, 칠레, 파라과이, 아르헨티나, 우루과이, 기아나, 포클랜드제도 등이 **조상 대대로 지은 모든 죄**를 제가 **대신 회개**하오니 용서하여 주시옵소서!!!

하나님을 불신하고 대적한죄, 각종우상과 이방신을 섬긴죄, 우상앞에 자손들을 바친죄, 전쟁을 일으킨죄, 인육을 먹은죄, 살인한죄, 자살한죄, 유산한죄, 이혼한죄, 도둑질한죄, 토색한죄, 욕심부린죄, 거짓말한죄, 사기치고 도박한죄, 술마시고 담배피고 방탕한죄, 마약을한죄, 성폭행한죄, 음란간음한죄, 동성애한죄, 폭언과 폭행한죄, 혈기분노한죄, 미워하고 저주한죄, 시기질투한죄, 판단하고 정죄한죄, 모함하고 비방한죄, 분쟁하고 보복한죄, 의심불신한죄, 걱정근심한죄, 교만한죄, 사치하고 낭비한죄, 게으르고 나태한죄 등 **남북 아메리카인들 전체**가 **조상 대대로 지은 모든 죄**를 제가 **대신 회개**하오니 용서하여 주시옵소서!!!

2. 미국, 캐나다, 멕시코, 벨리즈, 바하마, 바베이도스, 그레나다, 과테말라, 쿠바, 온두라스, 엘살바도르, 코스타리카, 자메이카, 니카라과, 파나마, 도미니카공화국, 트리니다드토바고, 도미니카연방, 앤티가바부다, 세인트루시아, 세인트빈센트그레나딘, 마르티니크, 세인트키츠네비스, 과들루프, 몬트세랫, 버뮤다, 버진아일랜드, 아이티, 아루바, 생마르탱, 생바르텔레미, 생피에르미클롱, 터크스케이커스제도, 신트마르턴, 케이만제도, 베네수엘라, 안틸레스, 앵귈라, 퀴라소, 푸에르토리코, 가이아나, 콜롬비아, 수리남, 에콰도

르, 볼리비아, 페루, 브라질, 칠레, 파라과이, 아르헨티나, 우루과이, 기아나, 포클랜드제도 등이 **조상 대대로 지은 모든 죄**로 인해 **남북 아메리카 전 지역과 그곳 사람들 전체**를 공격하는 **모든 죄악의 연결고리와 사슬**을 **예수 그리스도의 이름으로** 파쇄하고 끊어내노라!!!

3. 남북 아메리카 전 지역과 그곳 사람들 전체를 공격하는 모든 흑암의 세력들!!!

종교의영, 각종우상과 이방신의영, 이슬람의영, 힌두교의영, 불교의영, 조로아스터교의영, 자이나교의영, 시크교의영, 일루미나티의영, 프리메이슨의영, 뉴에이지의영, 무당의영, 토속종교의영, 주술의영, 인본주의의영, 사회주의 공산주의의영, 전쟁과 침략의영, 독재와 억압의영, 폭력의영, 살인의영, 자살의영, 마약중독의영, 술 담배중독의영, 음란간음의영, 동성애의영, 낙태의영, 성폭행의영, 아동과 여성 학대의영, 가난의영, 에이즈와 각종 질병의영, 각종 암 등은 **예수 그리스도의 이름으로 명하노니** 결박되고 **남북 아메리카 전 지역과 모든 사람들**에게서 떠나 무저갱으로 떨어질지어다!!!

4. 주님! 거룩하신 성령의 불로 남북 아메리카 지역 전체의 환경 구석구석을 정결하게 태우시고 보혈로 채우시며, **모든 남북 아메리카인들**의 정수리부터 발끝까지 **주님의 보혈로 덮어** 주시옵소서!!!

5. 남북 아메리카 지역 전체의 환경 구석구석과 공기의 흐름 하나하나까지도, **거룩하신 성령의 불과 보혈로** 정결케 되고, **천국의 영적 기류로 바뀌었으며, 모든 남북 아메리카 인들**은 주님의 은혜와 능력과 **사랑과 기름 부으심**으

로, 오직 **성령님**께만 이끌림 받는 **성령**과 **믿음**의 사람들로 **거듭난** 것을 **예수 그리스도의 이름으로** 선포하며 축복합니다!!!

6. 내가 **하나님 자녀의 권세**와 **예수 그리스도의 이름으로** 명하노니 **천군 천사 50억**은 속히 남북 아메리카 지역 전체로 파송될지어다!!!
그리하여 **남북 아메리카 지역** 전체의 환경 구석구석에 불성곽을 둘러 **진**을 치고 **보호막**을 쳐서 지키며, **모든 남북 아메리카 인**들을 **주님의 보혈**로 덮고 **인**을 치며, 앞서가고 뒤를 막아 파수를 서서 지켜 보호할지어다!!!

모든 천사들은 섬기는 영으로서 구원 받을 상속자들을 위하여 섬기라고 보내심이 아니냐 _ 히브리서 1:14
여호와의 천사가 주를 경외하는 자를 둘러 진 치고 그들을 건지시는도다
_ 시편 34:7

세계 열방을 위한 기도

중동 · 아프리카 지역

하나님 아버지!

1. 이스라엘, 이란, 이라크, 요르단, 시리아, 터키, 예멘, 카타르, 아랍에미리트, 오만, 사우디아라비아, 바레인, 레바논, 아프가니스탄, 팔레스타인, 쿠웨이트, 가나, 가봉, 감비아, 기니, 기니비사우, 나미비아, 나이지리아, 남수단

공화국, 남아프리카공화국, 니제르, 라이베리아, 레소토, 르완다, 리비아, 마다가스카르, 말라위, 말리, 모로코, 모리셔스, 모리타니, 모잠비크, 베냉, 보츠와나, 부룬디, 부르키나파소, 상투메프린시페, 세네갈, 세이셸, 소말리아, 수단, 시에라리온, 알제리, 앙골라, 에리트레아, 에스와티니, 에티오피아, 우간다, 이집트, 잠비아, 적도기니, 중앙아프리카공화국, 지부티, 짐바브웨, 차드, 카메룬, 카보베르데, 케냐, 코모로, 코트디부아르, 콩고, 콩고민주공화국, 탄자니아, 토고, 튀니지 등이 **조상 대대로 지은 모든 죄**를 제가 **대신 회개**하오니 용서하여 주시옵소서!!!

하나님을 불신하고 대적한죄, 각종우상과 이방신을 섬긴죄, 우상앞에 자손들을 바친죄, 전쟁을 일으킨죄, 인육을 먹은죄, 살인한죄, 자살한죄, 유산한죄, 이혼한죄, 도둑질한죄, 토색한죄, 욕심부린죄, 거짓말한죄, 사기치고 도박한죄, 술마시고 담배피고 방탕한죄, 마약을한죄, 성폭행한죄, 음란간음한죄, 동성애한죄, 폭언과 폭행한죄, 혈기분노한죄, 미워하고 저주한죄, 시기질투한죄, 판단하고 정죄한죄, 모함하고 비방한죄, 분쟁하고 보복한죄, 의심불신한죄, 걱정근심한죄, 교만한죄, 사치하고 낭비한죄, 게으르고 나태한죄 등 **중동인들과 아프리카인들 전체가 조상 대대로 지은 모든 죄**를 제가 **대신 회개**하오니 용서하여 주시옵소서!!!

2. 이스라엘, 이란, 이라크, 요르단, 시리아, 터키, 예멘, 카타르, 아랍에미리트, 오만, 사우디아라비아, 바레인, 레바논, 아프가니스탄, 팔레스타인, 쿠웨이트, 가나, 가봉, 감비아, 기니, 기니비사우, 나미비아, 나이지리아, 남수단공화국, 남아프리카공화국, 니제르, 라이베리아, 레소토, 르완다, 리비아, 마

다가스카르, 말라위, 말리, 모로코, 모리셔스, 모리타니, 모잠비크, 베냉, 보츠와나, 부룬디, 부르키나파소, 상투메프린시페, 세네갈, 세이셸, 소말리아, 수단, 시에라리온, 알제리, 앙골라, 에리트레아, 에스와티니, 에티오피아, 우간다, 이집트, 잠비아, 적도기니, 중앙아프리카공화국, 지부티, 짐바브웨, 차드, 카메룬, 카보베르데, 케냐, 코모로, 코트디부아르, 콩고, 콩고민주공화국, 탄자니아, 토고, 튀니지 등이 조상 대대로 지은 모든 죄로 인해 **중동과 아프리카 전 지역과 그곳 사람들 전체**를 공격하는 **모든 죄악의 연결고리와 사슬**을 **예수 그리스도의 이름으로** 파쇄하고 끊어내노라!!!

3. 중동과 아프리카 전 지역과 그곳 사람들 전체를 공격하는 **모든 흑암의 세력들!!!**

종교의영, 각종우상과 이방신의영, 이슬람의영, 힌두교의영, 불교의영, 조로아스터교의영, 자이나교의영, 시크교의영, 일루미나티의영, 프리메이슨의영, 뉴에이지의영, 무당의영, 토속종교의영, 주술의영, 인본주의의영, 사회주의 공산주의의영, 전쟁과 침략의영, 독재와 억압의영, 폭력의영, 살인의영, 자살의영, 마약중독의영, 술 담배중독의영, 음란간음의영, 동성애의영, 낙태의영, 성폭행의영, 아동과 여성 학대의영, 가난의영, 에이즈와 각종 질병의영, 각종 암 등은 **예수 그리스도의 이름으로** 명하노니 결박되고 **중동과 아프리카 전 지역과 모든 사람들**에게서 떠나 무저갱으로 떨어질지어다!!!

4. 주님! 거룩하신 성령의 불로 중동과 아프리카 지역 전체의 환경 구석구석을 정결하게 태우시고 보혈로 채우시며, **모든 중동인들과 아프리카인들**의 정수리부터 발끝까지 **주님의 보혈**로 덮어 주시옵소서!!!

5. 중동과 아프리카 지역 전체의 환경 구석구석과 공기의 흐름 하나하나까지도, 거룩하신 성령의 불과 보혈로 정결케 되고 천국의 영적 기류로 바뀌었으며, 모든 중동인들과 아프리카인들은 주님의 은혜와 능력과 사랑과 기름 부으심으로, 오직 성령님께만 이끌림 받는 성령과 믿음의 사람들로 거듭난 것을 예수 그리스도의 이름으로 선포하며 축복합니다!!!

6. 내가 하나님 자녀의 권세와 예수 그리스도의 이름으로 명하노니 천군 천사 50억은 속히 중동과 아프리카 지역 전체로 파송될지어다!!!
그리하여 중동과 아프리카 지역 전체의 환경 구석구석에 불성곽을 둘러 진을 치고 보호막을 쳐서 지키며, 모든 중동인들과 아프리카인들을 주님의 보혈로 덮고 인을 치며, 앞서가고 뒤를 막아 파수를 서서 지켜 보호할지어다!!!

모든 천사들은 섬기는 영으로서 구원 받을 상속자들을 위하여 섬기라고 보내심이 아니냐 _ 히브리서 1:14

여호와의 천사가 주를 경외하는 자를 둘러 진 치고 그들을 건지시는도다 _ 시편 34:7

세계 열방을 위한 기도

오세아니아 지역

하나님 아버지!

1. 괌, 나우르, 뉴질랜드, 마셜제도, 미크로네시아, 멜라네시아, 폴리네시아, 사모아, 니우에, 바누아투, 북마리아나제도, 솔로몬제도, 키리바시, 통가, 투

발루, 토켈라우, 노퍽제도, 팔라우, 파푸아뉴기니, 피지, 호주, 쿡제도, 뉴칼레도니아, 타이티, 핏케언 등이 **조상 대대로 지은 모든 죄**를 제가 **대신 회개**하오니 용서하여 주시옵소서!!!

하나님을 불신하고 대적한죄, 각종우상과 이방신을 섬긴죄, 우상앞에 자손들을 바친죄, 전쟁을 일으킨죄, 인육을 먹은죄, 살인한죄, 자살한죄, 유산한죄, 이혼한죄, 도둑질한죄, 토색한죄, 욕심부린죄, 거짓말한죄, 사기치고 도박한죄, 술마시고 담배피고 방탕한죄, 마약을한죄, 성폭행한죄, 음란간음한죄, 동성애한죄, 폭언과 폭행한죄, 혈기분노한죄, 미워하고 저주한죄, 시기질투한죄, 판단하고 정죄한죄, 모함하고 비방한죄, 분쟁하고 보복한죄, 의심불신한죄, 걱정근심한죄, 교만한죄, 사치하고 낭비한죄, 게으르고 나태한죄 등 **오세아니아인들 전체**가 **조상 대대로 지은 모든 죄**를 제가 **대신 회개**하오니 용서하여 주시옵소서!!!

2. 괌, 나우르, 뉴질랜드, 마셜제도, 미크로네시아, 멜라네시아, 폴리네시아, 사모아, 니우에, 바누아투, 북마리아나제도, 솔로몬제도, 키리바시, 통가, 투발루, 토켈라우, 노퍽제도, 팔라우, 파푸아뉴기니, 피지, 호주, 쿡제도, 뉴칼레도니아, 타이티, 핏케언 등이 **조상 대대로 지은 모든 죄**로 인해 **오세아니아 전 지역**과 **그곳 사람들 전체**를 공격하는 **모든 죄악의 연결고리와 사슬**을 **예수 그리스도의 이름으로** 파쇄하고 끊어내노라!!!

3. 오세아니아 전 지역과 그곳 사람들 전체를 공격하는 모든 흑암의 세력들!!! 종교의영, 각종우상과 이방신의영, 이슬람의영, 힌두교의영, 불교의영, 조로

아스터교의영, 자이나교의영, 시크교의영, 일루미나티의영, 프리메이슨의영, 뉴에이지의영, 무당의영, 토속종교의영, 주술의영, 인본주의의영, 사회주의 공산주의의영, 전쟁과 침략의영, 독재와 억압의영, 폭력의영, 살인의영, 자살의영, 마약중독의영, 술 담배중독의영, 음란간음의영, 동성애의영, 낙태의영, 성폭행의영, 아동과 여성 학대의영, 가난의영, 에이즈와 각종 질병의영, 각종 암 등은 **예수 그리스도의 이름으로** 명하노니 결박되고 **오세아니아 전 지역과 모든 사람들**에게서 떠나 무저갱으로 떨어질지어다!!!

4. 주님! 거룩하신 성령의 불로 오세아니아 지역 전체의 환경 구석구석을 정결하게 태우시고 **보혈**로 채우시며, **모든 오세아니아인들**의 정수리부터 발끝까지 주님의 보혈로 덮어 주시옵소서!!!

5. 오세아니아 지역 전체의 환경 구석구석과 공기의 흐름 하나하나까지도, **거룩하신 성령의 불과 보혈**로 정결케 되고, **천국의 영적 기류**로 바뀌었으며, **모든 오세아니아인들**은 주님의 은혜와 **능력**과 **사랑**과 기름 **부으심**으로, 오직 **성령님**께만 이끌림 받는 **성령**과 **믿음**의 사람들로 **거듭난** 것을 **예수 그리스도의 이름으로** 선포하며 축복합니다!!!

6. 내가 **하나님 자녀의 권세와 예수 그리스도의 이름으로** 명하노니 **천군 천사 50억**은 속히 **오세아니아 지역 전체**로 파송될지어다!!!
그리하여 **오세아니아 지역 전체의 환경 구석구석**에 **불성곽**을 둘러 진을 치고 **보호막**을 쳐서 지키며, **모든 오세아니아인들**을 주님의 **보혈**로 덮고 **인**을 치며, 앞서가고 뒤를 막아 파수를 서서 지켜 보호할지어다!!!

모든 천사들은 섬기는 영으로서 구원 받을 상속자들을 위하여 섬기라고 보내심이 아니냐 _ 히브리서 1:14

여호와의 천사가 주를 경외하는 자를 둘러 진 치고 그들을 건지시는도다 _ 시 34:7

마지막으로 저희 '교회를 위한 중보 기도문'을 소개합니다. 라마나욧 교회를 향한 부르심과 정체성을 따라 다음과 같이 오랫동안 기도했더니 그 기도의 응답들이 점점 나타나고 있어 하나님께 진심으로 감사를 드리는 마음에서 여러분의 교회에도 이 기도문이 적용되어 열매 맺기를 소원하며 함께 수록합니다.

라마나욧 교회의
부르심과 정체성을 위한 기도

예수 그리스도의 이름으로 명하노니 천군 천사들은 라마나욧 교회 건물 전체를 성령의 우슬초로 깨끗이 씻어 정결케 하고, 출입구 계단에서부터 성전 내부 환경 구석구석에 어떤 질병의 영이나 흑암의 세력들이 들어와도 즉시 죽어버리도록 성령의 불로 깨끗이 태워 재를 만들고 성령의 생수로 씻어 정결케 한 후 주님 보혈로 인을 칠지어다!!!

라마나욧 교회에 들어오는 사람 중에 어떤 질병이 있는 자라도 그 질병에서 즉시 치유되고, 마음의 상처와 아픔까지도 회복되는 영 · 혼 · 육 전인격적인 회복이 이루어지는 치유의 실로암센터가 된 것을 **예수 그리스도의 이름으로** 선포하며 축복하고 주님께 감사드립니다.

라마나욧 교회에 들어오는 사람마다 막힌 담이 무너지고 닫힌 문이 열리므로 문제가 돌파되고, 특별히 재정의 돌파가 이루어져 관계와 사업의 지경이 확장돼 하나님께 영광 올려드리는 문제 해결의 장소가 된 것을 **예수 그리스도의 이름으로** 선포하며 축복하고 주님께 감사드립니다.

라마나욧 교회에 들어오는 사람들마다 쉐키나(임재)의 영광과 카일(위대함)의 영광의 용광로 속에 깊이 잠기며, 폭포수처럼 쏟아지는 성령의 단비에 흠뻑 젖어 저들이 지금까지 경험하지 못한 천국의 문화를 경험하는 영광의 임재의 장소가 된 것을 **예수 그리스도의 이름으로** 선포하며 축복하고 주님께 감사드립니다.

라마나욧 교회에 들어오는 사람들마다 주님 보좌로부터 임하는 평안, 감사, 사랑, 섬김, 겸손, 순종, 존중, 긍휼, 배려, 연합, 화합의 기름 부음이 물붓듯 부어져 부부 사이가 연합되고, 부모와 자녀, 윗세대와 다음 세대, 형제자매 간에 연합을 이루어, 그리스도의 몸 된 지체로서 아름답게 세워져 가는 사랑의 공동체가 된 것을 **예수 그리스도의 이름으로** 선포하며 축복하고 주님께 감사드립니다.

라마나욧 교회에 들어오는 사람들마다 주님 보좌로부터 지혜와 계시의 기름 부음이 강력하게 임하여, 환상이 열리고, 방언이 터지며, 예언을 말하고, 오중직임이 활성화돼, 마지막 때 신부의 군대로 아름답게 단장되어, 귀하게 쓰임 받는 사도적 센터가 된 것을 **예수 그리스도의 이름으로** 선포하며 축복하고 주님께 감사드립니다.

라마나욧 교회는 전국에서 중보자의 부르심, 기도의 파수꾼의 부르심, 영혼 추수자의 부르심이 있는 사람들이 70명 이상 모여 뿌리를 내리므로, 다시 오실 주의 길을 예비하는 믿음의 용사들을 출산하고 길러내는 용사들의 산실이 된 것을 **예수 그리스도의 이름으로** 선포하며 축복하고 주님께 감사드립니다.

라마나욧북스

라마나욧 북스는 하나님의 임재와 영광,
성령님의 역사를 이 땅에 드러내고,
예수님이 선포하신 누가복음 4장 18~19절의 말씀으로
사람들을 자유케 하기 위해
세워진 출판 미니스트리이다.